新商科大数据系列精品教材

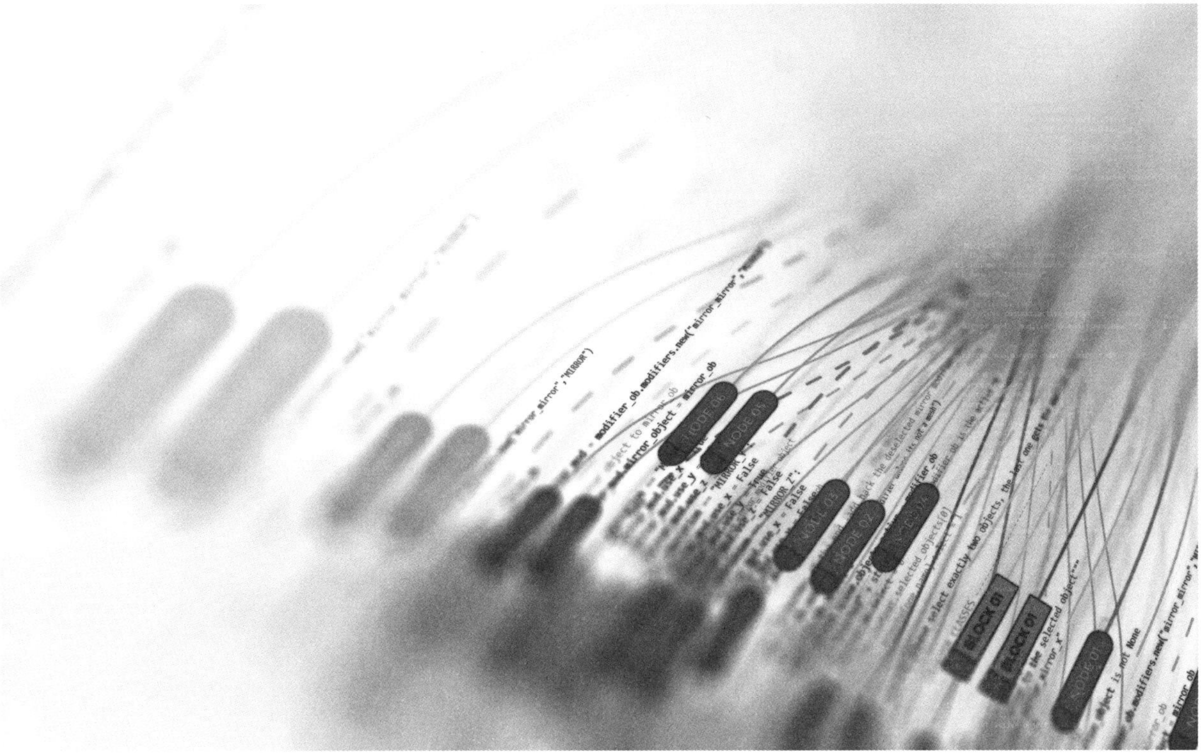

商务数据可视化

朱小栋　编著

电子工业出版社
Publishing House of Electronics Industry
北京·BEIJING

内 容 简 介

相比复杂的 Python 脚本编程或 R 语言编程，Excel 在制作精美绝伦的可视化图表方面毫不逊色且更容易上手，完全能满足企事业单位的常用数据分析报告的需要。本书主要以 Excel 2016 作为数据可视化的工具，以商务应用案例为驱动，系统地阐述如何利用 Excel 制作具有说服力的分析图表，介绍数据可视化的概念和过程，阐述 Excel 图表的设计规范和美化，详细介绍对比分析图、趋势分析图、结构分析图、分布分析图和瀑布图、甘特图、温度计图等特殊图表，以及运用数据透视图、函数、控件创建动态图表。本书设置丰富的商务应用案例，可视化图表配色和尺寸考究，在每章结尾均设置商务应用案例数据可视化的练习与实践。

本书适合作为各类普通高等本科院校、职业院校的大学生学习基于 Excel 工具的数据可视化的课程教材，也可作为中学信息技术课程的参考教材，还可作为企事业单位数据分析员、数据报告员的参考用书，对在商务数据分析方面有初始经验的用户也具有较高的参考价值。

未经许可，不得以任何方式复制或抄袭本书之部分或全部内容。
版权所有，侵权必究。

图书在版编目（CIP）数据

商务数据可视化 / 朱小栋编著. —北京：电子工业出版社，2022.5
ISBN 978-7-121-43272-9

Ⅰ. ①商… Ⅱ. ①朱… Ⅲ. ①可视化软件－应用－商业信息－数据处理 Ⅳ. ①F713.51-39

中国版本图书馆 CIP 数据核字（2022）第 057024 号

责任编辑：刘淑敏　　文字编辑：刘真平
印　　刷：天津千鹤文化传播有限公司
装　　订：天津千鹤文化传播有限公司
出版发行：电子工业出版社
　　　　　北京市海淀区万寿路 173 信箱　邮编：100036
开　　本：787×1 092　1/16　印张：16　字数：409.6 千字
版　　次：2022 年 5 月第 1 版
印　　次：2022 年 5 月第 1 次印刷
定　　价：65.00 元

凡所购买电子工业出版社图书有缺损问题，请向购买书店调换。若书店售缺，请与本社发行部联系，联系及邮购电话：(010) 88254888，88258888。
质量投诉请发邮件至 zlts@phei.com.cn，盗版侵权举报请发邮件至 dbqq@phei.com.cn。
本书咨询联系方式：(010) 88254199，sjb@phei.com.cn。

前 言

　　数据可视化令观看者能够立即理解数据蕴藏的含义，不需要复杂的算法技术，在众多商务应用领域备受企业推崇。其中，数据可视化在客户关系管理、营销统计报表、联机分析处理等方面都具有重要的现实意义。

　　本书主要以 Excel 2016 作为数据可视化的工具，系统地阐述如何利用 Excel 制作具有说服力的分析图表。一方面，其知识点能让 Excel 图表初学者快速掌握可视化图表技术；另一方面，有一定基础的 Excel 使用者可以继续学习配色、特殊图表、动态图表，做到推陈出新。

　　数据可视化的效果图形丰富多样，但各种可视化图表各有千秋，若应用不当，反而会弄巧成拙。本书共 8 章，第 1 章阐述数据可视化的概念和过程；第 2 章系统地阐述 Excel 图表的设计规范与美化，以此作为书中制作可视化图表的原则；第 3 章阐述柱形图、条形图、簇状柱形图和堆积柱形图的可视化方法，结合商务应用案例阐述对比分析图的应用；第 4 章阐述折线图、散点图及它们与其他图表的组合可视化绘制方法，结合商务应用案例阐述趋势分析图的应用；第 5 章阐述饼图、圆环图、旭日图、树状图和排列图的可视化方法，结合商务应用案例阐述结构分析图的应用；第 6 章阐述直方图、箱线图、雷达图、热力图、正态曲线与区间分布的绘制方法，结合商务应用案例阐述分布分析图的应用；第 7 章和第 8 章是全书的高级篇，结合商务应用案例，详细地阐述瀑布图、甘特图、温度计图等特殊图表的绘制过程和应用，以及运用数据透视图、函数、控件创建动态图表的方法。

　　本书特色如下。

　　第一，全书选用常用的 Excel 办公工具，通俗易懂地讲解数据可视化的过程，旨在提高读者运用 Excel 进行数据可视化处理的能力。相比复杂的 Python 脚本编程或 R 语言编程，Excel 在制作精美绝伦的可视化图表方面毫不逊色且更容易上手，因此完全能满足企事业单位的常用数据分析报告的需要。第二，全书融入丰富的商务应用案例数据分析，采用案例驱动的编写方式，阐述 Excel 数据可视化知识点在商务领域的应用。第三，本书对重点操作过程录制了教学视频，同时配套了丰富的教学资源，包括教学课件、教学大纲、电子教案、各章数据素材包等，读者可以登录华信教育资源网（http://www.hxedu.com.cn）获取。

　　全书由朱小栋编著，隋东旭老师做了细致的审校工作。由衷地感谢杨亦烨、王学兰、陈熹、章力元、洪吉钊和王瀚卿参与本书的数据整理、图表绘制、文字校对等工作。在编写过程中，参阅了大量文献和互联网资料，在此对文献资料作者表示诚挚的谢意。感谢电子工业出版社姜淑晶编辑，没有她的策划和监督，这本书的出版还将缓慢很多。感谢我的家人，他们的支持给予我无穷的动力。

由于作者水平有限，疏漏之处在所难免，敬请广大读者批评指正。作者邮箱为 zhuxd1981@163.com。

编著者

目　录

第 1 章　绪论 ·· 1
  1.1　数据的采集与清洗 ··· 2
    1.1.1　数据的采集 ··· 2
    1.1.2　数据的清洗 ··· 4
  1.2　数据可视化概述 ··· 10
    1.2.1　可视化认知 ··· 10
    1.2.2　数据可视化图表 ·· 10
    1.2.3　Excel 数据可视化的形式 ·· 12
  1.3　商务应用案例 ·· 14
    1.3.1　案例 1：销售数据的预处理 ·· 14
    1.3.2　案例 2：财务数据的预处理 ·· 16

第 2 章　Excel 图表的设计规范与美化 ·· 17
  2.1　数据图表的基础制作方法 ··· 18
    2.1.1　插入图表命令 ·· 18
    2.1.2　选定数据区域绘制图表 ··· 18
    2.1.3　设置坐标轴和数据系列格式 ·· 19
    2.1.4　添加图表元素 ·· 20
    2.1.5　对图表进行修改、复制和删除 ·· 21
    2.1.6　格式化图表 ··· 22
  2.2　数据图表的设计原则 ·· 23
    2.2.1　图表制作的一般原则 ··· 23
    2.2.2　图表类型选择的误区与原则 ·· 23
    2.2.3　图表的布局与字体规范 ··· 25
    2.2.4　最大化数据墨水比原则 ··· 26
  2.3　数据图表的配色原理 ·· 26
    2.3.1　数据图表色彩搭配注意事项 ·· 27
    2.3.2　商务图表的配色 ·· 29
  2.4　商务应用案例 ·· 30
    2.4.1　案例 1：商务图表规范化案例 ··· 30
    2.4.2　案例 2：商务图表美化案例 ·· 32

第 3 章　Excel 图表：对比分析图 ··· 35
  3.1　使用柱形图对比商务数据 ··· 36

		3.1.1 簇状柱形图的绘制及应用	36
		3.1.2 堆积柱形图的绘制及应用	38
		3.1.3 堆积百分比柱形图的绘制及应用	39
3.2	使用条形图对比商务数据		39
		3.2.1 简单条形图的绘制及应用	39
		3.2.2 条形图的适用场景	40
3.3	簇状柱形和堆积柱形组合图		41
		3.3.1 使用组合图展示数据总量与分量的对比	41
		3.3.2 簇状柱形图与堆积柱形图的使用	45
3.4	商务应用案例		50
		3.4.1 案例1：2021年春节期间电影票房数据可视化	50
		3.4.2 案例2：2020年双十一各平台销量	52

第4章 Excel 图表：趋势分析图　55

4.1	使用折线图展示数据趋势		56
		4.1.1 常规折线图的绘制方法	56
		4.1.2 使用多层折线图展现多组数据趋势	57
		4.1.3 使用分段式折线图展现划分区间的数据	63
4.2	折线图与柱形图的组合图		64
		4.2.1 使用组合图展现总收入与增长率的变化趋势	64
		4.2.2 折线图与柱形图的组合图的应用	68
4.3	折线图与面积图的组合图		70
		4.3.1 使用组合图展现收入与成本的趋势	70
		4.3.2 折线图与面积图的组合图的应用	73
4.4	使用散点图展示数据趋势		74
		4.4.1 散点图的绘制方法	75
		4.4.2 散点图的趋势分析	77
		4.4.3 从冰激凌营销看气泡图	78
		4.4.4 商务模型——波士顿矩阵	79
4.5	商务应用案例		81
		4.5.1 案例1：人事变动数据可视化	81
		4.5.2 案例2：2020年新冠疫情的影响	83

第5章 Excel 图表：结构分析图　87

5.1	使用饼图展示数据占比		88
		5.1.1 简单饼图的绘制及应用	88
		5.1.2 复合饼图和复合条饼图的绘制及应用	89
		5.1.3 分离饼图的绘制及应用	93
5.2	圆环图的绘制方法及应用		93
		5.2.1 简单圆环图的绘制及应用	93
		5.2.2 多层圆环图的绘制及应用	95

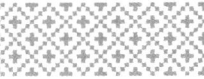

目 录

- 5.3 旭日图的绘制方法及应用 ·················· 97
  - 5.3.1 旭日图的适用场景 ·················· 97
  - 5.3.2 旭日图的绘制及应用 ·················· 98
- 5.4 树状图的绘制方法及应用 ·················· 101
  - 5.4.1 单层树状图的绘制及应用 ·················· 101
  - 5.4.2 多层分类树状图的绘制及应用 ·················· 102
- 5.5 排列图的绘制方法及应用 ·················· 105
  - 5.5.1 排列图的适用场景 ·················· 105
  - 5.5.2 排列图的绘制及应用 ·················· 105
- 5.6 商务应用案例 ·················· 110
  - 5.6.1 案例1：2018——2020年双十一电商市场占比 ·················· 110
  - 5.6.2 案例2：电子产品次品统计分析 ·················· 113

第6章 Excel图表：分布分析图 ·················· 115

- 6.1 使用直方图分析频率分布 ·················· 116
  - 6.1.1 直方图的概念及适用场景 ·················· 116
  - 6.1.2 直方图的形状分析 ·················· 118
  - 6.1.3 直方图的绘制及应用 ·················· 119
- 6.2 箱线图的绘制方法及应用 ·················· 122
  - 6.2.1 什么是四分位数 ·················· 122
  - 6.2.2 箱线图的结构 ·················· 122
  - 6.2.3 箱线图的绘制方法 ·················· 124
  - 6.2.4 通过箱线图看数据分布 ·················· 125
- 6.3 雷达图的绘制方法及应用 ·················· 127
  - 6.3.1 雷达图的概念及适用场景 ·················· 127
  - 6.3.2 雷达图的绘制及应用 ·················· 128
- 6.4 热力图的绘制方法及应用 ·················· 130
  - 6.4.1 热力分析 ·················· 130
  - 6.4.2 热力图的绘制及应用 ·················· 131
- 6.5 概率密度分布——正态曲线与区间分布 ·················· 133
  - 6.5.1 正态分布的概念和公式 ·················· 133
  - 6.5.2 正态分布和正态曲线 ·················· 133
  - 6.5.3 插入组合图以折线图展示正态曲线图表 ·················· 134
- 6.6 商务应用案例 ·················· 136
  - 6.6.1 案例1：工厂分时段完成零件个数统计 ·················· 136
  - 6.6.2 案例2：使用条件格式构建热力图 ·················· 138

第7章 特殊图表 ·················· 142

- 7.1 瀑布图 ·················· 143
  - 7.1.1 瀑布图的优点及适用场景 ·················· 143
  - 7.1.2 瀑布图的绘制方法 ·················· 143

	7.1.3 商务应用案例	146
7.2	甘特图	147
	7.2.1 甘特图的优点及适用场景	147
	7.2.2 甘特图的绘制方法	147
	7.2.3 商务应用案例	153
7.3	温度计图	154
	7.3.1 温度计图的优点及适用场景	154
	7.3.2 温度计图的绘制方法	154
	7.3.3 商务应用案例	158
7.4	子弹图	158
	7.4.1 子弹图的优点及适用场景	158
	7.4.2 子弹图的绘制方法	158
	7.4.3 商务应用案例	161
7.5	漏斗图	162
	7.5.1 漏斗图的优点及适用场景	162
	7.5.2 漏斗图的绘制方法	162
	7.5.3 商务应用案例	166
7.6	旋风图	167
	7.6.1 旋风图的优点及适用场景	167
	7.6.2 旋风图的绘制方法	167
	7.6.3 商务应用案例	170
7.7	华夫饼图	172
	7.7.1 华夫饼图的优点及适用场景	172
	7.7.2 华夫饼图的绘制方法	172
	7.7.3 商务应用案例	174
7.8	南丁格尔玫瑰图	175
	7.8.1 南丁格尔玫瑰图的优点及适用场景	175
	7.8.2 南丁格尔玫瑰图的绘制方法	176
	7.8.3 商务应用案例	182
7.9	仪表盘图	187
	7.9.1 仪表盘图的优点及适用场景	187
	7.9.2 仪表盘图的绘制方法	188
	7.9.3 商务应用案例	194
7.10	滑珠图	196
	7.10.1 滑珠图的优点及适用场景	196
	7.10.2 滑珠图的绘制方法	196
	7.10.3 商务应用案例	202
第8章	**动态图表**	204
8.1	使用数据透视图制作动态图表	205

  8.1.1 数据透视表和数据透视图的制作方法 ……………………………………… 205
  8.1.2 在数据透视图上自动筛选数据 ………………………………………………… 209
  8.1.3 使用切片器制作动态数据透视图 ……………………………………………… 211
 8.2 使用函数创建动态图表 …………………………………………………………………… 213
  8.2.1 OFFSET 函数 ……………………………………………………………………… 213
  8.2.2 INDEX 函数 ………………………………………………………………………… 215
  8.2.3 INDIRECT 函数 …………………………………………………………………… 217
  8.2.4 VLOOKUP 函数 …………………………………………………………………… 219
 8.3 利用控件制作动态图表 …………………………………………………………………… 221
  8.3.1 选项按钮的应用 …………………………………………………………………… 222
  8.3.2 复选框的应用 ……………………………………………………………………… 225
  8.3.3 滚动条的应用 ……………………………………………………………………… 228
  8.3.4 组合框的应用 ……………………………………………………………………… 232
  8.3.5 列表框的应用 ……………………………………………………………………… 235
 8.4 商务应用案例 ……………………………………………………………………………… 238
  8.4.1 案例 1：IF 函数结合滚动条实现销售额折线图动态可视化 ……………… 238
  8.4.2 案例 2：复选框结合簇状柱形图按种类统计商品 ………………………… 241
参考文献 ……………………………………………………………………………………………… 245

第1章 绪 论

【章节目标】

1. 掌握数据大概的处理过程,包括采集与清洗。
2. 了解数据可视化的概念和形式。
3. 掌握基本的数据可视化图表和理论。
4. 了解关于 Excel 数据预处理的商务应用案例。

【学习重点、难点】

重点：掌握数据可视化图表和方法的概念及分类。

难点：理解数据处理的流程,了解商务案例,能准确判断数据预处理的适用场景。

【思维导图】

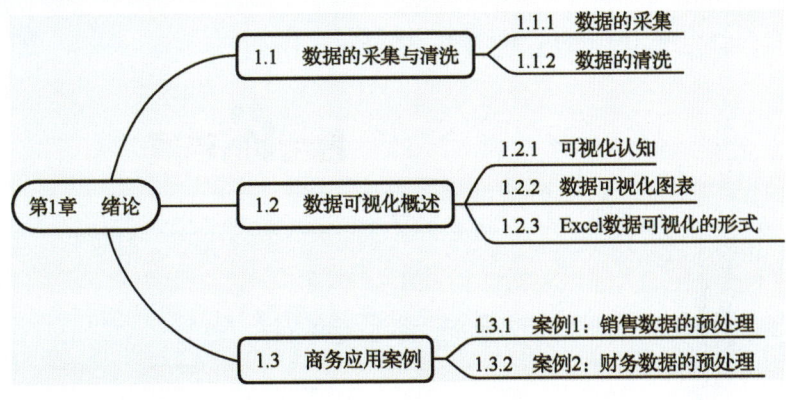

1.1 数据的采集与清洗

一般来说，在开始分析数据，进行数据可视化之前，需要完成两个关键任务：数据的采集和数据的清洗。接下来将会对这两个关键任务进行详细阐述。

1.1.1 数据的采集

数据的采集又称数据的收集，就是指通过各种工具和方法，获取需要的数据，为以后数据的分析和数据可视化提供直接的依据和素材。数据采集的方式有很多种，比如内部数据可以通过公司自有的数据库进行获取。而外部数据在如今更易收集，比如可以通过公开的出版物或搜索引擎快速找到需要的数据。当然一些专业的数据可以到国家或地方统计局的网站、行业组织的官方网站或行业信息网站获得。

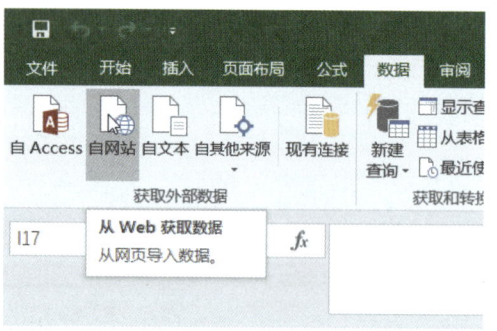

图 1-1 选择"从 Web 获取数据"

步骤 1 打开 Excel 2016，新建一个工作簿，在菜单栏中找到"数据"这一栏，单击"自网站"，选择"从 Web 获取数据"，如图 1-1 所示。

步骤 2 弹出"新建 Web 查询"对话框，如图 1-2 所示，在"地址"栏中输入想要跳转的网址，在这里选取了国家统计局第四次全国经济普查公报中的数据——按地区分组的法人单位和产业活动单位。

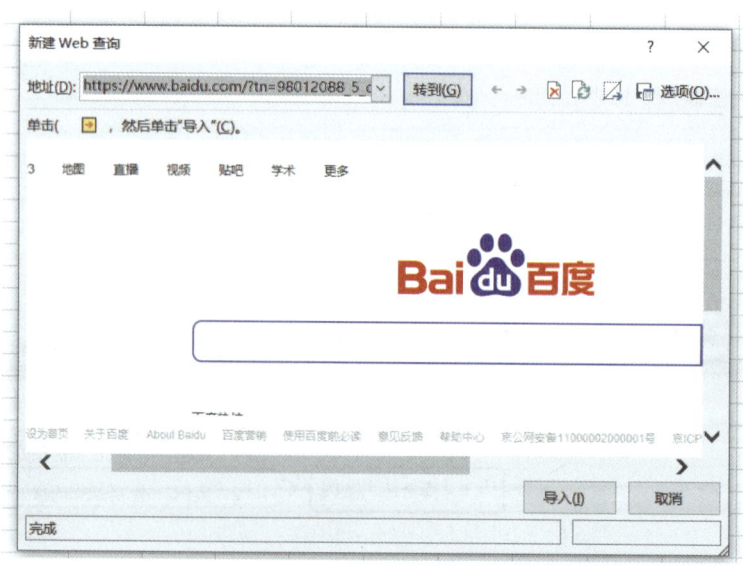

图 1-2 "新建 Web 查询"对话框

步骤 3 输入网址跳转以后，网站会显示出黄色箭头，单击选中报表，然后单击"导入"按钮导入报表，如图 1-3 所示。

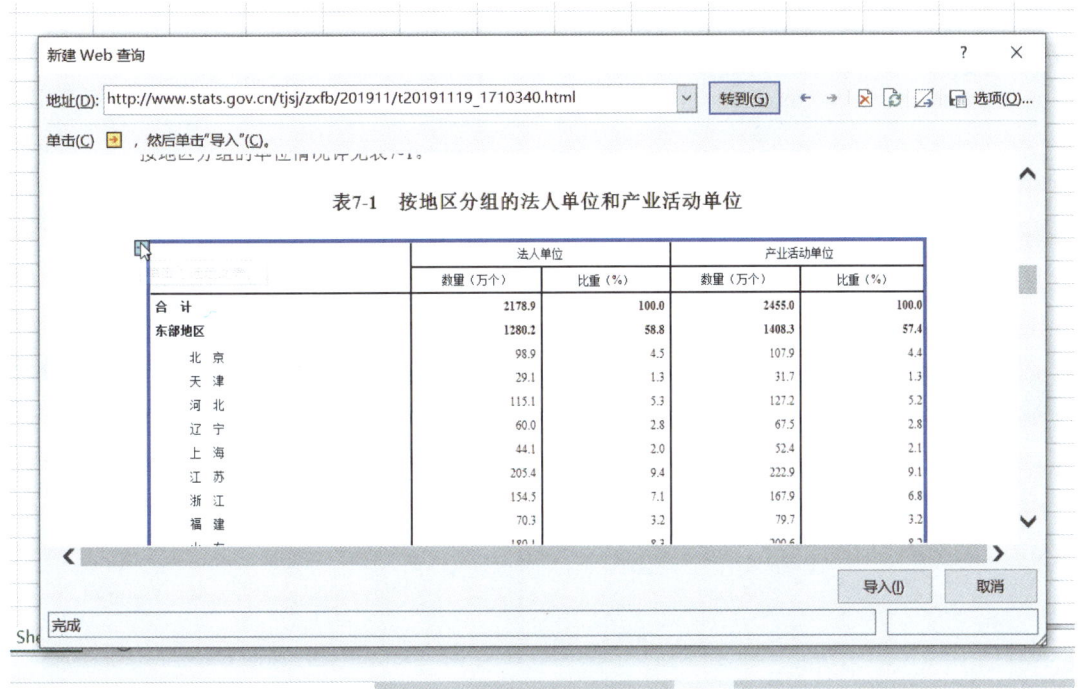

图 1-3　导入报表

步骤 4 弹出一个对话框指导用户导入数据，可以在对话框中选择导入数据的位置，如图 1-4 所示。

步骤 5 一般网上的数据都是实时更新的，因此需要通过数据刷新来获取最新的数据。一般有两种方法，单击"数据"中的"全部刷新"，如图 1-5 所示，或者选中任意数据单元格，右击，在弹出的快捷菜单中单击"数据范围属性"，如图 1-6 所示。

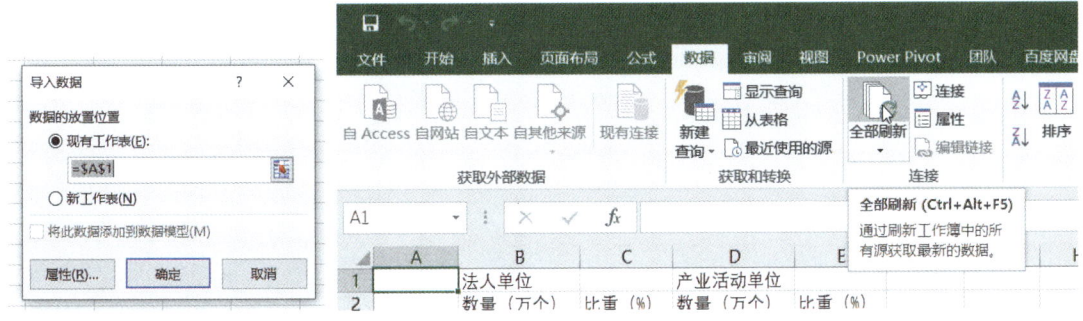

图 1-4　选择导入数据的位置　　　　　　图 1-5　单击"全部刷新"

步骤 6 单击"数据范围属性"后，在弹出的"外部数据区域属性"对话框中勾选"刷新控件"栏中的前三个选项，再单击右下角的"确定"按钮，这样数据就会实时更新了，如图 1-7 所示。

商务数据可视化

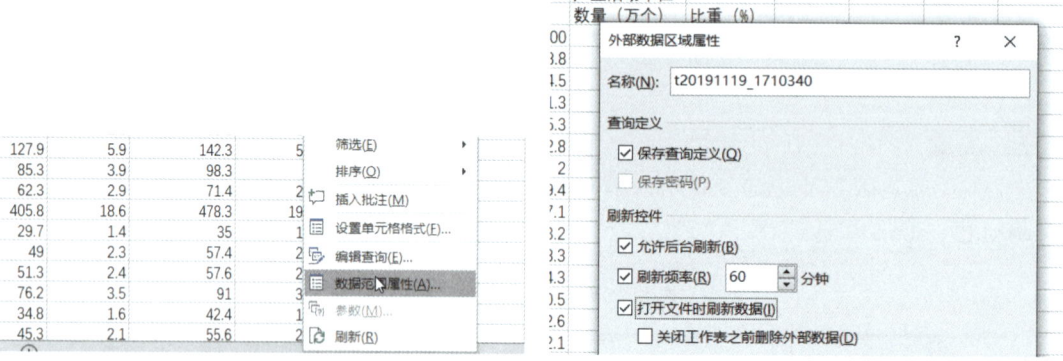

| 图1-6 单击"数据范围属性" | 图1-7 实时更新数据 |

成功导入的数据如图1-8所示。除了以上方法，如果数据量不是很大的话，则采用复制、粘贴也是一个不错的选择。

A	B	C	D	E
	法人单位		产业活动单位	
	数量（万个）	比重（%）	数量（万个）	比重（%）
合 计	2178.9	100	2455	100
东部地区	1280.2	58.8	1408.3	57.4
北 京	98.9	4.5	107.9	4.4
天 津	29.1	1.3	31.7	1.3
河 北	115.1	5.3	127.2	5.2
辽 宁	60	2.8	67.5	2.8
上 海	44.1	2	52.4	2.1
江 苏	205.4	9.4	222.9	9.1
浙 江	154.5	7.1	167.9	6.8
福 建	70.3	3.2	79.7	3.2
山 东	180.1	8.3	200.6	8.2
广 东	312.5	14.3	338.9	13.8
海 南	10	0.5	11.6	0.5
中部地区	492.9	22.6	568.4	23.2
山 西	46.2	2.1	54.7	2.2
吉 林	18.7	0.9	22.4	0.9
黑龙江	25.6	1.2	31.6	1.3
安 徽	81.3	3.7	94.5	3.8
江 西	45.4	2.1	53.2	2.2
河 南	127.9	5.9	142.3	5.8
湖 北	85.3	3.9	98.3	4
湖 南	62.3	2.9	71.4	2.9
西部地区	405.8	18.6	478.3	19.5
内蒙古	29.7	1.4	35	1.4
广 西	49	2.3	57.4	2.3
重 庆	51.3	2.4	57.6	2.3
四 川	76.2	3.5	91	3.7
贵 州	34.8	1.6	42.4	1.7
云 南	45.3	2.1	55.6	2.3

图1-8 成功导入的数据

1.1.2 数据的清洗

完成数据采集后，可以看出网上的数据实际上是纷繁复杂的，因此数据不是导入后就可以直接使用的，还需要通过数据清洗来选出我们所需要的数据，这样做出来的数据可视化才有其存在的意义。

数据清洗一般有三种方法：数据工具法、高亮排序法和函数法。

1. 数据工具法

步骤 1 选中想要进行数据清洗的完整数据表，如图1-9所示。单击"数据"→"数据工具"→"删除重复项"，如图1-10所示。

	A	B	C	D	E	F
1			法人单位		产业活动单位	
2			数量（万个	比重（%）	数量（万个	比重（%）
3	合　计	函数值	2178.9	100	2455	100
4	广　西	2	49	2.3	57.4	2.3
5	江　西	2	45.4	2.1	53.2	2.2
6	江　西	2	45.4	2.1	53.2	2.2
7	四　川	2	76.2	3.5	91	3.7
8	广　西	2	49	2.3	57.4	2.3
9	四　川	2	76.2	3.5	91	3.7
10	北　京	1	98.9	4.5	107.9	4.4
11	天　津	1	29.1	1.3	31.7	1.3
12	河　北	1	115.1	5.3	127.2	5.2
13	辽　宁	1	60	2.8	67.5	2.8
14	上　海	1	44.1	2	52.4	2.1
15	江　苏	1	205.4	9.4	222.9	9.1
16	浙　江	1	154.5	7.1	167.9	6.8
17	福　建	1	70.3	3.2	79.7	3.2
18	山　东	1	180.1	8.3	200.6	8.2
19	广　东	1	312.7	14.3	338.9	13.8
20	海　南	1	10	0.5	11.6	0.5
21	山　西	1	46.2	2.1	54.7	2.2
22	吉　林	1	18.7	0.9	22.4	0.9
23	黑龙江	1	25.6	1.2	31.6	1.3
24	安　徽	1	81.3	3.7	94.5	3.8
25	河　南	1	127.9	5.9	142.3	5.8
26	湖　北	1	85.3	3.9	98.3	4
27	湖　南	1	62.3	2.9	71.4	2.9
28	内蒙古	1	29.7	1.4	35	1.4
29	重　庆	1	51.3	2.4	57.6	2.3
30	贵　州	1	34.8	1.6	42.4	1.7
31	云　南	1	45.3	2.1	55.6	2.3
32	西　藏	1	4.7	0.2	5.4	0.2
33	陕　西	1	53.2	2.4	59.9	2.4
34	甘　肃	1	23	1.1	28.2	1.1
35	青　海	1	7.3	0.3	8.6	0.4
36	宁　夏	1	6.9	0.3	8.1	0.3
37	新　疆	1	24.3	1.1	29.2	1.2

图1-9　完整数据表

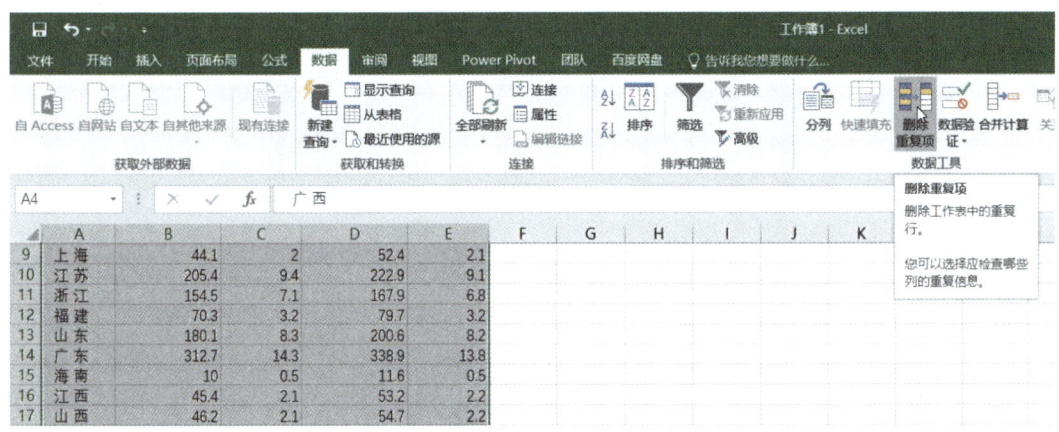

图1-10　单击"数据工具"中的"删除重复项"

商务数据可视化

步骤 2 弹出"删除重复项"对话框,在对话框中可以选择需要删除重复项的列,勾选"数据包含标题"选项可以显示数据列的标题,如图 1-11 所示。

单击"确定"按钮后会弹出一个提示框,表示成功删除重复项,如图 1-12 所示。删除之后的效果图如图 1-13 所示。

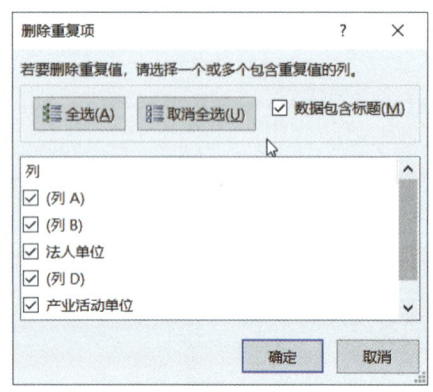

图 1-11 选择并删除重复项

图 1-12 成功删除重复项

	A	B	C	D	E	F
1			法人单位		产业活动单位	
2			数量(万个)	比重(%)	数量(万个)	比重(%)
3	合计	函数值	2178.9	100	2455	100
4	广西	1	49	2.3	57.4	2.3
5	江西	1	45.4	2.1	53.2	2.2
6	四川	1	76.2	3.5	91	3.7
7	北京	1	98.9	4.5	107.9	4.4
8	天津	1	29.1	1.3	31.7	1.3
9	河北	1	115.1	5.3	127.2	5.2
10	辽宁	1	60	2.8	67.5	2.8
11	上海	1	44.1	2	52.4	2.1
12	江苏	1	205.4	9.4	222.9	9.1
13	浙江	1	154.5	7.1	167.9	6.8
14	福建	1	70.3	3.2	79.7	3.2
15	山东	1	180.1	8.3	200.6	8.2
16	广东	1	312.7	14.3	338.9	13.8
17	海南	1	10	0.5	11.6	0.5
18	山西	1	46.2	2.1	54.7	2.2
19	吉林	1	18.7	0.9	22.4	0.9
20	黑龙江	1	25.6	1.2	31.6	1.3
21	安徽	1	81.3	3.7	94.5	3.8
22	河南	1	127.9	5.9	142.3	5.8
23	湖北	1	85.3	3.9	98.3	4
24	湖南	1	62.3	2.9	71.4	2.9
25	内蒙古	1	29.7	1.4	35	1.4
26	重庆	1	51.3	2.4	57.6	2.3
27	贵州	1	34.8	1.6	42.4	1.7
28	云南	1	45.3	2.1	55.6	2.3
29	西藏	1	4.7	0.2	5.4	0.2
30	陕西	1	53.2	2.4	59.9	2.4
31	甘肃	1	23	1.1	28.2	1.1
32	青海	1	7.3	0.3	8.6	0.4
33	宁夏	1	6.9	0.3	8.1	0.3
34	新疆	1	24.3	1.1	29.2	1.2

图 1-13 删除之后的效果图

2. 高亮排序法

步骤 1 选中想要删除重复项的值,选择"开始"菜单中的"条件格式"选项,找到其中的"重复值"并单击,如图 1-14 所示,弹出设置单元格格式对话框,其中有重复项的数据格已经标红并高亮显示,如图 1-15 所示。

第1章 绪 论

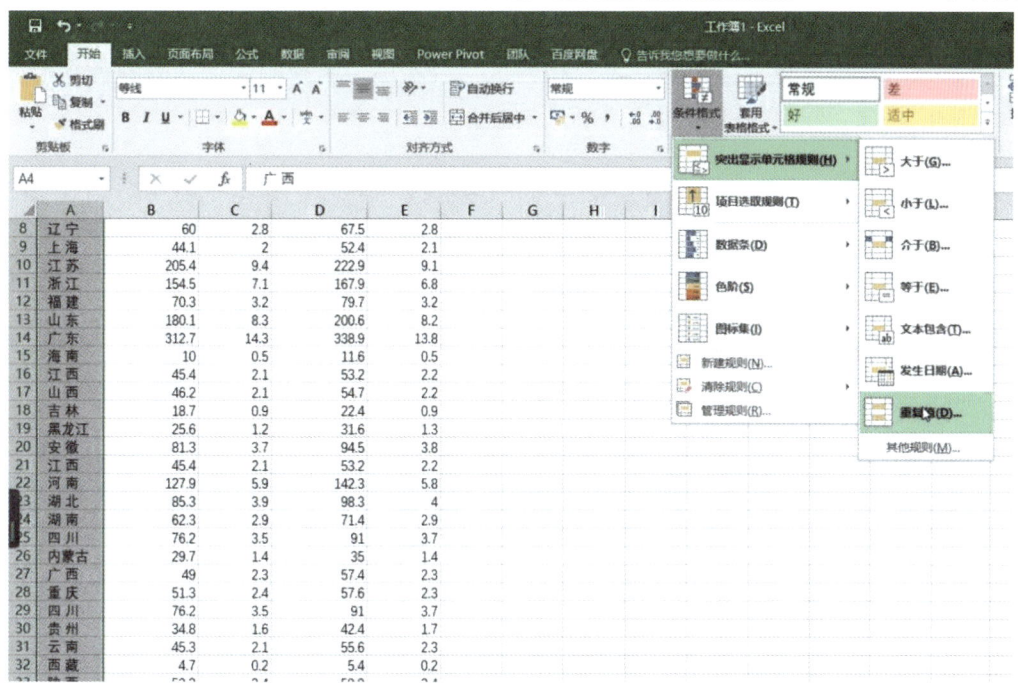

图 1-14　选中想要删除重复项的值

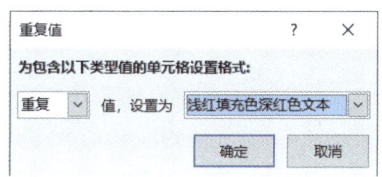

图 1-15　设置单元格格式

步骤 2 全选数据表，在菜单栏中找到"数据"一栏，单击"排序和筛选"中的"排序"按钮，对数据表进行排序，如图 1-16 所示。

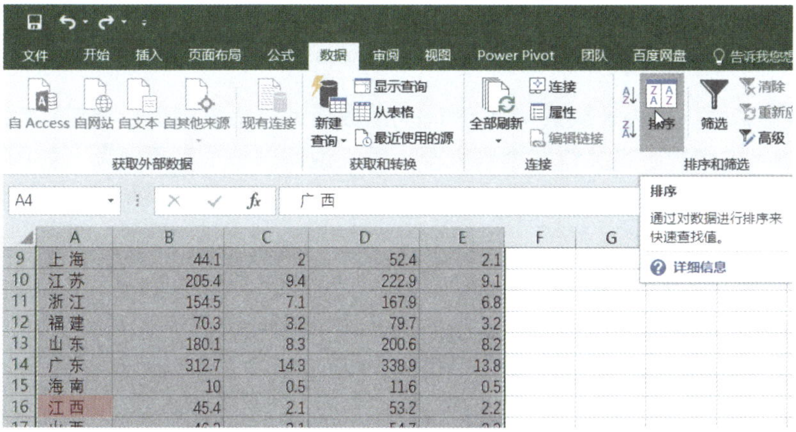

图 1-16　对数据表进行排序

步骤 3 因为刚才选择的是 A 列，所以要在弹出的"排序"对话框中添加主要关键字"列 A"，"排序依据"选择"单元格颜色"，"次序"选择刚才选择的颜色，把它们排在顶端，方便删除重复项，如图 1-17 所示。

图 1-17　选择主要关键字和排序依据

排序结果如图 1-18 所示，随后可以根据自己的需要进行删除或修改。

图 1-18　排序结果

3. 函数法

Excel 的功能十分强大，通过内置函数 COUNTIF()就能帮助我们找到重复项。该函数拥有两个参数，即 COUNTIF(range,criteria)，通过 range 表示要计算其中非空单元格数目的区域，用":"来区分开头和结尾；而 criteria 表示以数字、表达式或文本形式定义的条件。

步骤 1 新增一列用来放置 COUNTIF()函数所计算出来的值，通过 COUNTIF()函数能知道其关键字的个数，当关键字个数大于 1 时，说明这一项有重复项，如图 1-19 所示。

图 1-19　新增一列放置函数值

步骤 2 光标停留在 B4 单元格内，输入“=COUNTIF(A:A,A4)”，按回车键，会计算出函数值。这个式子表示从 A 列到 A 列，计算有 A4 这个单元格里的值的单元格个数，如图 1-20 所示。可以看到 A4 单元格中的值是“广西”，计算出来的函数值表示 A 列中值为“广西”的单元格的个数共有几个，从而查找出重复项。

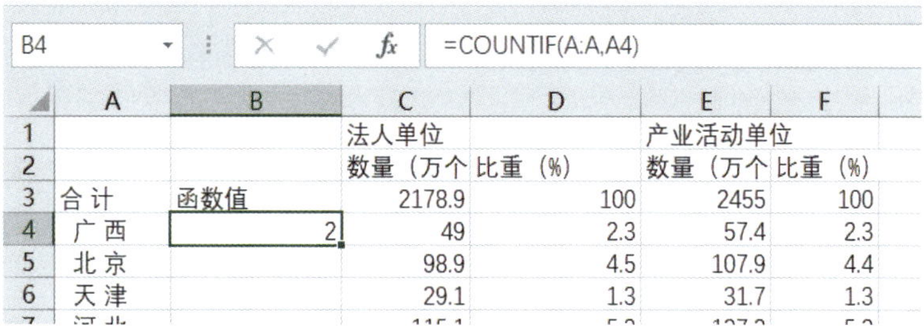

	A	B	C	D	E	F
1			法人单位		产业活动单位	
2			数量（万个	比重（%）	数量（万个	比重（%）
3	合 计	函数值	2178.9	100	2455	100
4	广 西	2	49	2.3	57.4	2.3
5	北 京		98.9	4.5	107.9	4.4
6	天 津		29.1	1.3	31.7	1.3

图 1-20　计算函数值

步骤 3 长按单元格右下角的方点下拉，可以依次计算每一行的函数值，计算完成后，在菜单栏中找到“数据”一栏，单击“排序和筛选”中的“排序”按钮，进行关于函数值的排序，如图 1-21 所示。排序后的结果如图 1-22 所示。

图 1-21　关于函数值的排序

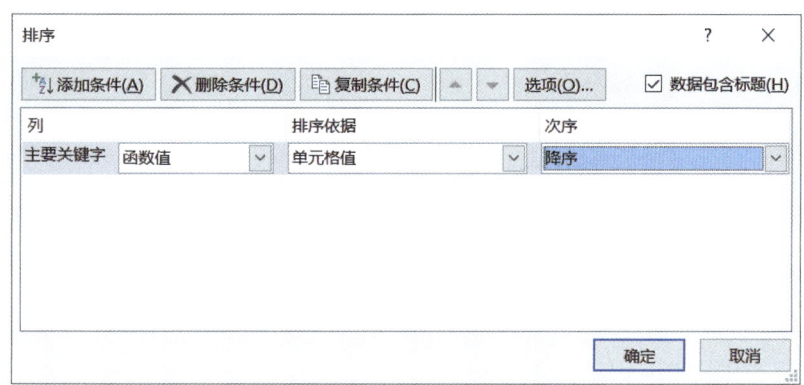

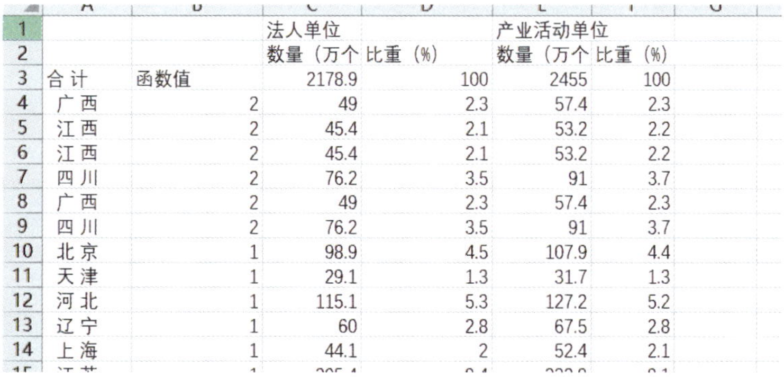

	A	B	C	D	E	F
1			法人单位		产业活动单位	
2			数量（万个	比重（%）	数量（万个	比重（%）
3	合 计	函数值	2178.9	100	2455	100
4	广 西	2	49	2.3	57.4	2.3
5	江 西	2	45.4	2.1	53.2	2.2
6	江 西	2	45.4	2.1	53.2	2.2
7	四 川	2	76.2	3.5	91	3.7
8	广 西	2	49	2.3	57.4	2.3
9	四 川	2	76.2	3.5	91	3.7
10	北 京	1	98.9	4.5	107.9	4.4
11	天 津	1	29.1	1.3	31.7	1.3
12	河 北	1	115.1	5.3	127.2	5.2
13	辽 宁	1	60	2.8	67.5	2.8
14	上 海	1	44.1	2	52.4	2.1

图 1-22　排序后的结果

1.2 数据可视化概述

1.2.1 可视化认知

数据可视化是指以图形、图表或其他视觉格式表示数据或信息。它将数据与图像的关系进行通信。这一点很重要，因为它能更容易地看到数据的趋势和模式。随着大数据的兴起，我们需要解释越来越多的数据。因此，数据可视化不仅对数据科学家和数据分析人员很重要，而且对于任何职业都很有必要。无论是金融、营销、技术、设计还是其他领域，基本都需要可视化数据。这一事实显示了数据可视化的重要性。

数据可视化通俗来讲就是将抽象数字的集合转换为读者或观众能快速掌握和理解的形状及形式。最好的数据可视化就是直观地传达这种理解，观看者能立即理解数据所表达的意思，无须过多思考。这类演示能让观看者更充分地考虑数据的含义，包括它讲述的故事、揭示的见解，甚至是它提供的警告。

数据可视化的历史可以追溯到17世纪的地图和图形到19世纪初饼图的发明，使用图片来理解数据的概念已经存在了几个世纪。几十年后，当查尔斯·米纳德绘制拿破仑入侵俄罗斯的地图时，统计图形被引用最多的例子之一发生了。地图描绘了军队的规模及拿破仑从莫斯科撤退的路径，并将这些信息与温度和时间尺度联系起来，以便更深入地了解这一事件。

1.2.2 数据可视化图表

简而言之，数据可视化是图形或图文格式中数据的表示。它能让决策者在视觉布局中查看复杂的分析，以便其能够识别新模式或者迸发新的想法，从而在市场竞争中快人一步、更胜一筹。

一般来说，数据可视化基本用图表来进行展示。一些最常见的数据可视化图表包括但不仅限于：

1. 柱状图

柱状图是最常见的数据可视化图表之一，它是显示不同数据集之间的比较中最简单也是历史最悠久的方法。如图1-23所示，柱状图包括水平 X 轴的数据标签，在垂直 Y 轴上显示测量的指标或值。Y 轴通常从0开始，与图表中最大的测量值高度相同。

2. 折线图

折线图适合二维的大数据集，旨在显示随时间变化的趋势、进度或变化。因此，当数据集是连续的，而不是充满断点时，折线图能发挥出它最大的效果。与柱状图相同，

折线图的 X 轴表示数据标签，而测量值在 Y 轴上，如图 1-24 所示。但是要避免绘制太多的折线，否则会导致图形看起来更加复杂，而进行数据可视化处理的目的就是能一目了然地分析问题，这样则会本末倒置。

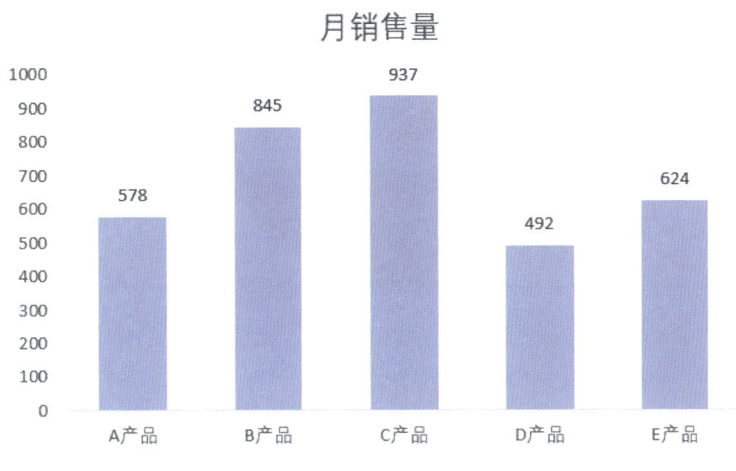

图 1-23　柱状图

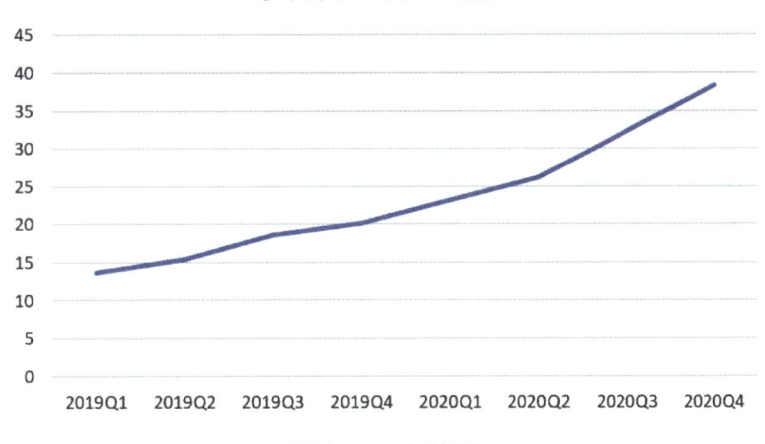

图 1-24　折线图

3. 饼图

饼图常用于统计，显示一个数据系列中各项的大小与各项所占的比例。饼图中的数据点显示为整个饼图的百分比，如图 1-25 所示。使用饼图，可以比较值、测量每个值的组成及分析数据分布。饼图表示一个静态数字，这些在数字营销中特别有帮助，比如市场份额、营销支出、客户统计、设备使用情况等。当然分化最好不要太多，应当限制说明的类别数量，原因同折线图。

商务数据可视化

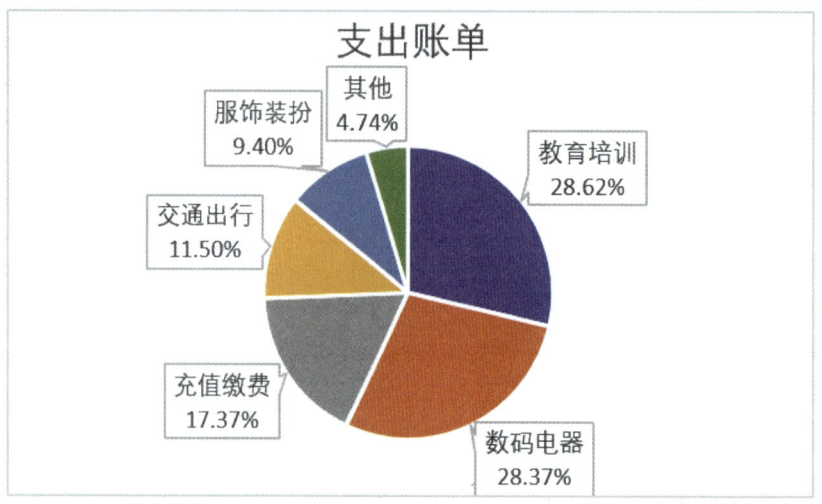

图 1-25　饼图

除以上阐述的三类最常见的可视化图表以外,还有很多其他的可视化图表,如条形图、散点图、圆环图、旭日图、树状图、箱线图、雷达图、热力图等,以及各种基本可视化图表的结合,如复杂一些的特殊图表和动态图表。这些图表在后面会一一详细地介绍,此处不再赘述。

1.2.3　Excel 数据可视化的形式

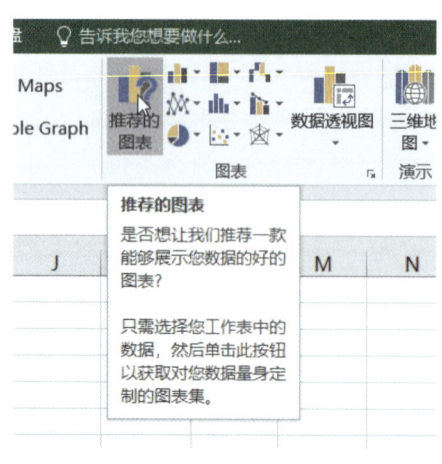

图 1-26　推荐的图表

本书主要以 Excel 2016 作为数据可视化的工具,介绍如何利用 Excel 制作具有说服力的分析图表,能让 Excel 图表初学者快速掌握图表技术,同时使有一定基础的 Excel 使用者温故而知新。

Excel 可以用图表对任何一组数据进行图形表示。图表是数据的可视化表示,Excel 为使用者提供了许多图表类型,使用者可以选择适合所选数据的图表类型,也可以使用 Excel"推荐的图表"选项查看自定义为数据的图表,选择其中一种。选中想要做成图表的数据,单击"推荐的图表"选项,Excel 会生成几种适合用户数据的图表,如图 1-26、图 1-27 所示。

接下来用一个简单的例子进行 Excel 数据可视化形式的展示,来直观地讲述未进行数据可视化和进行数据可视化处理的区别。先来看未进行数据可视化处理的表格,如图 1-28 所示,当表格数据量更多时,很难一眼看出这些数据的规律,因此要进行数据可视化处理。

选中表格,单击工具栏中的"推荐的图表"选项,选择合适的图表,能很轻松地生成数据可视化图表,如图 1-29 所示。

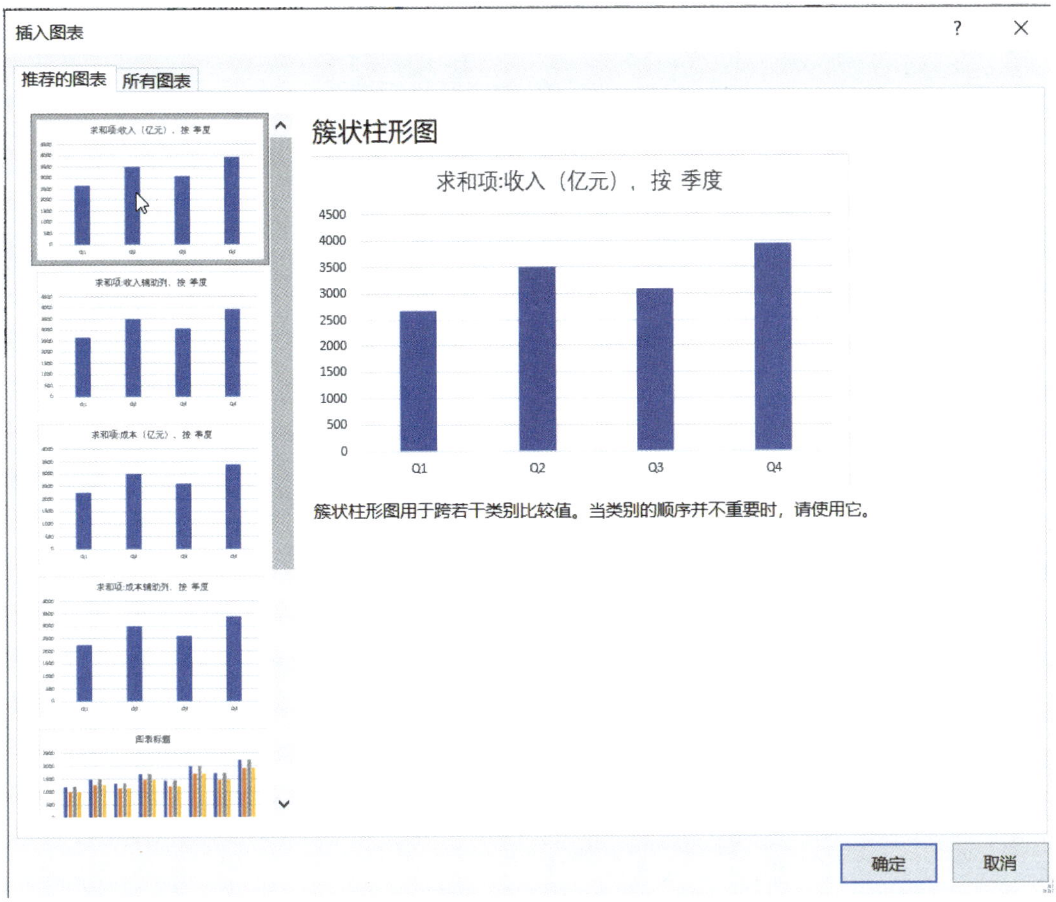

第1章 绪 论

图1-27 插入图表

	目标利润（元）	实际利润（元）
季度1	2727	3358
季度2	3860	3829
季度3	3169	2374
季度4	3222	3373

图1-28 未进行数据可视化处理的表格

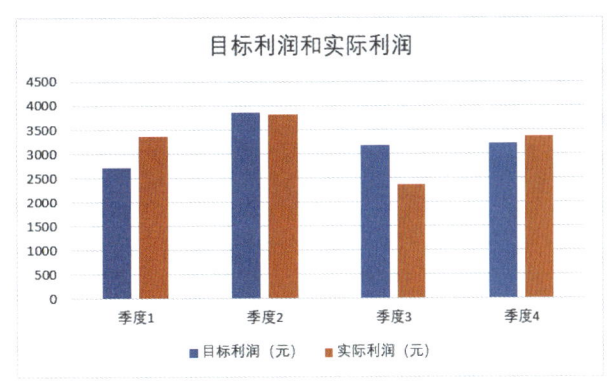

图1-29 数据可视化图表

从图表中可以很清楚地看出每个季度的目标利润和实际利润的差距，这就是Excel数据可视化的形式。通过对特定数据进行合适的可视化处理，从而形成直观、一目了然的数据可视化形式，其他图表的数据可视化形式会在后面详细讲述。

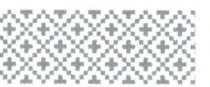

1.3 商务应用案例

1.3.1 案例 1：销售数据的预处理

【背景材料】本案例采用“2021 年 1—2 月份商品零售数据”进行销售数据预处理的演示，如图 1-30 所示。

	A	B	C	D	E
1	指 标	绝对量			
2		1—2月	同比增长（%）		
3		（亿元）			
4	商品零售	62651	30.7		
5	汽车类	6661	77.6		
6	粮油、食品类	2828	10.9		
7	化妆品类	558	40.7		
8	石油及制品类	2738	21.9		
9	服装鞋帽、针纺织品类	2262	47.6		
10	家用电器和音像器材类	1152	43.2		
11	汽车类	6661	77.6		
12	日用品类	1093	34.6		
13	通讯器材类	1005	53.1		
14	中西药品类	879	16.9		
15	烟酒类	861	43.9		
16	化妆品类	558	40.7		
17	汽车类	6661	77.6		
18	金银珠宝类	545	98.7		
19	文化办公用品类	515	38.3		
20	饮料类	439	36.9		
21	家具类	223	58.7		
22	建筑及装潢材料类	221	52.8		
23					
24					

图 1-30 2021 年 1—2 月份商品零售数据

【分析过程】

步骤 1 对数据进行清洗，单击“数据”→“数据工具”→“删除重复项”，删除数据表中重复的值，如图 1-31 所示。

	A	B	C	D
1	指 标	1—2月		
2		绝对量	同比增长（%）	
3		（亿元）		
4	商品零售	62651	30.7	
5	粮油、食品类	2828	10.9	
6	饮料类	439	36.9	
7	烟酒类	861	43.9	
8	服装鞋帽、针纺织品类	2262	47.6	
9	化妆品类	558	40.7	
10	金银珠宝类	545	98.7	
11	汽车类	6661	77.6	
12	日用品类	1093	34.6	
13	家用电器和音像器材类	1152	43.2	
14	中西药品类	879	16.9	
15	文化办公用品类	515	38.3	
16	家具类	223	58.7	
17	通讯器材类	1005	53.1	
18	石油及制品类	2738	21.9	
19	建筑及装潢材料类	221	52.8	
20				
21				

图 1-31 删除重复项后的数据

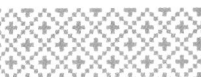

步骤 2 对数据表进行空值查找和填充，在“开始”菜单中的“查找与选择”选项下选择“空值”，选出的空值对表格数据的表达没有影响，即未发现重复记录，如图 1-32 所示。

	A	B	C	D
1	指 标	1—2月		
2		绝对量	同比增长（%）	
3		（亿元）		
4	商品零售	62651	30.7	
5	粮油、食品类	2828	10.9	
6	饮料类	439	36.9	
7	烟酒类	861	43.9	
8	服装鞋帽、针纺织品类	2262	47.6	
9	化妆品类	558	40.7	
10	金银珠宝类	545	98.7	
11	汽车类	6661	77.6	
12	日用品类	1093	34.6	
13	家用电器和音像器材类	1152	43.2	
14	中西药品类	879	16.9	
15	文化办公用品类	515	38.3	
16	家具类	223	58.7	
17	通讯器材类	1005	53.1	
18	石油及制品类	2738	21.9	
19	建筑及装潢材料类	221	52.8	
20				
21				

图 1-32　空值查找和填充

步骤 3 根据问题通过单击“数据”→“排序和筛选”对商品零售的绝对量和同比增长进行排序。选中商品类目和指标数据，在“排序和筛选”中自定义“筛选”，根据需求添加关键字进行排序，可以得出主要关键字为“绝对量”的排序，预处理完成的表格如图 1-33 所示。

	A	B	C	D
1	指 标	绝对量		
2		1—2月	同比增长（%）	
3		（亿元）		
4	商品零售	62651	30.7	
5	汽车类	6661	77.6	
6	粮油、食品类	2828	10.9	
7	石油及制品类	2738	21.9	
8	服装鞋帽、针纺织品类	2262	47.6	
9	家用电器和音像器材类	1152	43.2	
10	日用品类	1093	34.6	
11	通讯器材类	1005	53.1	
12	中西药品类	879	16.9	
13	烟酒类	861	43.9	
14	化妆品类	558	40.7	
15	金银珠宝类	545	98.7	
16	文化办公用品类	515	38.3	
17	饮料类	439	36.9	
18	家具类	223	58.7	
19	建筑及装潢材料类	221	52.8	
20				

图 1-33　预处理完成的表格

1.3.2 案例2：财务数据的预处理

【背景材料】本案例采用2020年1—8月份部分规模以上工业企业主要财务指标表，如图1-34所示。

	A	B	C	D	E	F	G	H
1	分 组	营业收入		营业成本		利润总额		
2		1—8月	同比增长	1—8月	同比增长	1—8月	同比增长	
3		(亿元)	(%)	(亿元)	(%)	(亿元)	(%)	
4	总计	641977.9	-2.7	541536.4	-2.5	37166.5	-4.4	
5	其中：采矿业	24072.5	-10.6	17865.5	-5.4		-38.1	
6	制造业		-2.4	479030.4	-2.4	31415.5	-1	
7	电力、热力、燃气及水生产和供应业	50914.9	-1.5	44640.6	-1.7	3415	0.9	
8	其中：国有控股企业	171804.5	-3.6	141432	-2.6	9509.4	-17	
9	其中：股份制企业	478398.4	-2.5		-2.3	26340.8	-5.2	
10	外商及港澳台商投资企业	145961.1	-2.8	122284.2	-2.7	10384.4	-0.4	
11	其中：私营企业	220933.7	-2.4	191324.3	-2.6	10699.7	-3.3	

图1-34　2020年1—8月份部分规模以上工业企业主要财务指标表

【分析过程】

单击"数据"→"数据工具"→"删除重复项"，删除表格中的重复值，通过查找发现表格中有三个空值，该表数据量较小，可以选择手动输入缺失值。大多数情况下，缺失的值必须用手工填入（即手工清理）。当然，某些缺失值可以从本数据源或其他数据源推导出来，这就可以用平均值、最大值、最小值或更为复杂的概率估计代替缺失的值，从而达到清理的目的。可根据需求进一步调整营业收入、营业成本和利润总额的排序，注意要同时选中分组和数据值，本例不再赘述。填充缺失值后的数据表如图1-35所示。

	A	B	C	D	E	F	G	H
1	分 组	营业收入		营业成本		利润总额		
2		1-8月	同比增长	1-8月	同比增长	1-8月	同比增长	
3		(亿元)	(%)	(亿元)	(%)	(亿元)	(%)	
4	总计	641977.9	-2.7	541536.4	-2.5	37166.5	-4.4	
5	其中：采矿业	24072.5	-10.6	17865.5	-5.4	2336	-38.1	
6	制造业	566990.5	-2.4	479030.4	-2.4	31415.5	-1	
7	电力、热力、燃气及水生产和供应业	50914.9	-1.5	44640.6	-1.7	3415	0.9	
8	其中：国有控股企业	171804.5	-3.6	141432	-2.6	9509.4	-17	
9	其中：股份制企业	478398.4	-2.5	403989.9	-2.3	26340.8	-5.2	
10	外商及港澳台商投资企业	145961.1	-2.8	122284.2	-2.7	10384.4	-0.4	
11	其中：私营企业	220933.7	-2.4	191324.3	-2.6	10699.7	-3.3	

图1-35　填充缺失值后的数据表

第 2 章
Excel 图表的设计规范与美化

【章节目标】

1. 了解数据图表的基础制作方法及相关指令。
2. 掌握数据图表的设计原则及配色原理。

【学习重点、难点】

重点：掌握数据图表的基础制作方法。

难点：掌握商务图表的美化规范。

【思维导图】

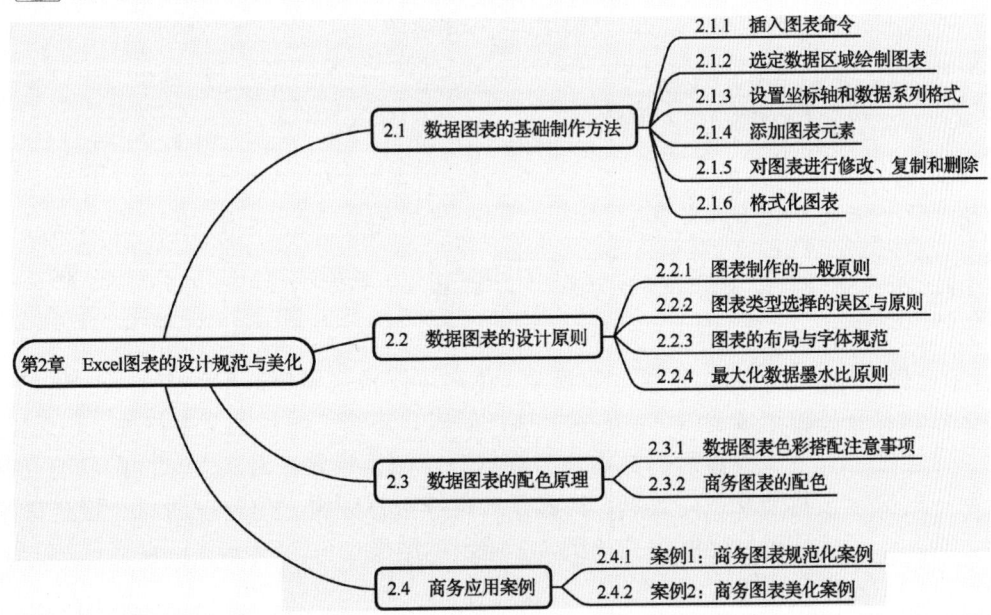

商务数据可视化

2.1 数据图表的基础制作方法

在上一章中介绍了如何对数据进行采集与清洗,以从纷繁冗杂的原始数据中提取有效的信息,接下来将在此基础上介绍数据图表的基础制作方法,使得经过处理的数据能够直观呈现。

2.1.1 插入图表命令

如果数据区域十分规则,则选择某个单元格或数据区域,然后单击 Excel 上方的"插入",找到"图表"一栏,如图 2-1 所示,即能生成对应的图形。

如果觉得不方便,可以单击"图表"一栏右下角的扩展按钮,找到"所有图表"并从中选择,如图 2-2 所示。

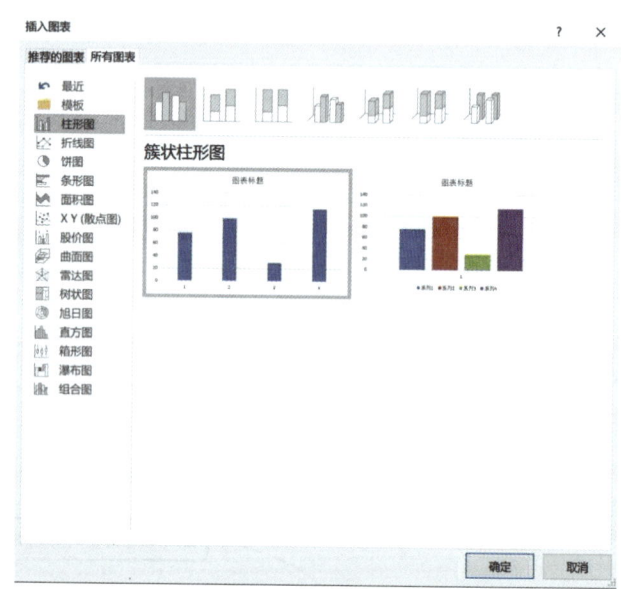

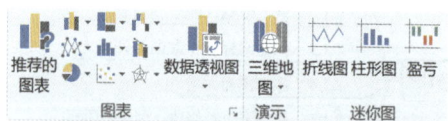

图 2-1 "图表"一栏的命令组　　图 2-2 找到"所有图表"并从中选择

2.1.2 选定数据区域绘制图表

Excel 数据源可以连续,也可以非连续,用户可以根据需要选定对应的数据区域。对连续区域,可直接拖选或者按 Shift 键选择;而对非连续区域,则需要按住 Ctrl 键进行选择。这里把 1.1 节中去重后的数据作为数据源。如果想要查看法人单位排名前五的省份及对应的数量,将涉及两列数据,因此是非连续数据区域,需要按住 Ctrl 键选择两列数据,插入一个柱形图后便能得到如图 2-3 所示的结果。

第2章 Excel图表的设计规范与美化

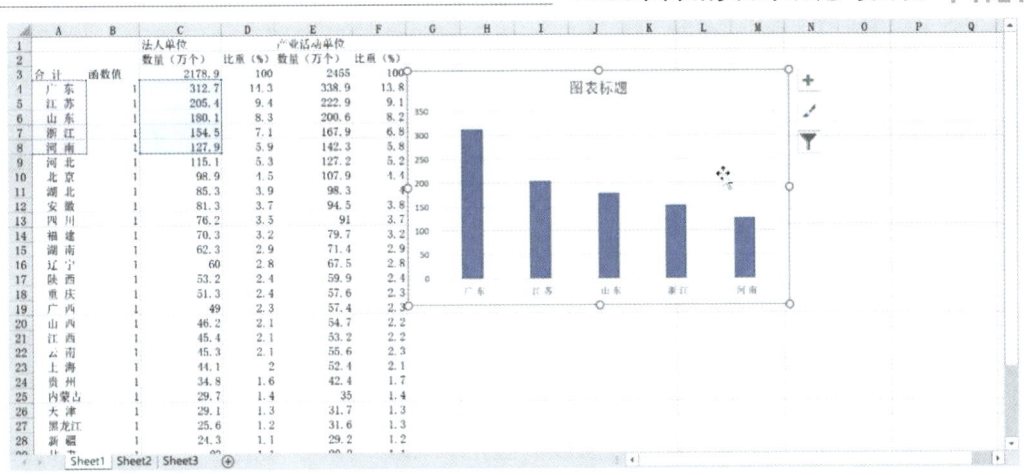

图 2-3　插入一个柱形图后的结果

2.1.3　设置坐标轴和数据系列格式

实际应用中我们时常会根据需求对坐标轴和数据类型进行修改。在第 7 章特殊图表的绘制中会根据不同图表讲述更多具体的方法与技巧。

进行坐标轴格式的设置需要找到"设置坐标轴格式"对话框，一般有三种方法可以打开这个对话框（数据点与数据类型的格式设置与坐标轴类似），如图 2-4 所示。

方法 1：直接双击想要修改的横、纵坐标轴。

方法 2：选择想要修改的坐标轴，右击，在弹出的快捷菜单中选择"设置坐标轴格式"命令，如图 2-5 所示。

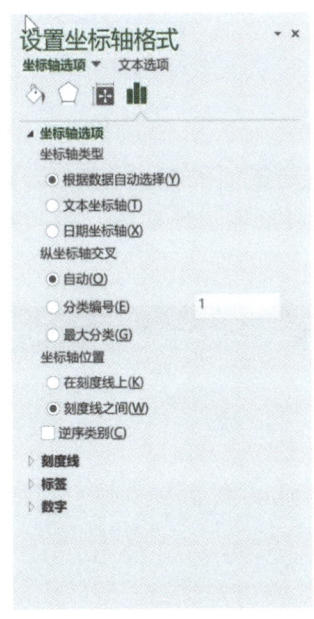

图 2-4　"设置坐标轴格式"对话框　　　　图 2-5　选择"设置坐标轴格式"命令

| 19

商务数据可视化

方法 3：选中坐标轴，找到"格式"选项卡，单击"设置所选内容格式"，如图 2-6 所示。

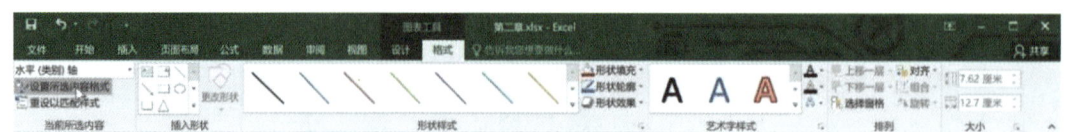

图 2-6　单击"设置所选内容格式"

2.1.4　添加图表元素

自动生成的图表还有部分重要信息没有显示，需要手动添加图表元素，常用的图表元素有坐标轴标题和数据标签。图表元素的添加一般有以下两种方法。

方法 1：找到生成图表右边绿色的"+"，可以快捷添加图表元素，如图 2-7 所示。

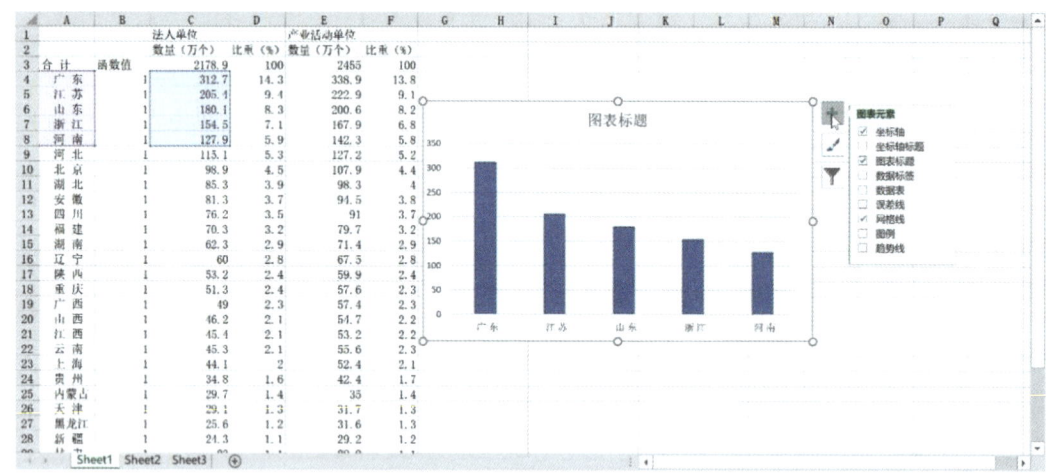

图 2-7　快捷添加图表元素

方法 2：在上方的"设计"选项卡中找到"添加图表元素"，如图 2-8 所示。其中"线条"和"涨/跌柱线"显示为灰色，是因为前者只在堆积柱形图、堆积条形图、折线图中才有，而后者只在折线图中才能使用。

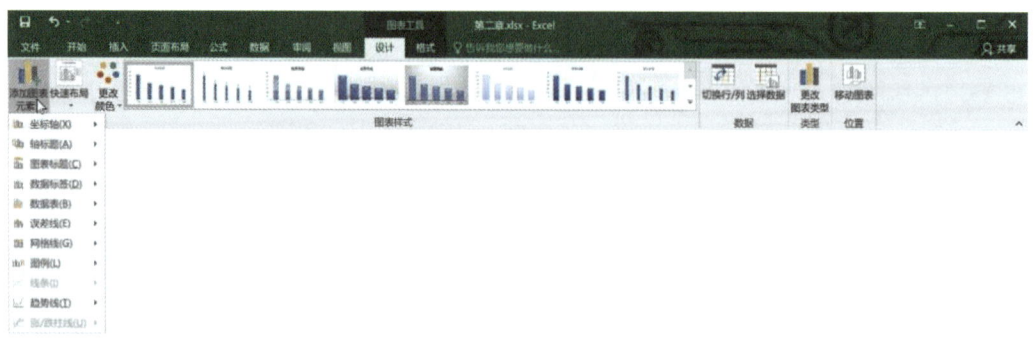

图 2-8　通过"设计"选项卡添加图表元素

2.1.5 对图表进行修改、复制和删除

图表的修改是基础但却很重要的操作,不仅可以帮助用户快速改变呈现图表的类型,而且在高级图表绘制时经常会修改"组合图"来得到想要的结果。图表的修改一般有以下两种方法。

方法 1:选中整个图表并右击,在弹出的快捷菜单中选择"更改图表类型"命令,如图 2-9 所示。

方法 2:在"设计"选项卡中单击"更改图表类型",如图 2-10 所示,打开如图 2-11 所示界面,可以看到有多种图表类型以供选择,还可以导入之前保存的模板。在"组合图"一栏中,由于只选择了一个图表类型,因此无法进行后续操作。

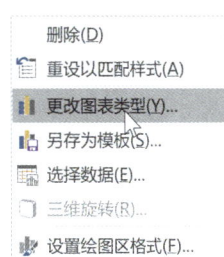

图 2-9 选择"更改图表类型"命令

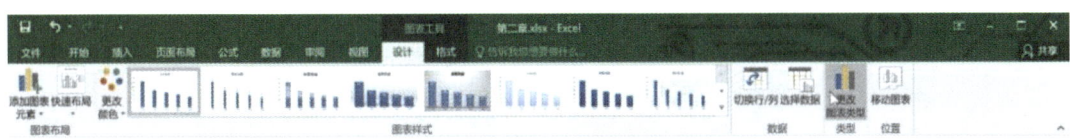

图 2-10 在"设计"选项卡中单击"更改图表类型"

图 2-11 更改图表类型界面

图表的复制和删除也是较为基础的操作。选择图表,按"Ctrl+C"快捷键,然后单击工作表中的某个单元格或另一个工作表中的单元格,再按"Ctrl+V"快捷键,就可以把图表复制到相应的位置。直接选中图表按 Delete 键即可删除图表。

2.1.6 格式化图表

图表格式化和磁盘格式化中的"格式化"含义不一样，这里是对图表进行修饰的一种操作，经过格式化操作能够在突出图表展示重点的同时增加一定的美观度。在学习图表格式化之前需要分清 Excel 中图表的主要分区。

1. 图表区

图表区指整个图表，包括坐标轴、数据、标题等。在"设置图表区格式"对话框中可以更改整个图表的边框颜色、阴影、三维效果，以及图表背景填充颜色、图表文本框边框颜色等。

2. 绘图区

绘图区是由横、纵坐标轴围成的区域图形，也就是数据系列和网格线所在的位置。绘图区格式修改与图表区类似，只是修改范围不同。

3. 数据系列

数据系列是一组数据点组成的集合，例如，在图 2-12 中，所有的柱形组成的集合就是一个数据系列。当单击柱形图时，Excel 会自动选中所有的柱形，即数据系列。

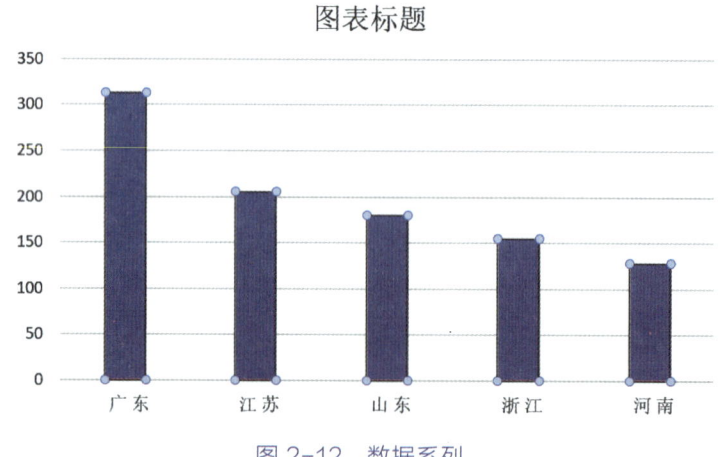

图 2-12　数据系列

4. 数据点

数据点是数据系列的一部分，在图 2-12 中，"广东"这个柱形就是一个数据点。在修改格式时注意与数据系列有所区分。

5. 坐标轴

一般情况下一个二维图表有两个坐标轴，其中横坐标（X 轴）常用来表示分类型数据，而纵坐标（Y 轴）常用来表示数值型数据。一些组合图形中还会用到次坐标轴。坐

第2章 Excel图表的设计规范与美化

标轴的设置非常重要，可以通过辅助数据列及更改坐标格式实现一些高级图表的制作（如第 7 章的多层折线图）。

6. 网格线

网格线是绘图区内的线条，有水平网格线和垂直网格线之分。

以上就是一个基本图表的主要分区结构，对每个分区的格式化操作基本一致，可以通过右击需要修改的区域选择相应的格式进行修改，或者找到上方的"格式"选项卡打开。在后面会根据不同图表具体介绍图表格式化的方法。

2.2 数据图表的设计原则

通过 2.1 节我们了解了数据图表的基本绘制方法及相关概念，在正式开始绘制图表之前，还需要了解数据图表的设计原则，以及图表在商务运用实例中需要注意的点。

2.2.1 图表制作的一般原则

图表制作一般要满足以下原则。

原则 1：根据需要选择合适的图表或表格类型。例如，表格适合列举大量数据，而图表适合直观展示复杂数据，图表又可以分为折线图、柱形图、饼图等，每个数据类型都有对应的展示图表。要根据数据的形式、分布特征等选择相应的图表类型。

原则 2：图表的布局、设计、配色等要基于成果的表达并能突出重点，太多的留空或脏乱的配色等会导致读者在阅读时分心。

原则 3：图表要满足最大化数据墨水比原则（详见 2.2.4 节），即每滴墨水都应当有存在的理由且发挥其最大的价值。

原则 4：图表设计应考虑读者的理解水平，做到图表之间有一定的独立性，使得读者在没有看到正文的情况下也能看懂图表所表达的含义。同时，避免太过复杂的图表或过多的细节展示，以免造成读者的理解困难。

2.2.2 图表类型选择的误区与原则

图表类型选择的主要依据是数据的类型，根据不同相关关系的数据可以选择相应的图表。下面介绍五种主要数据类型及对应的常见图表类型。

组成类数据主要表示每个部分占整体的百分比，常用来展示"占有量""市场份额"等，这时可以使用饼图比较组成及分析数据分布。

趋势类数据常见于时间序列分析中，会随着时间的推移而产生变化，这时可以采用折线图来呈现相等时间间隔下数据的趋势（如公司的季度、年度财政情况）。

商务数据可视化

分布类数据关心数值范围内包括了多少内容，常会伴随"频率分布""集中"等字眼出现，此时可以使用传统的柱形图来展示，X 轴显示分类标签，Y 轴显示对应的数值或指标。同时，对于一些地理位置的分布，可以使用地图的形式。

比较类数据关心数据之间的排名情况，可以按照想要强调的方式任意排序。此时可以采用条形图，比如各省 GDP 数据及排名、公司各部门营收排名情况等。

关系类数据主要关注两个变量之间的关系情况，常会伴随"与……有关""随着……的增长"等字眼出现。此时可以采用散点图或气泡图来表示因变量随自变量变化的大致趋势。

在实际应用中，光是记住以上原则还不够，接下来将通过几个例子，使读者能够规避一些错误。

如果分类变量过多，则应先通过统计的方法归类再使用相关的图表。如图 2-13 中的例子，虽然组成类的数据适合通过饼图呈现，但是变量过多导致每种的占比都不明朗。此时，可以根据实际情况归类或采用条形图的形式呈现，如本例中可以将 31 个省份分成 4~5 个大块。

不是所有的百分比数据都适合采用饼图，如图 2-14 所示，当统计结果中比例出现负数时一定要小心，尽管图表依然看似正常，但是显示数据标签时这张图的意义不明确，此时应该改用柱形图，0 刻度以上表示正增长，以下表示负增长。

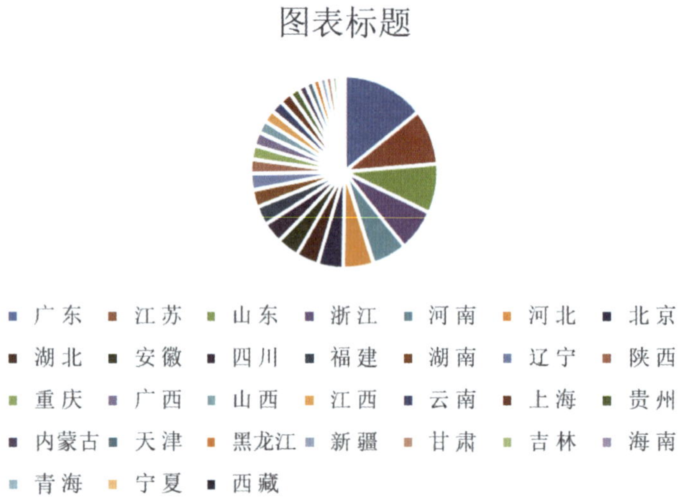

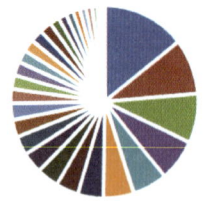

图 2-13　分类变量过多

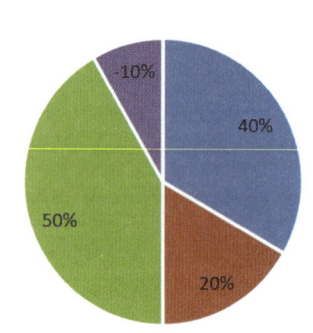

图 2-14　比例出现负数

不要盲目使用图表，如图 2-15 所示，如果数据之间的差距不大，则在柱形图中将无法读出有用信息，此时直接用表格的形式展示数据反而会更好。

此外，有些人会为了炫技做一些复杂的组合图或盲目采用 3D、阴影的效果，图表虽然看似华丽但在商务案例中反而会让读者难以抓住重点。因此，要时刻记住，美化图表的前提是数据能够表达清楚。

第2章
Excel图表的设计规范与美化

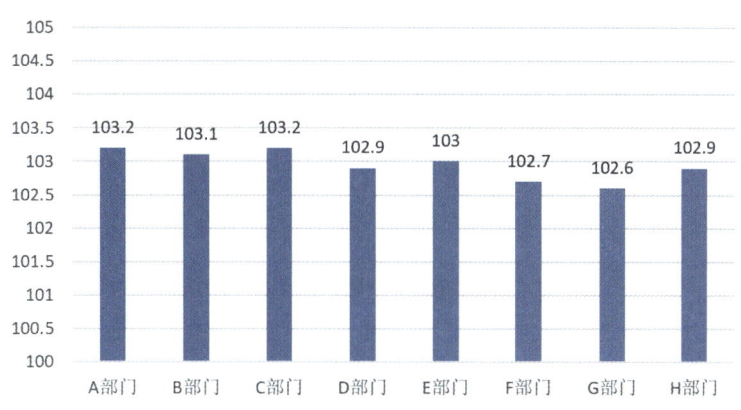

图 2-15　差距不大的数据

2.2.3　图表的布局与字体规范

商务图表的设计除考虑内容外，还应考虑整个图表的布局及相关文字的搭配。

1. 合理布局

无论选择哪种基本图形，Excel默认生成的图表总会以以下形式呈现，即主要由图表区、绘图区和标题组成，如图2-16所示。但这种布局其实是存在一定问题的：绘图区占据过多的位置且两侧存在空白，标题不够明显，空间利用率不够高等。而观察实际的商务图表，以如图2-17所示的《经济学人》的商务图表为例，此图表采用了主标题和副标题使标题突出，在底部增加脚注区加以补充，同时绘图区两侧没有空白，空间利用率高。在实际绘制中，也应该丰富完善图表的布局，保证标题突出，图表要素齐全，图表的空间利用率高，没有过多的留白区域等。

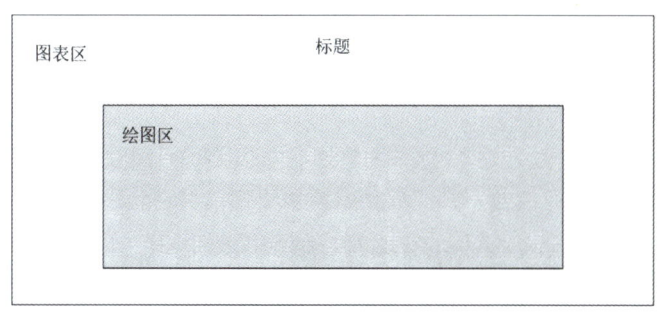

图 2-16　Excel 图表默认布局

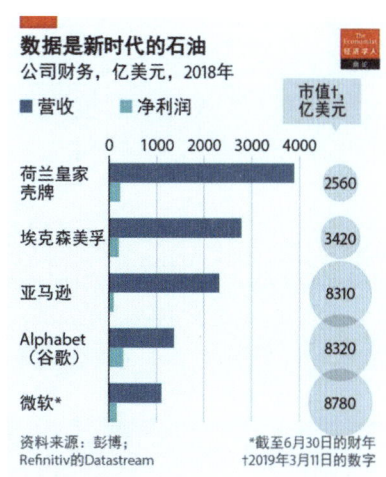

图 2-17　《经济学人》的商务图表布局

2. 使用简洁的字体

商业图表非常注重字体的选择，字体也能直接体现制图者的风格。Excel 2016 的新建文档默认字体为宋体 11 号，一般用户很少会去修改，这样千篇一律的图表字体很难做到效果突出。因此，如果想要修改字体又想避免出错，可以将表格中的数字设置为 Arial 字体，8~10 号大小，中文使用黑体效果较好，而且在其他计算机中显示也不会变形。

2.2.4 最大化数据墨水比原则

著名的世界级视觉设计大师 Edward Tufte 曾在其经典著作 *The Visual Display of Quantitative Information* 中首先提出并定义了 data-ink ratio（数据墨水比）的概念并给出相关的公式。即数据墨水比等于图表中用于数据的墨水量与总墨水量的比值。其中图表中的柱形、折线、扇区等代表数据信息的就属于数据墨水，而网格线、坐标轴、填充色等属于非数据墨水。Edward Tufte 建议尽可能减少非数据墨水来最大化数据墨水比，图表中的每一滴墨水都要有存在的理由，且这个理由是用来展示新的信息。

$$data\text{-}ink\ ratio(数据墨水比) = \frac{amount\ of\ ink\ used\ on\ data（用于数据的墨水量）}{total\ amount\ of\ ink（总墨水量）}$$

以图 2-18 所示两张图为例，图表 2 在图表 1 的基础上标出了数据点，加深了坐标轴颜色并添加了垂直和水平网格线，但在实际观感上却没有图表 1 清晰直观。究其原因，正是由于添加了一些多余的非数据墨水，而使整张图表有些本末倒置，让人抓不到重点。

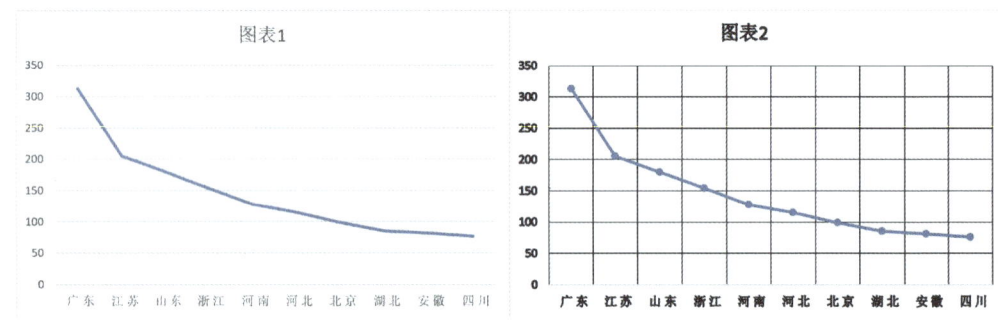

图 2-18　数据墨水比对图表的影响

因此，在实际绘制图表时，非数据墨水应做到清晰可见，但不可过于明显，以突出展示想要获得关注的数据。可以通过消除或减弱非数据元素，如背景、边框、网格线、刻度线和数轴等（如使用较细的线条、较浅的颜色，隐藏主要网格线等），来减少非数据墨水。

2.3　数据图表的配色原理

形成一张正确、规范的图表并不代表图表是完美的，对图表进行美化是非常关键的一步，图表的配色好看与否直接决定了他人对于这张图表的第一印象。良好的图表配色

第2章 Excel图表的设计规范与美化

能在进行数据可视化展示时突出重点，让人清晰明了。

数据图表的色彩搭配大致可以分为三种：单色系、双色系和多色系。接下来会介绍不同色系搭配的注意事项及其优缺点。

2.3.1 数据图表色彩搭配注意事项

1. Excel 的默认配色

尽量不要直接使用 Excel 中生成数据图表时的默认颜色，不仅会让他人觉得你在制作图表时很敷衍，也会让数据可视化结果不够清晰。在 Excel 2016 中，提供了非常多的自带配色方便用户使用。例如，可以在选中图片后，在"图表工具"的"设计"中选择"更改颜色"，如图 2-19 所示。或者可以在"页面布局"的"主题"中，选择更改主题颜色，甚至可以自定义颜色，如图 2-20 所示。

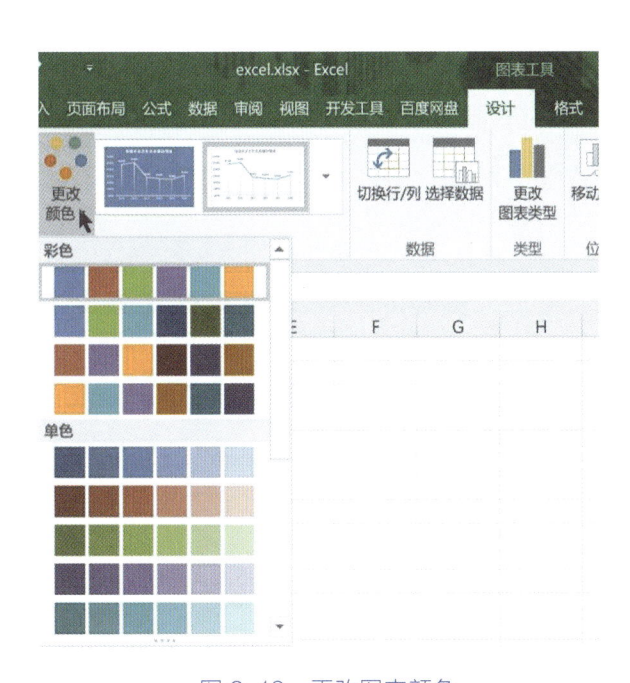

图 2-19　更改图表颜色　　　　图 2-20　更改主题颜色

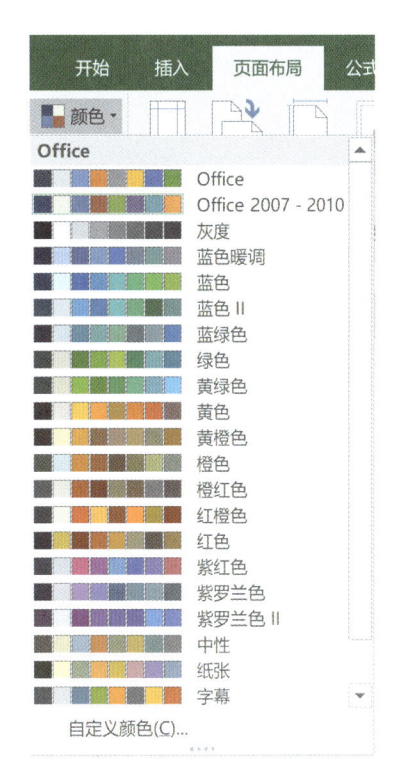

2. 把控颜色深浅

通常情况下，可以通过颜色的深浅来表达数据的强弱和大小，这是数据可视化设计的常用方法，合适的颜色深浅可以使人第一时间观察到哪一部分是重点数据。如果颜色的深浅区分不明显，会使得图形不明晰，甚至还会看错数据。如图 2-21 所示，这是一张快递企业历年业务量的增速图表，可以看到所有的折线都是深色的，会显得十分杂乱无章。

商务数据可视化

快递企业历年业务量的增速

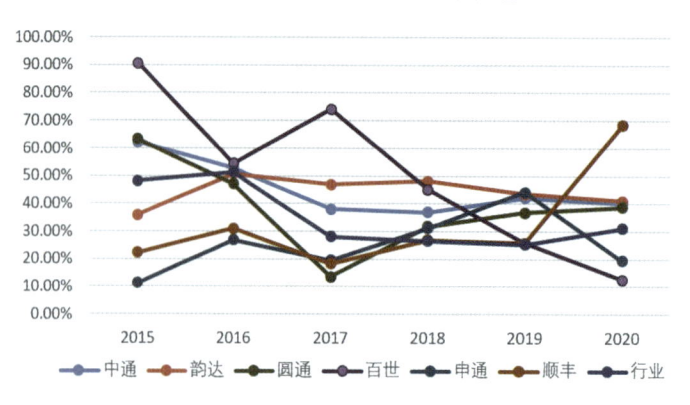

图 2-21　不合适的图表颜色深浅

3. 尽量使用同一色系

如果颜色用得太花，就会让人看不到重点，不理解绘制这张图表的目的，失去了数据可视化的意义。使用同一色系，并且巧妙运用色阶，能够制造自然的视觉过渡效果，十分柔和协调，同时为图表增添视觉上的稳定感。如图 2-22 所示为两张条形图不同色系的对比，从中可以看到，右边使用色阶的条形图形成了从上到下的视觉过渡，让人很清晰地看到颜色越深数据量越大，而颜色越浅数据量越小。

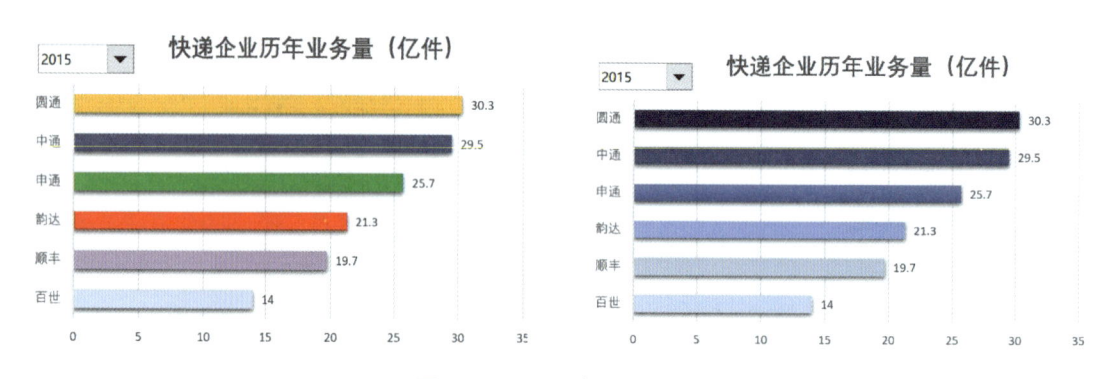

图 2-22　不同色系的对比

4. 避免使用鲜艳的颜色

商务数据的展示不需要过多的花里胡哨的颜色，过于明亮鲜艳的颜色不仅容易使人产生视觉疲劳，而且在商务汇报中也会显得不太正式。冷色调如蓝色，或者色彩饱和度不太高的颜色，都能让人产生值得信赖的感觉，为数据展示增添可信度。不同色彩饱和度的对比如图 2-23 所示。

5. 颜色数量

不要在一张图上使用六种以上的颜色。使用太多的颜色，不仅会造成读者注意力的分散，还会混淆要传达的信息点。

第2章 Excel图表的设计规范与美化

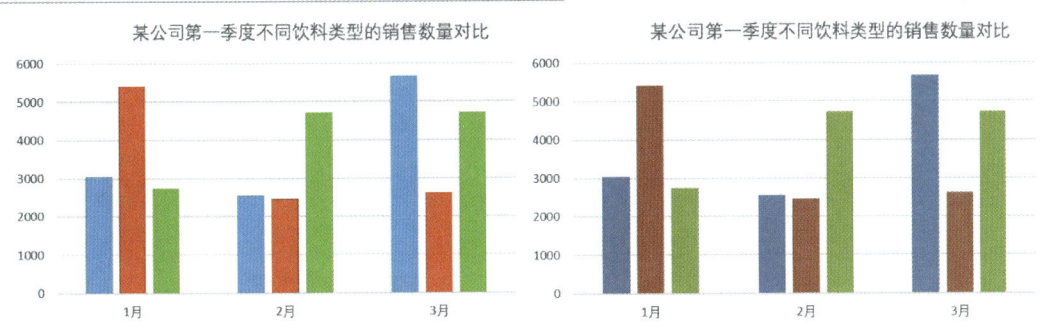

图 2-23　不同色彩饱和度的对比

6. 统一颜色风格

在一份报告中，所有的图表均需保持一致的颜色风格，不断地变换颜色没有意义，也会让其他人眼花缭乱。

2.3.2　商务图表的配色

在平时绘制图表时，只需注意图表的色彩搭配，让图表尽可能美观就可以了。但商务报告中的图表不能那么随意，应尽量做到协调美观。

如果自己绘制不出完美的配色，可以参考一下一些商业杂志上图表的经典配色，如《经济学人》上的图表基本只用深青色、孔雀蓝等深浅明暗的蓝色，一个色系的图表看上去单调却凸显了沉稳，使用深浅变化的配色也能凸显变化的趋势；《商业周刊》则经常采用蓝加红的配色组合，使得整张图表具有很强的视觉冲击力，使用强烈的补色，可以让读者轻易区分不同的数据系列；《华尔街日报》的配色方案从色彩学的角度属于互补色，有较强的对比效果，由于它是一份报纸，经常使用黑白灰的色彩组合。

要想获取这些经典配色，最准确的方法就是拾取颜色。但是 Excel 中并没有拾取颜色的功能，可以通过其他方式来拾取颜色。

方法 1：利用截图，可以使用 QQ 或浏览器上的截图。在截图时移动鼠标，就能看到不同颜色的 RGB 值，将想要的 RGB 值记录下来，如图 2-24 所示。

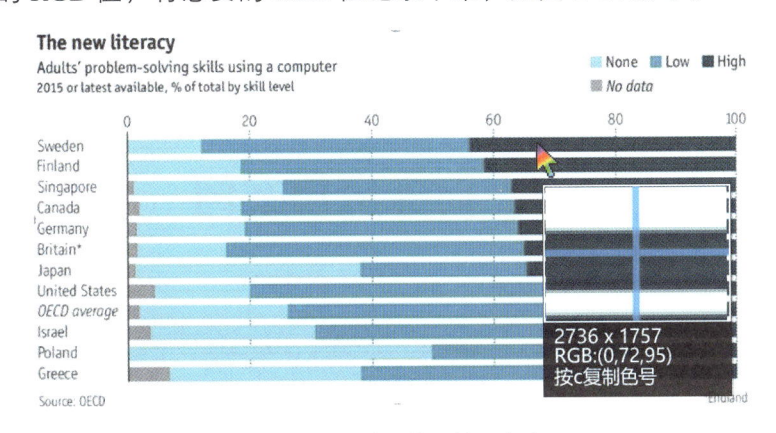

图 2-24　利用截图拾取颜色

商务数据可视化

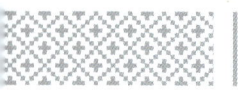

再选中图表，右击，在弹出的快捷菜单中选择"填充"，如图 2-25 所示。选择"其他填充颜色"，在打开的对话框中选择"自定义"模式，可以看到有输入 RGB 值的地方，将刚才获取的数值填入其中，就能拥有相同的颜色，如图 2-26 所示。

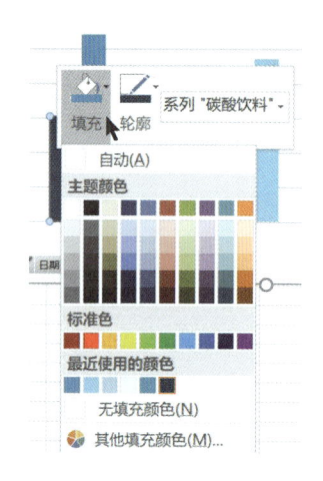

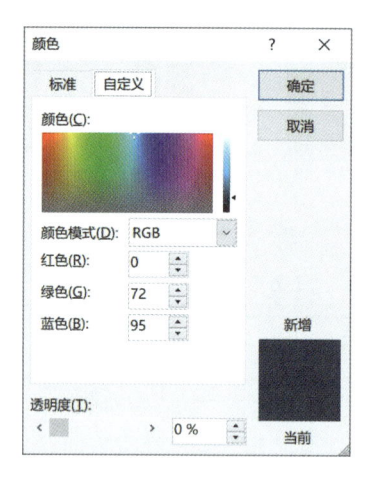

图 2-25　选择"填充"　　　　　　　图 2-26　选择"自定义"模式

使用《经济学人》的配色，最终效果图如图 2-27 所示。

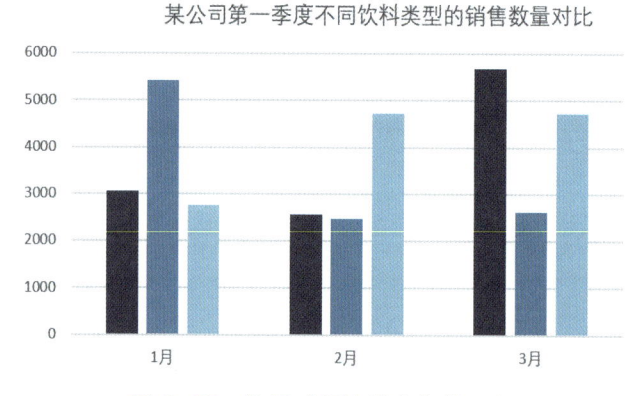

图 2-27　使用《经济学人》的配色

方法 2：下载一个屏幕颜色拾取工具。由于其本质都差不多，此处不再赘述，大家可以自己动手试验一下。

2.4　商务应用案例

2.4.1　案例 1：商务图表规范化案例

【背景材料】某公司新上了一款软件产品，需要统计每月的注册人数与在线的活跃人

第2章
Excel图表的设计规范与美化

数,以便根据发展形势来制定相关决策。原始数据如图 2-28 所示,某员工对相关数据进行可视化分析,得到如图 2-29 所示的原始图表。

某公司产品注册人数与活跃人数

月份	注册人数	活跃人数
1月	50	20
2月	106	80
3月	333	200
4月	799	500
5月	1200	700
6月	2210	1500
7月	6699	5000
8月	12000	6000
9月	15000	7000
10月	14000	7000
11月	18000	9000
12月	20000	10000

图 2-28　原始数据

图 2-29　原始图表

【分析过程】

问题 1：从图 2-29 中可以看出，由于新产品处于导入期时受到的关注很少，注册人数在这张图表上几乎看不见，让人不清楚具体有多少人注册和使用了该产品。

问题 2：这张图表虽然添加了数据标签，但却堆积在了一起，没有达到直观展示数据的目的，反而使得图表看上去更紊乱，为了添加数据而增加数据标签显得得不偿失。

问题 3：这张图表很显然没有满足最大化数据墨水比原则。图表的水平、垂直网格线使用黑色，想要达到分割和对齐数据的目的，但是却掩盖了图表的重点。使用的 3D 效果令横坐标颜色很暗，对于展现图表数据也非常不利。

因此，可以针对上述问题，对这张图表进行优化改造，使其满足图表的规范化要求。

步骤 1　先将水平和垂直网格线的颜色调淡。如图 2-30 所示，打开"图表元素"，在"网格线"下选择"更多选项..."，在弹出的"设置网格线格式"对话框中可以设置合适的颜色及线条粗细等。

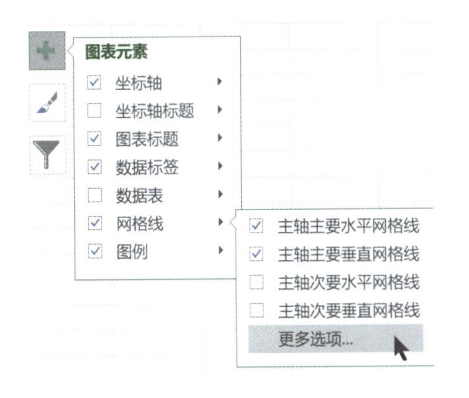

图 2-30　设置网格线

步骤 2　去掉不必要的数据标签。由于有 12 个月的数据，如果把所有数据都放上去就会显得拥挤。因此，这里只保留注册人数的数据，而活跃人数的数据则可以通过与注册人数的柱形图相比大致看出。

步骤 3 修改 3D 效果，选择一个清晰明了的效果图展示。

修改过的柱形图如图 2-31 所示。

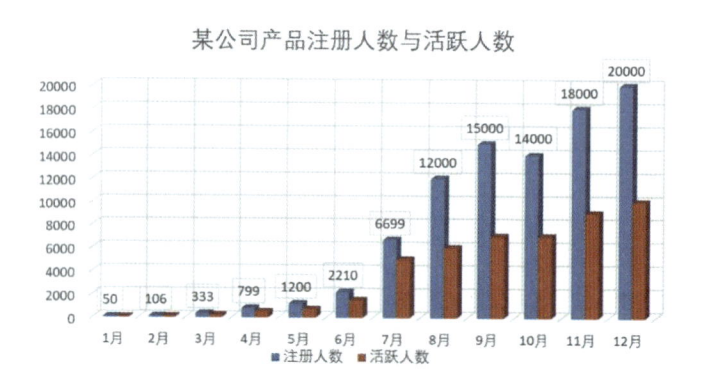

图 2-31　修改过的柱形图

虽然图表规范了，但是前面六个月的数据量太小展示不出来的问题还没有得到很好的解决。这里可以通过更换图表种类，来更清晰地展现数据。

可以将柱形图更换成折线图，更直观地展现注册人数与活跃人数随时间的变化趋势，如图 2-32 所示。

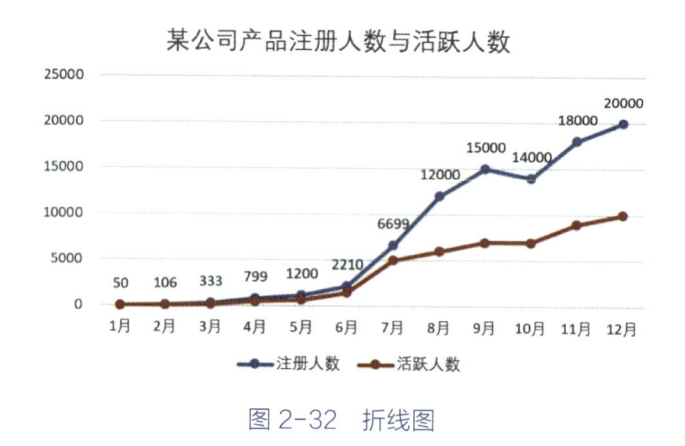

图 2-32　折线图

2.4.2　案例 2：商务图表美化案例

【背景材料】某公司 2020 年五个产品的年销售量如图 2-33 所示，某员工对相关数据进行可视化分析，得到如图 2-34 所示的原始图表。

某公司2020年五个产品的年销售量（万件）

产品A	产品B	产品C	产品D	产品E
4568	6398	5164	4562	1649

图 2-33　原始数据

第2章
Excel图表的设计规范与美化

某公司2020年五个产品的年销售量（万件）

图 2-34　原始图表

【分析过程】

问题：本例数据量少，表现形式简单，图表已经满足规范化的原则，但是看上去平平无奇，不美观又没有突出数据重点，因此还需要对图表进行进一步的美化。

步骤 1　更换图表类型，先将柱形图更换成右边带有不同色彩的柱形图，如图 2-35 所示。

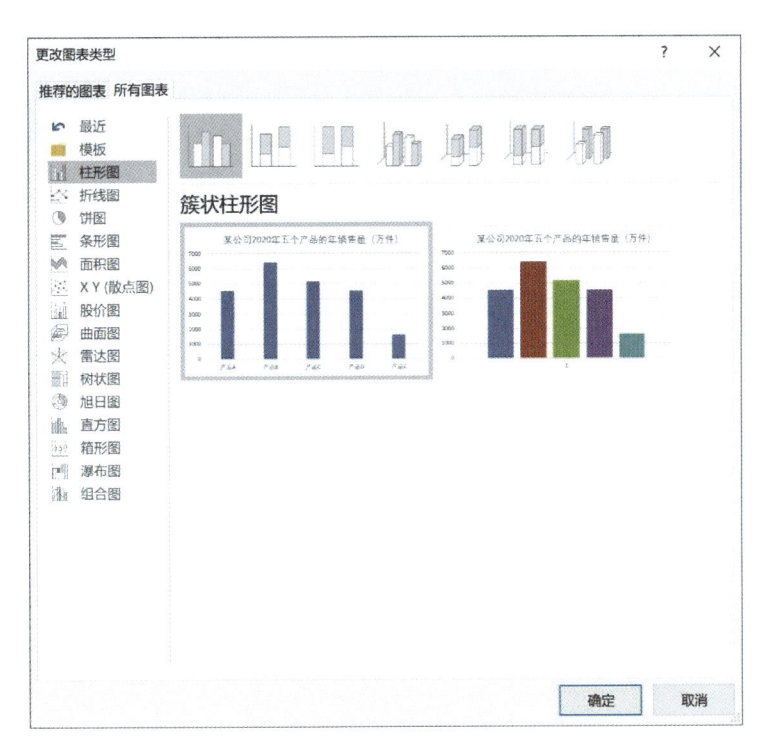

图 2-35　更换图表类型

步骤 2　在"插入"→"形状"中选择适合的形状，这里选择的是三角形，如图 2-36 所示。再设置三角形的大小、颜色和透明度等，将做好的三角形复制成五份，分别做成不同的颜色，如图 2-37 所示。

商务数据可视化

图 2-36　插入三角形

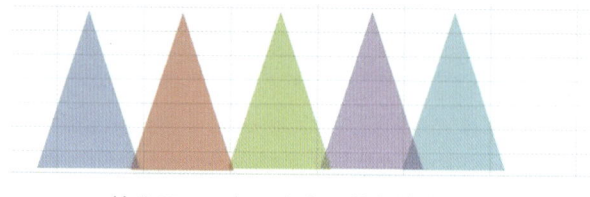

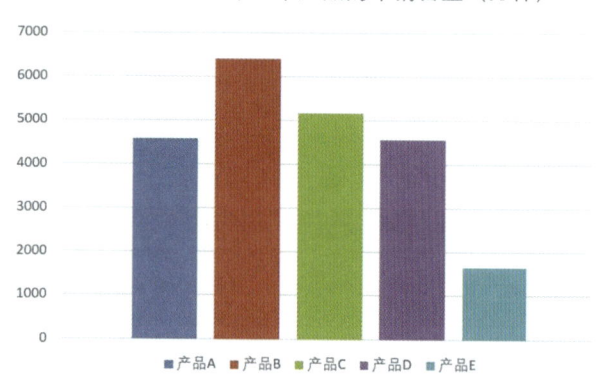

图 2-37　制作五个三角形

步骤 3 将三角形复制、粘贴到柱形图上，用三角形替换长方形，然后取消坐标轴与网格线等，让图表看上去干净、清晰。再在"设置数据系列格式"对话框中设置系列重叠度和分类间距大小，美化后的柱形图如图 2-38 所示。

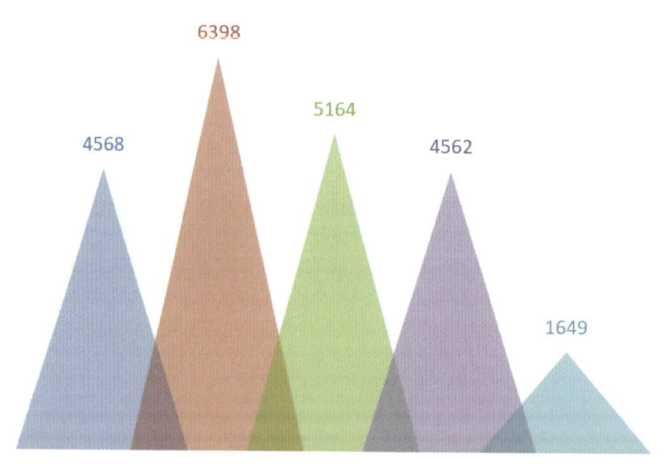

某公司2020年五个产品的年销售量（万件）

图 2-38　美化后的柱形图

第3章
Excel 图表：对比分析图

【章节目标】
1. 掌握柱形图的各种类型及使用方法。
2. 掌握条形图的绘制方法和适用场景。
3. 掌握柱形图和堆积柱形图的组合运用及商务应用。

【学习重点、难点】
重点：掌握柱形图和条形图的绘制方法和适用场景。
难点：理解对比分析图中各类数据可视化图形的绘制方法和适用场景。

【思维导图】

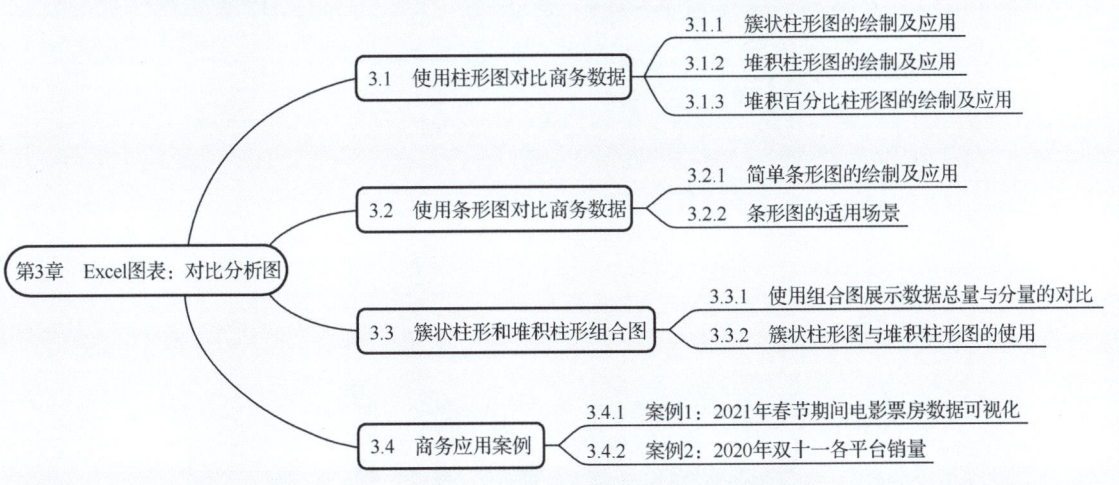

```
                          ┌─ 3.1.1 簇状柱形图的绘制及应用
         ┌─ 3.1 使用柱形图对比商务数据 ─┼─ 3.1.2 堆积柱形图的绘制及应用
         │                │
         │                └─ 3.1.3 堆积百分比柱形图的绘制及应用
         │
         │                ┌─ 3.2.1 简单条形图的绘制及应用
         ├─ 3.2 使用条形图对比商务数据 ─┤
         │                └─ 3.2.2 条形图的适用场景
第3章 Excel图表：对比分析图 ─┤
         │                ┌─ 3.3.1 使用组合图展示数据总量与分量的对比
         ├─ 3.3 簇状柱形和堆积柱形组合图 ─┤
         │                └─ 3.3.2 簇状柱形图与堆积柱形图的使用
         │
         │                ┌─ 3.4.1 案例1：2021年春节期间电影票房数据可视化
         └─ 3.4 商务应用案例 ─┤
                          └─ 3.4.2 案例2：2020年双十一各平台销量
```

3.1 使用柱形图对比商务数据

在对比分析图中,常用的图表有柱形图和条形图,以及这些图表的变形和组合。针对不同的数据场景和数据信息,选择合适的图形进行分析。

柱形图适用于较少的数据系列的对比,如果数据系列太多,图表就会显得拥挤和杂乱,无法清楚地表达出想要传达的信息。

3.1.1 簇状柱形图的绘制及应用

对某淘宝店 A、B、C、D、E 五种产品月销售量进行对比。选中 Excel 表格中的数据,单击"插入"→"所有图表"→"簇状柱形图",得到如图 3-1 所示图表。

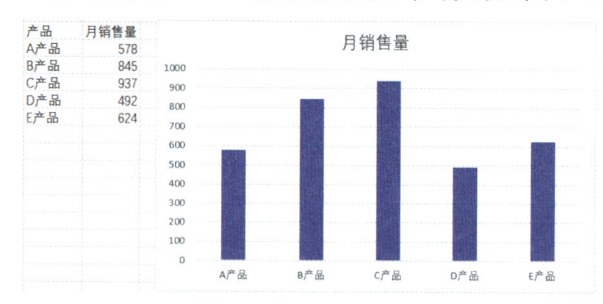

图 3-1 簇状柱形图

步骤 1 设置数据系列的颜色填充。

根据色彩搭配原则,选择合适的颜色进行填充,如图 3-2 所示。

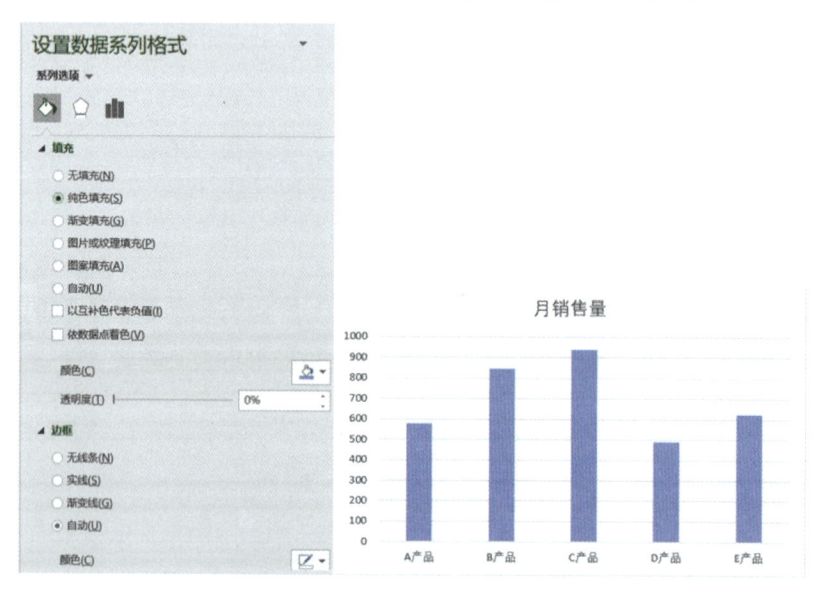

图 3-2 数据系列颜色填充

第3章
Excel图表：对比分析图

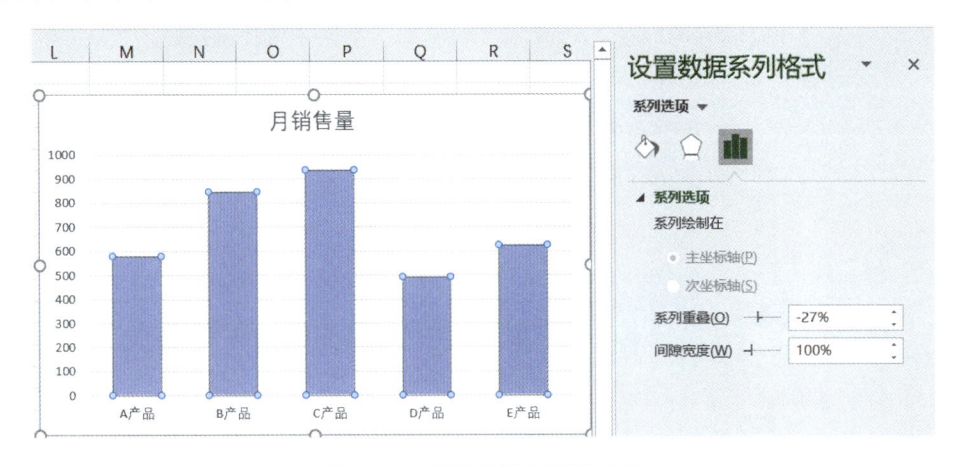

步骤 2 设置系列重叠和间隙宽度。

系列重叠和间隙宽度的默认值分别为-27%和 219%。系列重叠表示不同数据系列柱形是否重叠，对有多个数据系列的柱形图来说，合理设置这个比例可以让图表更清晰；间隙宽度越大，柱形就越窄，此处将间隙宽度设置为100%，如图 3-3 所示。

图 3-3 系列重叠和间隙宽度

步骤 3 设置坐标轴格式。

选择坐标轴，在"设置坐标轴格式"对话框的"坐标轴选项"中，修改最大值、最小值及单位值，在"数字"选项中选择数字类别，本图表中均使用默认值，如图 3-4 所示。

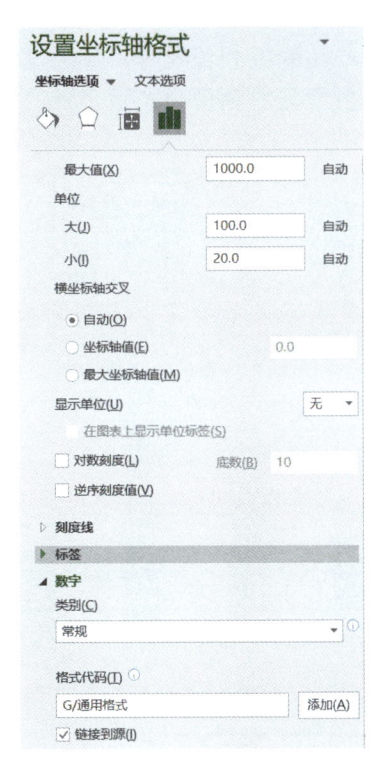

图 3-4 设置坐标轴格式

步骤 4 修改图表元素。

选择图表，单击右上角的加号，可以增加、删除、修改图表元素，如图 3-5 所示。

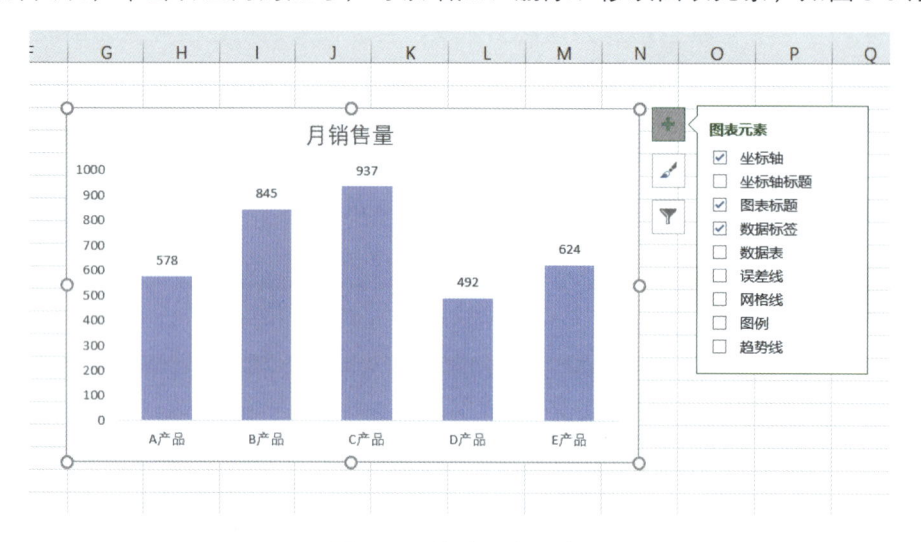

图 3-5　修改图表元素

3.1.2　堆积柱形图的绘制及应用

堆积柱形图主要用于对比分析多个项目，且这些项目的合计数正好是要考察的总数，如分析各地区的销售情况、各产品的毛利情况等。如图 3-6 所示，利用堆积柱形图不仅可以进行总的销量对比，而且各地区的销量也一目了然。

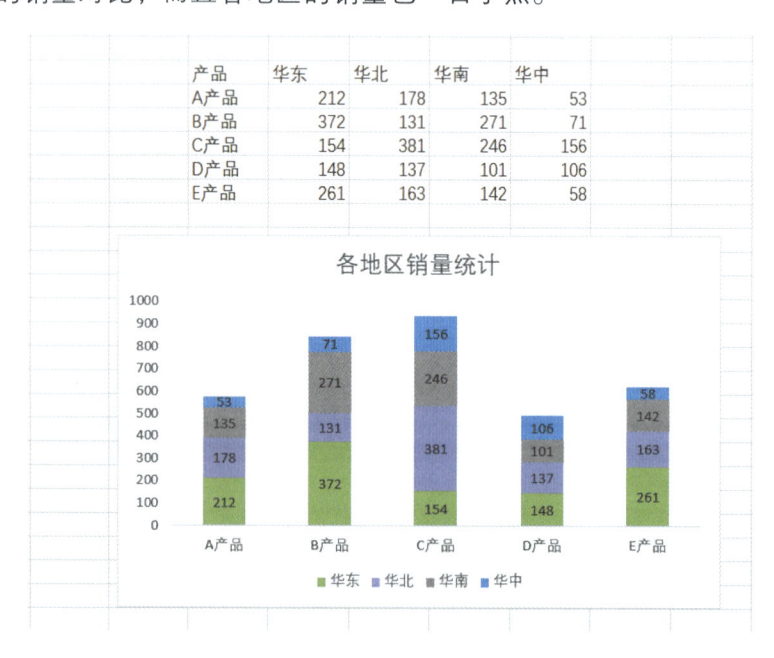

产品	华东	华北	华南	华中
A产品	212	178	135	53
B产品	372	131	271	71
C产品	154	381	246	156
D产品	148	137	101	106
E产品	261	163	142	58

图 3-6　堆积柱形图

3.1.3 堆积百分比柱形图的绘制及应用

堆积百分比柱形图主要用来分析大类中各个项目的占比情况，如图 3-7 所示。

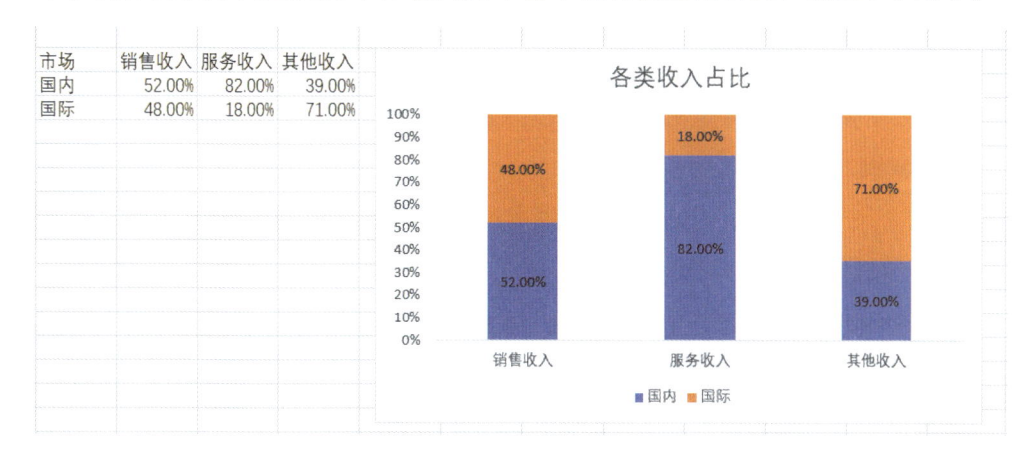

市场	销售收入	服务收入	其他收入
国内	52.00%	82.00%	39.00%
国际	48.00%	18.00%	71.00%

图 3-7　堆积百分比柱形图

3.2　使用条形图对比商务数据

3.2.1 简单条形图的绘制及应用

条形图是柱形图的 90° 转置，在进行对比分析时，如果发现用柱形图总有点不舒服，可以尝试改用条形图，如图 3-8 所示。

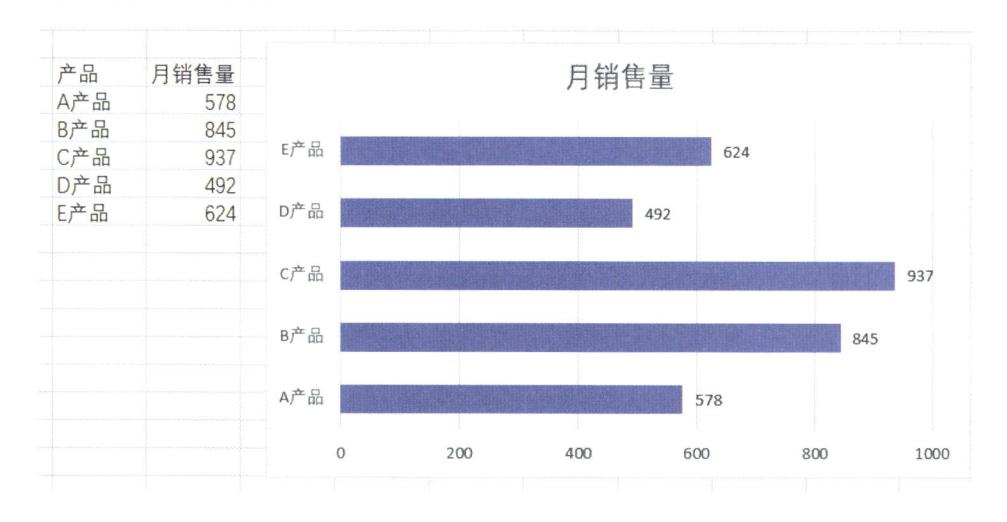

产品	月销售量
A产品	578
B产品	845
C产品	937
D产品	492
E产品	624

图 3-8　插入簇状条形图

商务数据可视化

条形图中,默认的条形图例的项目上下次序正好与工作表的上下次序相反。可以在"设置坐标轴格式"对话框的"坐标轴选项"中,勾选"逆序类别"复选框,使工作表的次序与条形图的次序保持一致,如图 3-9 所示。

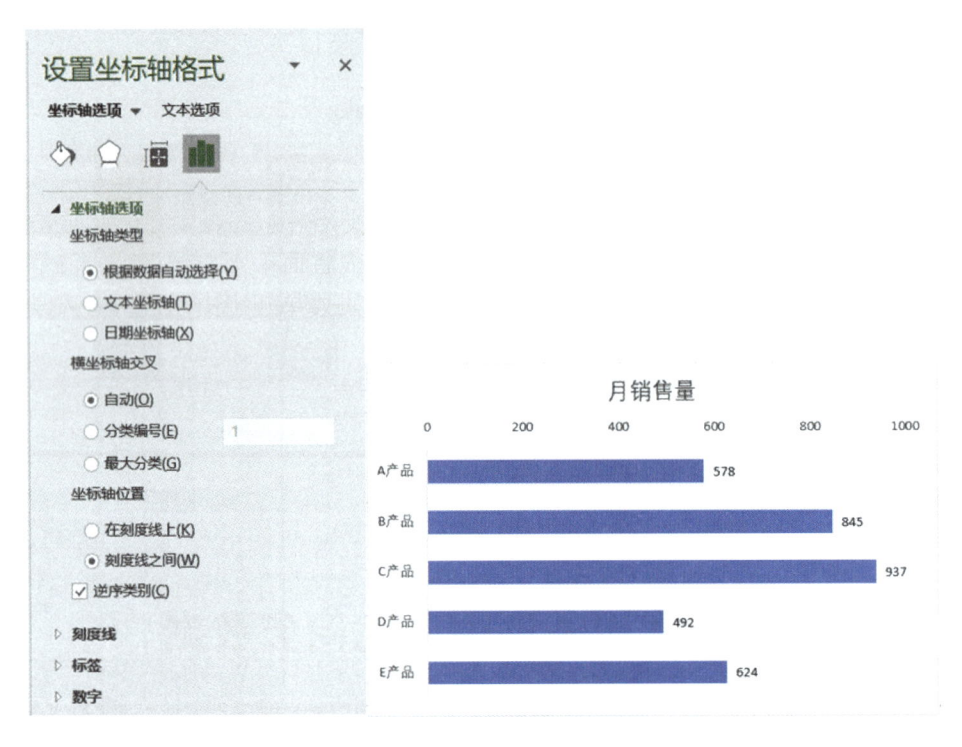

图 3-9 勾选"逆序类别"复选框

3.2.2 条形图的适用场景

如图 3-10 所示是 2019 年 TOP5 网络销售额簇状柱形图,可以看到,使用柱形图时由于客户名称太长,导致分类轴上的名称斜着排列,占据了大部分的图表空间,不仅影响了图表的美观,而且还影响对数据的观察。

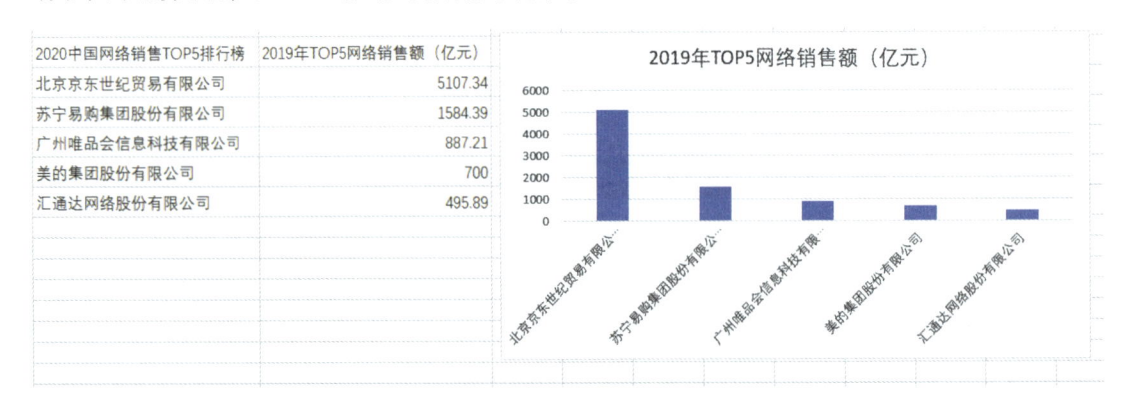

2020中国网络销售TOP5排行榜	2019年TOP5网络销售额(亿元)
北京京东世纪贸易有限公司	5107.34
苏宁易购集团股份有限公司	1584.39
广州唯品会信息科技有限公司	887.21
美的集团股份有限公司	700
汇通达网络股份有限公司	495.89

图 3-10 2019 年 TOP5 网络销售额簇状柱形图

如果绘制成条形图，就更直观清晰，如图 3-11 所示。

2020中国网络销售TOP5排行榜	2019年TOP5网络销售额（亿元）
北京京东世纪贸易有限公司	5107.34
苏宁易购集团股份有限公司	1584.39
广州唯品会信息科技有限公司	887.21
美的集团股份有限公司	700
汇通达网络股份有限公司	495.89

图 3-11　2019 年 TOP5 网络销售额簇状条形图

条形图与柱形图一样，也有很多图表类型，如堆积条形图、堆积百分比条形图等，其使用方法与柱形图一样，这里不再赘述。

3.3　簇状柱形和堆积柱形组合图

3.3.1　使用组合图展示数据总量与分量的对比

组合图称为 Combination Chart，在新版本的 Excel 中也称为 Combo Chart。组合图是两种或以上图表的结合。用户可以通过手动设置或系统内置的图表组合来完成一幅组合图的创建。组合图是对两个相关联的表中的数据在三个数轴（X 轴、Y 轴和一个辅助的 Y 轴）上的刻画。因而，对于混合型数据，用户能通过组合图进行数据的对比分析，观测并以可视化方法标记出图表中较高的数值和较低的数值。下面给出一个堆积柱形图-次坐标轴上的折线图的组合图案例，展现组合图实现后的效果。

如图 3-12（a）所示，给出了某企业 1～9 月的销售数据，包含了利润（Profit）、成本（Expenses）及按人头计数表示每月完成交易的客户数量（Numbers），并用组合图来展示数据，如图 3-12（b）所示。

使用组合图进行数据可视化的一个优点是，可以很好地显示出总量与分量之间的附属关系。为了更好地帮助读者理解组合图的概念，为商务案例的引入和讲解做准备，下面按照步骤介绍如何创建一个基本的组合图及其应用方法。

步骤 1 首先录入原始数据，如图 3-13 所示；然后选中数据区域，并插入一个二维堆积柱形图，用两种颜色反映两个整体各自的量，如图 3-14 所示；最后切换行列，换个角度看数据，聚焦点是堆积柱形图的"堆积"功能，如图 3-15 所示。

商务数据可视化

Month	Profit	Expenses	Numbers
Jan	$23,000.00	$5,000.00	109
Feb	$38,000.00	$8,600.00	108
Mar	$25,000.00	$3,380.00	120
Apr	$19,000.00	$2,346.00	130
May	$40,000.00	$7,800.00	115
Jun	$53,000.00	$9,888.00	280
Jul	$15,000.00	$3,890.00	110
Aug	$36,000.00	$6,780.00	135
Sep	$56,000.00	$3,785.00	190

（a）企业每月的销售数据（客户数量单位：个）

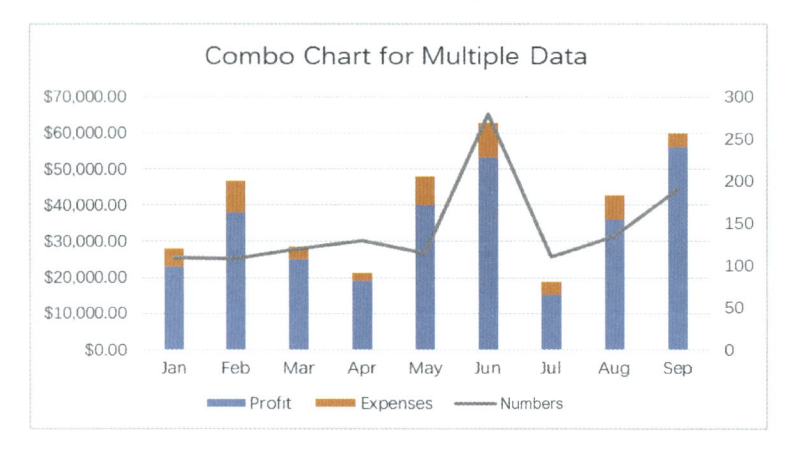

（b）组合图

图 3-12　组合图实例

	A's income	B's income	A's spending	B's spending
Income	100	99	0	0
Spending	0	0	2	3

图 3-13　原始数据

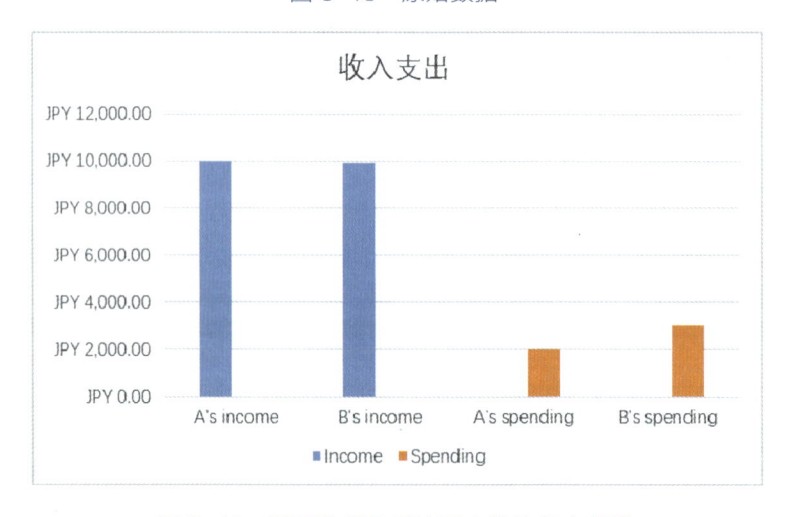

图 3-14　用两种颜色反映两个整体各自的量

第3章
Excel图表：对比分析图

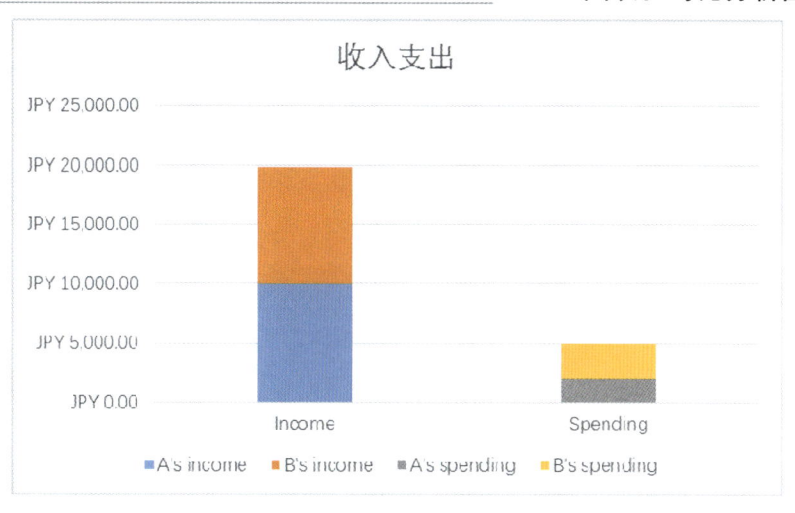

图 3-15　换个角度看数据

步骤 2 在上述基础上添加一系列必要的图表元素，如坐标轴的标题、误差线、数据标签等。有了图表元素，图表看上去会显得比较丰富，添加图表元素后的堆积柱形图如图 3-16 所示。

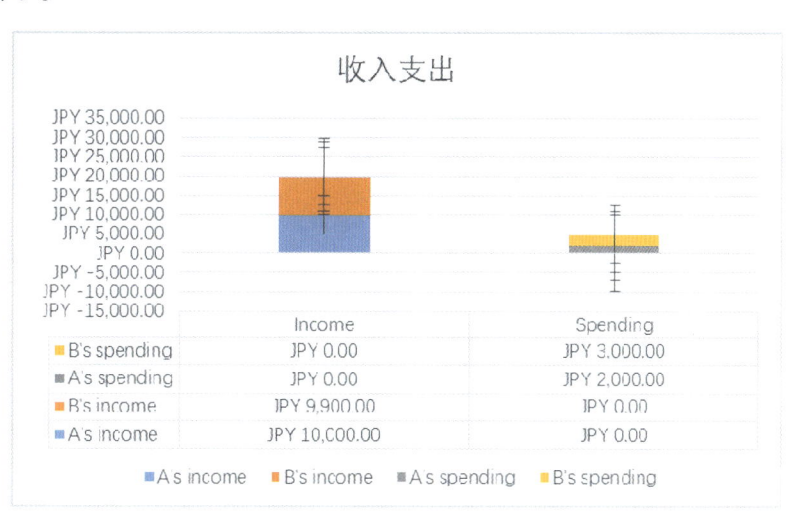

图 3-16　添加图表元素后的堆积柱形图

步骤 3 如图 3-17 所示，当用户自定义的组合图不能满足正确分析数据的要求时，需要添加一些空白的行和列作为标题栏，此时插入的图表才是正确的，如图 3-18 所示。在完成创建图表操作后，多余的空白单元格可以自行删去。

步骤 4 将收入、支出作为堆积的项目，另外增加一列数据表示总计，以折线图方式显示，删去多余内容，如图 3-19 所示。这里为了更清晰地看到各部分数据的对比情况，重新设定了 spending 数据类的内容。

43

商务数据可视化

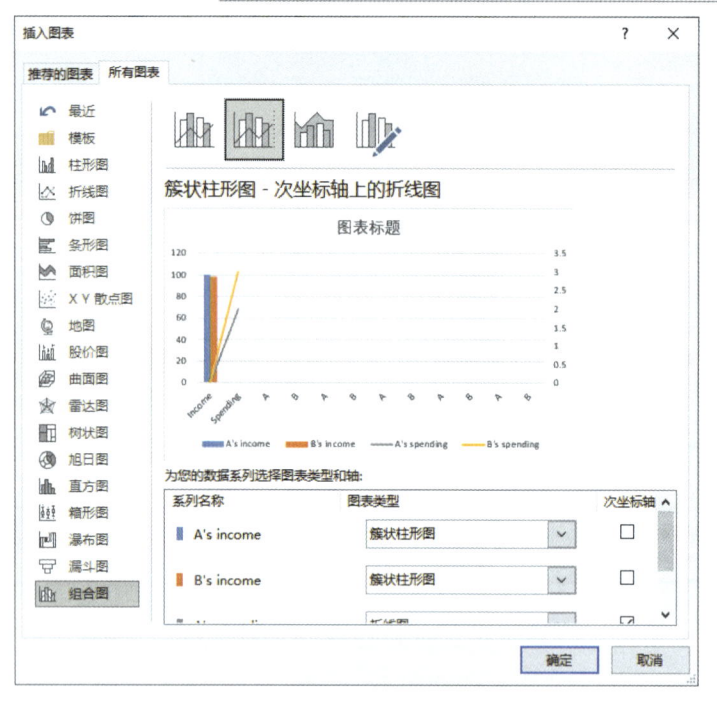

图 3-17 自定义组合图

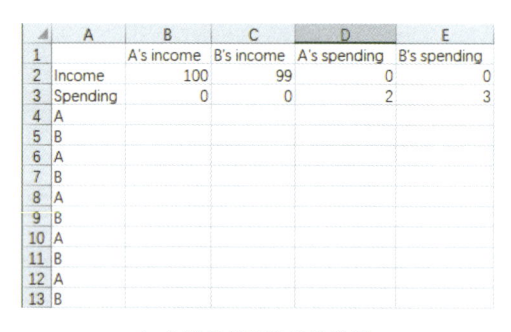

（a）增加辅助列后的数据

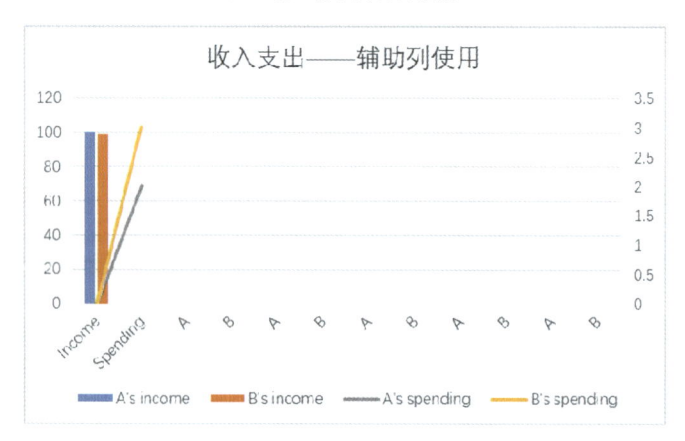

（b）添加若干行后的图表显示

图 3-18 添加行和列

第3章
Excel图表：对比分析图

图 3-19　堆积柱形图-折线图效果展示

3.3.2　簇状柱形图与堆积柱形图的使用

簇状柱形图是一种使用纵向或横向的柱形图表形式展示分组数据的Excel图表类型。一般把横向的簇状图称为条形图。如图3-20所示，当使用横向形式时，纵轴展示数据分类，横轴展示数据数值。横向时叫作bar，纵向时称为column。本节讨论的是column chart，也就是簇状柱形图。

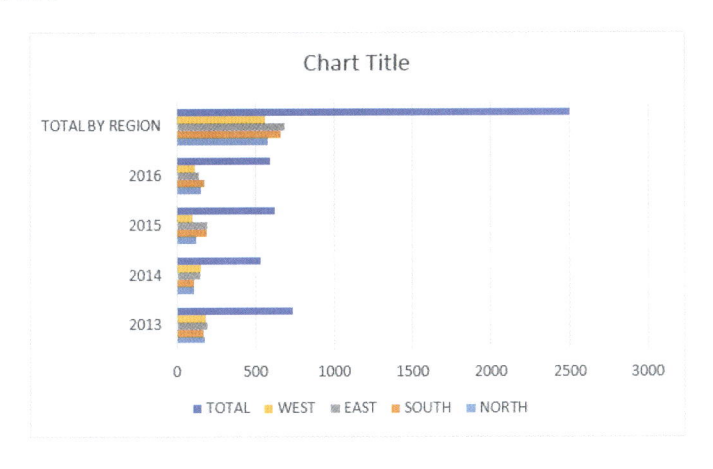

图 3-20　按REGION条件分类的簇状条形图

堆积柱形图和堆积条形图类似（条形图就是横着放的柱形图），都是数据的堆积，可以在不同时点上分别比较分量和总量在数量上的对比关系，作用是分析总体，比较比例，展示数据的趋势、排序、分布、相关性等特征。

每一类别的数据所占比例直观反映在每一段柱形图或条形图的长度上。三类别元素组成的堆积条形图如图3-21所示。

为了能够更好地讲解后续应用的实例，这里先讲解一下辅助列的概念。辅助列就是辅助统计及分析的一列数据，其实并不是Excel的特定功能，而是一种灵活的图表技巧。借助辅助列，能将复杂问题简单化，在一定程度上提高Excel的办公效率。

接下来先学习使用簇状柱形图与辅助列的结合表示员工的平均工资。

商务数据可视化

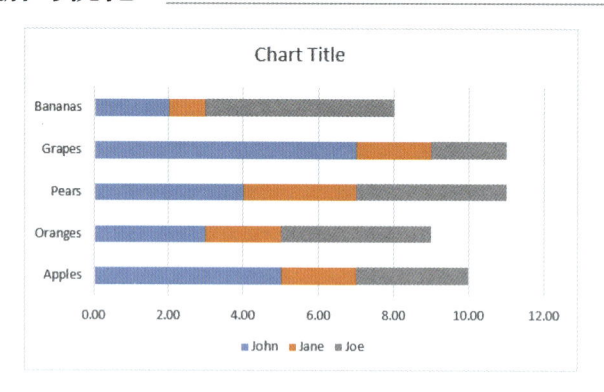

图 3-21　三类别元素组成的堆积条形图

案例 1：簇状柱形图-折线图

步骤 1　在上一节的数据基础上略有更改，并添加 AVG 一列作为辅助列，得到如图 3-22 所示表格数据域。

图 3-22　表格数据域

步骤 2　按照图 3-23 所示设置图表类型。注意这里平均线在折线图构造中的辅助作用。

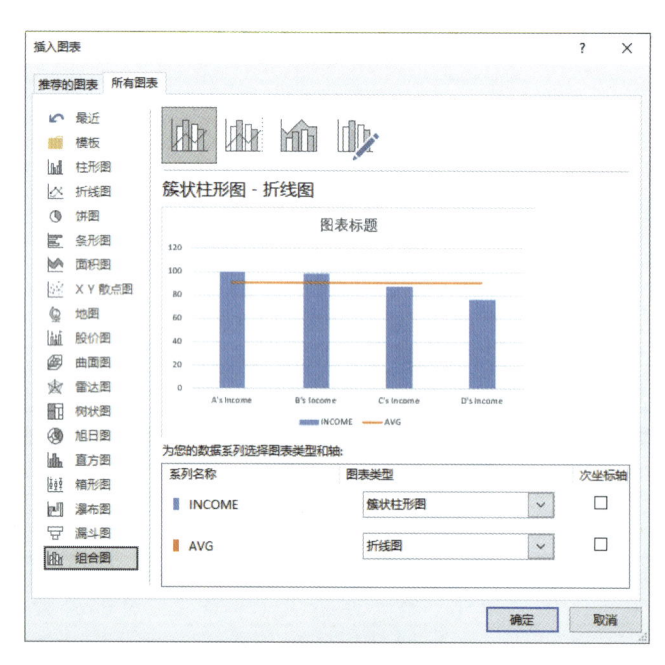

图 3-23　设置图表类型

第3章
Excel图表：对比分析图

步骤 3 设置完成后单击"确定"按钮，并添加数据标签，得到如图 3-24 所示图表。

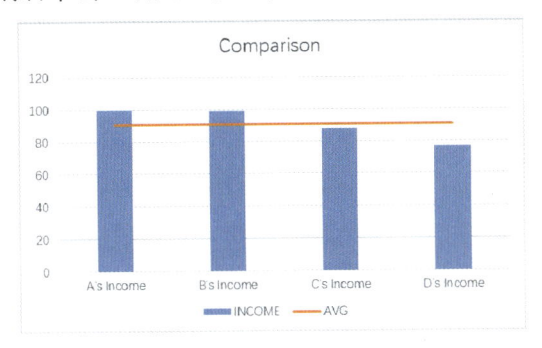

图 3-24　图表效果展示

从图 3-24 中可以看出，平均线起分水岭的作用，而添加数据标签后则能更加明显地看出各员工的薪水情况，还能看到每位员工的薪水与公司平均薪水的差距；也可以看出，平均值作为一个常用的统计标准有时并不准确。

案例 2：簇状柱形图-堆积柱形图

接下来继续讲解组合图。获取的数据来源于中华人民共和国商业部的官方网站，为全国进出口情况相关统计数据，并对数据进行一些初步的处理。

步骤 1 输入系列值。初始数据如图 3-25 所示。

项目	2019年1~5月份累计	2018年1月	2018年2月	2018年3月	2018年4月	2018年5月
进出口	$ 17,862.10	$ 3,807.00	$ 3,094.00	$ 3,532.30	$ 3,720.90	$ 4,008.20
进口	$ 9,583.40	$ 2,005.20	$ 1,716.20	$ 1,741.20	$ 2,004.40	$ 2,128.70
出口	$ 8,278.70	$ 1,801.80	$ 1,378.80	$ 1,791.00	$ 1,716.50	$ 1,879.50
差额	$ 1,304.70	$ 203.40	$ 337.40	$ 49.80	$ 287.80	$ 249.20
(单位：亿美元)						

图 3-25　初始数据【红色表示赤字】

步骤 2 选中所有行列数据，插入柱形图，默认的簇状柱形图如图 3-26 所示。

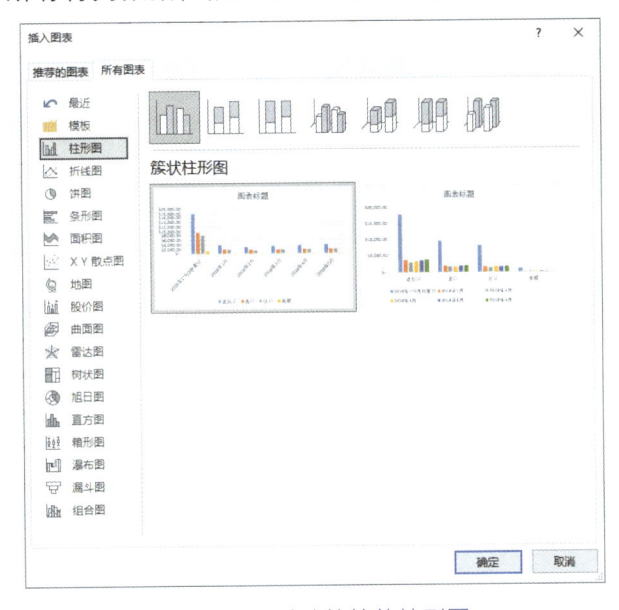

图 3-26　默认的簇状柱形图

47

步骤 3 在"设计"选项卡下单击"切换行/列"按钮,在横坐标上分类显示时间序列上的数据,切换行列后的簇状柱形图如图 3-27 所示。

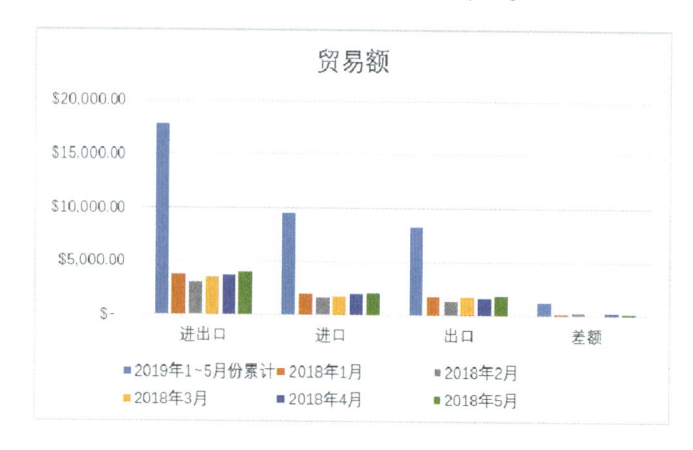

图 3-27 切换行列后的簇状柱形图

步骤 4 继续变更图表,这次单击"设计"选项卡下的"更改图表类型",进入"组合图"栏目,按图 3-28 中所示,除将 2019 年 1~5 月份累计数据的图表类型设为"簇状柱形图"并勾选"次坐标轴"选择框外,其余全部选择"堆积柱形图"。注意这里的坐标轴需要经过预处理,在后续步骤中将会说明。

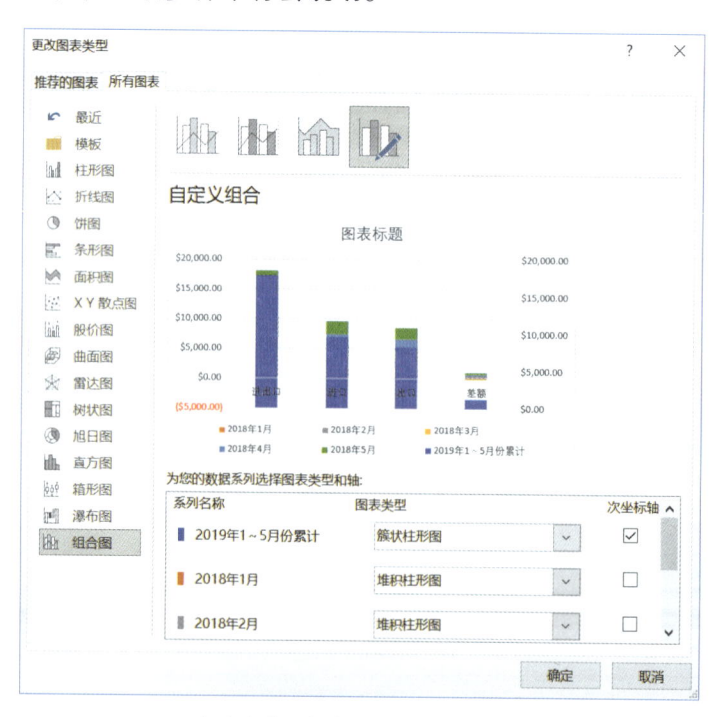

(a)自定义组合图的图表选择细节

图 3-28 继续变更图表

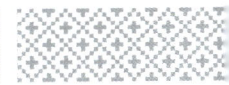

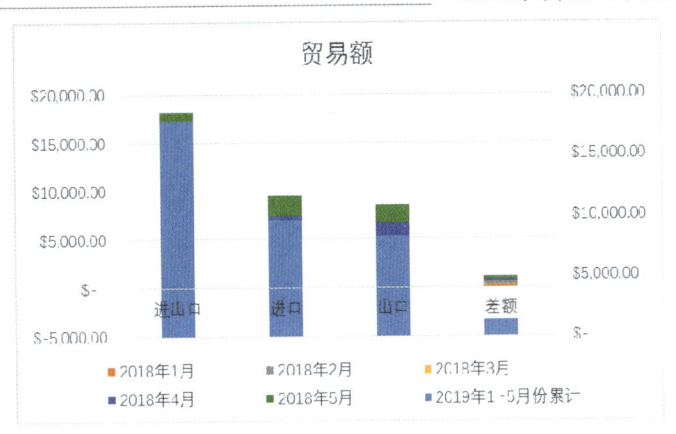

第3章
Excel图表：对比分析图

（b）簇状柱形图-堆积柱形图组合图初始化

图 3-28　继续变更图表（续）

步骤 5 改变坐标轴格式和数据格式使得图样更为美观，具体操作如下。

（1）改变标签与坐标轴的距离，使坐标轴不被遮挡，这里将其设置为1000，如图 3-29 所示。

（2）改变系列的间隙宽度，使两种图表相对于彼此有一定的区分度，这里将其设置为 500%，如图 3-30 所示。

图 3-29　标签设置 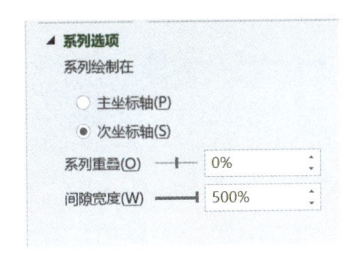　　　　　　　图 3-30　系列选项设置

步骤 6 最终图表显示效果如图 3-31 所示。

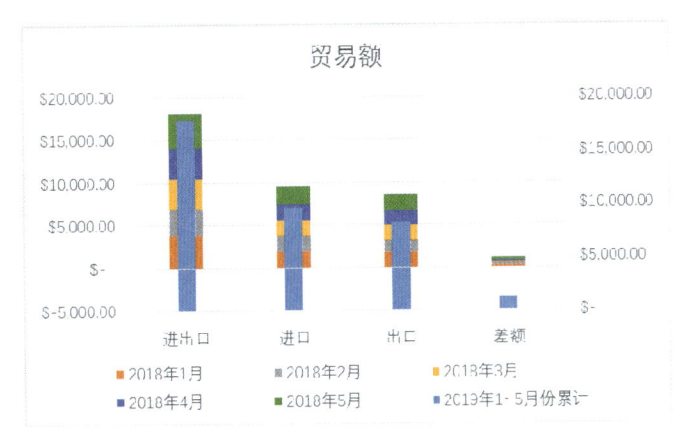

图 3-31　最终图表显示效果

3.4 商务应用案例

3.4.1 案例1：2021年春节期间电影票房数据可视化

【背景材料】在本例中，将2021年春节时间段的数据采集范围细化到2021年2月12日—3月10日，分别对每部电影的票房有关数据信息采集有限个样本进行统计。样本间的间隔天数是固定的，选用簇状柱形图和折线图（线性）的组合表示数据。

【分析过程】

步骤 1 从中国票房网（实时票房）获得原始数据，录入表格相应单元格区域内，如图3-32所示。

	A	B	C	D	E	F
1		2021/2/16	2021/2/21	2021/2/26	2021/3/3	2021/3/8
2	唐人街探案3	31356.2	8668.7	4389.6	1093.2	1201.2
3	你好，李焕英	59020.4	26108.8	11826.3	2674.3	4582.2
4	刺杀小说家	7703.5	4394.9	2477.1	811.3	894.9
5	侍神令	1602.8	529.3	205	164.7	169.2
6	人潮汹涌	2515.7	3459.7	2820.2	1359	2410.9
7	新神榜：哪吒重生	3513.5	2020.1	912.9	237.6	222.8
8	熊出没·狂野大陆	5258.5	2155.5	559.7	49.4	53.6

图 3-32　原始数据

步骤 2 选中所有数据，插入一张簇状柱形图-折线图组合图表，初始化图表如图3-33所示。

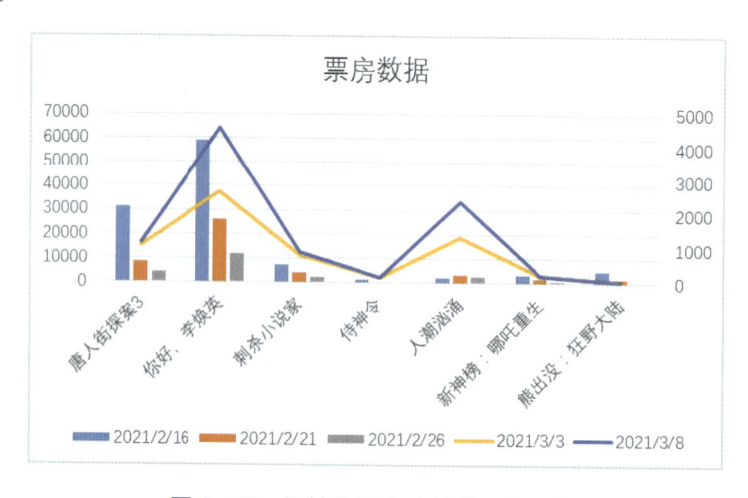

图 3-33　初始化图表（单位：亿元）

步骤 3 发现插入的图表的系列选取有误，于是更改图表类型，将其暂时调整为簇状柱形图，如图3-34所示。

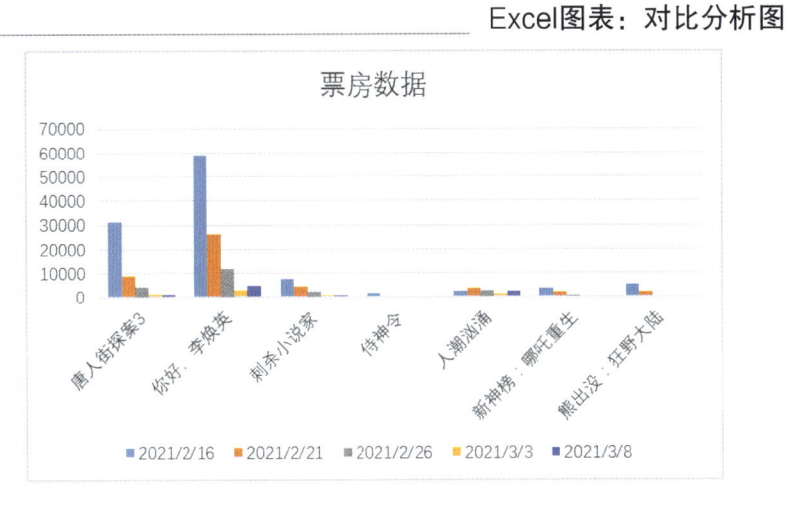

图 3-34 更改图表类型

步骤 4 添加 SUM 列来计算每部电影的总票房，将其作为每部电影的总票房的数据显示，分别如图 3-35 和图 3-36 所示。

SUM
46708.9
104212
16282.3
2671
12565.5
6907.6
8076.7

图 3-35 添加 SUM 列

图 3-36 更新后的图表

步骤 5 还可以通过切换图表的行列及进行其他操作来获得更好的效果，如图 3-37 所示。

商务数据可视化

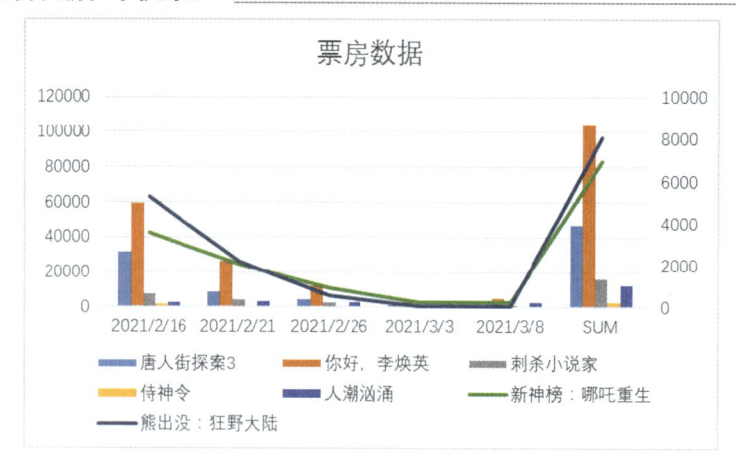

图 3-37　组合图的行列切换

尝试将票房数据复制一份到紧邻的下方空白区域，然后选中包括副本在内的数据，使得票房数据以两种图表方式呈现——簇状柱形图和折线图，折线图对应次坐标轴，如图 3-38 所示。

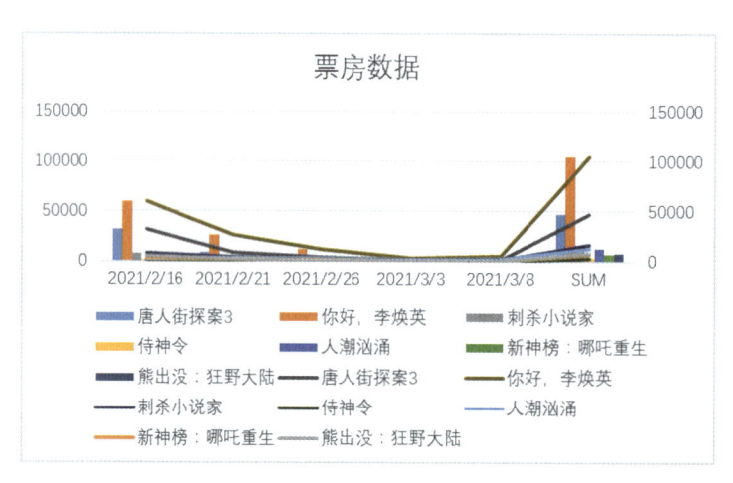

图 3-38　折线图对应次坐标轴

读者可以尝试在本例中使用柱形图来表示 SUM，或者将已有的折线图平滑处理，拟合成直线，看看是否能获得更好的数据显示效果。

3.4.2　案例 2：2020 年双十一各平台销量

【背景材料】为了模型的简单化，统计数据为 2020 年双十一当日各平台销售额，意味着无须按照细化的时间划分来比较平台的销量情况。

【分析过程】

步骤 1　录入各电商平台的销售数据，并且可以用函数进行排名，如图 3-39 所示。

注：实际上也可选用 RANK() 函数对较多比较对象进行粗略的排名，表达式形如

"=RANK(A2,$A$2:$A$24)"。其中，A2 是需要确定位次的数据，$A$2:$A$24 表示数据范围，括号中的内容即表示 A2 单元格数据在 A2:A24 这个数据区域的排名情况。

平台	销售额	排名
天猫	1.967E+11	1
京东	88200000000	2
拼多多	18300000000	3
苏宁易购	11000000000	4
抖音	2000000000	5

图 3-39　平台的销售额和排名数据

步骤 2　选中全部数据，插入簇状柱形图与折线图的组合图，如图 3-40 所示。

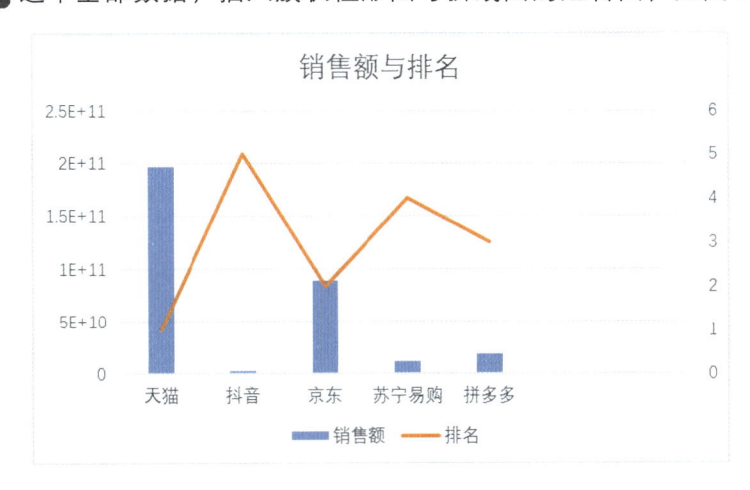

图 3-40　图表的显示（使用科学计数法，单位为 RMB）

步骤 3　更改主要网格线格式并设置绘图区格式，美化后的图表如图 3-41 所示。

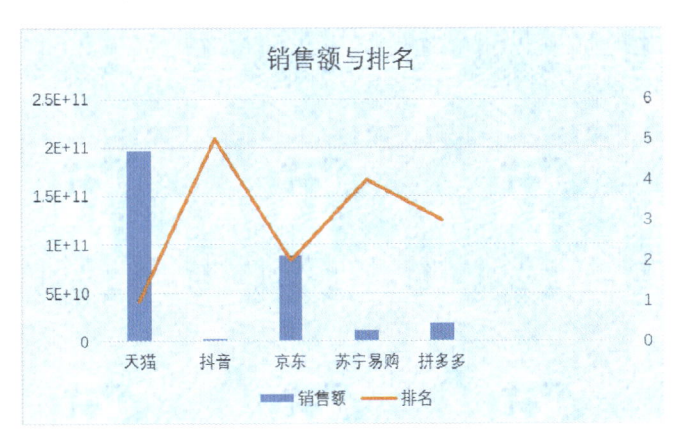

图 3-41　美化后的图表

步骤 4　切换行列顺序并更改与之相对应的排名折线图，最终图表显示如图 3-42 所示。

商务数据可视化

平台	销售额	排名
天猫	1.967E+11	1
抖音	20000000000	5
京东	88200000000	2
苏宁易购	11000000000	4
拼多多	18300000000	3

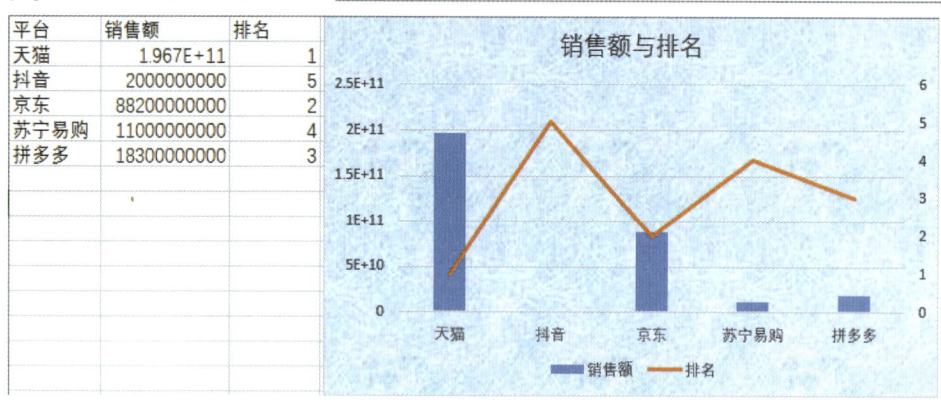

图 3-42　最终图表显示

本例的操作流程是较为简单的。在现实问题中，如果是对一个平台客流量权重类型的值进行排名，则可以用某些公式对销售额进行消除数据区分度的处理。读者如果有兴趣，可以自行搜集相关资料。

第4章
Excel 图表：趋势分析图

【章节目标】

1. 了解 Excel 图表中趋势分析图的具体分类和各类趋势分析图的组合使用，以及各类图表的具体商务应用案例。
2. 掌握 Excel 图表趋势分析图中折线图、散点图的绘制方法。
3. 掌握 Excel 图表中折线图与柱形图、面积图组合运用的具体步骤，实现数据的可视化。

【学习重点、难点】

重点：了解如何使用 Excel 中的趋势分析图进行数据分析和可视化。

难点：趋势分析图中各类图表实现的绘制方法及其组合运用，准确判断各类图表的适用商务场景。

【思维导图】

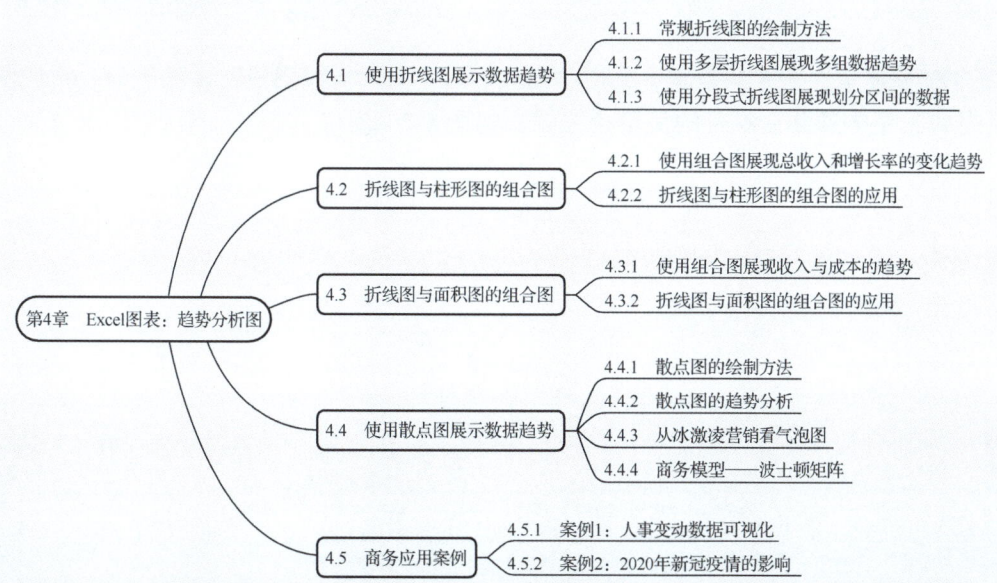

```
                          ┌── 4.1.1 常规折线图的绘制方法
           4.1 使用折线图展示数据趋势 ─┼── 4.1.2 使用多层折线图展现多组数据趋势
                          └── 4.1.3 使用分段式折线图展现划分区间的数据

           4.2 折线图与柱形图的组合图 ─┬── 4.2.1 使用组合图展现总收入和增长率的变化趋势
                          └── 4.2.2 折线图与柱形图的组合图的应用

第4章 Excel图表：趋势分析图
           4.3 折线图与面积图的组合图 ─┬── 4.3.1 使用组合图展现收入与成本的趋势
                          └── 4.3.2 折线图与面积图的组合图的应用

                          ┌── 4.4.1 散点图的绘制方法
           4.4 使用散点图展示数据趋势 ─┼── 4.4.2 散点图的趋势分析
                          ├── 4.4.3 从冰激凌营销看气泡图
                          └── 4.4.4 商务模型——波士顿矩阵

           4.5 商务应用案例 ─┬── 4.5.1 案例1：人事变动数据可视化
                          └── 4.5.2 案例2：2020年新冠疫情的影响
```

4.1 使用折线图展示数据趋势

折线图常用于可视化商务数据的趋势分析，主要分为：折线图和带数据标记的折线图，展现随时间或有序类别而变化的趋势；堆积折线图和带数据标记的堆积折线图，侧重于展现每一数值所占大小的变化趋势；百分比堆积折线图和带数据标记的百分比堆积折线图，侧重于展现每一数值所占百分比的变化趋势。此外，通过添加辅助列可实现复杂折线图，如多层折线图和分段式折线图。

折线图用来显示某个时期的变化状态，因此其适用于呈现相等时间间隔下数据的趋势（如公司的季度、年度财政情况），方便管理人员做出相应的决策。本节将以新媒体公司营收情况数据为例，展示常规折线图、多层折线图和分段式折线图的绘制方法及应用场景。

4.1.1 常规折线图的绘制方法

步骤 1 对"2019—2020 年 bilibili 季度营业收入"的原始数据进行一定的数据采集、清洗过程后，得到相应的数据结果，如图 4-1 所示。

季度营业收入（亿元）	
时间	bilibili
2019Q1	13.7
2019Q2	15.4
2019Q3	18.6
2019Q4	20.1
2020Q1	23.2
2020Q2	26.2
2020Q3	32.3
2020Q4	38.4

图 4-1　2019—2020 年 bilibili 季度营业收入

步骤 2 全选表中的数据，单击"插入"→"插入折线图或面积图"→"折线图"，就会得到一个季度营业收入的简单折线图，如图 4-2 所示。

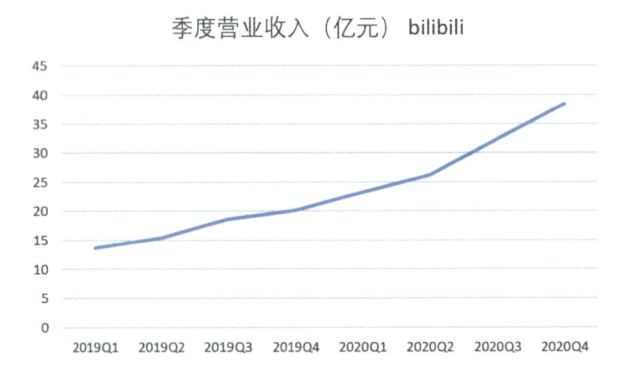

图 4-2　季度营业收入的简单折线图

步骤 3 根据需要加以美化，如双击图表并在上方"设计"一栏中选择想要的样式，或单击图表在右边找到"图表样式"，图表样式自动生成，效果如图 4-3 所示。

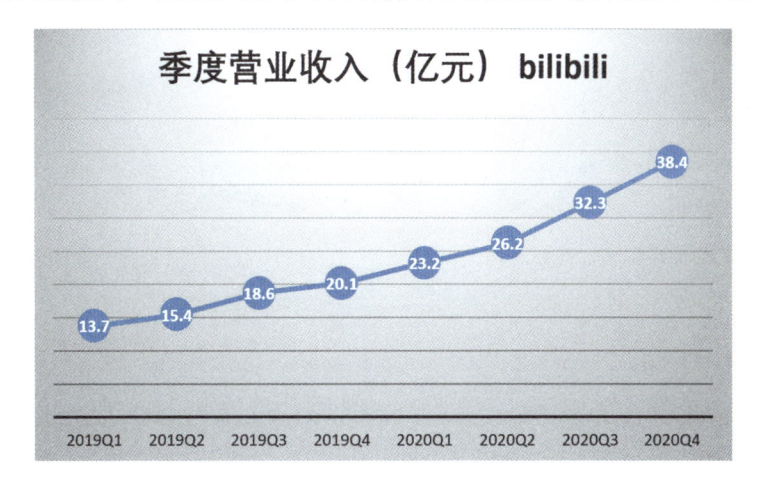

图 4-3　图表样式自动生成

也可以自己手动更改，通过单击图表后右侧出现的三个选项做相应的改动，如图 4-4 所示。

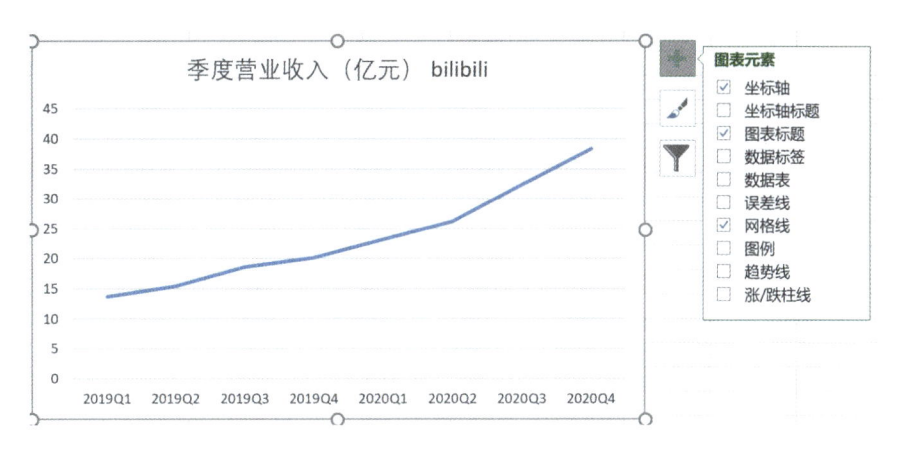

图 4-4　图表选项的自由选择

4.1.2　使用多层折线图展现多组数据趋势

当我们有多组数据想要通过折线图展示时，如果仍然采用 4.1.1 节的绘制方法，则会得到如图 4-5 所示的不尽如人意的图表展示结果，图中的三条线共用一个坐标轴，导致其交错在一起难以分辨，因此更好的做法是选择多层折线图进行展示。

绘制多层折线图的具体步骤如下。

步骤 1 准备好三个公司季度营业收入的原始数据，利用公式 MAX(B3：D10) 计算出数据最大值，如图 4-6 所示。

商务数据可视化

时间	季度营业收入（亿元）		
	bilibili	A新媒体公司	B新媒体公司
2019Q1	13.7	14.2	18.2
2019Q2	15.4	17.5	19.3
2019Q3	18.6	16.8	20.5
2019Q4	20.1	25	25.3
2020Q1	23.2	27.2	24.2
2020Q2	26.2	26.1	27.8
2020Q3	32.3	30.1	29.3
2020Q4	38.4	36.2	32.4

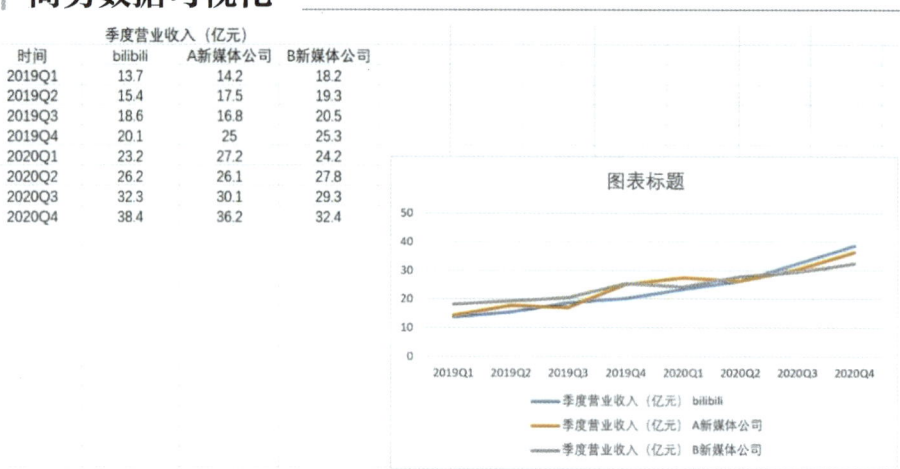

图 4-5　不尽如人意的图表展示结果

时间	季度营业收入（亿元）			最大值	
	bilibili	A新媒体公司	B新媒体公司		38.4
2019Q1	13.7	14.2	18.2		
2019Q2	15.4	17.5	19.3		
2019Q3	18.6	16.8	20.5		
2019Q4	20.1	25	25.3		
2020Q1	23.2	27.2	24.2		
2020Q2	26.2	26.1	27.8		
2020Q3	32.3	30.1	29.3		
2020Q4	38.4	36.2	32.4		

图 4-6　三个公司季度营业收入的原始数据

步骤 2　对计算出的最大值取整（这里取 40），将第三列中的每个数都加上 40，第四列中的每个数都加上 80，利用公式 40*(COLUMN()−2)+B3，并下拉和右拉得到辅助数据表，如图 4-7 所示。

辅助数据表			
时间	bilibili	A新媒体公司	B新媒体公司
2019Q1	13.7	54.2	98.2
2019Q2	15.4	57.5	99.3
2019Q3	18.6	56.8	100.5
2019Q4	20.1	65	105.3
2020Q1	23.2	67.2	104.2
2020Q2	26.2	66.1	107.8
2020Q3	32.3	70.1	109.3
2020Q4	38.4	76.2	112.4

图 4-7　辅助数据表

选中辅助数据表再插入一个带有数据标记的折线图，此时已经出现分层的效果，图表雏形如图 4-8 所示，只是纵坐标的数据不对。

步骤 3　由于分层效果在坐标轴设置中实现不了，因此需要再做一个辅助列模拟 Y 轴刻度，如图 4-9 所示。

第4章
Excel图表：趋势分析图

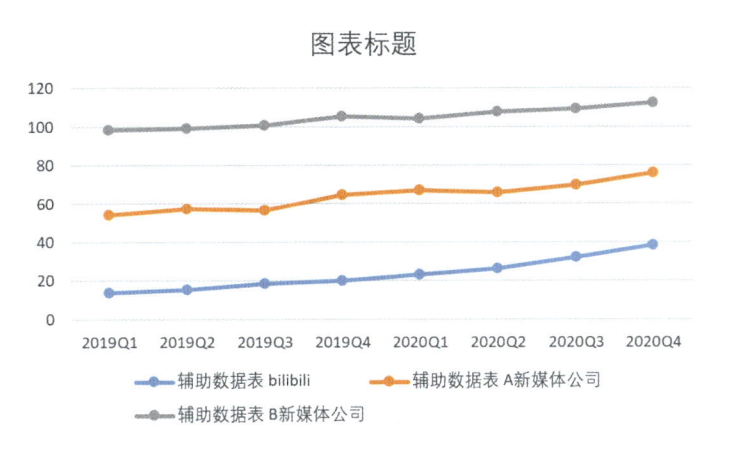

图 4-8　图表雏形

步骤 4 双击图表中的坐标轴，或单击图表右侧的"➕"→"坐标轴"→"更多选项"，打开"设置坐标轴格式"对话框，修改坐标轴格式（这里分成三段，故每段为40），如图4-10所示。

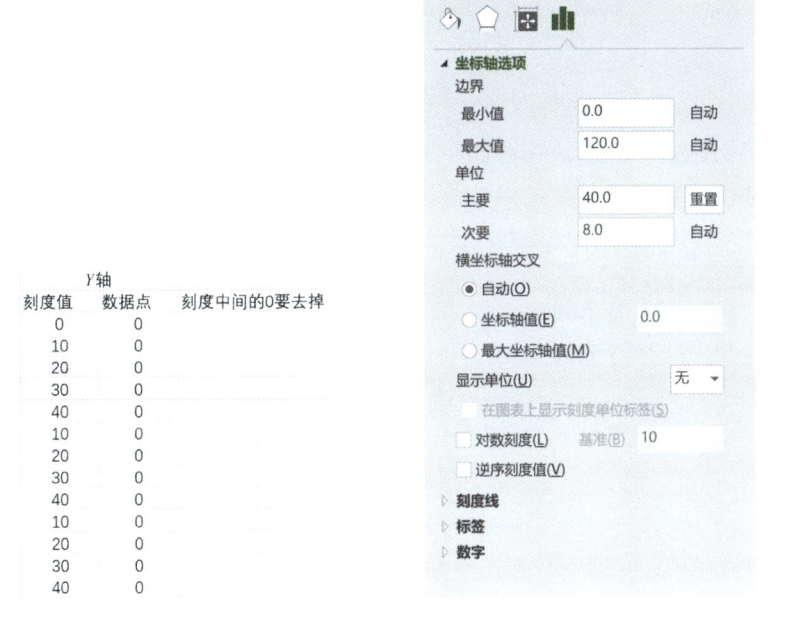

图 4-9　模拟 Y 轴刻度　　图 4-10　设置坐标轴格式

步骤 5 去掉标签，在"设置坐标轴格式"对话框中单击"标签"，在"标签位置"中选取"无"，如图4-11所示。

| 59 |

商务数据可视化

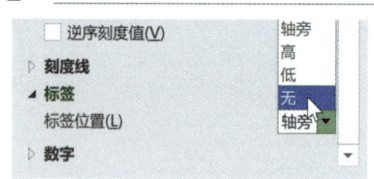

图 4-11 在"标签位置"中选取"无"

步骤 6 在图表中右击,在弹出的快捷菜单中选择"选择数据"→"添加",将在步骤 3 中做好的辅助列添加到图表中,如图 4-12 所示。

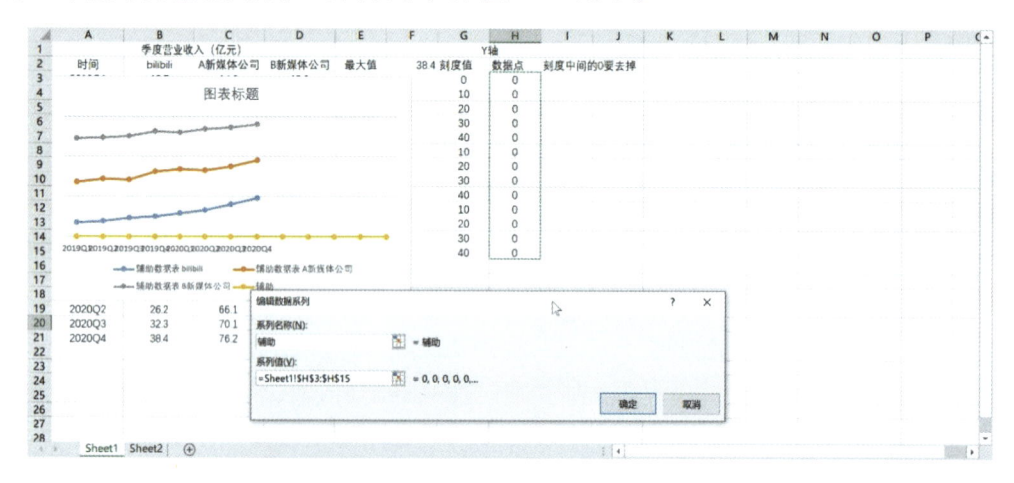

图 4-12 将辅助列添加到图表中

步骤 7 在图表中右击,在弹出的快捷菜单中选择"更改图表类型",在弹出的对话框"所有图表"选项卡中找到"组合图",将折线图与条形图结合,具体如图 4-13 所示。

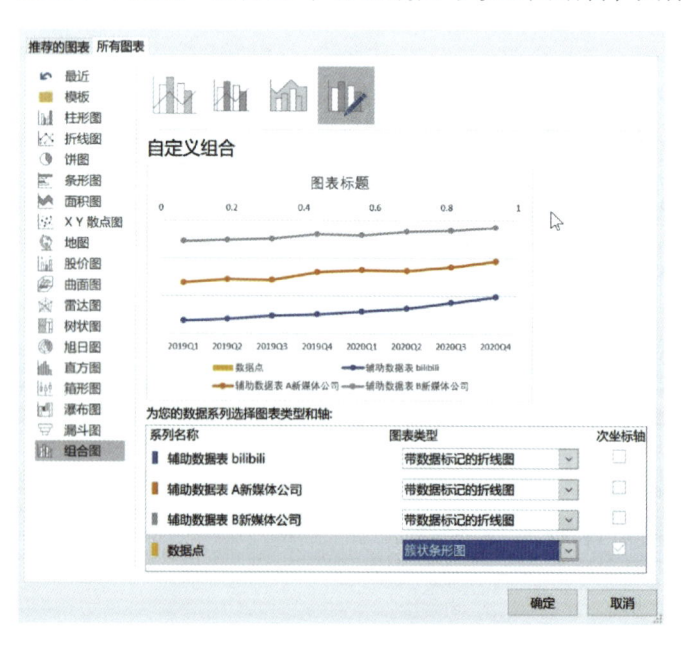

图 4-13 将折线图与条形图结合

第4章
Excel图表：趋势分析图

步骤 8 单击图表右侧的"＋"→"坐标轴"，添加次要纵坐标轴，并改为无线条、无填充，如图4-14所示。

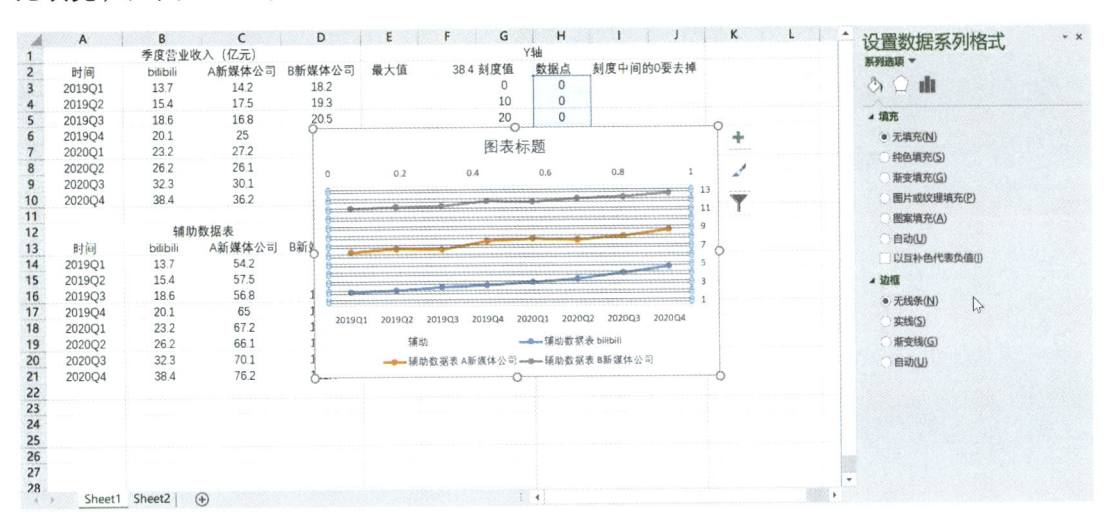

图4-14　次要纵坐标轴的选取

步骤 9 单击图表最上方的坐标刻度，打开"设置坐标轴格式"对话框，勾选"逆序刻度值"复选框，如图4-15所示；单击左侧的坐标刻度，打开"设置坐标轴格式"对话框，在"坐标轴位置"栏中选中"在刻度线上"单选按钮，进行刻度值位置的更换，如图4-16所示。

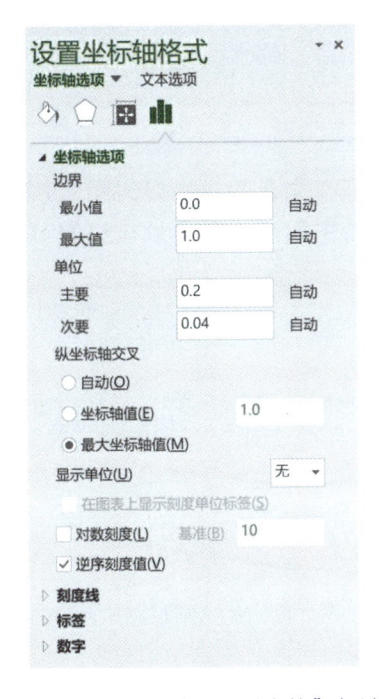

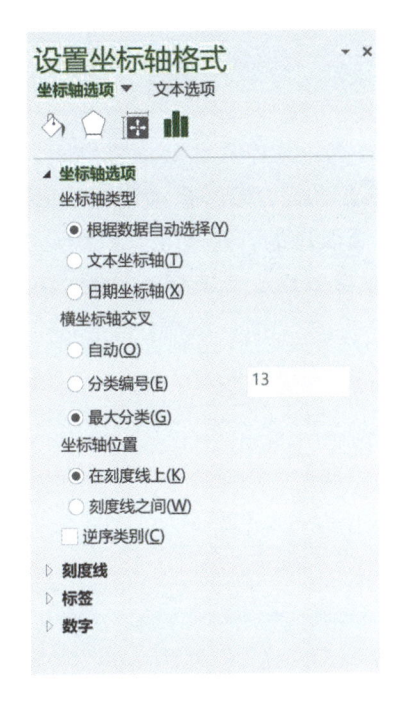

图4-15　勾选"逆序刻度值"复选框　　图4-16　刻度值位置的更换

步骤 10 类似步骤6，右击图表，在弹出的快捷菜单中选择"选择数据"，弹出"选择

| 61

商务数据可视化

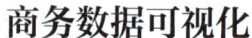

数据源"对话框,找到"辅助"并单击右侧的"编辑",将此前做好的刻度值填入即可,如图 4-17 所示。

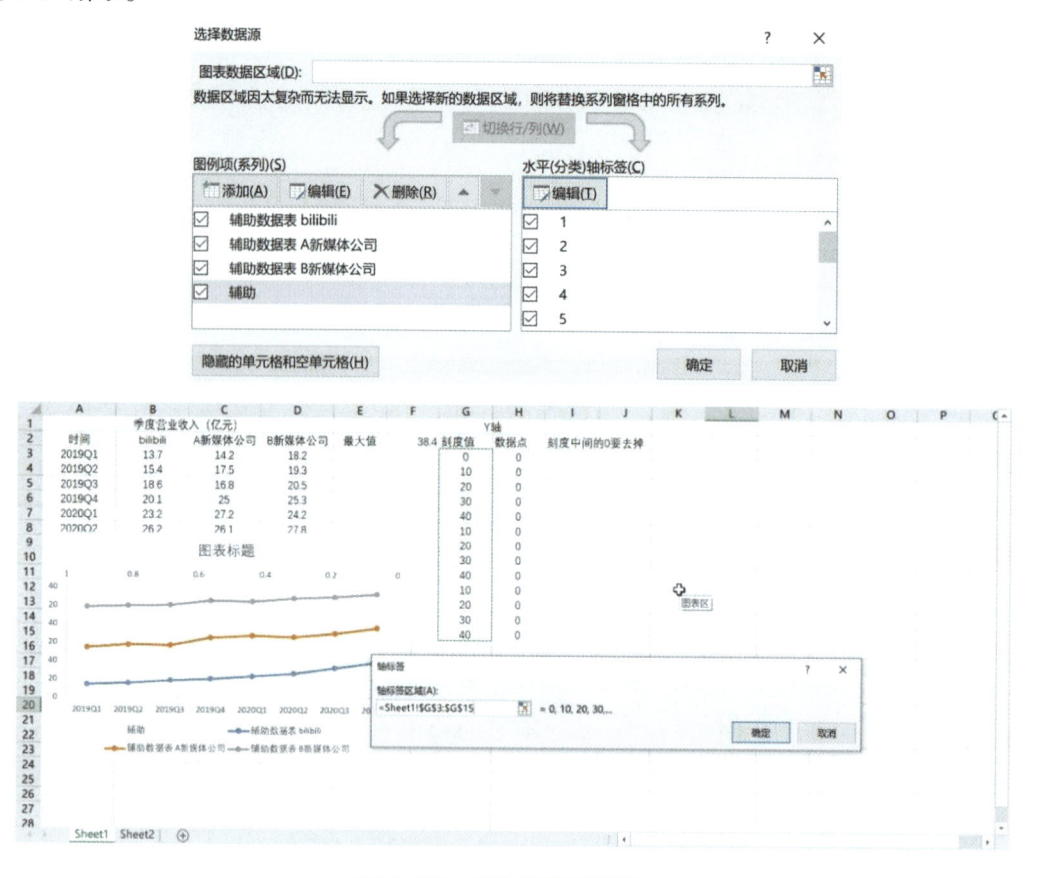

图 4-17 刻度值的重新填充

步骤 11 至此,多层折线图已经基本完成,但在显示数据标签时不难发现,上面两组的数据是修改过的,如图 4-18 所示。此时只需右击相应线条上的这些数据,在弹出的"设置数据标签格式"对话框"标签选项"中,取消勾选"值"即可。

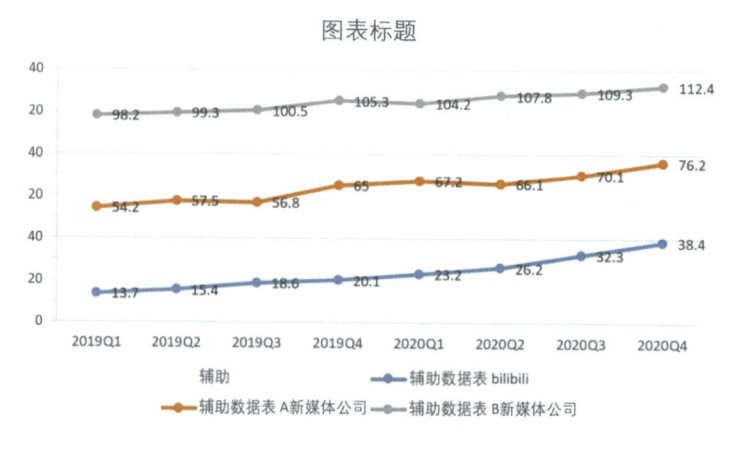

图 4-18 除数据标签外大致正确的结果

分层式折线图最终结果如图 4-19 所示。

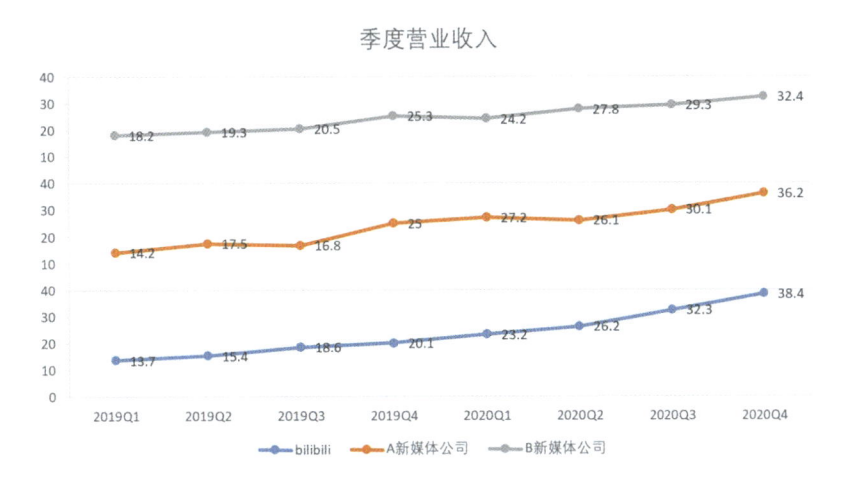

季度营业收入

图 4-19　分层式折线图最终结果

通过与图 4-5 进行对比，可以看出多层折线图的优势：在处理多组数据时，多层折线图能直观、一对一地展现数据。因此，其一般适用于需要进行多组数据的展示或体现各组数据之间差异的场景。

4.1.3　使用分段式折线图展现划分区间的数据

在 4.1.2 节提到过，多层折线图适用于多组数据，但如果遇到一组划分不同时间段或需要区分若干拐点前后的数据段，就需要运用另一种折线图的形式——**分段式折线图**。它的绘制同样需要用到辅助列，且想要分成几段就增加几列数据。继续沿用 4.1.1 节的例子，并做出如图 4-20 所示的分段式折线的辅助列。

季度营业收入（亿元）

时间	bilibili	bilibili	bilibili	bilibili
2019Q1	13.7	13.7		
2019Q2	15.4	15.4		
2019Q3	18.6	18.6	18.6	
2019Q4	20.1		20.1	
2020Q1	23.2		23.2	23.2
2020Q2	26.2			26.2
2020Q3	32.3			32.3
2020Q4	38.4			38.4

图 4-20　分段式折线的辅助列

接着根据此图绘制一个折线图，右击，在弹出的快捷菜单中选择"选择数据"，打开"选择数据源"对话框，取消勾选第一个选项，删除第一条总的线段，如图 4-21 所示。
这样便能看出每一段的情况从而得到分段式折线图，如图 4-22 所示。

商务数据可视化

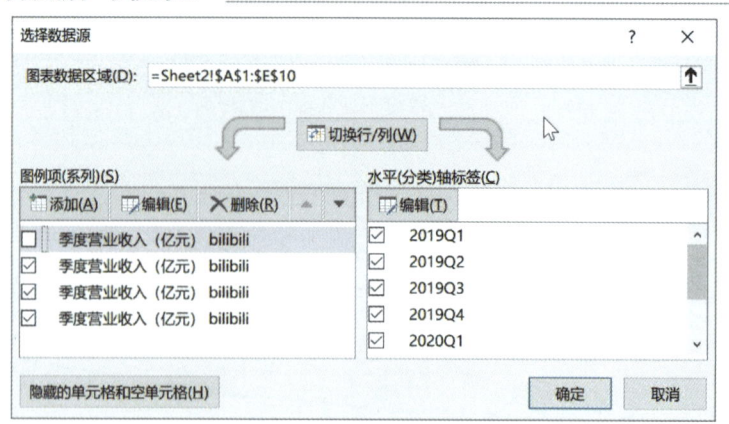

图 4-21　删除第一条总的线段

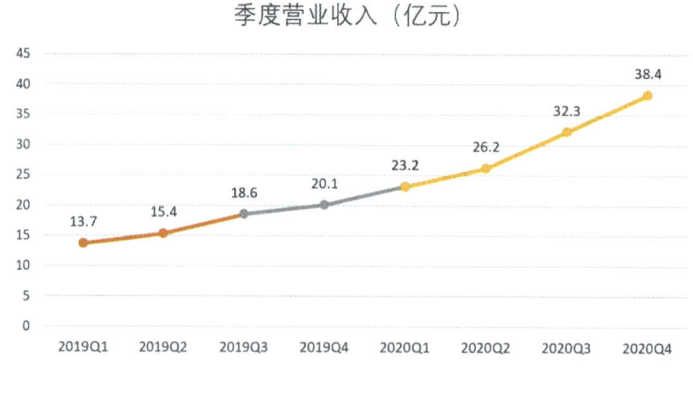

图 4-22　分段式折线图

4.2　折线图与柱形图的组合图

4.2.1　使用组合图展现总收入与增长率的变化趋势

当图表中同时存在营业额和增长率时,为了能够直观地展示数据,应当使用柱形图来比较数据之间的差别,而增长率则适合使用折线图线段的爬升/下降来表现数据的起伏变化。

本节使用百度在 2018 年第一季度到 2020 年第一季度的营业规模和增长率的表格作为示范,描述同一公司不同季度的营业额和增长率的变化。图 4-23 所示为百度 2018—2020 年各季度的总收入和增长率的原始数据。

绘制折线图与柱形图的组合图的具体步骤如下。

步骤 1　全选表格中的数据,在菜单中的"插入"选项中选择二维柱形图,如图 4-24 所示。

第4章
Excel图表：趋势分析图

	A	B	C	D
1	年份	季度	总收入（亿人民币）	增长率
2		Q1	209.1	23.80%
3		Q2	259.7	24.40%
4		Q3	282	20.10%
5	2018	Q4	272	15.40%
6		Q1	241.2	15.40%
7		Q2	263.3	1.40%
8		Q3	280.8	-0.40%
9	2019	Q4	288.8	6.20%
10	2020	Q1	225.5	-6.50%

图 4-23　百度 2018—2020 年各季度的总收入和增长率的原始数据

图 4-24　选择二维柱形图

生成一张空白的图表，单击图表，然后在"设计"选项卡中选择"选择数据"选项，打开"选择数据源"对话框，如图 4-25 所示。选中表格内的全部数据，即可生成初始的柱形图。

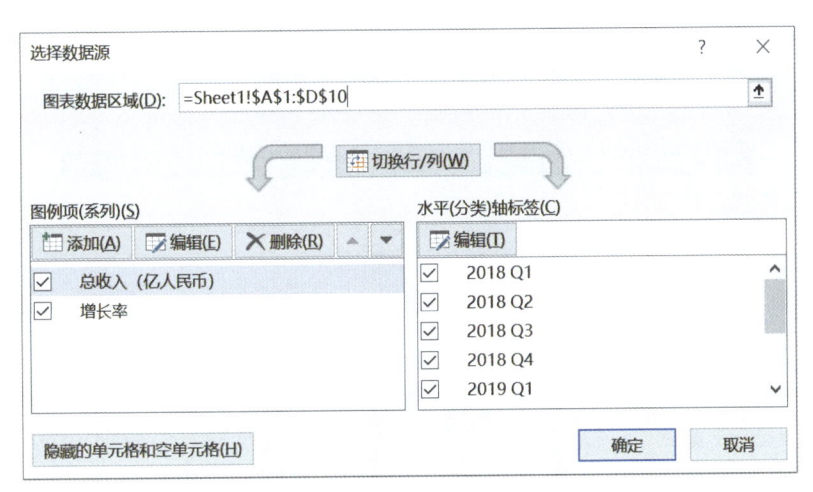

图 4-25　"选择数据源"对话框

生成柱形图后，却发现由于增长率与总收入的数值差距过大，导致柱形图无法展示数据趋势，如图 4-26 所示。

步骤 2　为了使总收入和增长率可直观地展现，在总收入柱形图上右击，在弹出的快捷菜单中选择"更改图表类型"，如图 4-27 所示，打开"更改图表类型"对话框，如图 4-28 所示。将增长率的图表类型更改为"带数据标记的折线图"，并勾选"次坐标轴"，然后单击"确定"按钮。

商务数据可视化

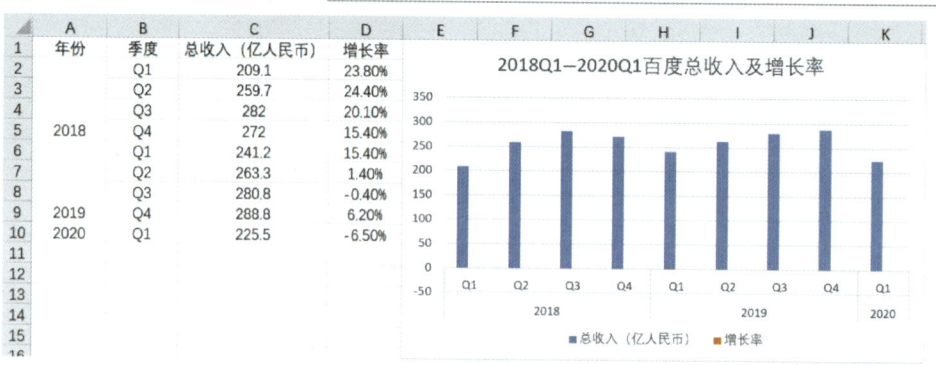

图 4-26　柱形图无法展示数据趋势

图 4-27　选择"更改图表类型"

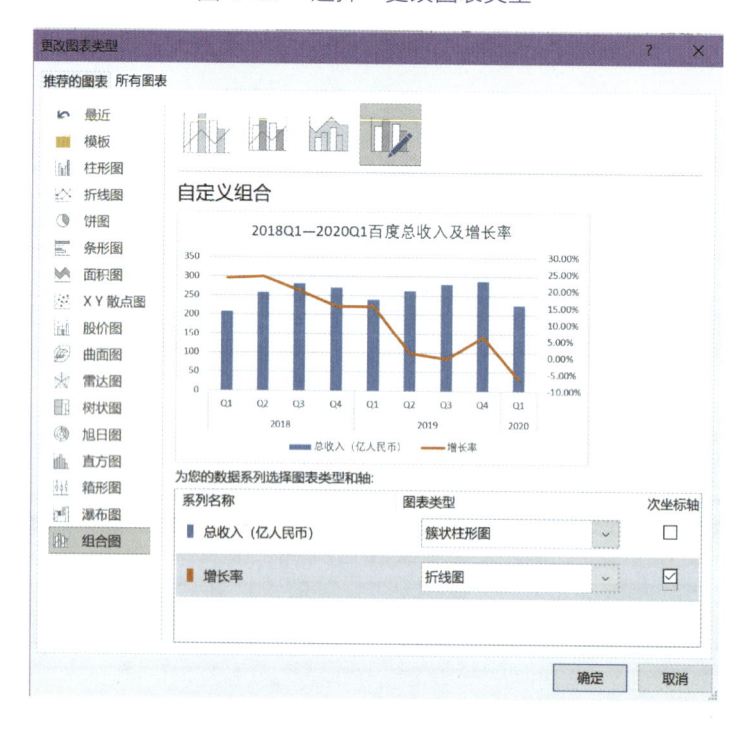

图 4-28　"更改图表类型"对话框

第4章
Excel图表：趋势分析图

步骤 3 可以看出总收入和增长率的数据叠加在了一起，如果在此基础上添加数据标签会造成数据堆积或重叠，因此按照图 4-29 和图 4-30 所示更改总收入和增长率"坐标轴选项"中的边界"最大值"和"最小值"，更改坐标轴后的组合图如图 4-31 所示。

图 4-29　更改总收入的坐标轴 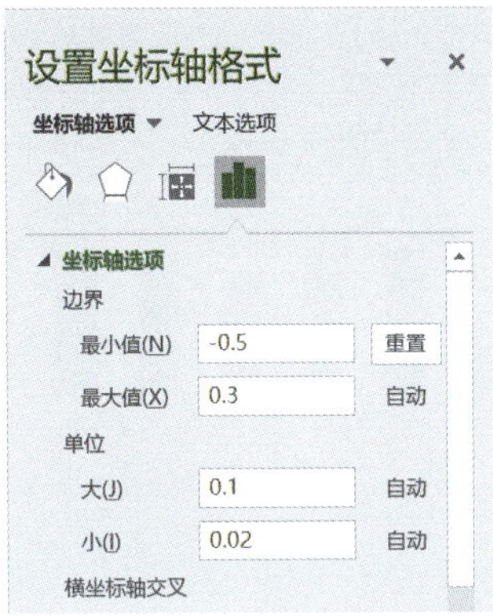　　　图 4-30　更改增长率的坐标轴

步骤 4 在"设置坐标轴格式"对话框中的"坐标轴选项"下，将标签位置从"轴旁"改为"无"，使表格更加整洁，如图 4-32 所示。同时，右击柱形图，在弹出的快捷菜单中选择"添加数据标签"，为总收入添加数据标签，如图 4-33 所示。隐藏坐标轴、添加数据标签的效果如图 4-34 所示。

图 4-31　更改坐标轴后的组合图 　　　图 4-32　"设置坐标轴格式"对话框

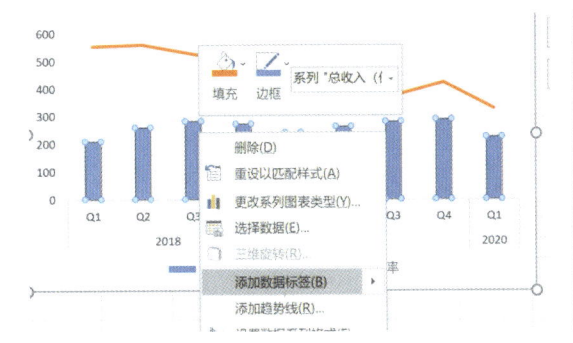

图 4-33　添加数据标签 　　　图 4-34　隐藏坐标轴、添加数据标签的效果

商务数据可视化

步骤 5 由图 4-34 可见，柱形图的间距过宽。单击柱形图，在"设置数据系列格式"对话框中的"系列选项"中将"间隙宽度"改为 100%，如图 4-35 所示。

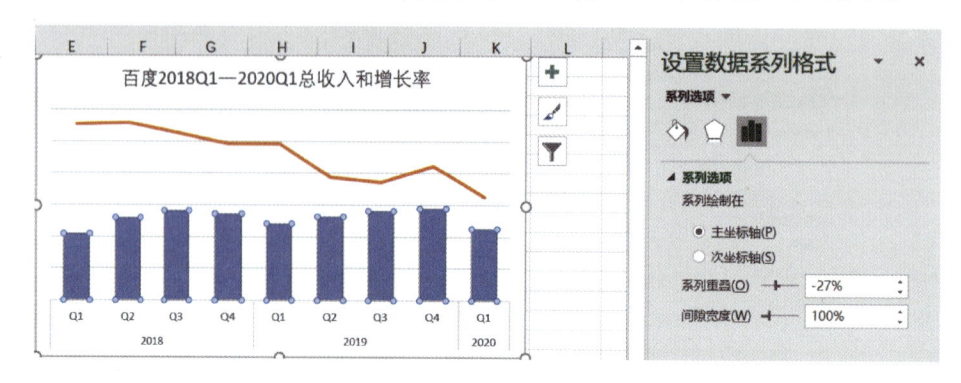

图 4-35 更改"间隙宽度"

步骤 6 单击"数据标签"，更改字体颜色为白色，如图 4-36 所示。将"设置数据标签格式"对话框中"标签选项"下的"标签位置"更改为"数据标签内"，如图 4-37 所示。

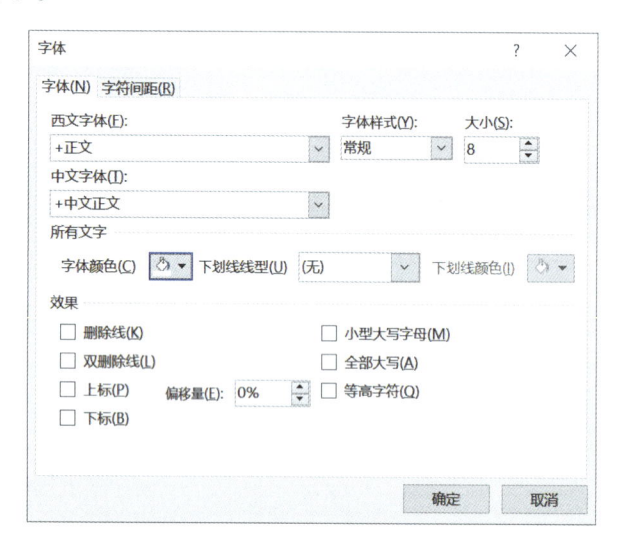

图 4-36 更改字体颜色　　　　　图 4-37 设置数据标签格式

步骤 7 使用同样的方法为折线图添加数据标签，将标签位置设置为靠上。然后删除网格线，更改表格标题，完成图表的制作。

折线图与柱形图组合图的最终效果如图 4-38 所示。

4.2.2 折线图与柱形图的组合图的应用

由于折线图可以反映同一事物在不同时间发展变化的情况，且易于显示数据变化趋势，可以直观地反映这种变化及各组之间的差别，因此一般使用折线图表现增长率、环比增长、利润率等反映数据变化趋势的数据。

图 4-38 折线图与柱形图组合图的最终效果

而柱形图能够清楚地表示出数量的多少，且易于比较数据之间的差别。故将柱形图用于表示总收入、销售额之类反映一段时间内总量的数据。

举例来说，如图 4-39 所示，可以使用折线图和柱形图的组合图来展示不同时间同一地区的销售额和增长率。

图 4-39 展示不同时间同一地区销售额和增长率的组合图

或者可以使用折线图和柱形图的组合图来展示同一时间不同地区的总收入和增长率，如图 4-40 所示。

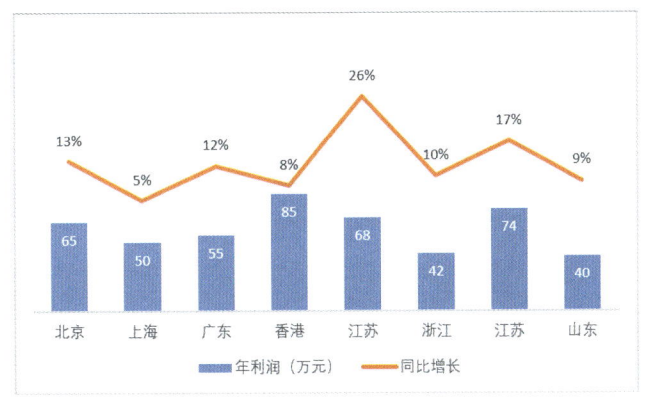

图 4-40 展示同一时间不同地区总收入和增长率的组合图

4.3 折线图与面积图的组合图

4.3.1 使用组合图展现收入与成本的趋势

折线图与面积图结合能很好地展示出两个变量之间的关系,折线图通过线段将连续却不相邻的数据点连接起来,在趋势分析方面非常有效。当报表中有两个数据集时,通过线段之下填充颜色的变化能更直观地显示出两者的联系。那么当折线图与面积图的数据都一样时,该如何生成组合图呢?

这里引入了辅助列的概念,通过辅助列来帮助我们生成面积图。

本节以 2019—2020 年的京东收入-成本表作为示范,描述京东近两年的收入和成本的变化,通过折线图与面积图的结合也能清楚地展示利润的变化。

绘制折线图与面积图的组合图的具体步骤如下。

步骤 1 制作京东收入-成本表并添加辅助列,如图 4-41 所示,为制作面积图打下基础,可以看出两列辅助列的数据与前两列的数据相同。

年份	季度	收入(亿元)	成本(亿元)	收入辅助列	成本辅助列
		京东收入-成本表			
2019	Q1	1210.81	1028.97	1210.81	1028.97
	Q2	1502.81	1281.56	1502.81	1281.56
	Q3	1348.43	1147.29	1348.43	1147.29
	Q4	1706.84	1466.86	1706.84	1466.86
2020	Q1	1462.05	1236.7	1462.05	1236.7
	Q2	2010.54	1724.19	2010.54	1724.19
	Q3	1742.14	1474.19	1742.14	1474.19
	Q4	2243.28	1931.86	2243.28	1931.86

图 4-41 制作京东收入-成本表并添加辅助列

步骤 2 将光标停留在报表内,单击"插入"→"插入折线图或面积图",选择带数据标记的折线图,生成所需要的图表,如图 4-42 所示。

图 4-42 生成带数据标记的折线图

步骤 3 选中刚生成的图表，右击，在弹出的快捷菜单中选择"更改图表类型"，如图4-43所示。

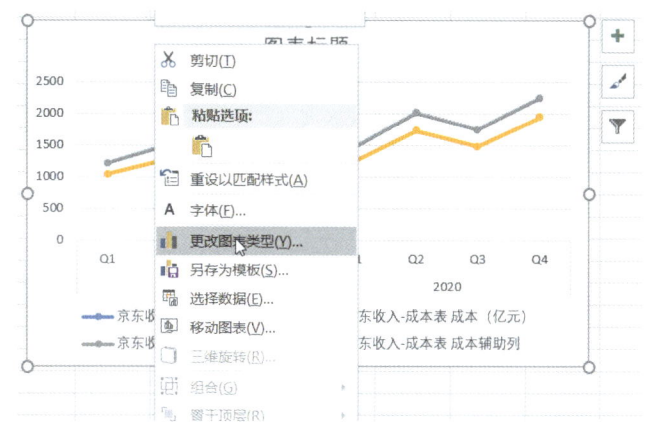

图4-43 选择"更改图表类型"

步骤 4 为了能更好地展示出收入和成本之间的关系，同时看出利润的变化，需要加入面积图。因此单击"组合图"，将收入和成本的图表类型更改为"带数据标记的折线图"，将收入辅助列和成本辅助列的图表类型更改为"面积图"，如图4-44所示。

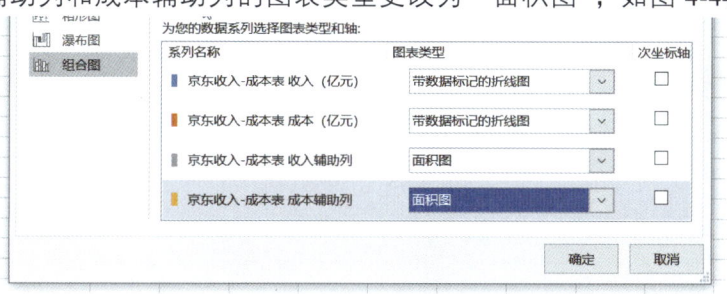

图4-44 设置收入与成本的图表类型

步骤 5 生成图表时会将所有列的数据输出，但辅助列实际上仅仅用于生成面积图，无须用图例展示。因此如图4-45所示，选中图表中的辅助列图例，右击，在弹出的快捷菜单中选择"删除"选项，将其删除。

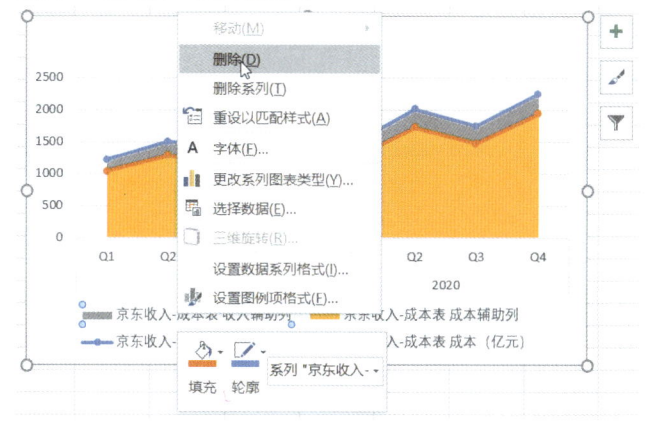

图4-45 删除辅助列图例

商务数据可视化

步骤 6 选中折线图，右击，在弹出的快捷菜单中选择"添加数据标签"。单击"标签"选项，将数据位置改为靠上或靠下，使数据在图表中显示得更加清楚明了，如图 4-46 所示。同时，可以通过渐变填充来更改面积图的颜色，使观感更加舒适，如图 4-47 所示。

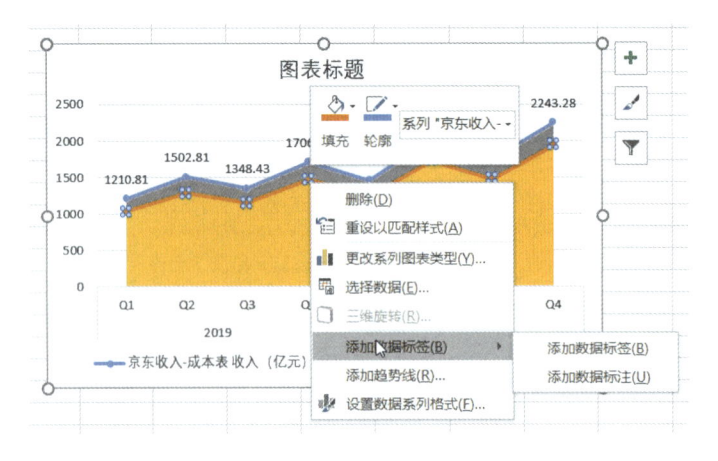

图 4-46　添加数据标签并更改数据位置

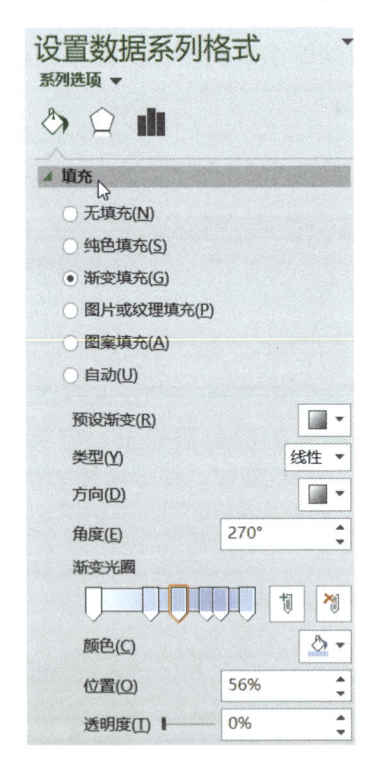

图 4-47　设置数据系列格式

步骤 7 选中折线图，在"添加图表元素"的"线条"中选择"垂直线"，继续根据自己的需要进行美化，如图 4-48 所示。

第4章
Excel图表：趋势分析图

图 4-48　添加图表元素

折线图与面积图组合图的最终效果如图 4-49 所示。

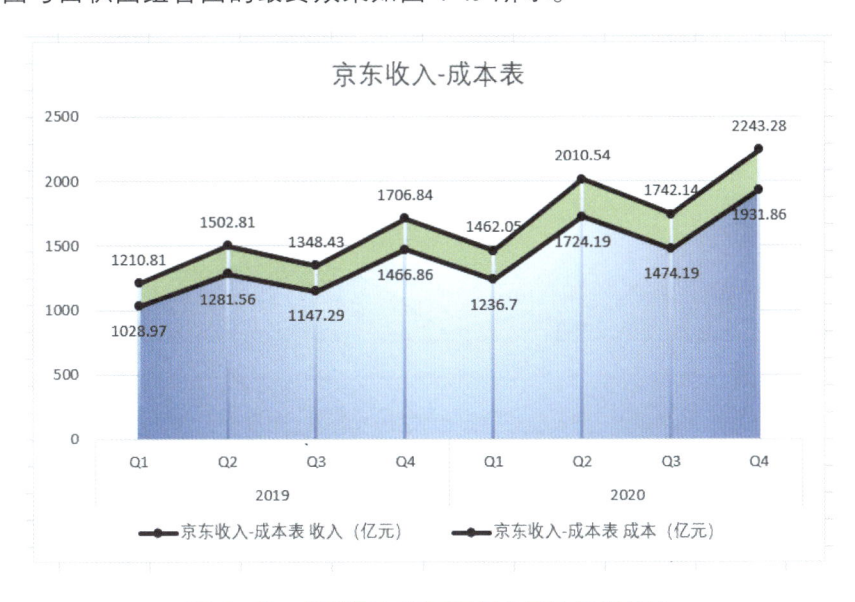

图 4-49　折线图与面积图组合图的最终效果

4.3.2　折线图与面积图的组合图的应用

折线图用来显示一段时间内的数据变化趋势，一般来说横轴是时间序列。而面积图用来显示一段时间内变动的幅度。两者的数据表示有异曲同工之妙，因此能很好地进行结合形成可视化的图表。

举例来说，我们采集产品 A 和产品 B 的销量数据，产品 A、B 销量对比如表 4-1 所示。为了制作折线图与面积图的组合图，在数据表的准备过程中，我们复制产品 A 销量和产品 B 销量这两列数据，命名为产品 A 辅助列和产品 B 辅助列。

| 73 |

表 4-1　产品 A、B 销售量对比

日　　期	产品 A 销量	产品 B 销量	产品 A 辅助列	产品 B 辅助列
1月1日	3987	1465	3987	1465
1月2日	4589	2845	4589	2845
1月3日	4211	1934	4211	1934
1月4日	3289	1745	3289	1745
1月5日	3455	2145	3455	2145
1月6日	3199	976	3199	976
1月7日	3832	2931	3832	2931
1月8日	4168	2032	4168	2032
1月9日	3977	3211	3977	3211
1月10日	3999	2845	3999	2845
1月11日	4111	2422	4111	2422
1月12日	3463	2567	3463	2567

可以通过折线图与面积图的组合来表示两个产品的销售情况的对比，会更加清晰明了，如图 4-50 所示。

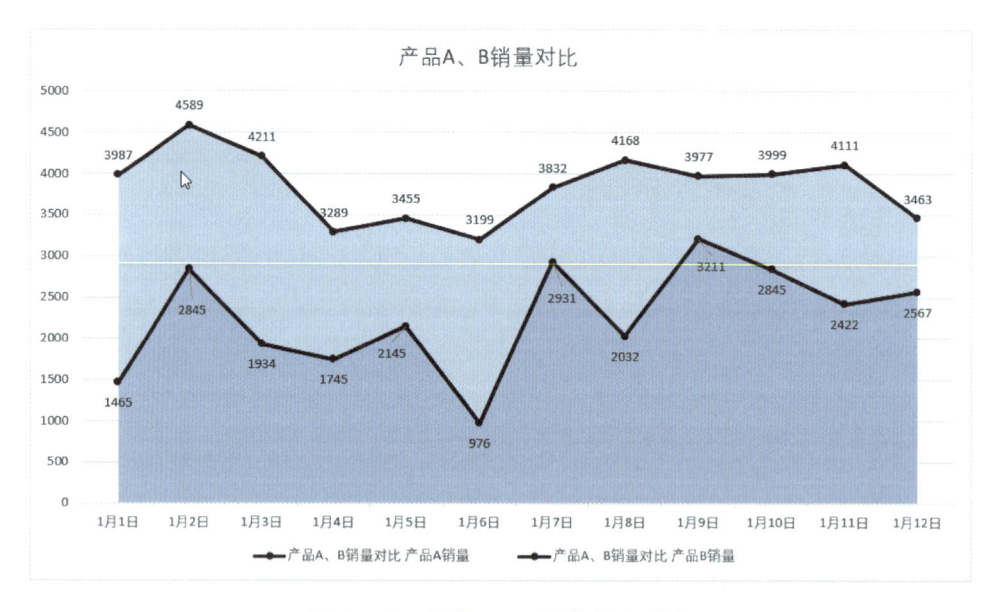

图 4-50　产品 A、B 销售情况对比

4.4　使用散点图展示数据趋势

散点图（scatter plot）也叫 X-Y 图，它将所有的数据以点的形式展现在直角坐标系上，以此来显示变量之间的相互影响程度。散点图作为一种很好的图形工具，能够将数

据趋势可视化，尤其是那些非函数关系的变量之间存在的联系。从关系强度来看，散点图的分布具有线性和非线性，强关系、中等关系和弱关系，正相关和负相关等特征。除此之外，散点图还可以用来表示数据的其他特征：数据聚集、数值间的差异、异常数据等。

4.4.1 散点图的绘制方法

一般来说，企业需要采集用户的基本信息以制定个性化的服务方案。因此，这里从公司的角度出发，节选了女性/男性：{身高，体重}的数据来讲解散点图的应用。

步骤 1 在空白单元格区域中按照如图 4-51 所示的格式录入按性别分类统计的用户身高、体重的原始数据。

Female		Male	
Height	Weight	Height	Weight
161.2	51.6	174	65.6
167.5	59	175.3	71.8
159.5	49.21	193.5	80.7
157	63	186.5	72.6

图 4-51 按性别分类统计的用户身高、体重的原始数据（单位分别是 cm 和 kg）

步骤 2 选中单元格区域后，单击"插入"选项卡，然后单击图标栏右下角的按钮，得到各种可选的图表样式，同时在右侧可看到预览图。插入图表，如图 4-52 所示。

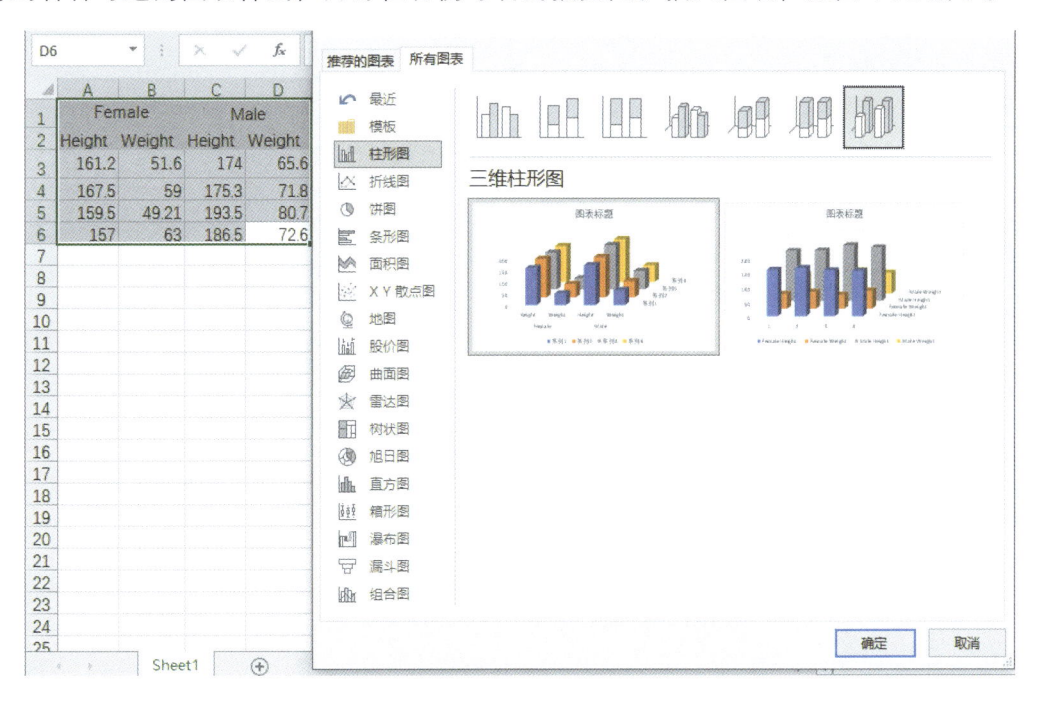

图 4-52 插入图表

可以选择如图 4-53 所示的样式简单创建一幅两总体散点图，用颜色来划分性别，用二维坐标度量每个客户的数据信息。

商务数据可视化

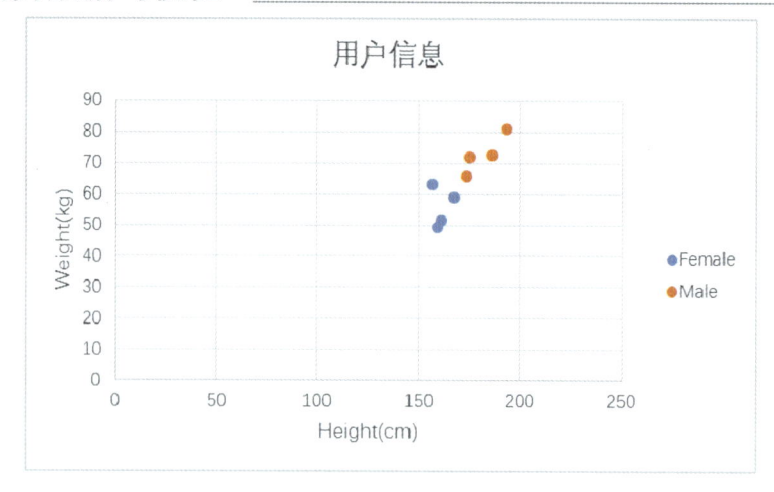

图 4-53　散点图

如图 4-53 所示，可以看到男性和女性在身高和体重数值方面的样本离散分布。可以明显地看出，每个男性样本身高、体重在数值上都大于女性样本，群体差异大于个体差异。

在 Excel 中，还可以通过添加多条趋势线（trendline）来观察某一个体在同样种类的样本中的分布情况，如图 4-54 所示。

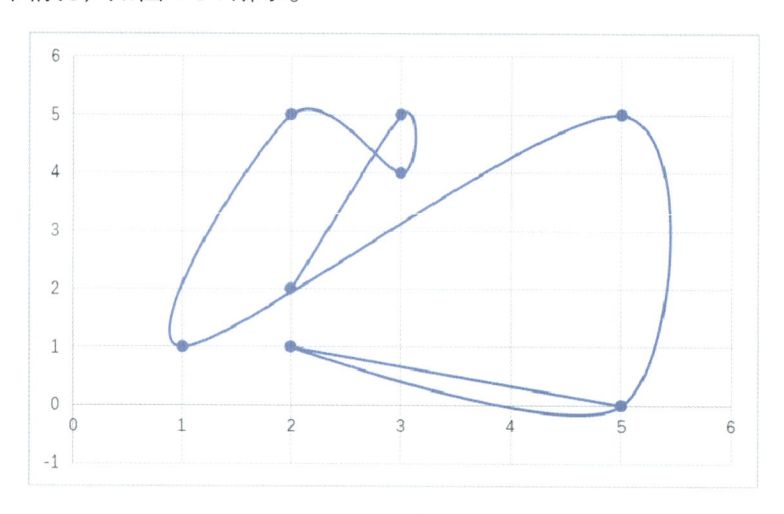

图 4-54　添加多条趋势线

譬如，我们可以仿照图 4-54 所示的描绘方式，为数据添加多条趋势线。读者可以先自行研究一下散点图的基本绘制方法和趋势线的添加，然后再来阅读下述章节的内容。

企业在实际 Excel 可视化的使用案例中一般要契合商业的特征，下面以一个员工离职预测模型为例进行说明。例如，将性别作为首要的划分依据，然后按照年龄、工龄等维度对已离职人员的信息进行分析，可以得到如图 4-55 所示的散点图。

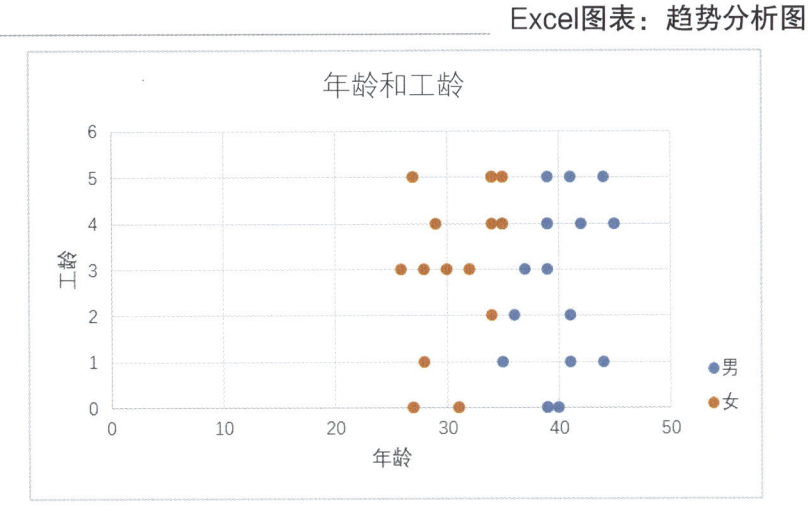

图 4-55 散点图的应用

4.4.2 散点图的趋势分析

添加趋势线是为了拟合数据元素变化的趋势。接下来将为其中一组元素变量序列添加趋势线，并分析其意义。

举例来说，在 R 语言中使用 plot()函数后可以画出散点图，分别输入 abline(v=15, col="blue")和 abline(v=c(15,20), col=c("blue", "red"), lty=c(1,2), lwd=c(1, 3))，可以得到如图 4-56 所示的两张散点图。可观测到的是，添加的两条辅助线并不能表示数据的整体趋势，但将平行于 Y 轴的直线作为辅助线可以更好地看到数据的截面信息。

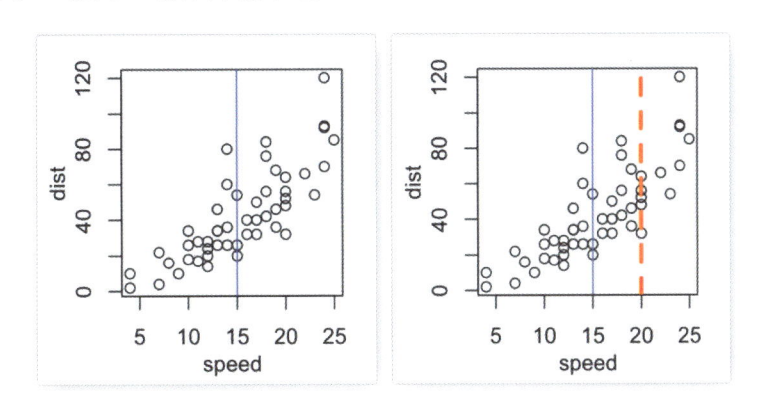

图 4-56 散点图的趋势

为图 4-55 所示散点图添加趋势线，添加趋势线后的散点图如图 4-57 所示。由图中可以看出，男样本和女样本的数据内部离散程度基本类同，区别主要在于男样本的年龄普遍较大，且工龄平均值较女样本要更高。

商务数据可视化

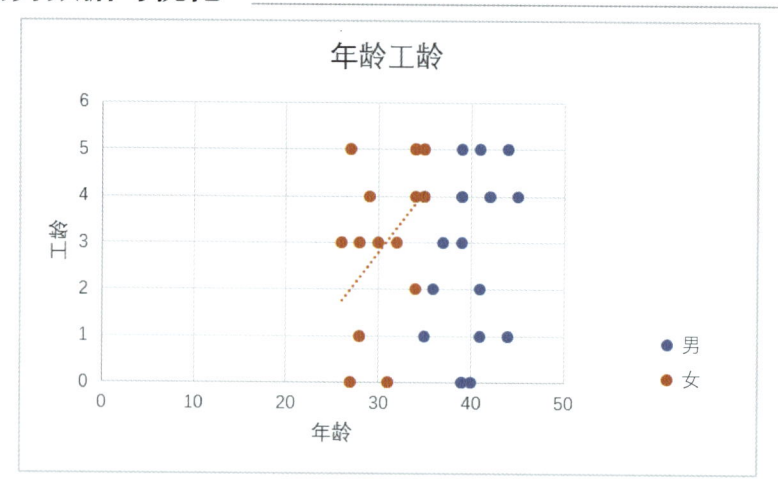

图 4-57　添加趋势线后的散点图

4.4.3　从冰激凌营销看气泡图

气泡图是一种特殊的散点图，气泡的大小一般由第三个数据系列中的值决定。通常气泡图用于展示金融数据，不同的气泡大小更有利于引起视觉冲击。这里以冰激凌在不同气温下的营销额为例，来展示气泡图的实际应用价值。

步骤 1　分别输入当日气温（Temp）、平均销售量（Avg Sold）和平均销售额（Avg Revenue）三列数据，如图 4-58 所示。

Temp	Avg Sold	Avg Revenue(*3 value)
16	75	¥450.00
17	140	¥840.00
18	125	¥750.00
19	155	¥930.00
20	125	¥750.00
21	150	¥900.00
22	170	¥1,020.00
23	220	¥1,320.00
24	300	¥1,800.00

图 4-58　原始数据

步骤 2　仿照散点图的作图方法，绘制如图 4-59 所示的气泡图。注意气泡的大小和位置直接反映了每一列数据的数值。

步骤 3　使用图表设置下的数据标记功能，可以将每一个样本的图样替换成网络上的图片，本例即把样本的图案换成了冰激凌的图标，通过冰激凌的大小显示出当日气温下的销量。这样不仅生动形象地反映了商品的类别，而且在多种商品的散点图统计中更有直观的优势，如图 4-60 所示。

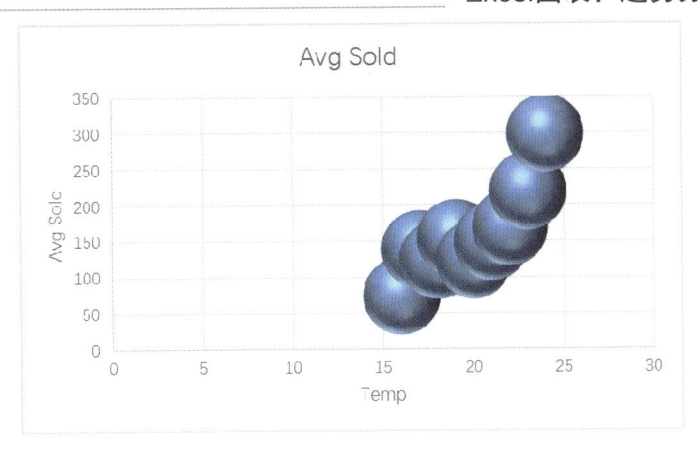

图 4-59　绘制气泡图

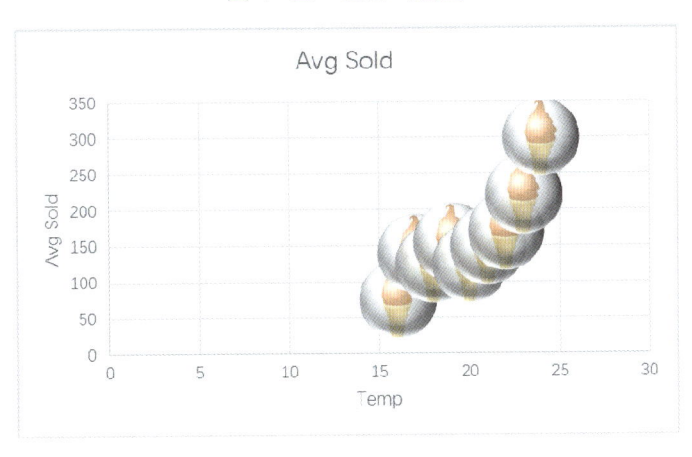

图 4-60　更改样本图案

4.4.4　商务模型——波士顿矩阵

波士顿矩阵（BCG Matrix，即 BCG 矩阵）作为 The Boston Consulting Group 公司设计的一种图表，目的是协助企业分析其业务和产品系列的表现。

如图 4-61 所示是产品 A ~ E 的市场信息。

Product	Market Growth	Market Share	Top Competitor Market Share	Relative Market Share	Notes:
Product A	7%	5%	30%	0.17	
Product B	9%	50%	20%	2.50	
Product C	22%	20%	50%	0.40	
Product D	20%	30%	12%	2.50	
Product E	10%	17%	12%	1.42	

图 4-61　产品 A ~ E 的市场信息

商务数据可视化

步骤 1 输入各个产品的市场信息，选中区域后插入气泡图，得到如图 4-62 所示的波士顿矩阵。

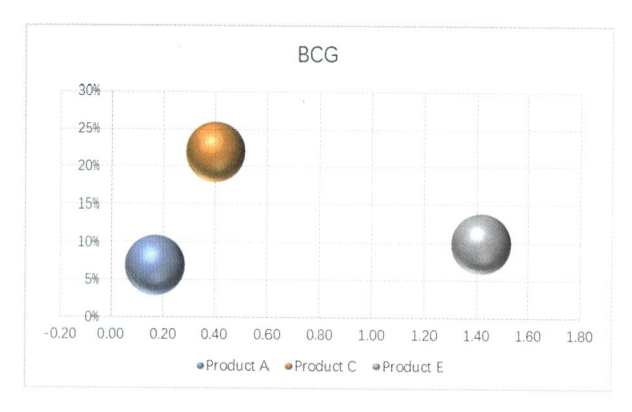

图 4-62 波士顿矩阵（初始创建）

步骤 2 选择数据，对系列名称、X 轴系列值、Y 轴系列值和系列气泡大小进行设置。

步骤 3 单击 X 轴，设置坐标轴格式（逆序刻度值），并设定和 Y 轴交叉的值（以 1.5 为例）；同理，设置 Y 轴的属性，如图 4-63 所示。

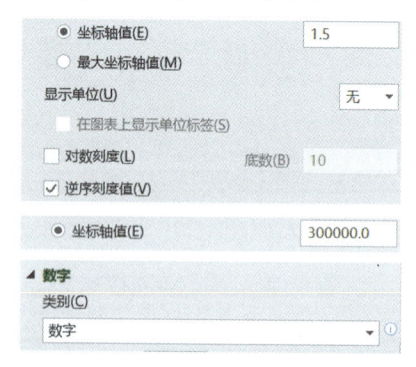

图 4-63 设置坐标轴格式

最终选取产品 A、C、E 的数据，得到如图 4-64 所示的波士顿矩阵。从图中可以看出：产品 C 位于明星区，产品 A 位于现金牛区，产品 E 位于瘦狗区。

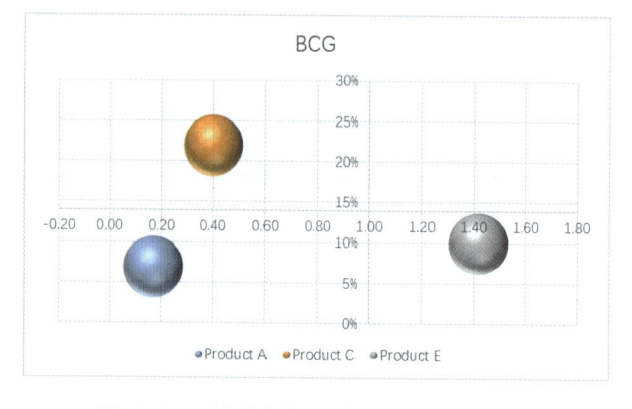

图 4-64 波士顿矩阵（调整坐标轴后）

4.5 商务应用案例

4.5.1 案例1：人事变动数据可视化

【背景材料】某公司成立于 2014 年，经过几年的发展，其规模已经达到行业中上水平，到 2018 年，该公司的员工人数已经达到 602 人。为了制定公司接下去的发展策略，我们基于公司数据，对其人事方面的变动进行数据可视化分析，为该公司人力资源管理制度的完善及社会招聘提供数据分析基础。

【分析过程】

1. 员工人数及其增长率分析

如图 4-65 所示，2014—2018 年间，员工人数从 104 人增至 602 人，总体呈增长趋势，但员工人数增长率却呈下降趋势。公司在初期发展速度快，人员规模快速扩大，之后进入稳定发展时期，发展速度有所下降，因此员工人数增长率下降。

图 4-65 员工人数及其增长率

2. 薪酬变化

从图 4-66 中可以看到，2014—2018 年，员工的年平均工资一直呈增长趋势。虽然年平均工资增长率一直在下降，但每年仍然维持在 10%以上，收入总体提高。

3. 员工年龄分布

各年龄段员工人数如图 4-67 所示，各年龄段员工人数占比如图 4-68 所示。从图 4-68 中可以看出，本公司 20~30 岁年龄段的员工人数占比 55.36%，31~40 岁年龄段的员工人数占比 36.11%，整个员工队伍比较年轻、富有活力，也更有拼劲，有利于公司的快速成长与发展。

图 4-66　年平均工资及其增长率

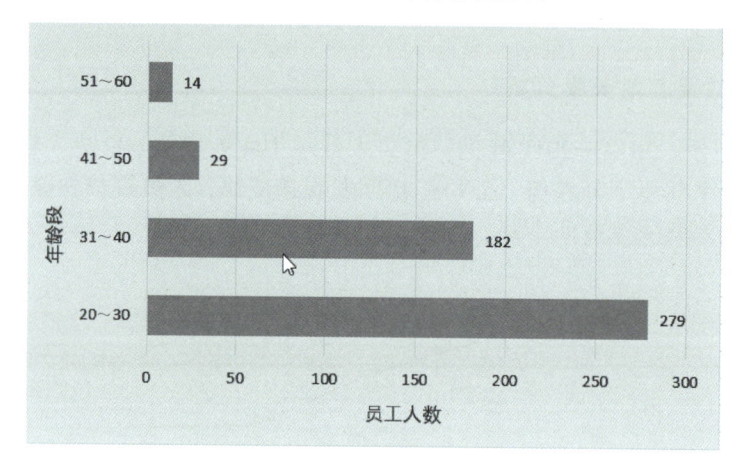

图 4-67　各年龄段员工人数

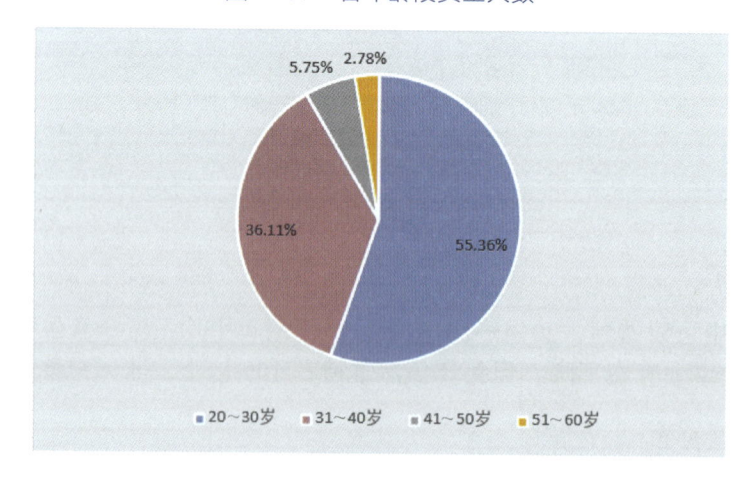

图 4-68　各年龄段员工人数占比

【启示与思考】总的来说，本公司目前正处于上升期向成熟期的过渡，公司发展态势良好，但随着公司的逐步发展，用工成本也在不断上升，公司需要及时建立起良好的员

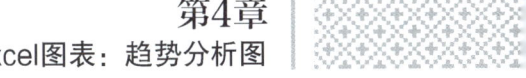

4.5.2 案例2：2020年新冠疫情的影响

【背景材料】2020年新冠疫情突然来袭，并迅速席卷了全世界。这次疫情感染人数之多、传播速度之快，是近百年来人类历史上最严重的一次。疫情期间，人们不得不待在家中，而各种商业活动停滞，经济停摆，对我国造成了严重的经济损失。那么，怎么能了解疫情对我国经济造成的冲击有多大呢？

【分析过程】我们对2019年和2020年的消费品零售额的变化进行数据可视化分析，清晰直观地了解新冠疫情对我国零售业造成的冲击，有针对性地对零售企业提供帮扶措施。

从图4-69中可以看到，2019年社会消费品零售总额累计增长一直保持在8%~8.4%之间，然而由于新冠疫情的爆发，2020年社会消费品零售总额累计增长一直是负数，可见疫情对零售行业造成了极大的冲击。同时，2020年的消费品零售总额也一直低于2019年的消费品零售总额。

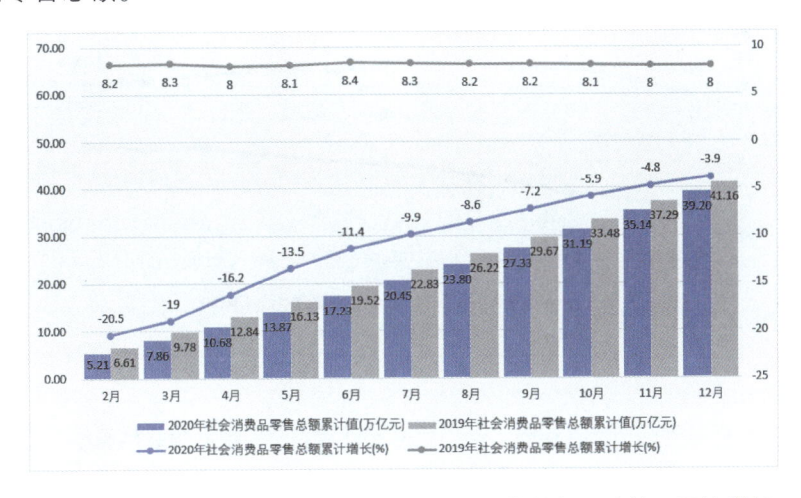

图4-69 2019年和2020年社会消费品零售总额累计值及累计增长

疫情对2020年的零售总额产生了负面影响，但却促进了网上零售额的增长。如图4-70所示，从2020年3月份开始，网上零售额累计值就超过了2019年网上零售额累计值，随着疫情期间快递行业的恢复，人们在网上购物的热情快速增长，极大地促进了电商行业的发展。

从消费者网上购买的实物商品的类型来看，2019年和2020年都是更多地购买吃类实物商品。如图4-71、图4-72所示，2019年实物商品网上零售额累计增长吃类排第一，穿类和用类大多时候差距并不大；而2020年吃类、用类、穿类实物商品网上零售额累计增长依次降低。

如图4-73所示，2020年的吃类实物商品网上零售额累计增长平均值约为34.4%，而2019年的平均值约为28.5%，2020年人们在网上购买的吃类商品明显增多。同时，由图4-74、图4-75可以看出，2020年的穿类、用类实物商品网上零售额累计增长远小于

2019 年的同类商品网上零售额累计增长。

图 4-70 2019 年和 2020 年网上零售额累计值

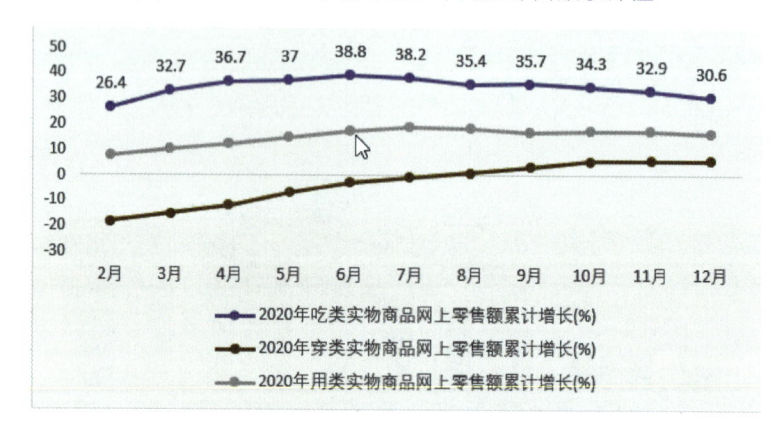

图 4-71 2020 年吃、穿、用类实物商品网上零售额累计增长

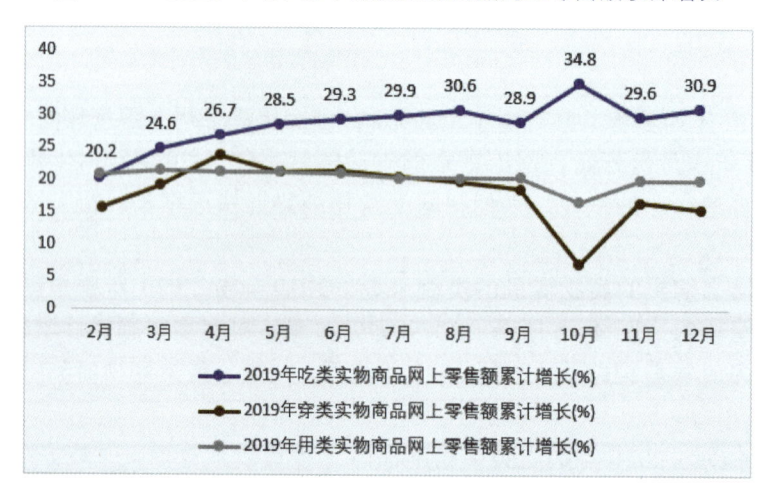

图 4-72 2019 年吃、穿、用类实物商品网上零售额累计增长

图 4-73　2019 年和 2020 年吃类实物商品网上零售额累计增长

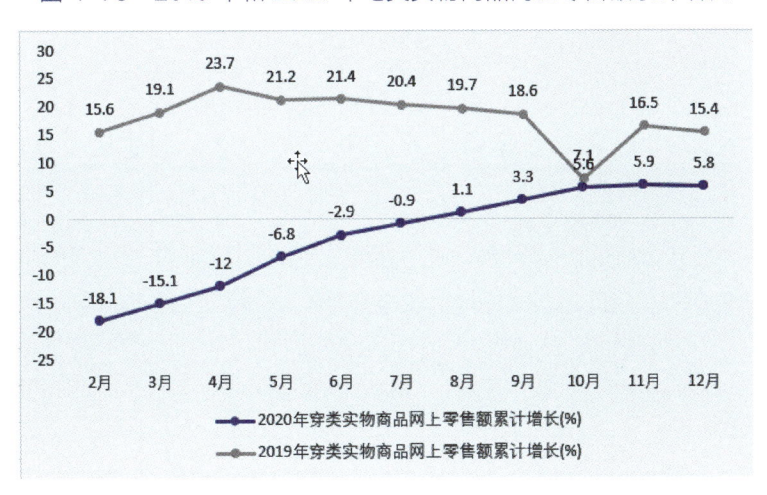

图 4-74　2019 年和 2020 年穿类实物商品网上零售额累计增长

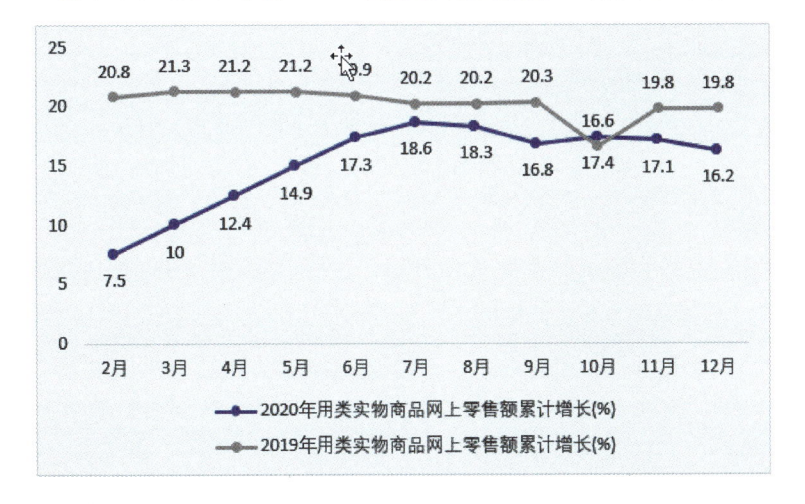

图 4-75　2019 年和 2020 年用类实物商品网上零售额累计增长

疫情严重影响了 2020 年线下零售行业的发展，但同时也促进了线上行业的发展，培养了人们网上购物的习惯。疫情期间，人们对吃类物品的需求大大增加，而穿类物品需求则相反。

【启示与思考】政府可以鼓励线下零售企业向线上线下同步发展转型，通过目前热门的直播带货等方式，可以帮助企业靠自身的力量走出困境。同时，根据疫情对吃、穿、用类实物商品企业的影响程度不同，也可以有针对性地对各类型中小零售企业提供不同额度的贷款。

第 5 章
Excel 图表：结构分析图

【章节目标】
1. 了解 Excel 图表中简单饼图、复合饼图和复合条饼图、分离饼图的绘制方法及适用场景。
2. 了解 Excel 图表中简单圆环图和多层圆环图的绘制方法及适用场景。
3. 了解 Excel 图表中旭日图、树状图和排列图的绘制方法及适用场景。

【学习重点、难点】
重点：了解如何使用 Excel 中的饼图和圆环图进行数据分析及可视化处理。
难点：掌握复合饼图和复合条饼图的绘制方法及适用场景。

【思维导图】

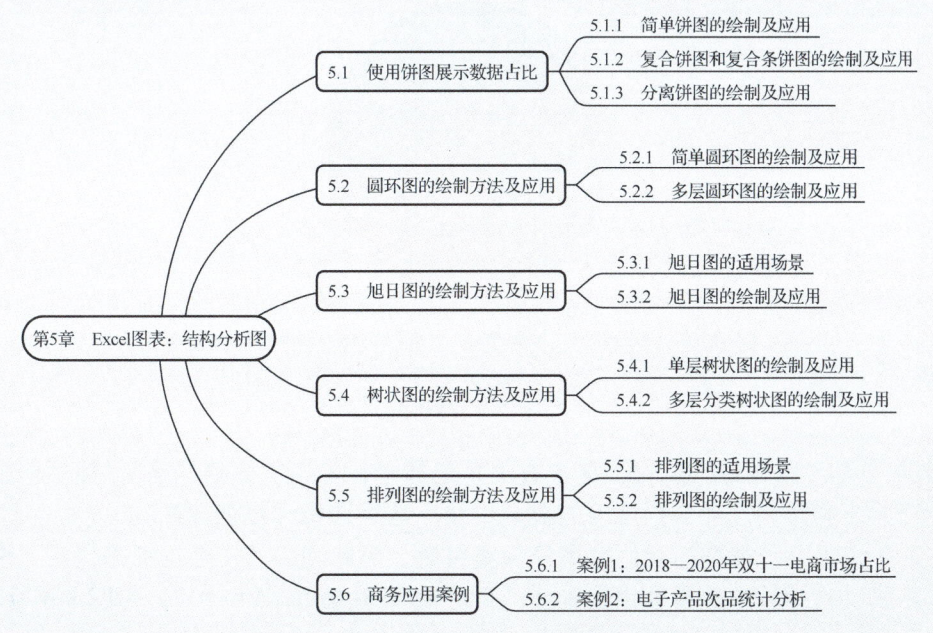

- 第5章 Excel图表：结构分析图
  - 5.1 使用饼图展示数据占比
    - 5.1.1 简单饼图的绘制及应用
    - 5.1.2 复合饼图和复合条饼图的绘制及应用
    - 5.1.3 分离饼图的绘制及应用
  - 5.2 圆环图的绘制方法及应用
    - 5.2.1 简单圆环图的绘制及应用
    - 5.2.2 多层圆环图的绘制及应用
  - 5.3 旭日图的绘制方法及应用
    - 5.3.1 旭日图的适用场景
    - 5.3.2 旭日图的绘制及应用
  - 5.4 树状图的绘制方法及应用
    - 5.4.1 单层树状图的绘制及应用
    - 5.4.2 多层分类树状图的绘制及应用
  - 5.5 排列图的绘制方法及应用
    - 5.5.1 排列图的适用场景
    - 5.5.2 排列图的绘制及应用
  - 5.6 商务应用案例
    - 5.6.1 案例1：2018—2020年双十一电商市场占比
    - 5.6.2 案例2：电子产品次品统计分析

商务数据可视化

5.1 使用饼图展示数据占比

5.1.1 简单饼图的绘制及应用

饼图显示一个数据系列中各项数据的大小占各项数据总和的比例，饼图中的数据点显示整个饼图的百分比，下面首先来研究简单饼图的绘制及应用。

对某人 3 月份的支出账单数据进行整理，得到如图 5-1 所示的数据。

支出分类	账单百分比
教育培训	28.62%
数码电器	28.37%
充值缴费	17.37%
交通出行	11.50%
服饰装扮	9.40%
其他	4.74%

图 5-1 支出账单数据

步骤 1 选中数据，单击"插入"→"推荐的图表"→"饼图"→"确定"，即可插入饼图，如图 5-2 所示。

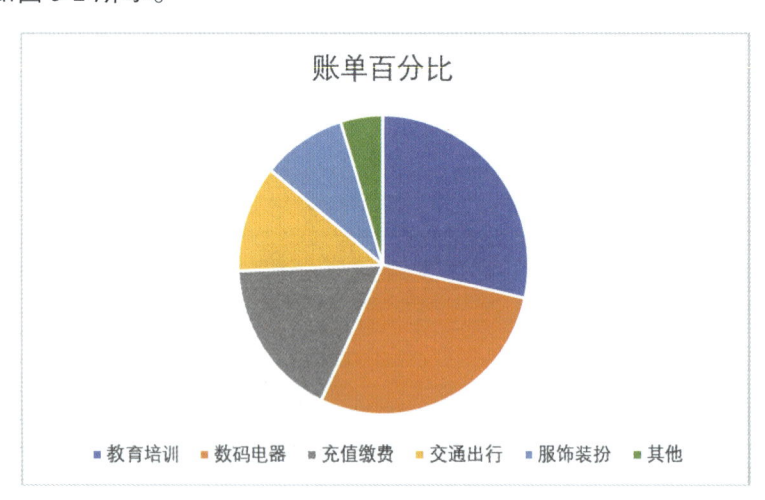

图 5-2 插入饼图

步骤 2 对图表进行美化，单击右上角的加号，勾选"数据标签"，然后单击数据标签后面的三角形，选择数据标签的显示位置。这里选择"数据标注"。

在默认情况下，数据标注的数据只保留整数，因此我们双击数据标签，在"设置数据标签格式"对话框中选择数字类别为"百分比"，小数位数为"2"，如图 5-3 所示。

第5章
Excel图表：结构分析图

图 5-3 "设置数据标签格式"对话框

最终支出账单饼图效果如图 5-4 所示。

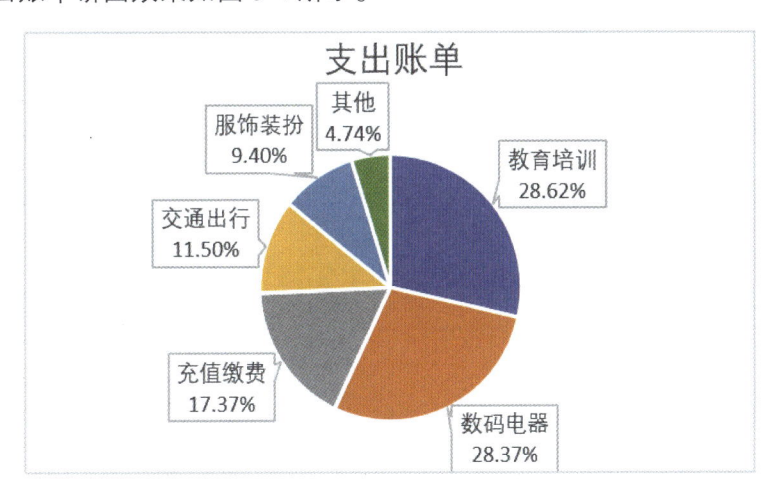

图 5-4 最终支出账单饼图效果

5.1.2 复合饼图和复合条饼图的绘制及应用

复合饼图也叫子母饼图，就是把某些满足条件的项目绘制到一个小饼图当中，构成一个大饼和一个小饼的结构。

对某公司各销售渠道数据进行整理，得到如图 5-5 所示销售渠道分布表。销售渠道主要分为专卖店、超市、商场批发和网络销售四种，其中网络销售又包括淘宝、京东和拼多多三种。

步骤 1 交换数据顺序，将网络销售数据项移到最后，如图 5-6 所示。选中数据，单击"插入"→"推荐的图表"→"复合饼图"→"确定"，即可插入复合饼图，如图 5-7 所示。

| 89 |

商务数据可视化

某公司各销售渠道分布情况	
专卖店	21%
超市	8%
商场批发	16%
网络销售	55%
淘宝	26%
京东	17%
拼多多	12%

图 5-5　销售渠道分布表

某公司各销售渠道分布情况	
专卖店	21%
超市	8%
商场批发	16%
淘宝	26%
京东	17%
拼多多	12%
网络销售	55%

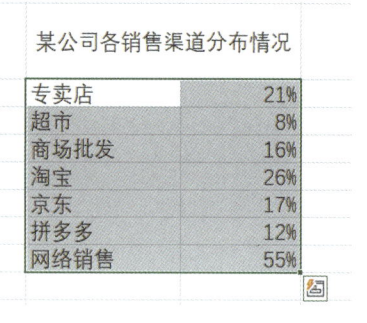

图 5-6　交换数据顺序

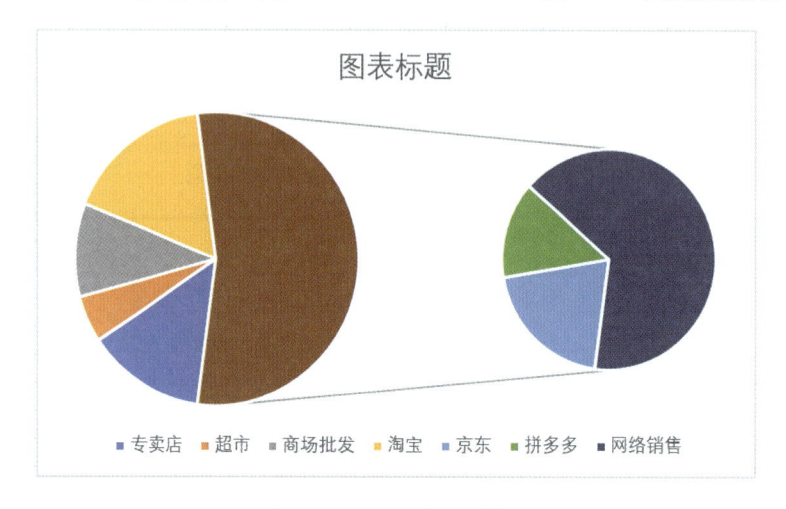

图 5-7　插入复合饼图

步骤 2 单击子饼图，在编辑栏中将$E$26 改成$E$25，修改数据范围，如图 5-8 所示。修改后的复合饼图如图 5-9 所示。

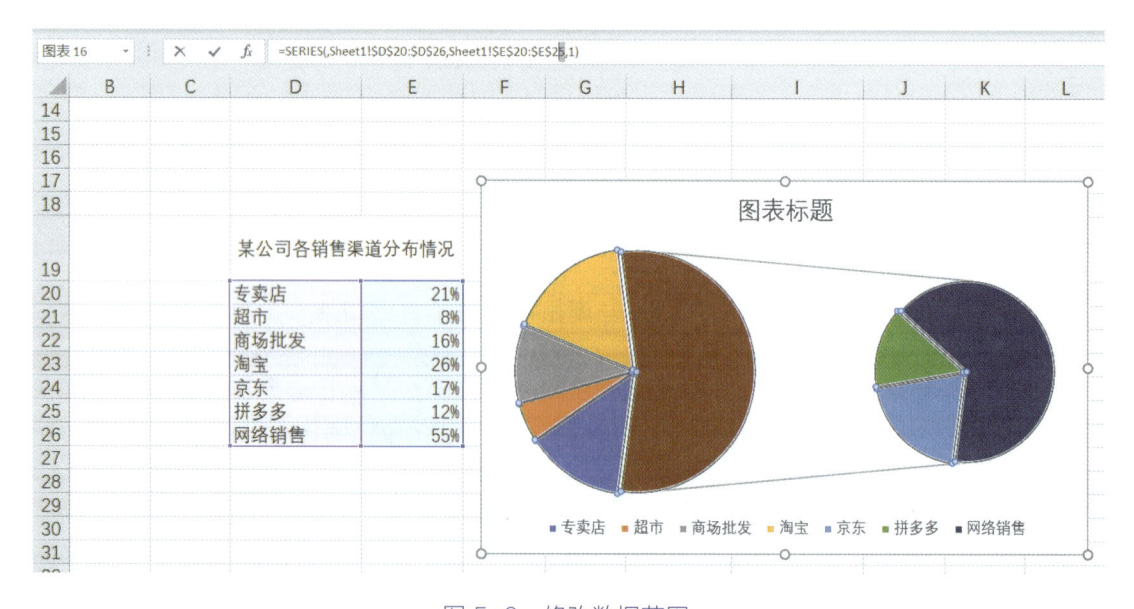

图 5-8　修改数据范围

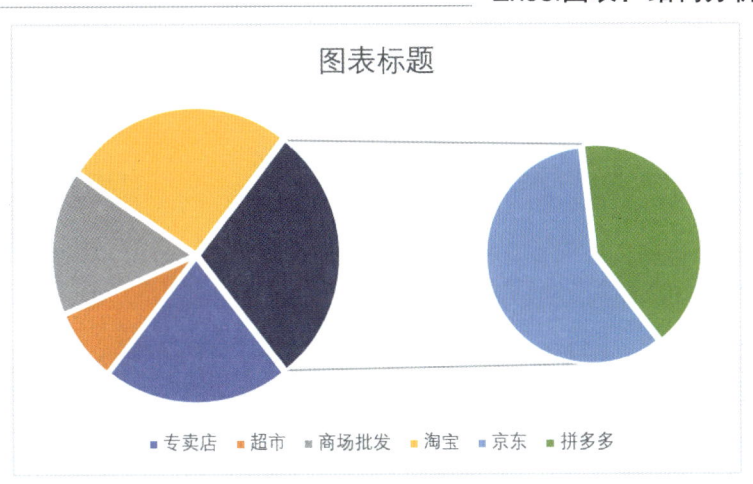

图 5-9　修改后的复合饼图

步骤 3 双击饼图，在右侧"设置数据系列格式"对话框中修改"第二绘图区中的值"为"3"，如图 5-10 所示。

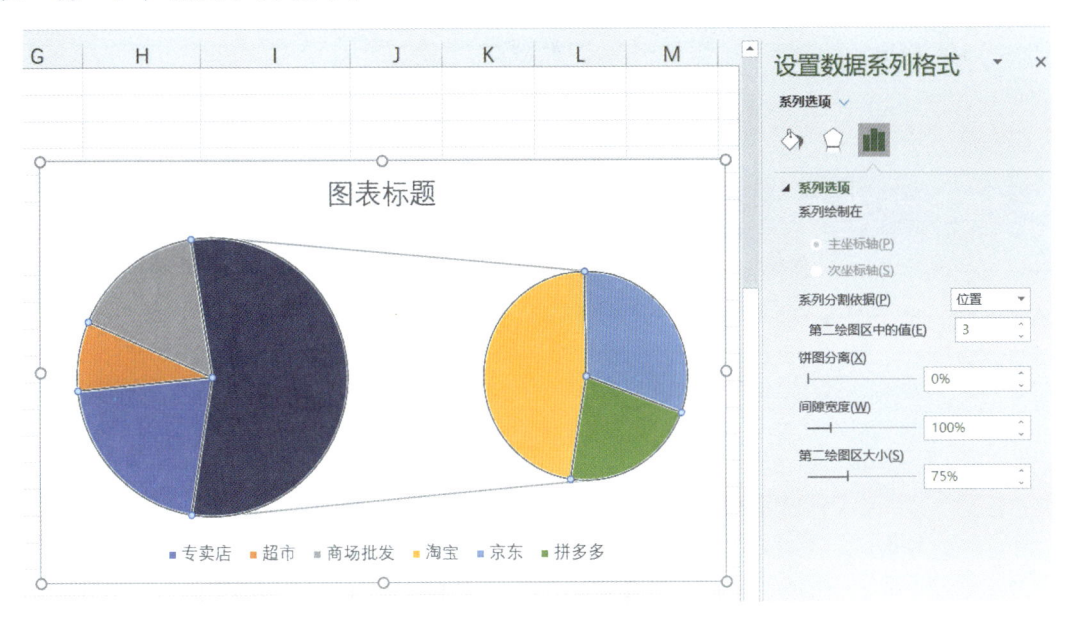

图 5-10　修改"第二绘图区中的值"

步骤 4 选中图表，单击右上方的加号，取消勾选"图例"，勾选"数据标签"。单击数据标签后的三角形，选择"更多选项"，在右侧"设置数据标签格式"对话框"标签选项"选项卡下勾选"类别名称"复选框，如图 5-11 所示。

步骤 5 美化图表。单击单个扇形，可以在右侧"设置数据点格式"对话框中对扇形的颜色进行修改。美化后的复合饼图如图 5-12 所示。

复合条饼图和复合饼图的画法相同，只是将小饼图换成了堆积的条形。继续以上面的数据为例，绘制复合条饼图，如图 5-13 所示。

91

商务数据可视化

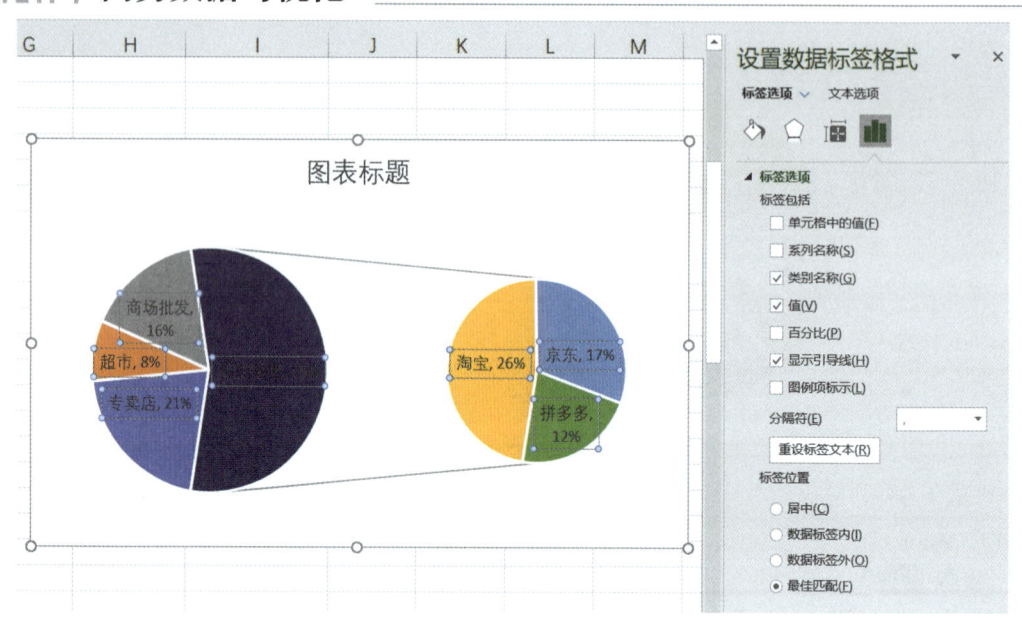

图 5-11　设置数据标签格式

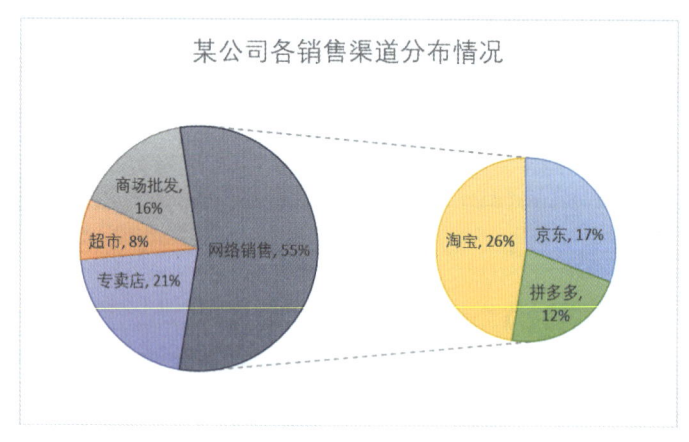

图 5-12　美化后的复合饼图

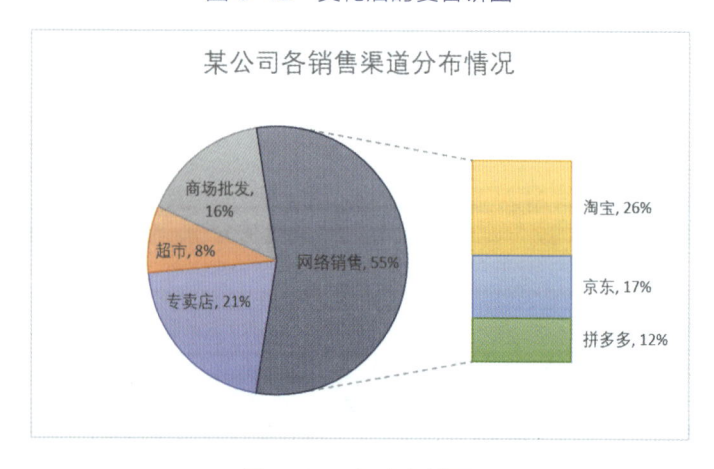

图 5-13　复合条饼图

| 92

5.1.3 分离饼图的绘制及应用

当需要将饼图分离时,可单击饼图,在右侧"设置数据系列格式"对话框中设置"饼图分离"的值,值越大,饼图各扇形之间分开的距离就越大。另外,直接选中其中一个扇形拖动也可分离饼图,如图 5-14 所示。

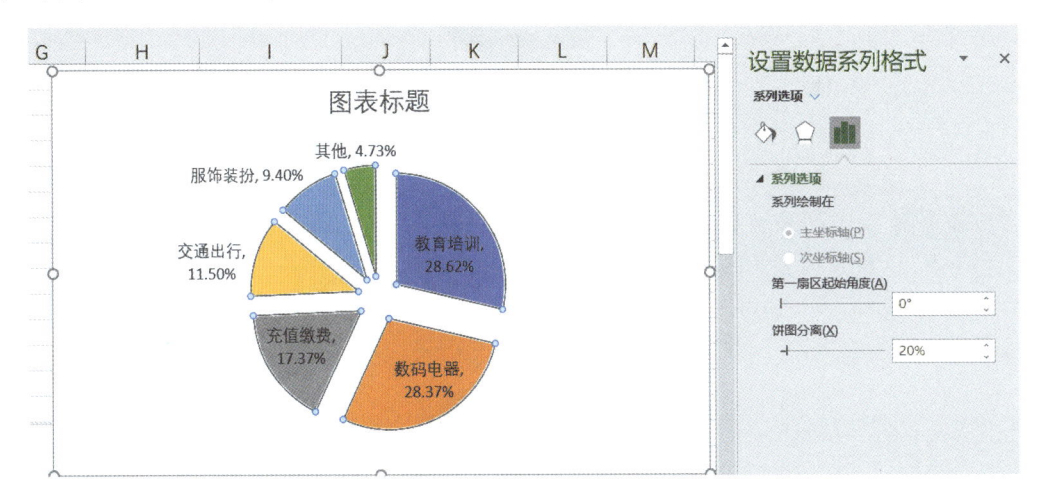

图 5-14 设置饼图分离

5.2 圆环图的绘制方法及应用

5.2.1 简单圆环图的绘制及应用

与饼图一样,圆环图(又称环形图)显示各个部分与整体之间的关系,不同的是,圆环图不仅可以表示一个数据系列,还可以包含多个数据系列。

某同学 iPad 中 GoodNote 软件的用电量如图 5-15 所示,对其绘制圆环图,具体步骤如下。

App	电池用量	辅助比例
GoodNote	62%	38%

图 5-15 GoodNote 软件的用电量

步骤 1 选择数据,单击"插入"→"所有图表"→"饼图"→"圆环图"→"确定",得到基础圆环图,如图 5-16 所示。

商务数据可视化

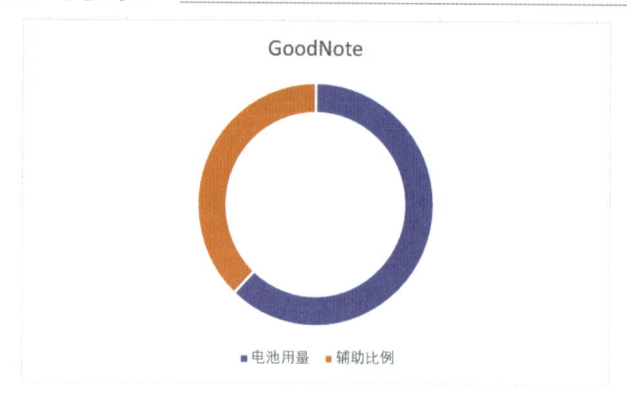

图 5-16　基础圆环图

步骤 2 双击图表,在右侧"设置数据系列格式"对话框中,填充颜色并设置边框为"无线条",设置颜色和边框后的圆环图如图 5-17 所示。

图 5-17　设置颜色和边框后的圆环图

步骤 3 分别选中圆环的两个部分,选中绿色部分时勾选"数据标签"和"图例",选中灰色部分时取消勾选"数据标签"和"图例",将绿色部分数据标签移到圆环中间,并设置标签的大小和颜色。最后设置图表标题为"GoodNote 用电量占比"。

得到的最终圆环图如图 5-18 所示。

图 5-18　最终圆环图

5.2.2 多层圆环图的绘制及应用

当有多个数据系列时，就可使用多层圆环图进行数据展示。例如，同时进行销售额和毛利的结构分析，可以绘制两层圆环图分别表示。

产品销售额和毛利数据表如图 5-19 所示。

产品	销售额	毛利
A	1352	722
B	785	330
C	574	517
D	528	472
E	765	301

图 5-19　产品销售额和毛利数据表

步骤 1 绘制方法和简单圆环图相同，执行后得到基础多层圆环图，如图 5-20 所示。

图 5-20　基础多层圆环图

步骤 2 圆环图的重点是设置圆环图的圆环大小，否则图表容易显得难看。双击圆环，在右侧"设置数据系列格式"对话框中设置"圆环图圆环大小"，这里设置为"43%"，如图 5-21 所示。单击右上角的加号，勾选"数据标签"，取消勾选"图例"，设置图表元素后的多层圆环图如图 5-22 所示。

步骤 3 画出的圆环图的内圈和外圈看不出来是哪个数据系列，因此还需要在图表上设置文本框进行说明，如图 5-23 所示。

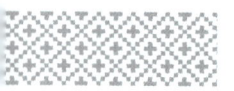

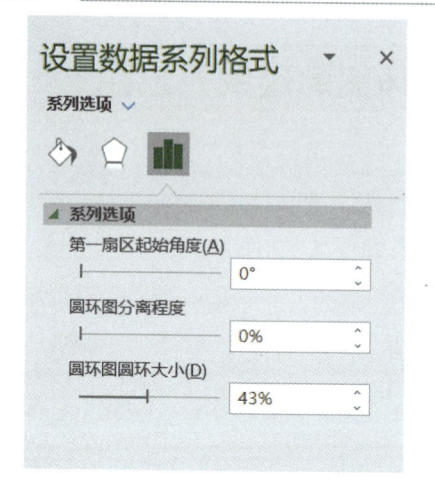

图 5-21 设置"圆环图圆环大小"

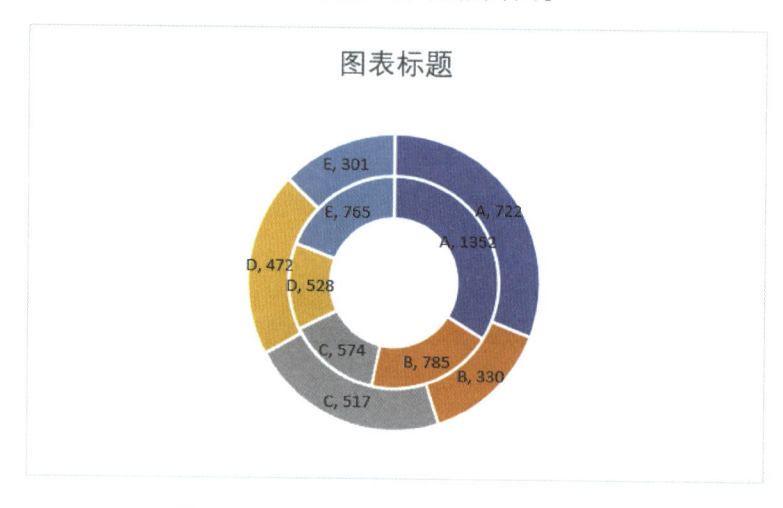

图 5-22 设置图表元素后的多层圆环图

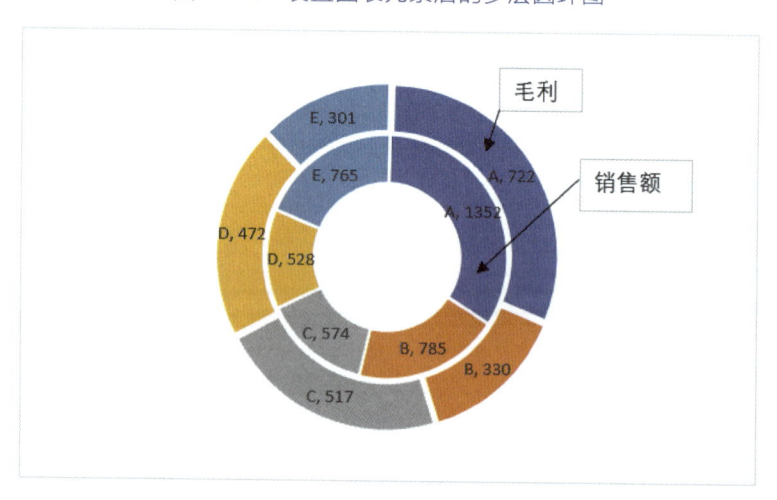

图 5-23 设置文本框进行说明

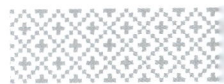

5.3　旭日图的绘制方法及应用

5.3.1　旭日图的适用场景

　　旭日图实际上是饼图的变形，相当于多个饼图的组合。饼图一般只能体现一层数据的比例情况，因此适用场景比较单一，而旭日图是一种现代饼图，能清楚地表达清晰的层级和归属关系，以父子层次结构来显示数据构成情况，能适应复杂的数据可视化结构。

　　旭日图非常适合显示分层数据。层次结构的每个级别由一个环或圆表示，最内层的圆为层次结构的顶部。没有任何等级的数据的旭日图看起来与饼图没有区别，而具有多个类别的旭日图则显示了外环与内环的关系。旭日图能最有效地显示一个环是如何被分解为整个结构的一部分的。旭日图样例如图 5-24 所示。

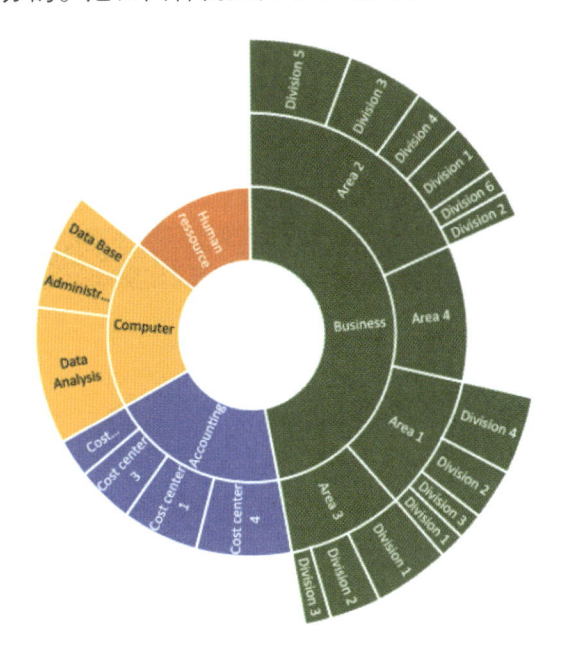

图 5-24　旭日图样例

　　在商务场景中，一个企业可能不仅仅拥有一项业务，而是分成几个部门，部门下面还有各自的业务，这时就可以使用旭日图进行数据可视化处理，分析各个部门的销售情况，同时使用色彩的搭配来区分不同部门。

　　当然，除了公司的销售情况，还可以根据公司的组织结构分析公司中拥有的员工人数。这就是旭日图的优势所在，能显示层次结构中的关系，也能显示不同类别的细分。但是劣势也很明显，它很难在可视化图表上显示图例标签，数据在输入时必须按类别排序，同时格式化和自定义选项不多。

5.3.2 旭日图的绘制及应用

旭日图最常用的场景就是分析各公司各部门不同时间段的销售情况，因此，此处以各品牌汽车 2018 年 3 月的销售情况为例，进行旭日图数据可视化分析。

步骤 1 首先制作 2018 年 3 月中国市场各汽车企业销售情况表，为后面绘制旭日图打下基础，如图 5-25 所示。

厂家	品牌	车型	3月销量（辆）
上汽通用	五菱宝骏	宝骏510	41158
	别克	别克昂科威	19566
长城汽车	哈弗	哈弗H6	38358
上汽大众	大众	大众途观	28296
广汽乘用车	传祺	广汽传祺GS4	25200
吉利汽车	吉利	吉利博越	21919
长安汽车	长安	长安CS55	20169
	长安欧尚	长安CX70	18071
上汽集团	荣威	荣威RX5	19770
东风日产	日产	日产奇骏	17765

图 5-25　2018 年 3 月中国市场各汽车企业销售情况表

步骤 2 选中数据，在"插入"菜单的"图表"选项组中单击右下角的"查看所有图表"图标，如图 5-26 所示。

图 5-26　单击"查看所有图表"图标

步骤 3 打开"插入图表"对话框，选中"所有图表"选项卡，单击左边的"旭日图"并单击"确定"按钮，插入旭日图，如图 5-27 所示。

步骤 4 生成图表以后，发现这个图表的文字没有显示完整，因此可以将它放大并根据自己的审美更改配色，如图 5-28 所示。

第5章
Excel图表：结构分析图

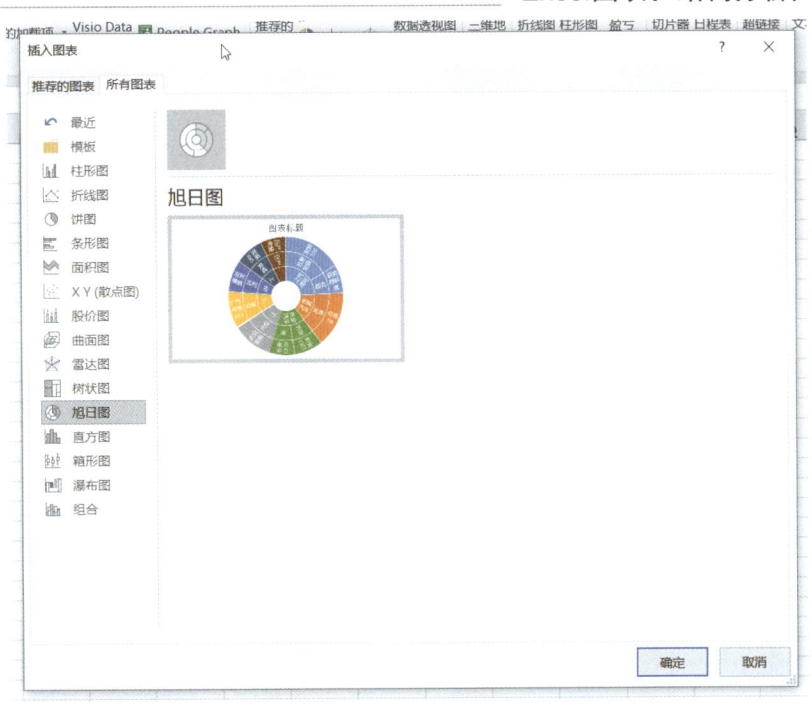

图 5-27　插入旭日图

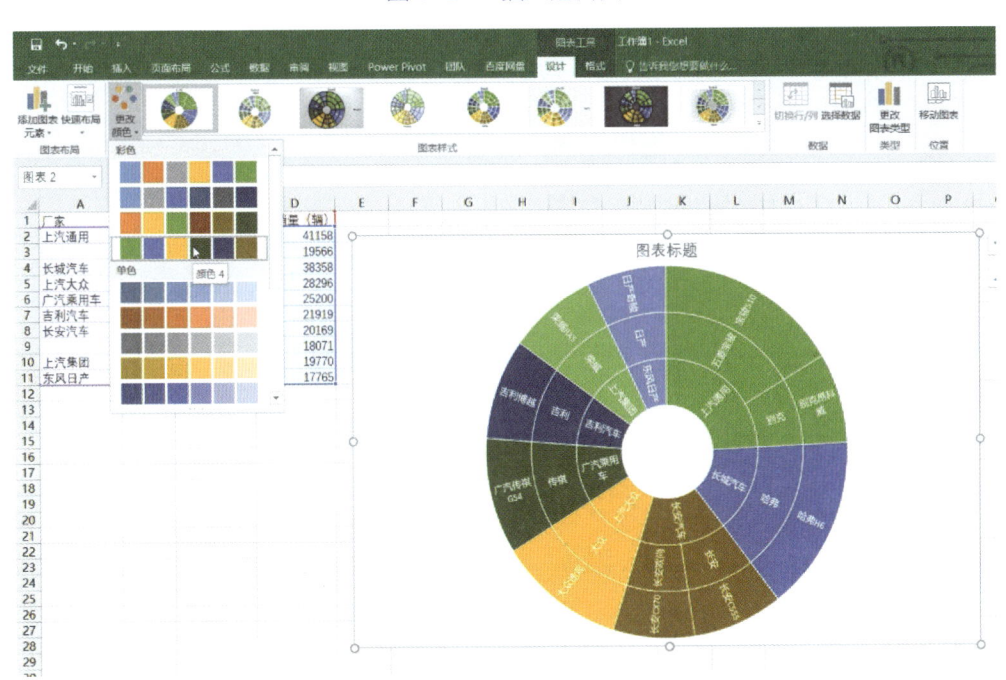

图 5-28　放大图表并更改配色

步骤 5 目前销量没有显示在图表中，我们可以选中图表的数据，设置数据标签格式，在"标签选项"下勾选"值"复选框，并且将分隔符更改为"分行符"，如图 5-29 所示。

| 99 |

商务数据可视化

图 5-29　设置数据标签格式

步骤 6 如果想要图例，可以更改图表样式，如图 5-30 所示。最后添加图表标题，旭日图成品如图 5-31 所示。

图 5-30　更改图表样式

图 5-31　旭日图成品

5.4 树状图的绘制方法及应用

树状图是 Excel 2016 新增的图表之一,已经成为报表中最强大的图表之一。树状图能按客户、细分市场或产品细分一个行业或公司,使用户能够轻松地理解每个细分市场或条形与整体之间的关系。

5.4.1 单层树状图的绘制及应用

下面通过一个简单的例子来展示单层树状图如何制作,这里使用中国手机市场份额进行讲解。

步骤 1 制作中国手机市场 2020 年份额报表,为后面绘制单层树状图打下基础,如图 5-32 所示。

产品	中国市场占有率(%)
华为	42%
vivo	18%
oppo	18%
小米	10%
苹果	8%
其他品牌	4%

图 5-32 中国手机市场 2020 年份额报表

步骤 2 选中数据,在"插入"菜单的"图表"选项组中单击右下角的"查看所有图表"图标,选择"树状图"插入,如图 5-33 所示。

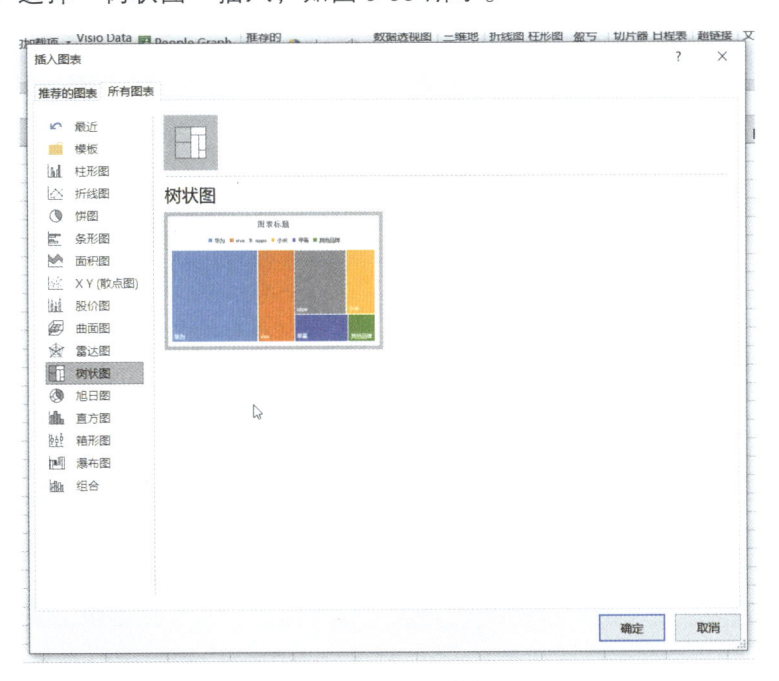

图 5-33 插入树状图

商务数据可视化

步骤 3 生成图表以后，我们发现数值并没有展现在图表上，可以选择数值，设置数据标签格式，并且在"设计"菜单中更改图表样式，如图 5-34、图 5-35 所示。

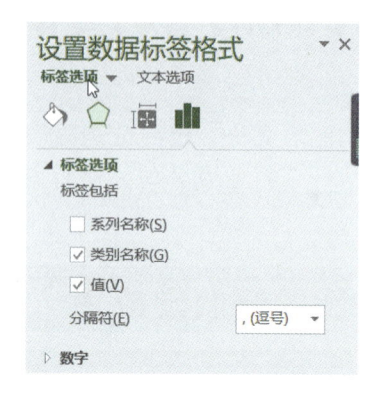

图 5-34 设置数据标签格式

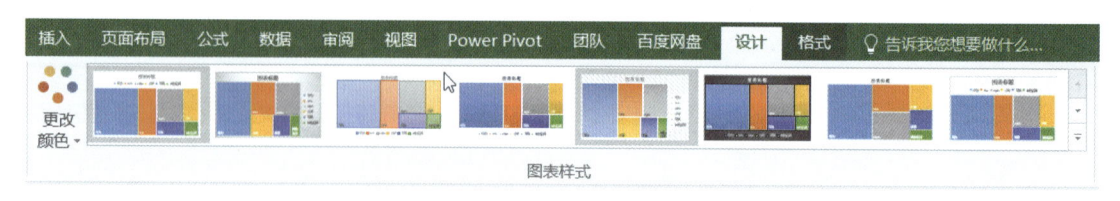

图 5-35 更改图表样式

单层树状图成品如图 5-36 所示，可以看出华为的市场份额占比很大。

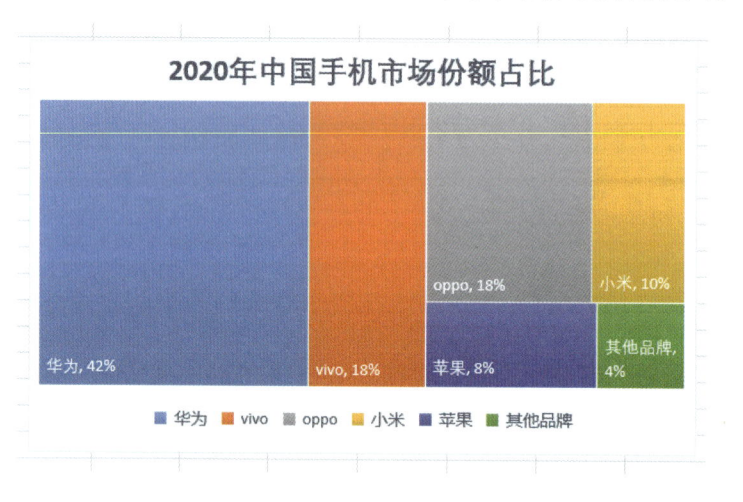

图 5-36 单层树状图成品

5.4.2 多层分类树状图的绘制及应用

实际上单层树状图与旭日图的制作方法十分相似，但是在商务活动中，很少有只有一层数据需要进行分析的情况，因此可以使用多层分类树状图进行数据可视化图表的制作。

第5章
Excel图表：结构分析图

步骤 1 制作 2018 年微信城市服务用户数的排名报表，为后面绘制多层分类树状图打下基础，如图 5-37 所示。

地区	省份或城市	使用人数（万）
华南	广东省	9983
华东	江苏省	2881
华东	浙江省	2786
华东	山东省	2562
华中	河南省	2531
华西	四川省	2343
华中	湖南省	2077
华北	河北省	1997
华北	北京市	1783
华东	福建省	1739

图 5-37　2018 年微信城市服务用户数的排名报表

步骤 2 选中数据，在"插入"菜单的"图表"选项组中单击右下角的"查看所有图表"图标，选择"树状图"插入，如图 5-38 所示。

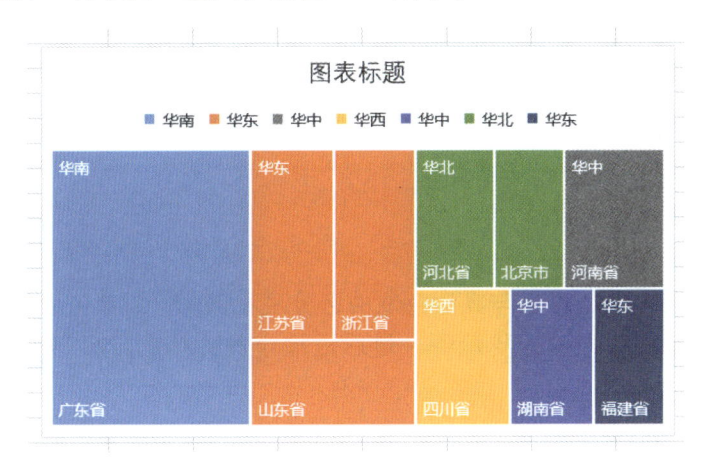

图 5-38　插入树状图

步骤 3 可以看到目前的图表杂乱无章，并不能看出地区的分类，需要进一步处理。单击图表，在"设置数据标签格式"对话框"系列选项"中选择"横幅"，如图 5-39 所示。

图 5-39　设置数据标签格式

103

商务数据可视化

步骤 4 添加横幅以后，一些在相同地区的数据没有归类，选中地区中的一个数据，右击，在弹出的快捷菜单中选择"排序"→"降序"，进行降序排序，如图 5-40 所示。

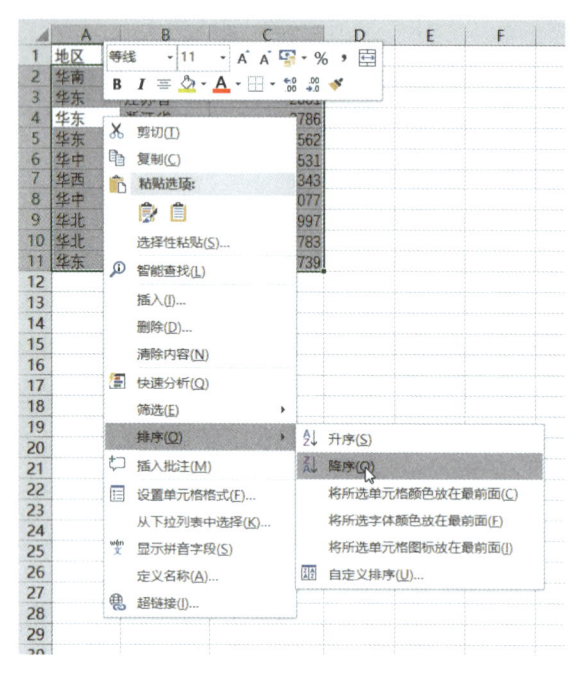

图 5-40 降序排序

步骤 5 有些色块的颜色与其他色块的区分度不够，可以单击色块，更改颜色，同时增加数值，使图表表达数据更清晰，最后添加合适的标题，多层分类树状图成品如图 5-41 所示。

图 5-41 多层分类树状图成品

5.5 排列图的绘制方法及应用

5.5.1 排列图的适用场景

如图 5-42 所示，排列图是一种包含条形和折线的图表类型，其中单个值按条形值降序表示，累计总数以行表示，左垂直轴是发生频率，但它可以替代成本或其他重要的衡量单位，右垂直轴是特定测量单位的发生总数、总成本或总数的累计百分比。排列图按影响程度的大小从左到右排列，通过对排列图的观察分析可以抓住影响质量的主要因素，从而实现最有效、最大化的整体质量改进。一般排列图分为两种：分析现象用排列图和分析原因用排列图。

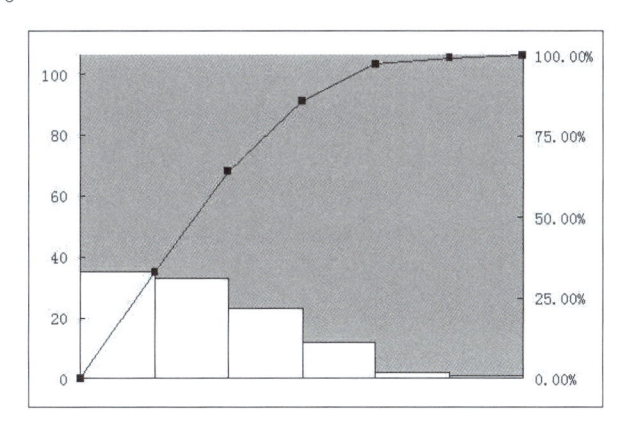

图 5-42 排列图样例

分析现象用排列图一般用于分析不良结果，发现主要问题，如质量不合格、成本费用损失、存货短缺等。

分析原因用排列图一般用于从过程因素探求原因，发现主要问题，如操作者自身的因素、机器设备问题、原材料供应不足、作业环境等。

排列图虽然有两种适用场景，但是绘制方法没有区别，分析图表不在本书的范畴之内，因此不过多赘述。

5.5.2 排列图的绘制及应用

这里以某企业制造的不合格产品分析表为例进行讲解。

步骤 1 首先制作不合格产品分析表，为后面绘制排列图打下基础，如图 5-43 所示。

步骤 2 排列图一般都需要将不合格比率降序排列，因此选中不合格比率中的一个数据，右击，在弹出的快捷菜单中选择"排序"→"降序"，对数据进行降序排列，如图 5-44 所示。

商务数据可视化

不合格类型	不合格数量	不合格比率（%）	累计比率（%）
弯曲	104	52	52
擦伤	42	21	73
砂眼	20	10	83
断裂	10	5	88
污染	6	3	91
裂纹	4	2	93
其他	14	7	100

图 5-43　不合格产品分析表

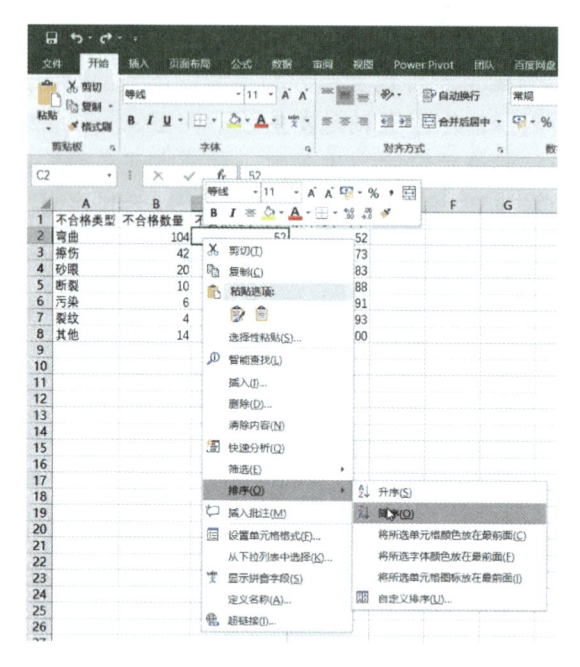

图 5-44　对数据进行降序排列

步骤 3　选中前面两列，选择插入柱形图，并把分类间距改为"0%"，如图 5-45 所示。

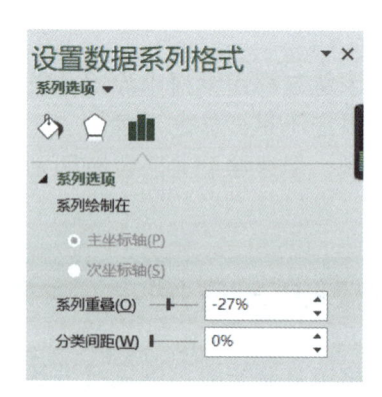

图 5-45　修改分类间距

步骤 4　在表头的累计比率一列增加一行填写 0，如图 5-46 所示。右击生成的柱形图，在弹出的快捷菜单中选择"选择数据"，如图 5-47 所示，弹出"选择数据源"对话框，如图 5-48 所示。在"图例项（系列）"中选择"添加"，弹出"编辑数据系列"对话框，将系列名称设为"系列 2"，并且选择单元格 D2～D9，如图 5-49 所示。

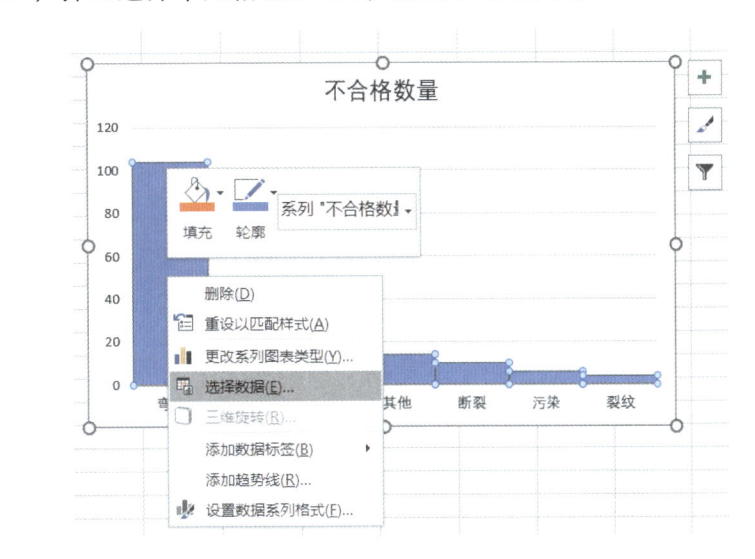

图 5-46　添加比率为 0 的数据行

图 5-47　选择"选择数据"

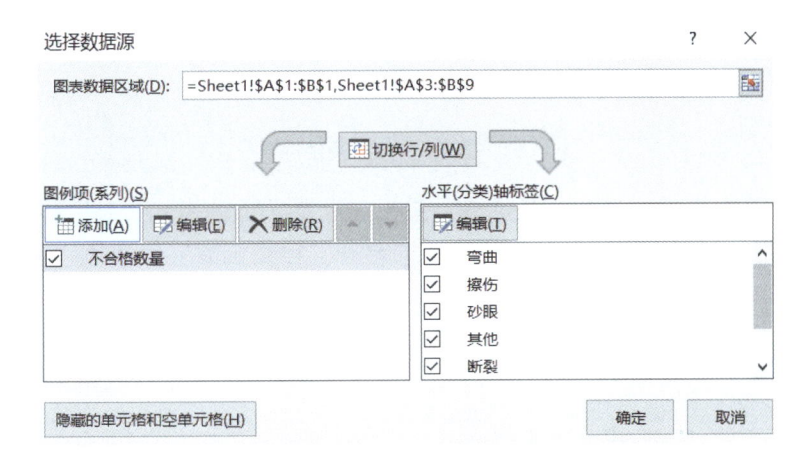

图 5-48　"选择数据源"对话框

图 5-49　选择需要的单元格

商务数据可视化

步骤 5 更改新添加的图表类型为"折线图",并勾选"次坐标轴",如图 5-50 所示。

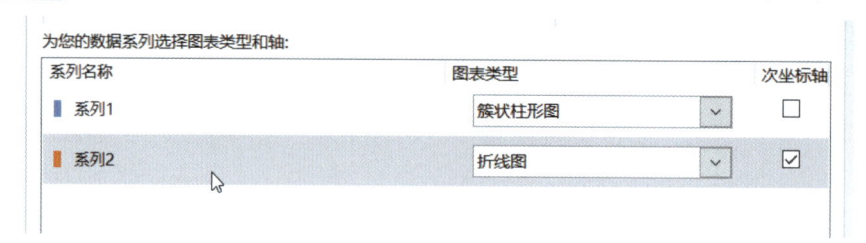

图 5-50　选择图表类型和轴

步骤 6 单击图表右边的加号,在"坐标轴"选项中勾选"次要横坐标轴",如图 5-51 所示。

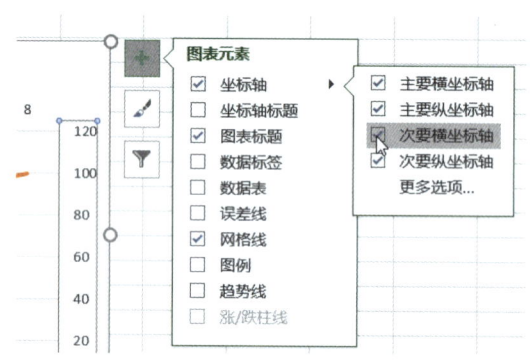

图 5-51　勾选"次要横坐标轴"

步骤 7 双击生成的次要横坐标轴,弹出"设置坐标轴格式"对话框,将该坐标轴位置改为"在刻度线上",如图 5-52 所示;同时在"标签位置"处选择"无",如图 5-53 所示。

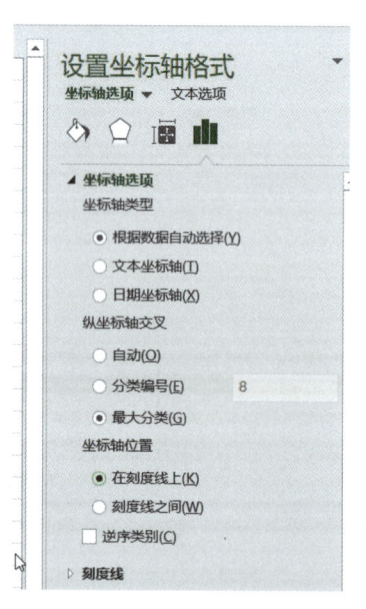

图 5-52　更改坐标轴位置　　　　图 5-53　更改标签位置

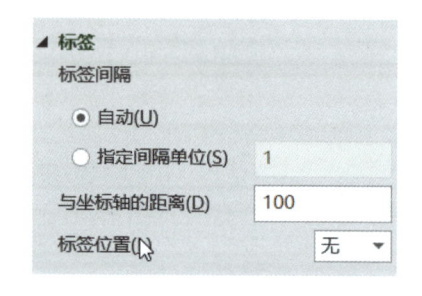

108

第5章
Excel图表：结构分析图

步骤 8 同样，双击右坐标轴，将"最大值"改为"100.0"，如图 5-54 所示；双击左坐标轴，将"最大值"改为不合格数量的总数，这里为"200.0"，如图 5-55 所示。

图 5-54　修改右坐标轴　　　　图 5-55　修改左坐标轴

步骤 9 如图 5-56 所示，为折线图添加数据标签，并且更改图表样式，让其更加美观。

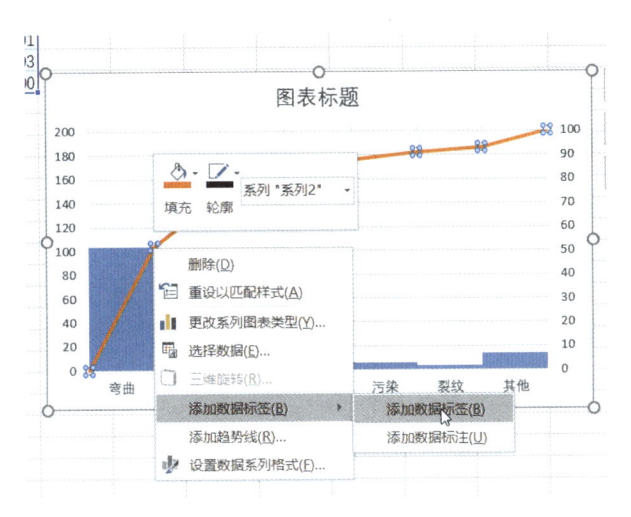

图 5-56　添加数据标签

最后根据自己的需要进行美化，排列图成品如图 5-57 所示。

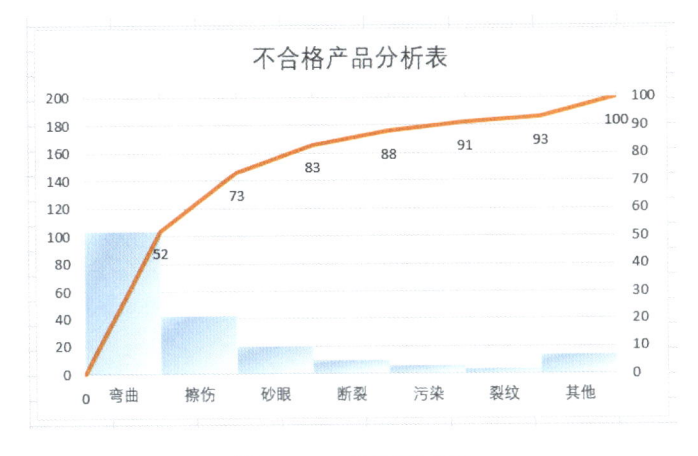

图 5-57　排列图成品

5.6 商务应用案例

5.6.1 案例1:2018—2020年双十一电商市场占比

【背景材料】基于迅速引流聚客的需求,2009年双十一购物节应运而生,主打品牌促销。十余年时间,双十一交易规模迅速扩张。

近年来,双十一电商购物节已经成为中国乃至世界的消费狂欢节,2020年各大电商将双十一打造成双售制,使得整个活动周期被拉长,将"购物节"打造成了"购物季",越来越多的品牌和消费者参与这场购物狂欢,2020年双十一期间,电商平台全网销售记录再次被打破。

【分析过程】本案例通过2018—2020年双十一各电商平台的交易额占比展示分类数据随时间的变化,原始数据如图5-58所示。

	A	B	C	D	E
1		2018	2019	2020	
2	天猫	67.90%	65.50%	59.10%	
3	京东	17.30%	17.20%	26.50%	
4	苏宁易购	4.70%	4.90%	3.30%	
5	拼多多	3%	6.10%	5.50%	
6	其他	7.10%	6.30%	5.60%	
7					
8					

图 5-58 原始数据

步骤 1 可根据2018—2020年双十一各电商平台交易额占比表格,分别绘制饼图来描述2018—2020年双十一各电商平台的销量占比,如图5-59所示。

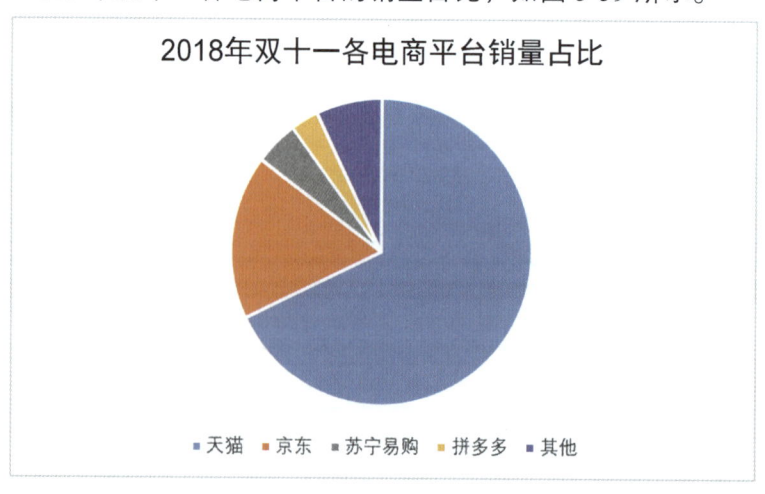

图 5-59 2018—2020年双十一各电商平台的销量占比

第5章 Excel图表：结构分析图

2019年双十一各电商平台销量占比

■ 天猫　■ 京东　■ 苏宁易购　■ 拼多多　■ 其他

2020年双十一各电商平台销量占比

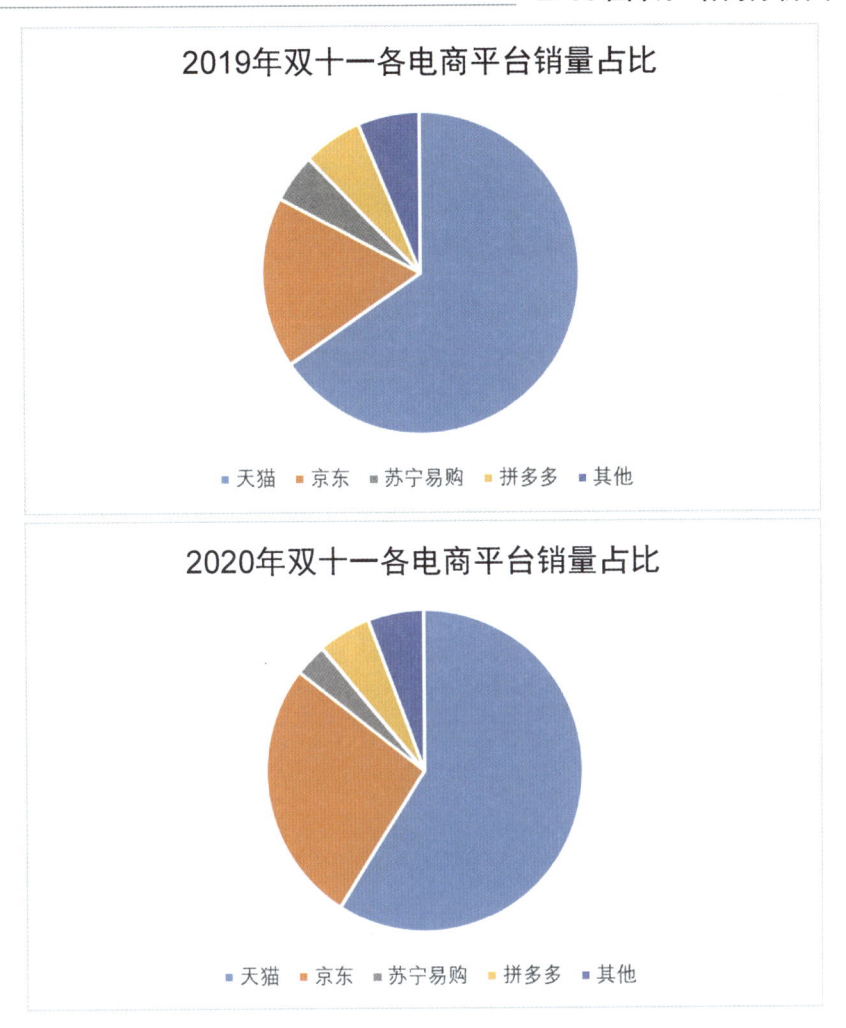

■ 天猫　■ 京东　■ 苏宁易购　■ 拼多多　■ 其他

图 5-59　2018—2020 年双十一各电商平台的销量占比（续）

步骤 2 从图 5-59 中可以看出，当需要反映连续几年电商平台的销量占比变化时，应当使用圆环图来进行分析。选择全部数据，在"插入"菜单中选择"推荐的图表"，在弹出的"插入图表"对话框中选择"所有图表"选项卡中的"饼图"，在右侧选择插入圆环图，如图 5-60 所示。

步骤 3 为圆环图添加数据标签，并修改数据标签的字体和大小，如图 5-61 所示。同时，右击圆环图，设置数据系列格式，如图 5-62 所示。最终，图 5-59 中所示三张饼图转换为圆环图，如图 5-63 所示。

由 2018—2020 年双十一各电商平台销量占比圆环图可以看出，天猫在 2018—2020 年的双十一电商战绩中持续稳坐宝座，占比分别为 67.90%、65.50%、59.10%；其次是京东，占比分别为 17.30%、17.20%和 26.50%。通过数据可以清晰地看出，天猫近三年双十一的销量占比逐年递减，而京东的销量占比则在 2020 年有了大幅提升，从 17.20%直接增长到 26.50%。

商务数据可视化

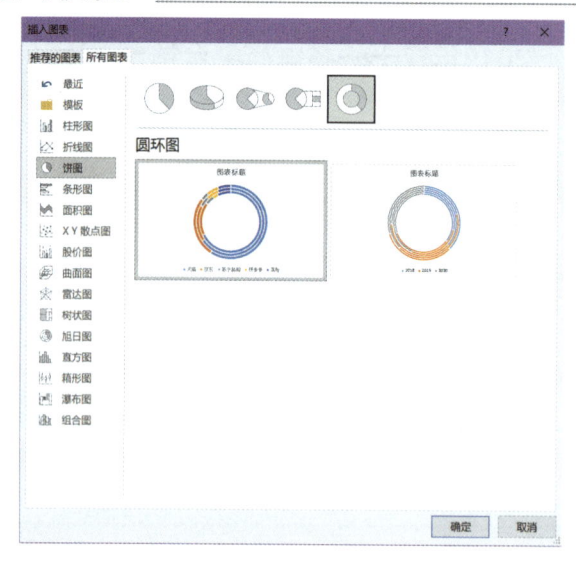

图 5-60　插入圆环图

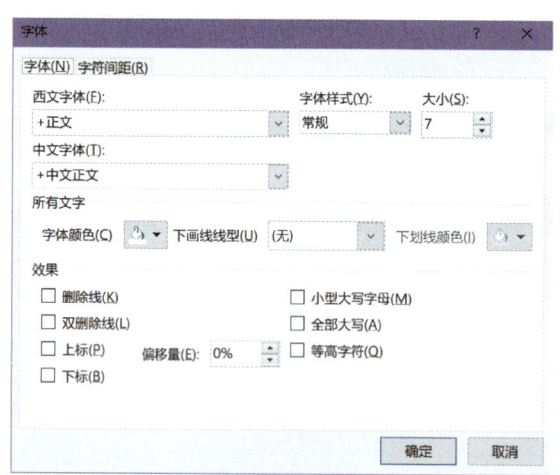

图 5-61　修改数据标签的字体和大小

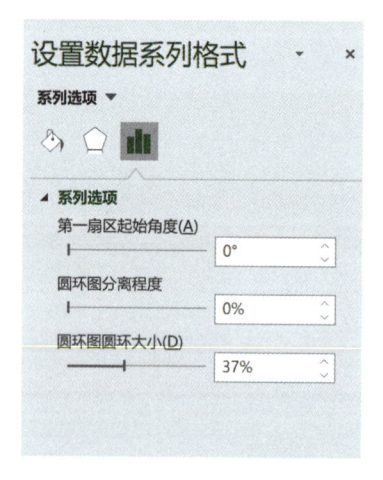

图 5-62　设置数据系列格式

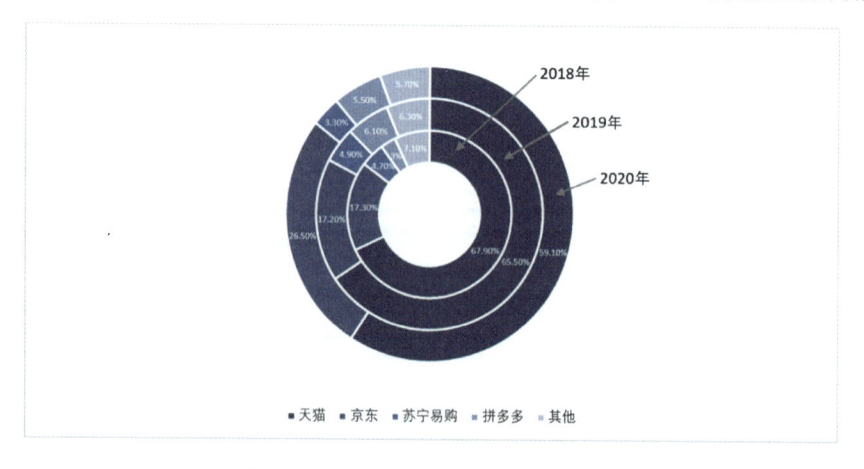

图 5-63　三张饼图转换为圆环图

5.6.2 案例 2：电子产品次品统计分析

【背景材料】某公司质量控制小组在 2018 年对其电子产品的用户反馈单进行了统计，整理后的原始数据如图 5-64 所示。

	A	B	C	D	E
1	序号	项目	频数	累计	累计百分比
2	A	接头焊接缺陷	4871	4871	46.02
3	B	网线外露	2123	6994	66.08
4	C	内毛边	1521	8515	80.45
5	D	成型不足	998	9513	89.88
6	E	成型部缩水	981	10494	99.15
7	F	绝缘缺陷	51	10545	99.63
8	G	导通缺陷	41	10586	100

图 5-64　原始数据

对于这样的品质数据，可以将其按不良原因、不良状况、不良发生位置等不同标准进行区分，以寻求产生质量问题的主要原因，而使用排列图，可以将质量改进项目按照最重要到最次要的顺序进行排列，故本例使用排列图。

【分析过程】

步骤 1　选中序号、项目、频数和累计百分比等数据，单击"插入"菜单中的"推荐的图表"，弹出"插入图表"对话框，在"所有图表"选项卡中选择"直方图"，在右侧选择插入排列图，如图 5-65 所示。

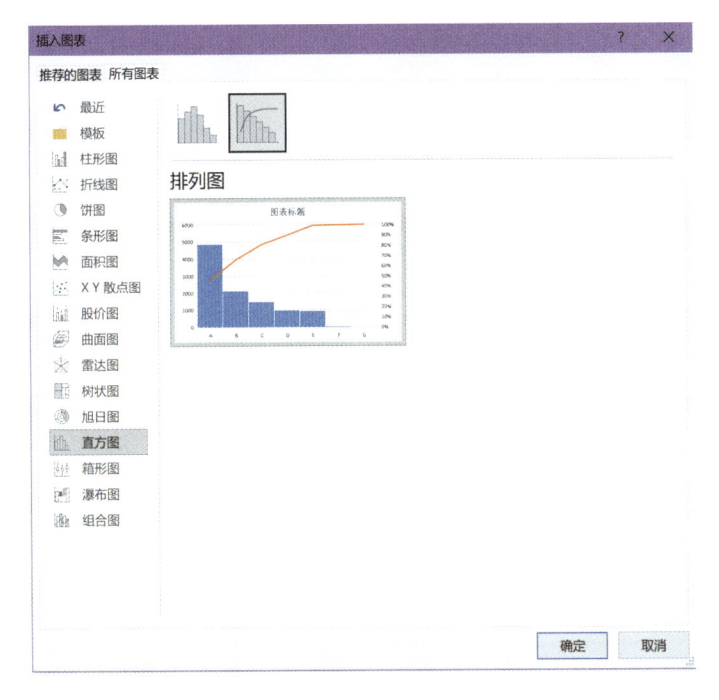

图 5-65　插入排列图

商务数据可视化

步骤 2 为图表添加数据标签，绘制图形并美化，最终图表如图 5-66 所示。

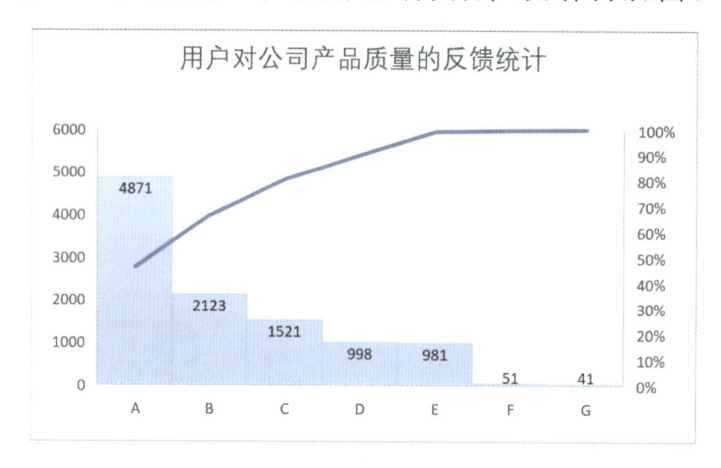

图 5-66　最终图表

从图 5-66 中可以看出，该公司产品的"接头焊接缺陷"应作为质量改进的主要对象，应对它做进一步的调查研究与分析。

第6章
Excel 图表：分布分析图

【章节目标】
1. 了解 Excel 图表中直方图、箱线图、雷达图和热力图的绘制方法及适用场景。
2. 了解 Excel 图表中概率密度分布及正态分布的概念和公式。

【学习重点、难点】
重点：了解如何使用 Excel 中的直方图、箱线图、雷达图和热力图进行数据分析和可视化。

难点：掌握概率密度分布——正态曲线与区间分布的概念、公式和可视化处理。

【思维导图】

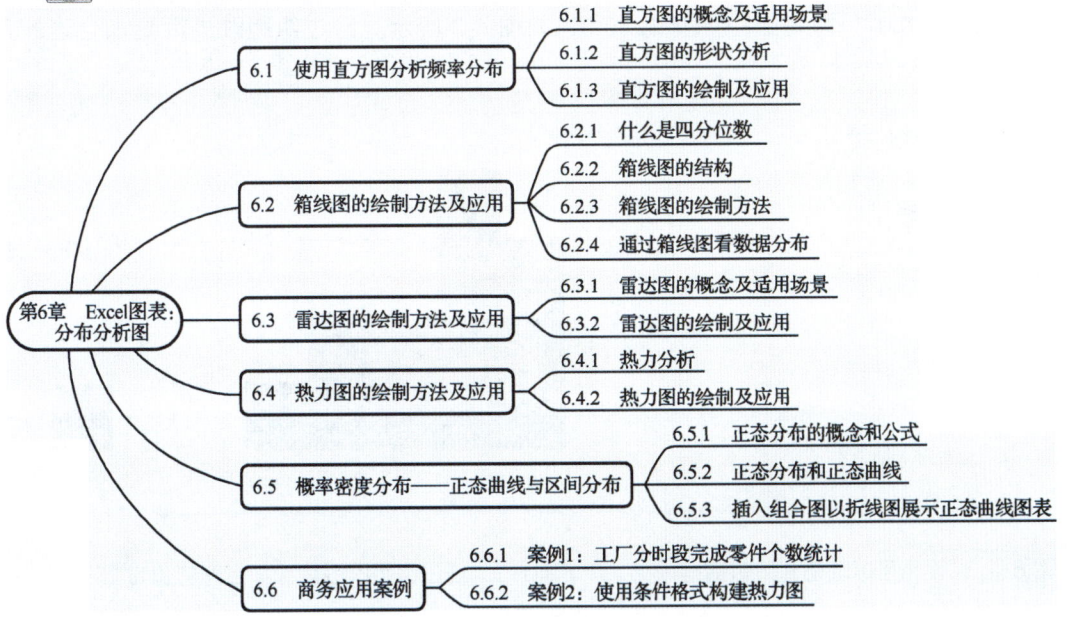

- 第6章 Excel图表：分布分析图
  - 6.1 使用直方图分析频率分布
    - 6.1.1 直方图的概念及适用场景
    - 6.1.2 直方图的形状分析
    - 6.1.3 直方图的绘制及应用
  - 6.2 箱线图的绘制方法及应用
    - 6.2.1 什么是四分位数
    - 6.2.2 箱线图的结构
    - 6.2.3 箱线图的绘制方法
    - 6.2.4 通过箱线图看数据分布
  - 6.3 雷达图的绘制方法及应用
    - 6.3.1 雷达图的概念及适用场景
    - 6.3.2 雷达图的绘制及应用
  - 6.4 热力图的绘制方法及应用
    - 6.4.1 热力分析
    - 6.4.2 热力图的绘制及应用
  - 6.5 概率密度分布——正态曲线与区间分布
    - 6.5.1 正态分布的概念和公式
    - 6.5.2 正态分布和正态曲线
    - 6.5.3 插入组合图以折线图展示正态曲线图表
  - 6.6 商务应用案例
    - 6.6.1 案例1：工厂分时段完成零件个数统计
    - 6.6.2 案例2：使用条件格式构建热力图

6.1　使用直方图分析频率分布

6.1.1　直方图的概念及适用场景

直方图（Histogram）是一种用来展示一组连续数据潜在的频率分布的图表，而数据分布的特点则体现在直方图的形状上。使用直方图，用户可以从直方图数据分布的形状、中心位置及数据的离散程度等方面了解数据的分布情况。图 6-1 所示是一组原始数据及其对应的直方图展现。

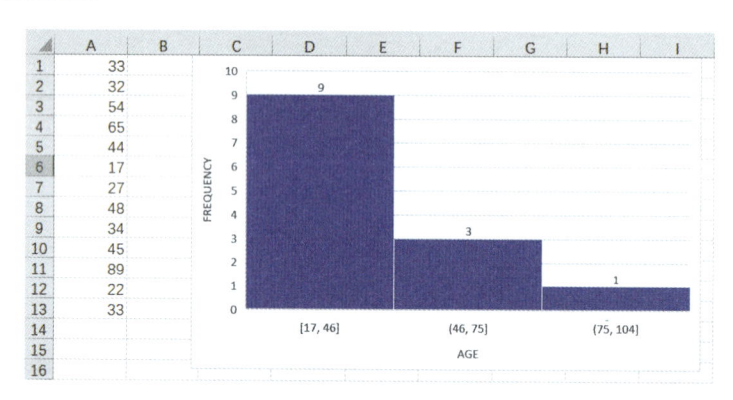

图 6-1　用直方图分组展示数据

这里将年龄数据默认切分成三个大的组别（bin），在数据标签上显示每个组别的频数。可以明显看出，组别设置过大，需要改进。在"设置坐标轴格式"对话框中更改"箱宽度"至"10.0"，即将组距调整为 10.0，如图 6-2 所示。经过组距改进后更加合理的直方图如图 6-3 所示。

图 6-2　"设置坐标轴格式"对话框 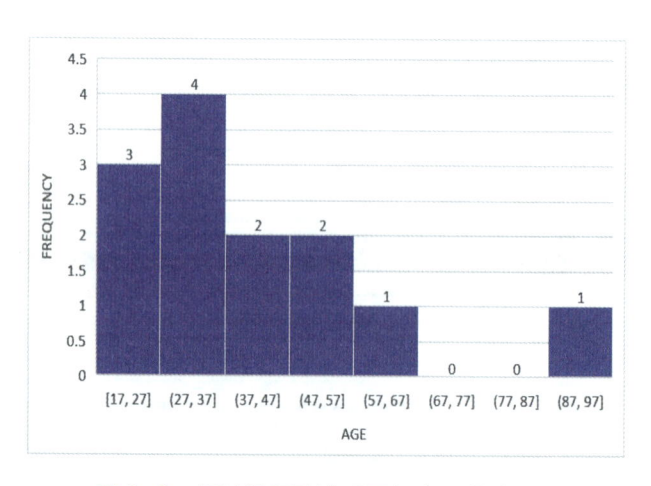　　图 6-3　经过组距改进后更加合理的直方图

也可以将频数转换为频率，使用另一种指标以直方图度量相同数据，读者可以自己尝试一下。另外，除直接插入直方图外，还可以单击"数据分析"选项卡后选中"直方图"选项。这里要特别注意通过两种途径创建的直方图在图表设置上存在的潜在差异。

同时，使用柱形图来反映每个分组中的频数也十分直观。图 6-4 中的 BIN 表示每一分组的上界值，NUM 表示每一组别中频数是多少，需要手动输入。

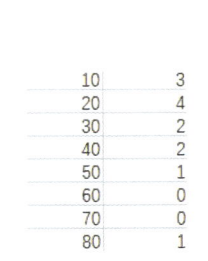

（a）上界值与频数信息　　　　　　（b）柱形图

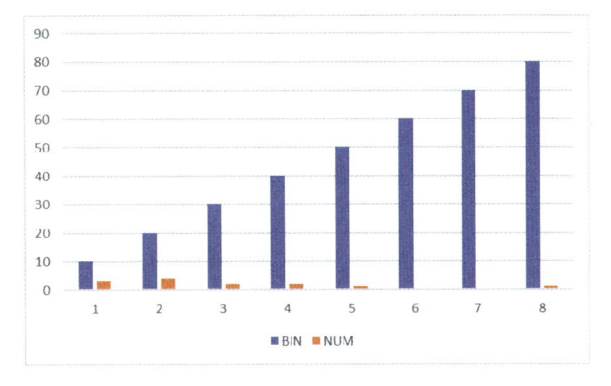

图 6-4　三维柱形图的图表表示

直方图和柱形图虽然在外观上非常相近，但在一些细节处不同，而且其 X 轴和 Y 轴的数据度量含义是不同的。柱形图描述分类变量，直方图描述数值变量；直方图的 X 轴是一条线，柱形图的 X 轴是分类变量；柱形图以矩形的长度表示每一组频数，其宽度固定，利于较小的数据集分析，直方图以矩形的长度表示每一组频数，宽度则表示组距，因而标准的直方图的高度与宽度均有意义，利于统计大量数据集的分布特征。同时，可以看到直方图的各个矩形是连续的，柱形图的各个矩形之间有一定的间隔。

图 6-5 所示为用户产品满意度柱形图，是一个二维柱形图的实例，描绘某产品的用户体验反馈情况。读者可以看出直方图和柱形图的不同适用场景。

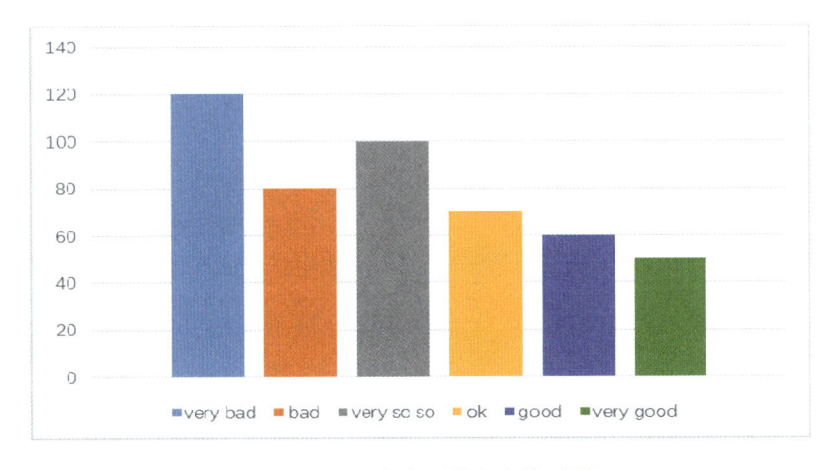

图 6-5　用户产品满意度柱形图

除用于表示分布情况外，直方图还可以用于观察异常或孤立数据。

6.1.2 直方图的形状分析

（1）钟形分布（Bell-shaped）：数据分布显示为一个钟的形状。最常见的钟形分布是正态分布，也是最理想的数据分布状态，如图 6-6 所示。但是钟形分布的概念要广得多，只要符合"两头小，中间大"的特点即可，靠近中间的变量值比较集中，靠近两边的变量值比较稀少。

（2）双峰分布（Bimodal-shaped）：如同其名称中所描述的那样，双峰分布具有两个峰值（Peaks），如图 6-7 所示。这种分布的特点是数据具有在某一度量值上最集中的两个区域，可以理解为具有两个众数。

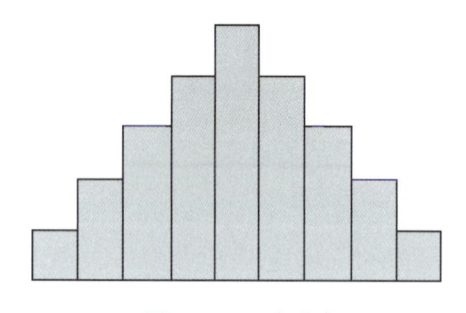

图 6-6　正态分布 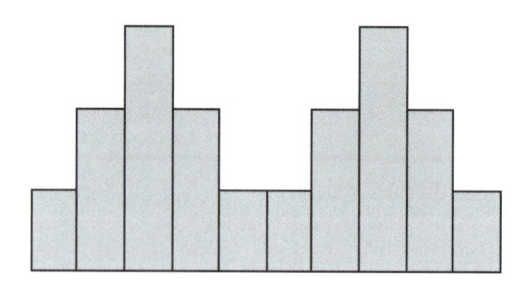　　　　　　　　　图 6-7　双峰分布

（3）右偏分布（Skewed-right-shaped）：在数据图的图表展示中，若偏态分布中左侧的观测值个数多，而右侧的观测值个数少，则称为右偏分布，如图 6-8 所示。在右偏分布下，数据统计指标平均数（average）>中位数（median）>众数（mode）。

（4）左偏分布（Skewed-left-shaped）：在数据图的图表展示中，若偏态分布中右侧的观测值个数多，而左侧的观测值个数少，则称为左偏分布，如图 6-9 所示。在左偏分布下，数据统计指标平均数（average）<中位数（median）<众数（mode）。

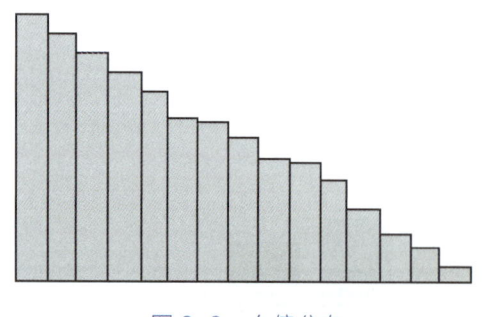

图 6-8　右偏分布 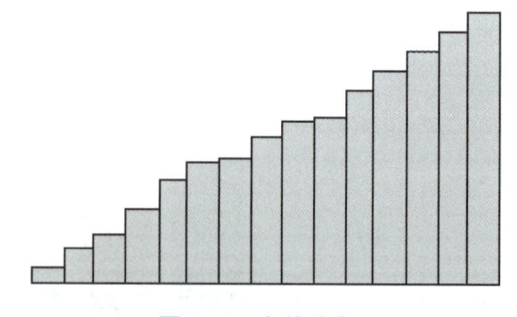　　　　　　　　　图 6-9　左偏分布

（5）均匀分布（Uniform）：均匀分布又称均匀分配，是一种简单的概率分布，分为离散型均匀分布和连续型均匀分布。从图 6-10 中可以看出，并没有什么有价值的差异化信息。均匀分布的例子有彩票，因为其中大部分人的获益值都是均等的。在多数情况下，数据的分布遵从均匀分布，意味着存在不同来源的变量被合并的错误可能；如果不是此

第6章
Excel图表：分布分析图

问题导致的，还可以尝试不同的分组准则。总的来说，均匀分布表明数据所分组类过少。

（6）随机分布（Random）：顾名思义，随机分布是没有明显的数据分布特征的；如同均匀分布一样，它也是一个有多个峰值区域（众数）的概率分布，如图6-11所示。随机分布在大多数场合是很常见的，但是并不能很好地反映现实中的问题，也就是说这种概率分布对于进一步理解数据是不起作用的，这往往是由所分组别过多导致的。建议去除冗余的组别或减少数据量。

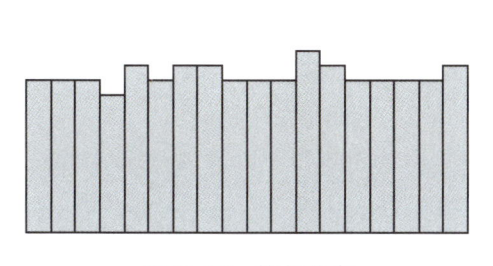

图6-10　均匀分布　　　　　　　图6-11　随机分布

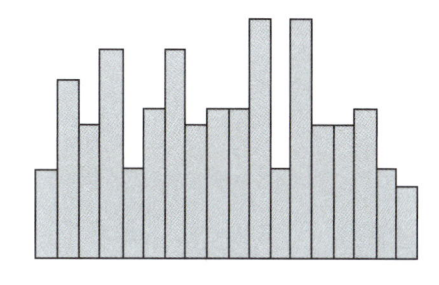

在数据可视化的实际操作中，要区别频数分布直方图和非标准的直方图。图6-12和图6-13所示是蚂蚁金服数据可视化团队AntV在实践教程中所举的例子。可以看出，频数分布直方图和非标准的直方图在应用时赋予它们的功能意义不同。如频数分布直方图是用相等组距内的频数来刻画数据的分布的，而非标准的直方图无须这样做，因为其目的仅是直观表示一组数据系列，也没有其他预处理操作。

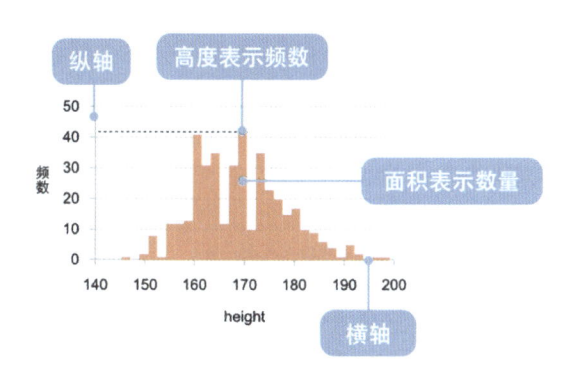

图6-12　标准的直方图——频数分布直方图　　　　图6-13　非标准的直方图

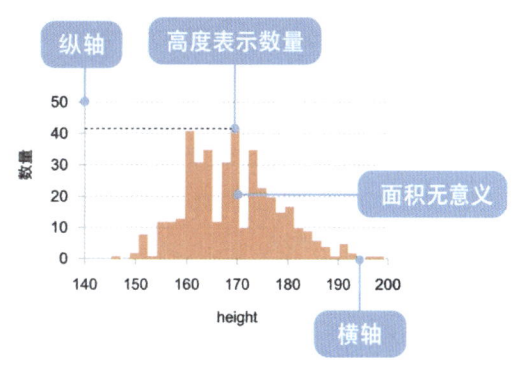

6.1.3　直方图的绘制及应用

在直方图的绘制中，一方面要知晓整体的图表建立思路，另一方面要学会如何优化图表的可视化，使之最大限度地呈现出直方图的优点，并且做到合理地使用数据，必要时放弃一些影响整体效果的样本。

由于直方图适合大样本的数据研究，特别是频数上的统计，因此选定某一随机抽样的个体样本的年龄（AGE）、收入（INCOME）共同构成本例的数据来源，并以此来分析不同年龄的群体在收入上是否存在系统性的差异。

商务数据可视化

步骤 1 首先获取数据源。为了方便统计，对 INCOME（单位为美元）做 ROUND（四舍五入）处理，使数据等比例缩小，更易于观察。为了试验的需要，对于 AGE 列和 INCOME 列的数据使用 RANDBETWEEN() 函数随机生成所需的数据。发现双击列分割线处可以反复进行随机操作，进一步为数据的动态可视化打下基础；需要读者更改单元格中的数据类型，以固定随机数据，如图 6-14 所示。

No.	AGE	INCOME	INCOME(ROUNDED)
6313	85	65350	654
4100	92	250096	2501
8248	95	314060	3141
4070	42	304937	3049
1045	34	72496	725
7956	90	405496	4055
2492	88	371020	3710
119	60	194233	1942
9054	48	143431	1434
6945	52	234312	2343
4660	65	333557	3336
530	93	63287	633
4203	25	48821	488
1254	45	232449	2324
1610	96	49640	496
5489	28	19987	200
5847	29	391257	3913
9868	83	273176	2732
8242	31	190334	1903

图 6-14　样本数据（RANDBETWEEN() 函数随机生成）

步骤 2 选中 AGE 数据列，插入一张初始的直方图，年龄的各组频数分布（初始）如图 6-15 所示。

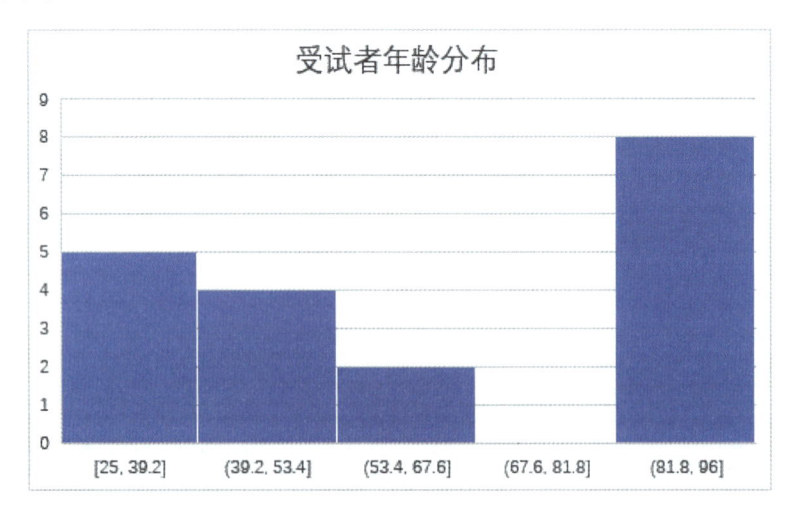

图 6-15　年龄的各组频数分布（初始）

步骤 3 将箱的宽度调整到合理的数值，得到一张完善后分组更细的直方图，并加上数据标签使之更为美观，如图 6-16 所示。

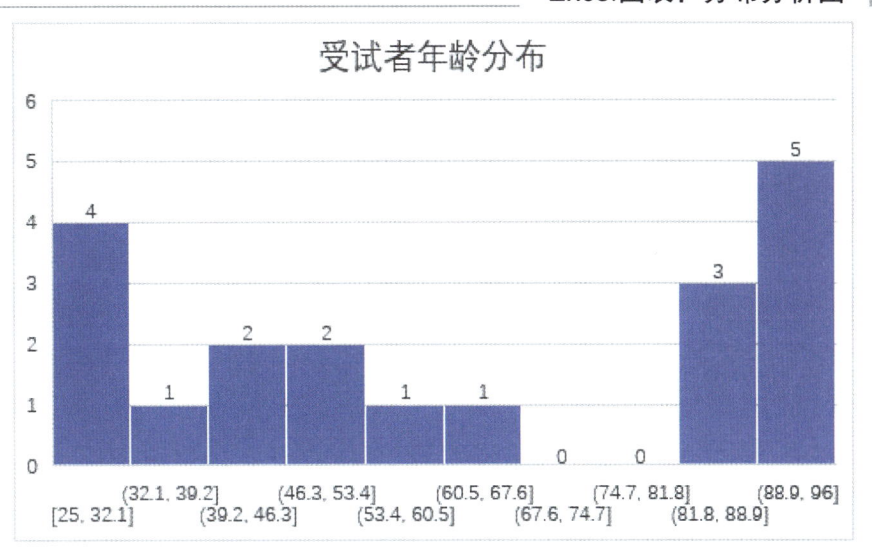

第6章
Excel图表：分布分析图

图 6-16 年龄的各组频数分布（改进）

注：如果能获取到足够多的样本，理想的情况是年龄呈正态概率分布，收入呈一个类指数分布。因为使用随机函数，所以数据分布可能并不是最理想的。

步骤 4 选中 INCOME(ROUNDED) 数据列，生成一张直方图，并调整箱的大小，收入组频数分布如图 6-17 所示。

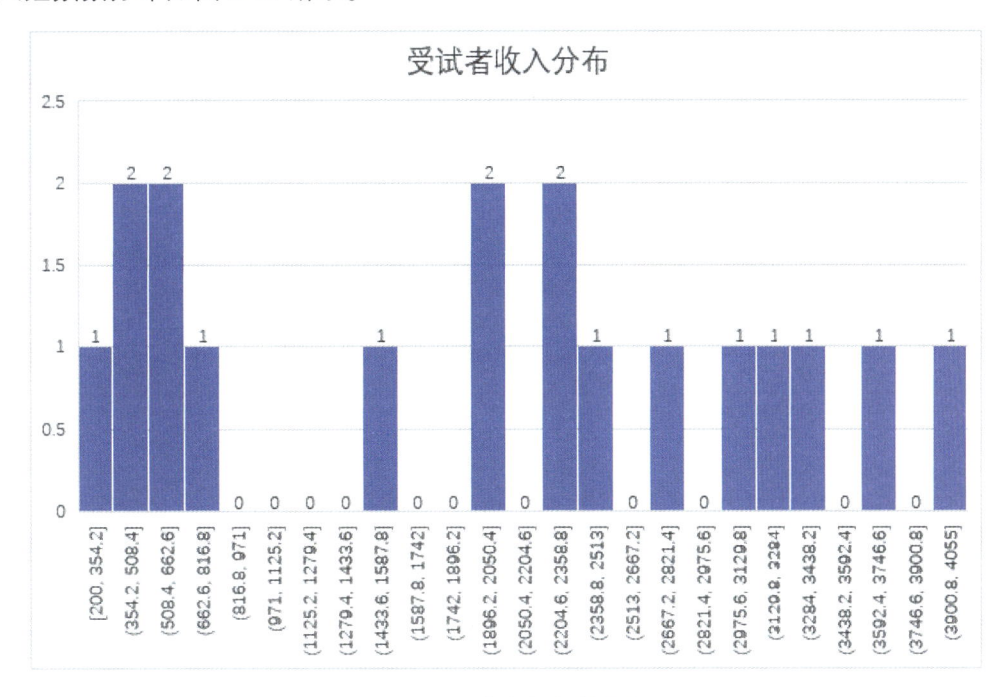

图 6-17 收入组频数分布

步骤 5 在调整组距的同时也可以设置一个溢出箱，将大于某一定值的数据全部放在同一组中，如图 6-18 所示。

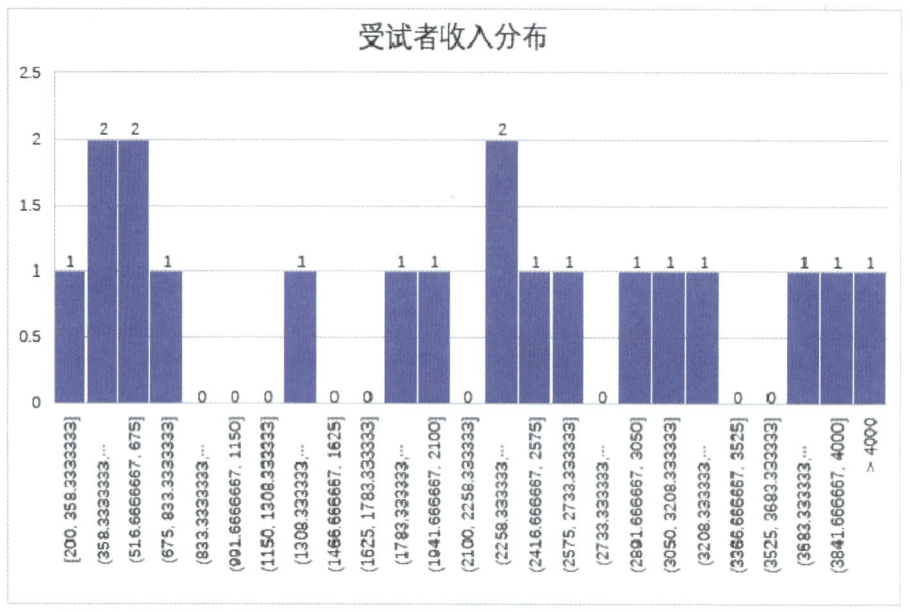

图 6-18　设置溢出箱

6.2　箱线图的绘制方法及应用

6.2.1　什么是四分位数

四分位数（Quartile）是统计学中分位数的一种，即把所有数值由小到大排列并分成四等份，处于三个分割点位置的数值就是四分位数。

在根据未分组的数据确定四分位数时，首先要确定四分位数的位置：

$$Q_1 \text{的位置} = \frac{n+1}{4}$$

$$Q_2 \text{的位置} = \frac{2(n+1)}{4} = \frac{n+1}{2}$$

$$Q_3 \text{的位置} = \frac{3(n+1)}{4}$$

然后将变量数列总项数代入 n，即可得到下四分位数、中位数和上四分位数。

6.2.2　箱线图的结构

箱线图（Box Plot）也称盒须图、盒式图、盒状图或箱形图，是一种用于显示一组数据分散情况的统计图,因形状如箱子而得名。箱线图在各种领域也经常被使用,常见于品质管理。

箱线图不受异常值的影响,可准确、稳定地描绘数据的离散分布情况,对数据清洗也有帮助。

比如,当回顾企业年度工作报告时,要检查其中有无异常情况的出现,可以最为清晰地反映这一信息的便是箱线图。

箱线图的结构如图 6-19 所示。上四分位数与下四分位数的差是盒子的长度,即 IQR=Q_3-Q_1。可以使用 IQR 来判断离群点。下限值 min=Q_1-1.5IQR,如果最小观测值小于 min,可用最小值来替换下限值;上限值 max=Q_3+1.5IQR,同样也可以用最大值替换,所以会出现上下两条线长度不等的情形。如果观测值大于平均值的偏差部分超过一组测定样本数值的两倍方差(精确来说是 2.7 倍),则称为组中的异常值。

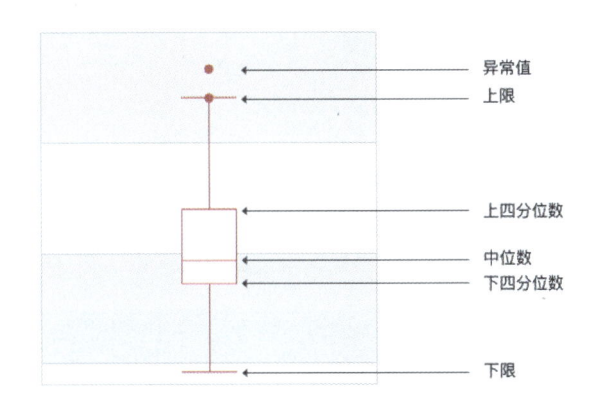

图 6-19 箱线图的结构

图 6-20 结合了直方图、箱线图和置信区间估计的内容,非常综合、实用。

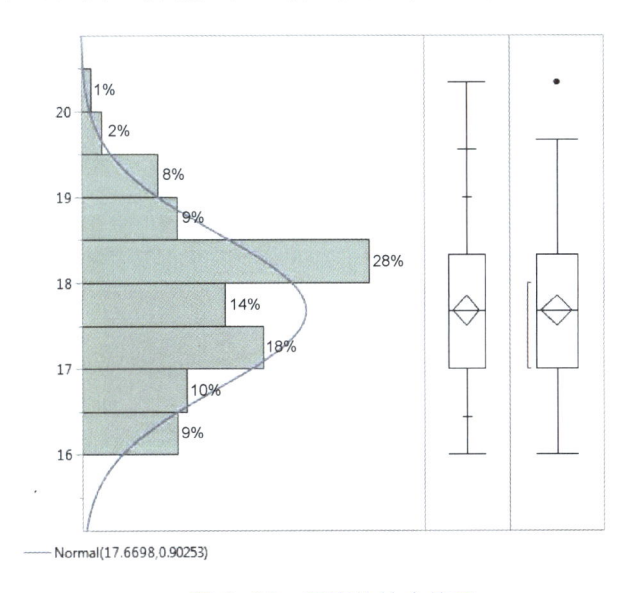

图 6-20 图表的结合使用

商务数据可视化

下面再来看一下直方图中的例题。如图 6-21 所示,如果用箱线图来进行数据的表达和展示,虽然没有大的谬误,但是显然不尽合理。箱线图最大的作用是展示分类数据(如时间序列数据)在每个类别中的离散点分布特征,而在图 6-21 中只能看到一条线段,因为这里的纵坐标是频数,并没有具体到每个数据。

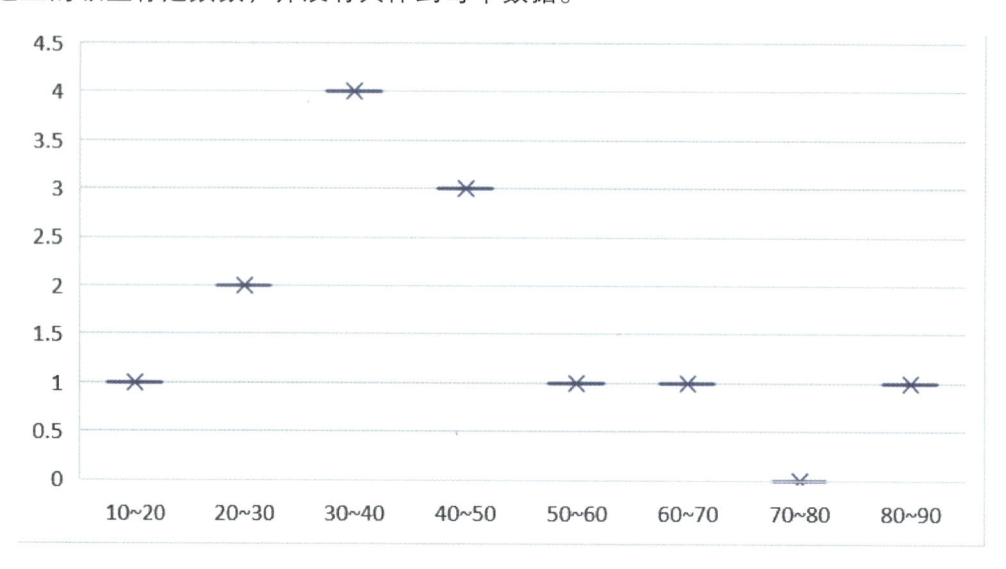

图 6-21 不适用箱线图的场景

6.2.3 箱线图的绘制方法

下面通过分析诸如股票行情这样的时序数据,来介绍一下箱线图的绘制方法。

步骤 1 输入某连续两天的股票实时成交价格(单位:元),如图 6-22 所示(此处同样使用了 RANDBETWEEN() 函数,目的是在已知当日最大值和最小值的情况下随机提供一些记录以供试验)。

步骤 2 选中两列数据并插入一张箱线图,具体操作如图 6-23 和图 6-24 所示。

2021/4/22	2021/4/23
104.69	110.34
108.15	116.66
109	111
107	113
109	117
110	112
105	116
109	114
110	117
105	117
111	111
109	114

图 6-22 连续两天的股票实时成交价格

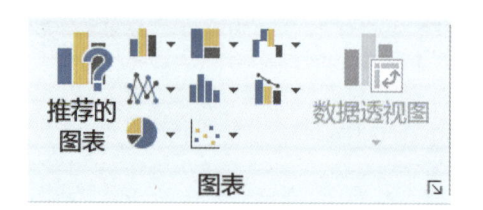

图 6-23 单击直方图的下拉箭头找到箱线图

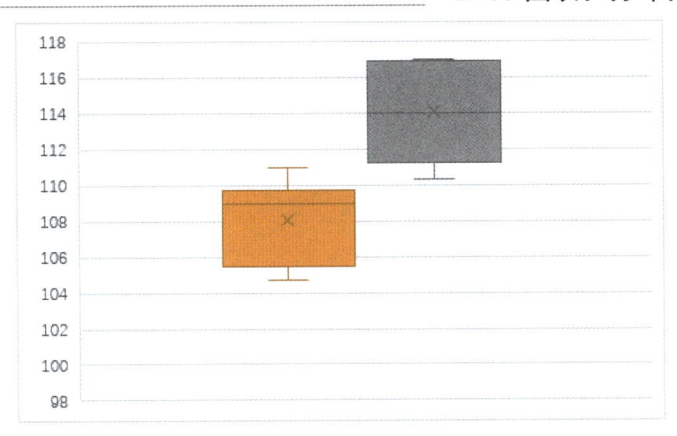

第6章
Excel图表：分布分析图

图 6-24 箱线图的初始情况

步骤 3 可以在"设置数据系列格式"对话框中调整数据的显示选项，比如勾选"显示内部值点""显示中线"等，如图 6-25 所示。从图 6-26 中可以看到四分位数和箱线图是怎样结合在一起的，同时也可以观察到，如果在四分位数计算中"包含中值"，则得出的箱线图将会更加符合标准的状态。

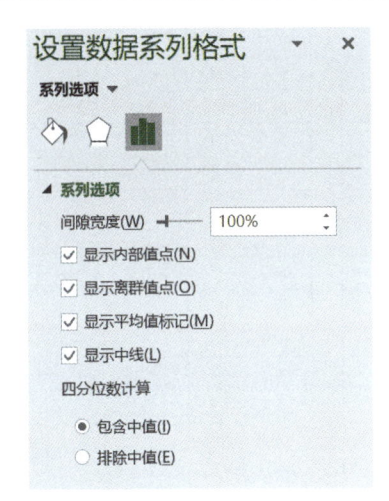

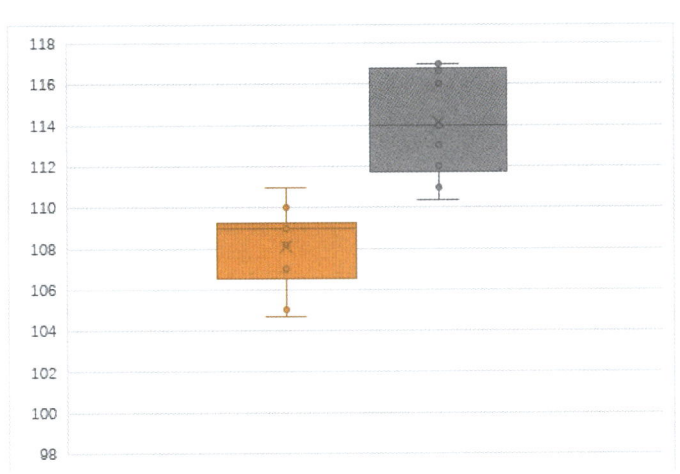

图 6-25 "设置数据系列格式"对话框　　图 6-26 改进后的箱线图

6.2.4 通过箱线图看数据分布

为了进一步说明箱线图如何描绘各分组中的四分位数分布状态，这里以杨浦区 2020 年 1 月二手房的成交数据为例，通过箱线图看数据可视化的分布。而箱线图本身的四分位分类功能即可很好地满足房价分段的需要。

步骤 1 整理杨浦区各板块的二手房房价数据。为了简化模型，只研究三个板块各项目的最高单价，以此直观反映板块之间的价格差异（在这里不考虑项目的地段因素，将同一板块中的项目等同看待）。

三个板块总共 113 条数据，样本数据如图 6-27 所示。

125

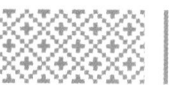

商务数据可视化

板块	最高单价（万元）
鞍山	9.5
鞍山	10.1
鞍山	6.4
鞍山	8.2
鞍山	7.2
鞍山	7.5
鞍山	5.8
鞍山	6
鞍山	5.5
鞍山	6.1
鞍山	6.2
鞍山	5.4
鞍山	6.9
鞍山	5.5
鞍山	4.8
鞍山	6
鞍山	7.3
鞍山	5
鞍山	6
鞍山	5.1
鞍山	5.8
鞍山	5.8
鞍山	5.3
鞍山	6
鞍山	6.9
鞍山	5.2
鞍山	4.8
鞍山	5.5
鞍山	5.8
鞍山	6
鞍山	7.3
鞍山	7.4
鞍山	8.2
鞍山	10.2

（a）鞍山板块数据

板块	最高单价（万元）
东外滩	9.9
东外滩	8
东外滩	6.6
东外滩	7
东外滩	7.7
东外滩	5.7
东外滩	6
东外滩	6.4
东外滩	5.7
东外滩	6.2
东外滩	6.7
东外滩	5.8
东外滩	4.7
东外滩	5.2
东外滩	6.2
东外滩	5.1
东外滩	5
东外滩	5.7
东外滩	5.2
东外滩	5.1
东外滩	5.4
东外滩	5
东外滩	4.9
东外滩	5.2
东外滩	5.5
东外滩	6.3
东外滩	5.4
东外滩	4.7
东外滩	4.2
东外滩	5.1
东外滩	5.8
东外滩	5.8
东外滩	4.8
东外滩	4.2
东外滩	4.3
东外滩	5.4
东外滩	5.4
东外滩	5.6
东外滩	6.1

（b）东外滩板块数据

板块	最高单价（万元）
黄兴公园	8.2
黄兴公园	7.8
黄兴公园	7.4
黄兴公园	6.7
黄兴公园	6.4
黄兴公园	5.8
黄兴公园	5.8
黄兴公园	5.8
黄兴公园	6.6
黄兴公园	7.7
黄兴公园	5
黄兴公园	6.2
黄兴公园	6.3
黄兴公园	5
黄兴公园	6.6
黄兴公园	5.8
黄兴公园	5.5
黄兴公园	5.8
黄兴公园	6.9
黄兴公园	6.4
黄兴公园	4.3
黄兴公园	5.1
黄兴公园	4.3
黄兴公园	6.2
黄兴公园	5
黄兴公园	3.9
黄兴公园	5.2
黄兴公园	5
黄兴公园	5
黄兴公园	5.4
黄兴公园	5
黄兴公园	5.5
黄兴公园	4.2
黄兴公园	4.9
黄兴公园	4.1
黄兴公园	4.2
黄兴公园	4.6
黄兴公园	4.7
黄兴公园	5.7
黄兴公园	7.5

（c）黄兴公园板块数据

图 6-27　样本数据

步骤 2 选取全部数据，插入如图 6-28 所示的箱线图。

步骤 3 优化后更完整的箱线图如图 6-29 所示，可得出如下结论：整体上鞍山的二手房单价要高于其他两个板块，体现在最大值和最小值上；鞍山的数据箱最宽，说明含有各种等级的房源；黄兴公园板块没有异常点，说明价格稳定，鞍山和东外滩板块各有两个异常点；东外滩的数据箱最窄，说明大体上的房屋类型是趋同的。

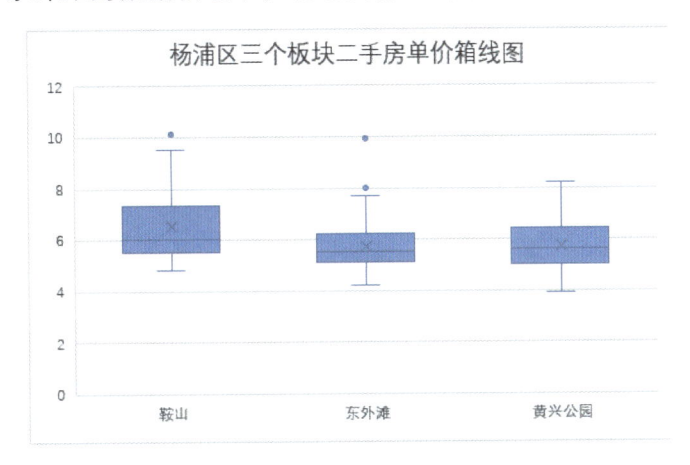

图 6-28　箱线图

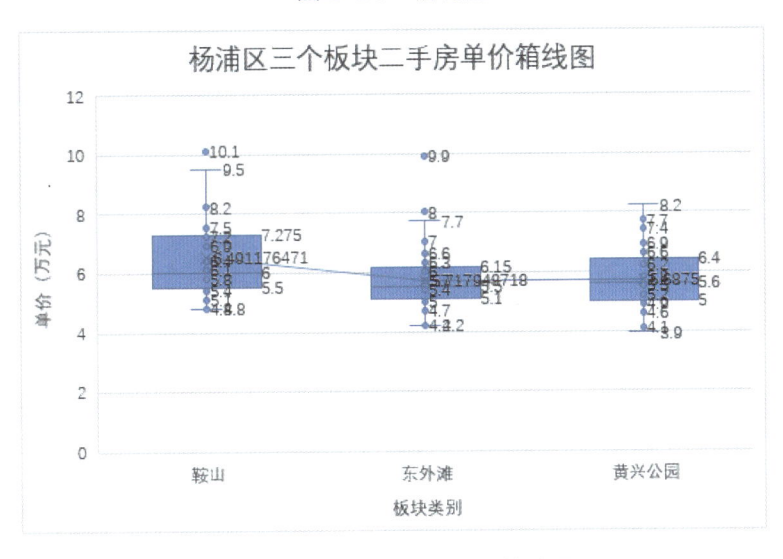

图 6-29　优化后更完整的箱线图

6.3　雷达图的绘制方法及应用

6.3.1　雷达图的概念及适用场景

雷达图（Radar Chart）通常将三个或以上的数据值靠近中心点的距离进行比较，以此来展现某一对象在各个属性上的数值表现。当不能直接比较各变量时，使用雷达图很有帮助；雷达图广泛用于可视化员工表现分析或调查问卷的数据分析。

普通雷达图样例如图 6-30 所示，填充雷达图样例如图 6-31 所示。

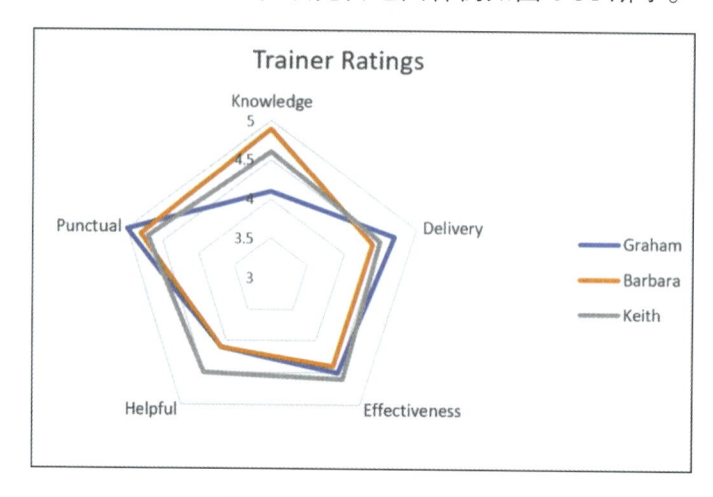

图 6-30　普通雷达图样例

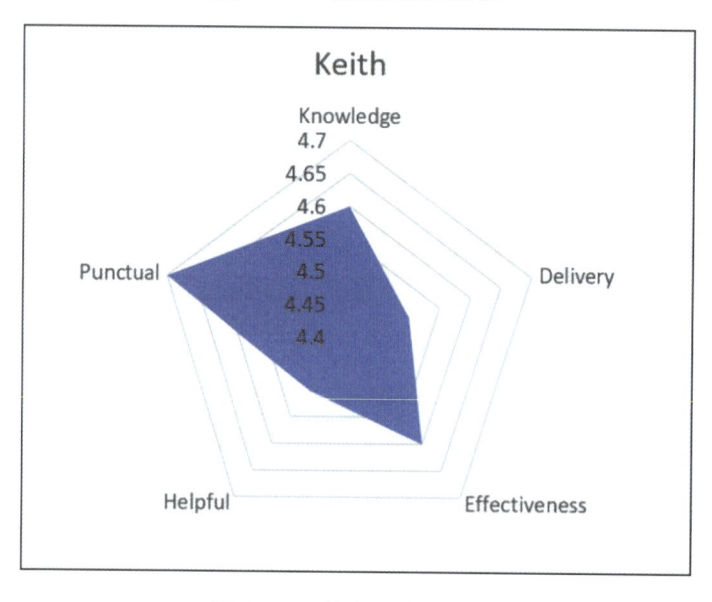

图 6-31　填充雷达图样例

6.3.2　雷达图的绘制及应用

了解雷达图的基本概念后，下面以通过六项指标反映员工的综合能力为例，讲解一下雷达图的绘制及应用，这里需要用到辅助列。

步骤 1　准备数据源，输入各方面的能力分值，插入填充雷达图，如图 6-32 所示。

步骤 2　单击坐标轴，设置坐标轴格式，更改最小值、最大值为 0～5 中的一个数，如图 6-33 所示。更改了坐标轴格式的雷达图如图 6-34 所示，它为六个方向的雷达图，表达了六个能力的得分数。更改文字颜色为金色并修改背景模板，更改后的雷达图如图 6-35 所示。

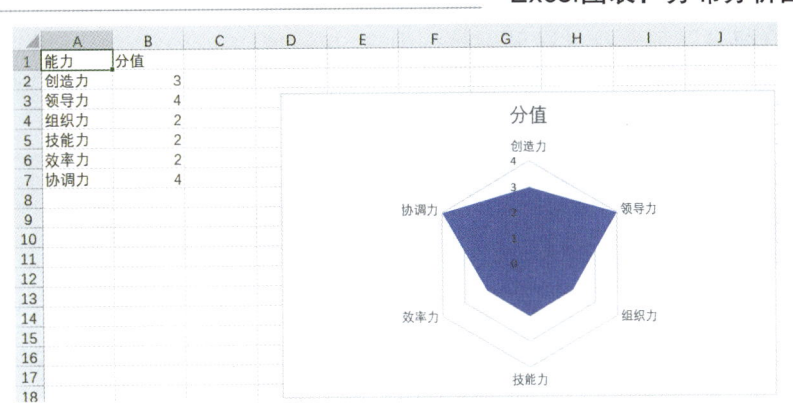

第6章
Excel图表：分布分析图

图 6-32 插入填充雷达图

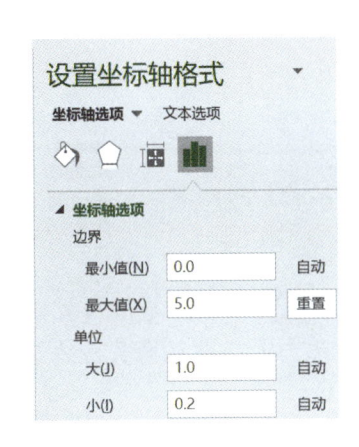

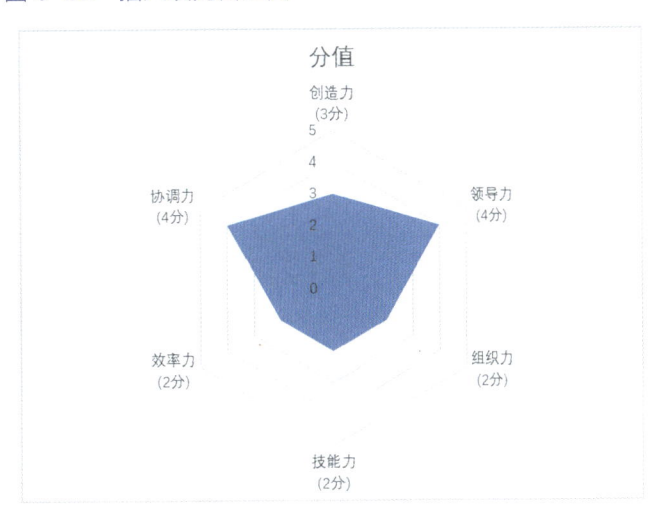

图 6-33 设置坐标轴格式

图 6-34 更改了坐标轴格式的雷达图

步骤 3 添加辅助列并应用如图 6-36 中所示的公式，将文字和数值结合起来。

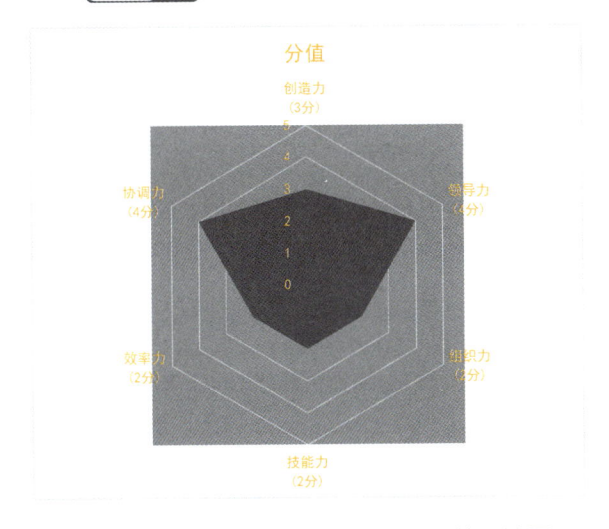

图 6-35 更改文字颜色和背景模板的雷达图

图 6-36 添加辅助列并应用公式

公式：`=A2&CHAR(10)&"("&B2&"分)"`

辅助列
创造力(3分)
领导力(4分)
组织力(2分)
技能力(2分)
效率力(2分)
协调力(4分)

| 129

步骤 4 将辅助列选择性粘贴到第一列中,自动生成新的雷达图,最终雷达图效果如图 6-37 所示。

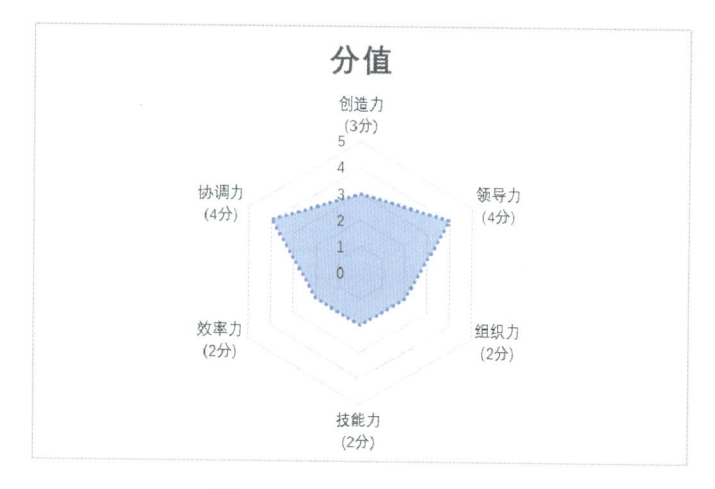

图 6-37 最终雷达图效果

6.4 热力图的绘制方法及应用

热力图是以特殊高亮的形式显示访客热衷的页面区域或访客所在的地理位置的图示。本章将介绍热力分析的几种方法及如何使用 Excel 绘制热力图,而在商务应用案例中将介绍如何利用 Power Map 绘制热力地图。

6.4.1 热力分析

热力分析,即应用一种特殊高亮的颜色、数据标注等,显示页面或页面组区域中不同元素点击密度、触达率、停留分布等特征,反映该时刻人口的密度和区域人流量情况,读者可从地图类 App(如百度地图)中查看。

图 6-38 显示的是百度首页的页面区域热力图,经过热力分析可以得出页面访问的热衷度情况。

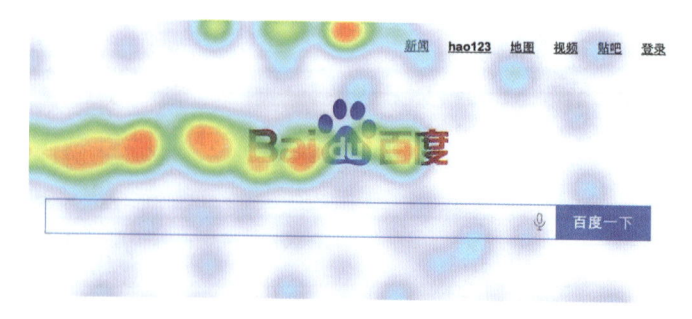

图 6-38 百度首页的页面区域热力图

第6章
Excel图表：分布分析图

热力分析由于采用了可视化的设计思想和架构，因此具有分析过程高效、效果直观、易用的特点。以简捷直观的操作方式，就能呈现热点区域，帮助运营人员或产品人员进行分析与决策。

6.4.2 热力图的绘制及应用

热力图有多种绘制方法，有的需要借助第三方插件。本节将以房价走势情况为例，介绍最基本的一种绘制方法，在后面会具体介绍借助其他工具的作图方法。

步骤 1 获取数据源——九城的房价走势情况，如图6-39所示。此时所有的数据列在一起，难以分辨具体的走势情况。

房价走势情况	北京	上海	深圳	广州	南京	杭州	天津	成都	武汉
2020年4月	63296	54052	72380	33247	31226	30759	25240	15933	17809
2020年5月	65693	55049	72846	34082	31491	30542	25395	16221	18885
2020年6月	62567	54911	74929	35934	31416	31487	25751	16726	18942
2020年7月	62959	56773	74322	37863	32126	30896	25285	16677	18734
2020年8月	62514	58232	75249	37261	31637	31238	26093	17213	19187
2020年9月	64081	58595	76720	38911	32781	31211	25793	17873	19055
2020年10月	63554	58831	78722	38351	33301	32181	26397	17443	19021
2020年11月	62242	58530	81757	39203	32382	33817	25725	17331	19533
2020年12月	64721	59072	87957	39851	32855	33862	26332	17449	19016
2021年1月	66493	61923	90049	40657	33556	33808	26613	17764	19340
2021年2月	64918	66115	85974	42592	32418	36546	27323	18610	19992
2021年3月	65262	67628	68349	42849	33659	36770	25610	18430	19494
2021年4月	66476	68414	66193	44178	33348	36644	25816	18773	19670

图6-39 九城的房价走势情况

步骤 2 选中某一列数据，单击"条件格式"→"色阶"，选择其中一种颜色，如图6-40所示。

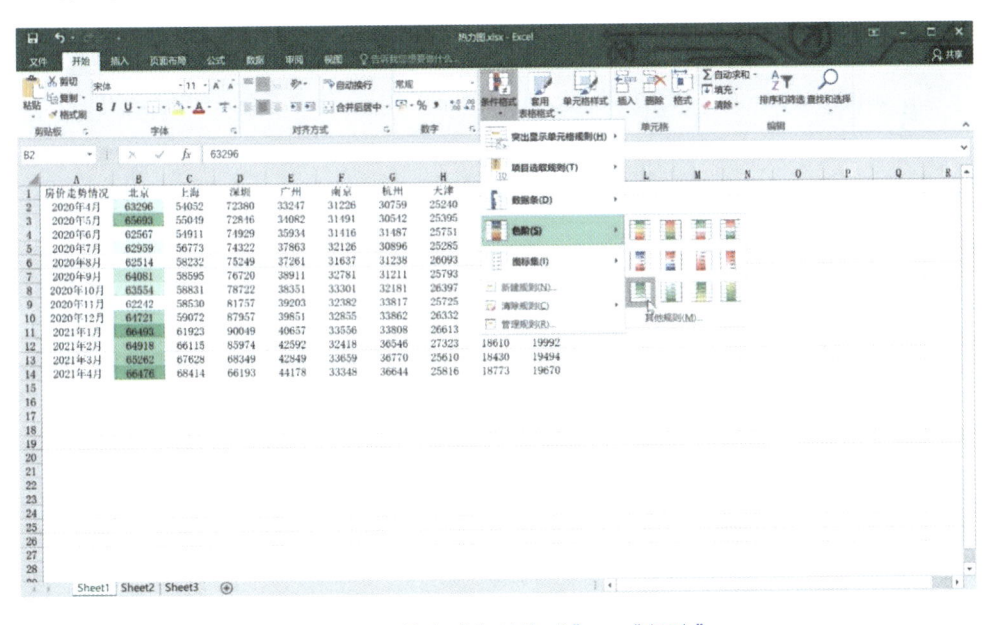

图6-40 单击"条件格式"→"色阶"

如果对色阶中的颜色不满意，可以在"管理规则"中修改，具体操作如图6-41和图6-42所示。

131

商务数据可视化

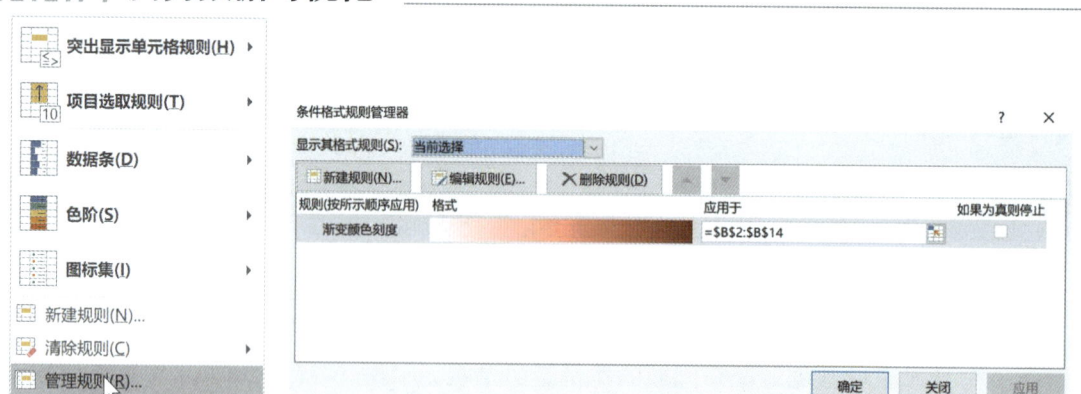

图 6-41　管理规则

图 6-42　渐变颜色的修改

步骤 3 使用格式刷将条件覆盖至剩余的列，如图 6-43 所示。

图 6-43　使用格式刷将条件覆盖至剩余的列

步骤 4 美化阶段，可以选择隐藏数据，选中所有单元格，右击，在弹出的快捷菜单中选择"设置单元格格式"，打开"设置单元格格式"对话框，找到"自定义"并输入三个分号，如图 6-44 所示。同时，可以在"边框"选项卡中添加白色框线。

图 6-44　隐藏数据

最后就能得到如图 6-45 所示的结果，可以根据主要城市的房价走势看出房价的淡旺季及价格分布情况。在每年的 6、7 月份房价最低，可能是由于气温升高导致客户缺少看房的兴致与热情，或是市场刚经历一波旺季，在夏天时已经趋于平稳，使得买房需求量下降。而每年的 2、3 月份由于年前一些买房的客户回老家过年等耽搁了业务，在年后回来会有一波需求的集中释放，需求量增大也会使得市场价格上扬。

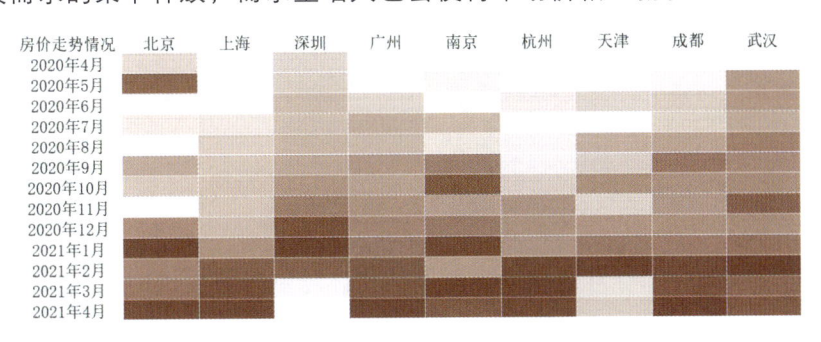

图 6-45 热力图成品

经过本例，相信读者也能体会到热力图的主要应用场景，即适合展示含有热度的数据情况（点击量、成交量、访问量等）。

6.5 概率密度分布——正态曲线与区间分布

6.5.1 正态分布的概念和公式

正态分布（Normal Distribution）也称常态分布，又名高斯分布（Gaussian Distribution），是一个在数学、物理及工程等领域都非常重要的概率分布，在统计学的许多方面有着重大的影响。

若随机变量 X 服从一个位置参数为 μ、尺度参数为 σ 的概率分布，且其概率密度公式如下，则这个随机变量 X 就称为正态随机变量，其服从的分布就是正态分布，记作 $X \sim N(\mu, \sigma^2)$。

此外，当 $\mu=0$，$\sigma=1$ 时，正态分布就称为标准正态分布。

$$f(x) = \frac{1}{\sqrt{2\pi}\sigma} \exp\left[-\frac{(x-\mu)^2}{2\sigma^2}\right] \qquad (6-1)$$

6.5.2 正态分布和正态曲线

正态曲线两头低、中间高、左右对称，因其曲线呈钟形，因此人们又经常称之为钟形曲线，如图 6-46 所示。

可以看出正态曲线具有以下三个图形特征。

集中性：正态曲线的高峰位于正中央，即均值所在的位置。

对称性：正态曲线以均值为中心（且在该值时取到最大值），左右对称，曲线两端永远不与横轴相交。

均匀变动性：正态曲线由均值所在处开始，分别向左右两侧逐渐均匀下降。

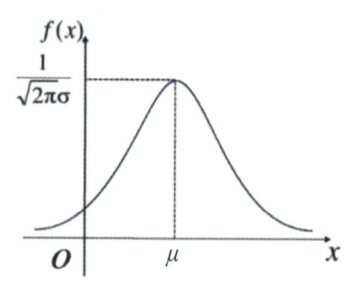

图 6-46　正态曲线

6.5.3　插入组合图以折线图展示正态曲线图表

正态分布涉及均值和标准差两个参数，因此在绘制正态曲线时不仅需要数据源，还要根据统计的方法计算出一些指标。

通常情况下涉及评分、成绩的数据都以正态分布为主，故本节以员工的绩效评分为例，讲述使用组合图绘制正态曲线的方法。

步骤 1　获取数据源，并根据图 6-47 给出的公式计算一系列指标。

员工	绩效评分
员工1	84
员工2	92
员工3	85
员工4	84
员工5	86
员工6	84
员工7	83
员工8	84
员工9	77
员工10	84
员工11	71
员工12	83
员工13	79
员工14	82
员工15	77
员工16	91
员工17	79
员工18	83
员工19	88
员工20	88
员工21	83
员工22	82
员工23	83
员工24	85
员工25	84

	计算结果	计算公式
最大值	92	=MAX(B2:B26)
最小值	71	=MIN(B2:B26)
均值	83.24	=AVERAGE(B2:B26)
标准方差	4.40908	=STDEV.S(B2:B26)
极差	21	=H3-H4
分组数	5	=ROUNDUP(SQRT(COUNT(B2:B26)),0)
分组组距	4.2	=H7/H8

图 6-47　数据源及指标计算

步骤 2　对数据进行分组（实际分组时可能和计算出来的值有所差异），直到最大值覆盖整个数据，同时计算出频率（落在区间范围内的个数）。具体的计算方法为：首先选中想要输出结果的单元格区域，再根据公式计算出频率（本题中为=FREQUENCY(B2:B26, D2:D7)，逗号前为数据列，逗号后为分隔列）。接着同时按下 Ctrl、Shift 和 Enter 键，即可得到如图 6-48 所示的结果。

第6章
Excel图表：分布分析图

步骤 3 根据公式（这里为=NORM.DIST(D2,H$5,H$6,0)）计算正态分布概率密度。NORM.DIST()函数的用法为 NORM.DIST(x,mean,standard_dev,cumulative)，其中 x 为选用分组边界值，mean 为计算出的数据算术平均数，standard_dev 为数据的标准方差，cumulative 为逻辑值，取 0 时返回概率密度函数。经过计算后得到如图 6-49 所示的结果。

序号	分组	频率
1	71	1
2	75.6	0
3	80.2	4
4	84.8	13
5	89.4	5
6	94	2

图 6-48　频率辅助列的计算方法

员工	绩效评分	序号	分组	频率	正态概率
员工1	84	1	71	1	0.001919
员工2	92	2	75.6	0	0.0201635
员工3	85	3	80.2	4	0.0713398
员工4	84	4	84.8	13	0.0849921
员工5	86	5	89.4	5	0.0340961
员工6	84	6	94	2	0.0046059
员工7	83				
员工8	84				
员工9	77				
员工10	84				
员工11	71				
员工12	83				
员工13	79				
员工14	82				
员工15	77				
员工16	91				
员工17	79				
员工18	83				
员工19	88				
员工20	88				
员工21	83				
员工22	82				
员工23	83				
员工24	85				
员工25	84				

图 6-49　计算概率密度函数

步骤 4 选中"频率"一列，单击"插入"→"二维柱形图"，在"设置数据系列格式"对话框中将"间距"改为 0，并添加边框颜色，绘制的频率柱形图如图 6-50 所示。

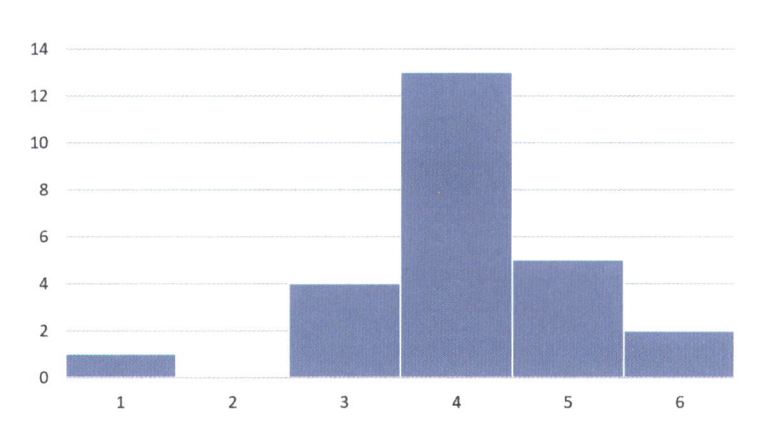

图 6-50　绘制的频率柱形图

步骤 5 右击图表，在弹出的快捷菜单中选择"选择数据"→"添加数据"，将计算出的概率密度值添加至图表中。添加完后，更改图表类型，在"更改图表类型"对话框中找到"组合图"，在"正态分布"一栏中勾选"次坐标轴"并选择"折线图"，如图 6-51 所示。

商务数据可视化

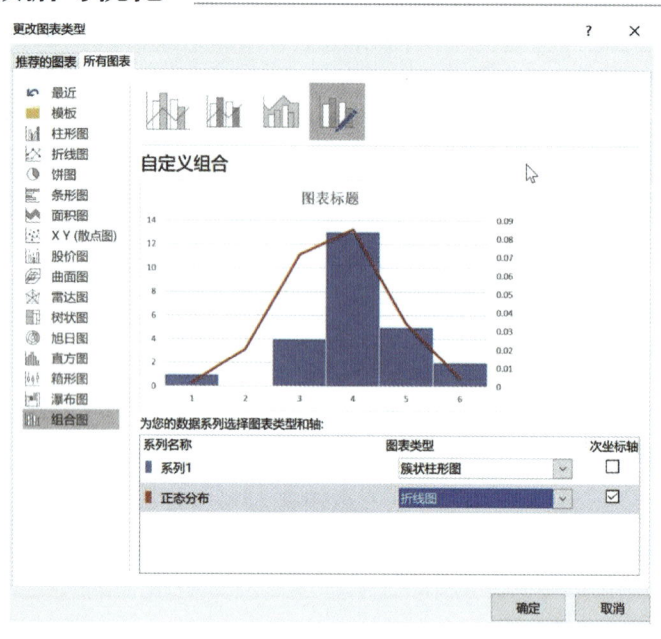

图 6-51　更改图表类型

步骤 6　选中正态曲线，设置数据系列格式，选择"平滑线"，就能得到如图 6-52 所示的成品了。

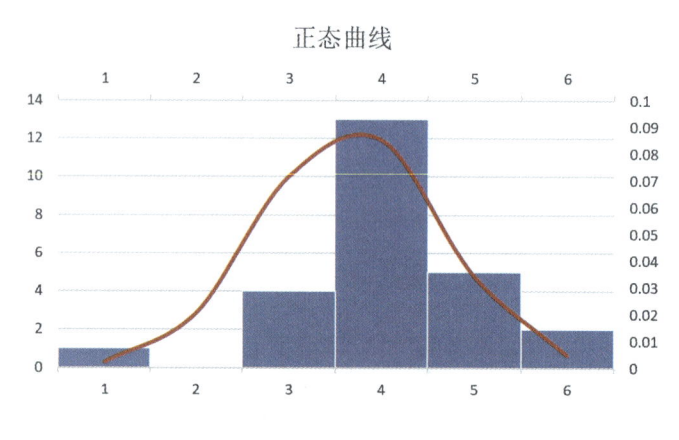

图 6-52　正态曲线成品

6.6　商务应用案例

6.6.1　案例 1：工厂分时段完成零件个数统计

【背景材料】已知工厂员工分时段完成的零件个数，分析得出员工加工零件受不同时

第6章
Excel图表：分布分析图

间段的影响有多大，即在各个时间段员工完成零件个数的分布情况。

【分析过程】

步骤 1 收集数据，得到的原始数据如图 6-53 所示。

时间段	员工1	员工2	员工3	员工4	员工5	员工6	员工7	员工8	员工9
工厂员工分时段完成零件个数统计
8~9点	30	26	30	26	27	27	27	29	29
9~10点	26	25	28	26	27	28	26	26	28
10~11点	31	33	34	31	31	31	35	34	32
11~12点	25	26	25	28	27	26	25	28	26
12~13点	20	21	21	23	21	20	22	20	20
13~14点	33	30	31	32	32	32	33	33	32
14~15点	25	25	22	27	23	25	26	24	24
15~16点	21	24	22	25	20	25	21	17	16
16~17点	17	17	17	17	16	17	15	15	17
17~18点	15	14	14	14	15	14	16	15	14

图 6-53　原始数据

步骤 2 选择数据，在"插入"菜单中选择"箱线图"。可以发现，如果选择的数据过多，则箱线图会失去它原有的形状。这时可以使用一个小技巧，先选择少数数据生成箱线图，再扩充选择更多的数据，如图 6-54 所示。

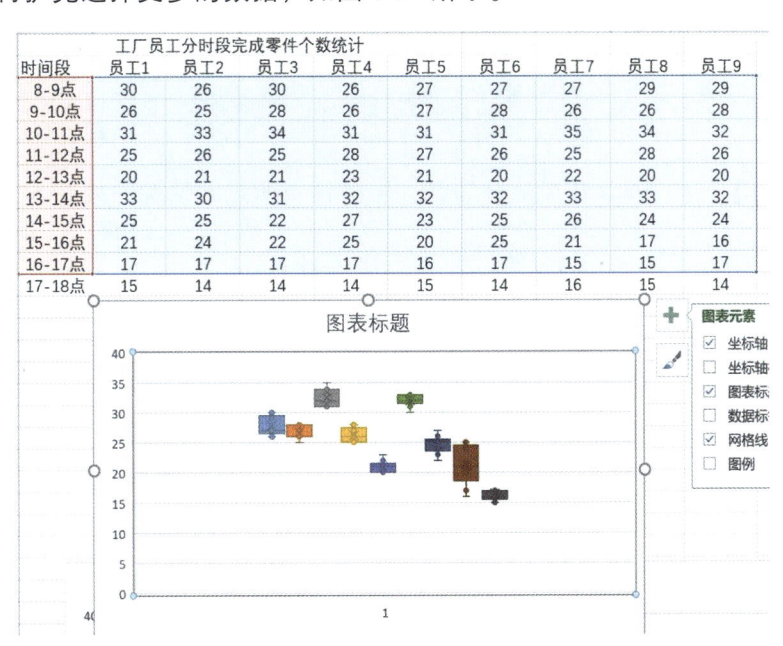

图 6-54　生成箱线图

步骤 3 适当对图表进行美化。添加上图表的图例，设置数据系列格式，显示内部点、离群值点、平均值标记和中线等，使得图表更加完整，形成最终图表，如图 6-55 所示。

由图 6-55 可以得出，不同时间段工厂员工完成的零件个数有较大的差异，在早晨的时间段里员工的效率较高，完成的零件个数也较多，其中最佳的工作时间是 10~11 点和 13~14 点，而效率最差的是临近下班的时间段，说明工作了一天后员工十分疲惫，精力下降导致完成的零件个数急剧下降。同时也能发现，完成零件个数的多少有一定的波动规律，高效率工作一小时后下一小时的效率会降低，而再下一个小时效率又会提高。工厂可以参考以上分析结果，给予员工适当的休息时间，来提升员工的工作效率。

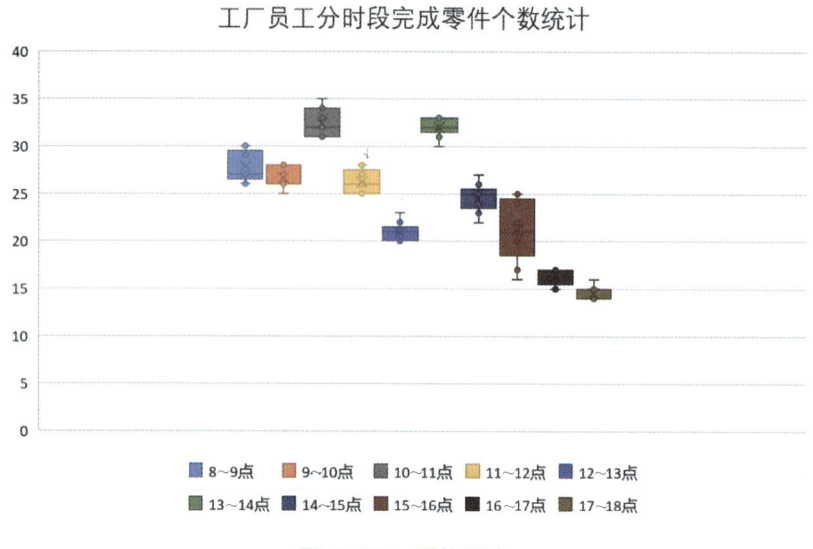

图 6-55　最终图表

6.6.2　案例 2：使用条件格式构建热力图

【背景材料】已知 2020 年全国分地区连锁餐饮企业基本情况，如图 6-56 所示。

地区	总店数（个）	门店总数（个）	年末餐饮营业面积（万平方米）	营业额（亿元）
北京	95	6114	240.8	480.42
天津	9	813	25.9	49.54
河北	5	23	4.1	2.52
山西	4	110	4.1	7.52
内蒙古	3	111	6.5	18.27
辽宁	13	996	35.6	65.81
黑龙江	4	79	2.9	3.92
上海	63	7008	174.8	399.25
江苏	18	1798	52.2	122.3
浙江	31	2028	68.3	137.91
安徽	8	738	19.9	33.04
福建	23	821	25.3	45.71
江西	4	177	6.1	11.33
山东	17	749	43.2	68.55
河南	14	273	8.7	13.79
湖北	34	1601	50.4	90.81
湖南	18	1023	53.7	56.5
广东	79	5774	172.4	364.35
广西	4	381	7.9	16.56
海南	1	8	0.3	1.01
重庆	12	1279	64.7	81.8
四川	10	1486	54.3	107.28
贵州	2	16	1.7	0.56
云南	5	258	5.6	14.58
西藏	1	6	0.1	0.67
陕西	10	475	15.9	29.6
甘肃	3	67	2.1	4.09
新疆	5	144	4	6.7

图 6-56　2020 年全国分地区连锁餐饮企业基本情况

第6章
Excel图表：分布分析图

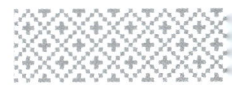

【分析过程】

利用条件格式绘制热力图。可以根据 6.4.2 节中的步骤，绘制出如图 6-57 所示的热力图。

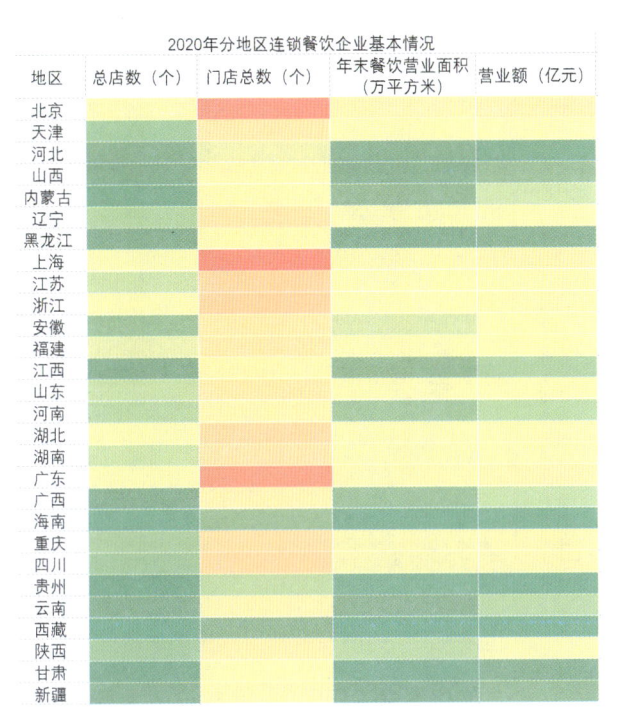

图 6-57　绘制热力图

由图 6-57 可以看出，虽然可以明确哪几个城市的总店数、门店总数、年末餐饮营业面积、营业额这四个指标最高，但是却不够直观，并不能清晰地知道各城市之间的差距有多少。因此，对于类似的数据，可以选择另一种表现方式——数据条。

首先，选中某一列数据，选择"条件格式"→"数据条"，如图 6-58 所示，将该列数据用数据条表示。

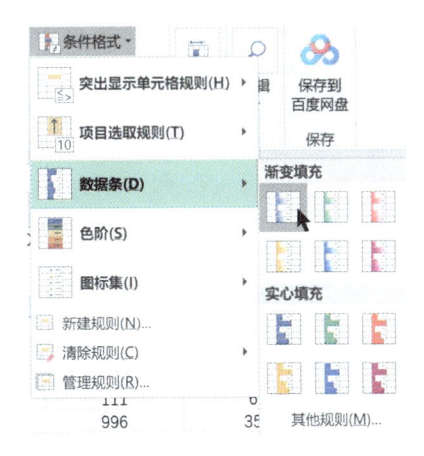

图 6-58　选择"条件格式"→"数据条"

商务数据可视化

利用同样的方式,可以将所有列都用数据条表示,最终效果如图 6-59 所示。

2020年分地区连锁餐饮企业基本情况

地区	总店数(个)	门店总数(个)	年末餐饮营业面积(万平方米)	营业额(亿元)
北京	95	6114	240.8	480.42
天津	9	813	25.9	49.54
河北	5	23	4.1	2.52
山西	4	110	4.1	7.52
内蒙古	3	111	6.5	18.27
辽宁	13	996	35.6	65.81
黑龙江	4	79	2.9	3.92
上海	63	7008	174.8	399.25
江苏	18	1798	52.2	122.3
浙江	31	2028	68.3	137.91
安徽	8	738	19.9	33.04
福建	23	821	25.3	45.71
江西	4	177	6.1	11.33
山东	17	749	43.2	68.55
河南	14	273	8.7	13.79
湖北	34	1601	50.4	90.81
湖南	18	1023	53.7	56.5
广东	79	5774	172.4	364.35
广西	4	381	7.9	16.56
海南	1	8	0.3	1.01
重庆	12	1279	64.7	81.8
四川	10	1486	54.3	107.28
贵州	2	16	1.7	0.56
云南	5	258	5.6	14.58
西藏	1	6	0.1	0.67
陕西	10	475	15.9	29.6
甘肃	3	67	2.1	4.09
新疆	5	144	6.7	

图 6-59 将所有列都用数据条表示

如果需要调整格式规则或美化图表,可以根据自己的需要按图 6-60 和图 6-61 进行设置。其中"格式样式"包括"双色刻度""三色刻度""数据条""图标集"。

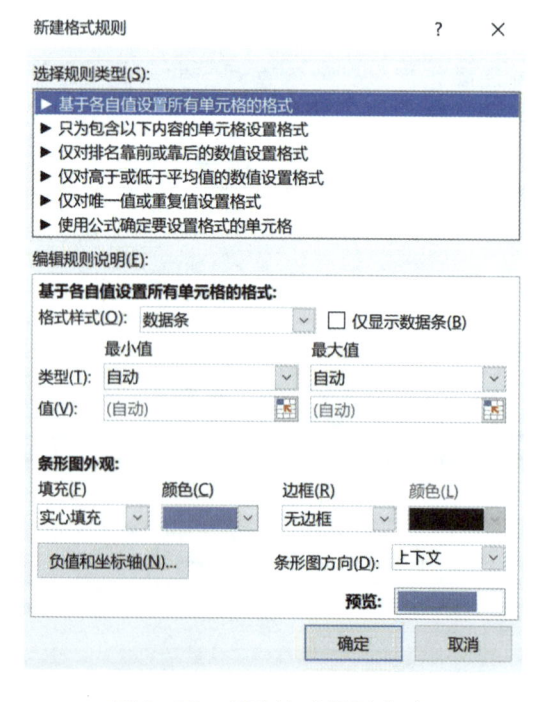

图 6-60 新建格式规则(1)

图 6-61 新建格式规则（2）

如果对色阶的颜色不满意，或者需要编辑及删除规则，可以在条件格式规则管理器中进行修改，如图 6-62 所示。

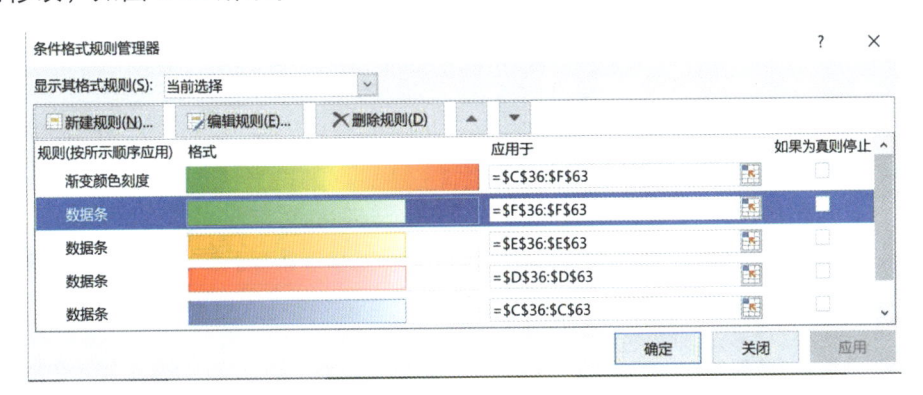

图 6-62 条件格式规则管理器

热力图不仅可以利用条件格式来表示，还可以利用地图来表示热度值，具体的绘制方法读者可以自行了解并实践。

第 7 章 特殊图表

【章节目标】

1. 了解 Excel 图表中特殊图表的各种类型和每种特殊图表的优点,以及它们各自的适用场景。

2. 了解 Excel 图表中各类特殊图表的商务应用案例,能理解在何时使用正确的特殊图表实现数据的可视化。

3. 掌握 Excel 图表中的各类特殊图表,包括瀑布图、甘特图、温度计图等的具体绘制方法。

【学习重点、难点】

重点:了解如何使用 Excel 中的特殊图表进行数据分析和可视化。

难点:掌握特殊图表中各类图表实现的绘制方法,准确判断特殊图表的适用商务场景。

【思维导图】

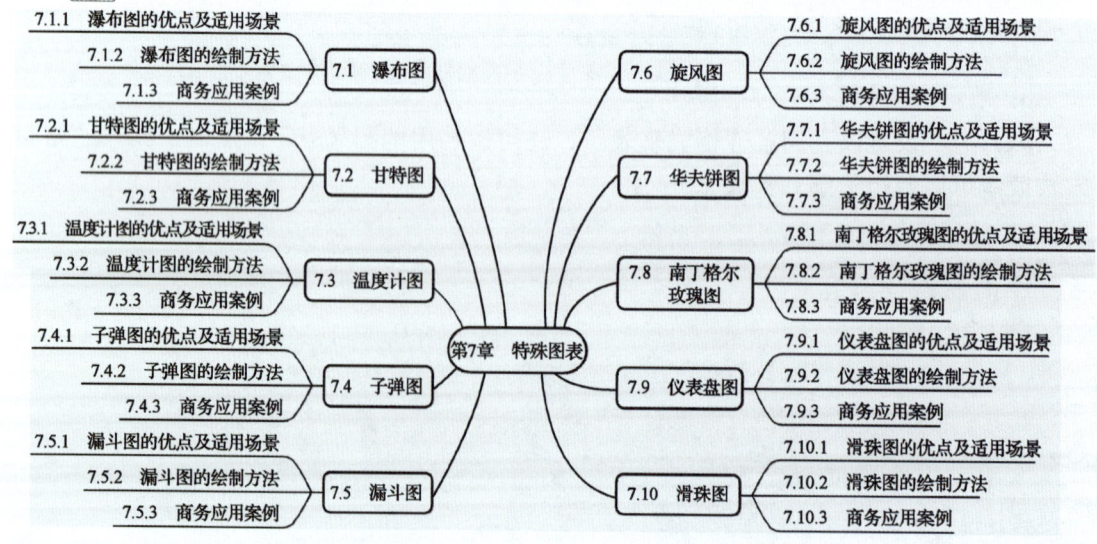

- 7.1 瀑布图
  - 7.1.1 瀑布图的优点及适用场景
  - 7.1.2 瀑布图的绘制方法
  - 7.1.3 商务应用案例
- 7.2 甘特图
  - 7.2.1 甘特图的优点及适用场景
  - 7.2.2 甘特图的绘制方法
  - 7.2.3 商务应用案例
- 7.3 温度计图
  - 7.3.1 温度计图的优点及适用场景
  - 7.3.2 温度计图的绘制方法
  - 7.3.3 商务应用案例
- 7.4 子弹图
  - 7.4.1 子弹图的优点及适用场景
  - 7.4.2 子弹图的绘制方法
  - 7.4.3 商务应用案例
- 7.5 漏斗图
  - 7.5.1 漏斗图的优点及适用场景
  - 7.5.2 漏斗图的绘制方法
  - 7.5.3 商务应用案例
- 7.6 旋风图
  - 7.6.1 旋风图的优点及适用场景
  - 7.6.2 旋风图的绘制方法
  - 7.6.3 商务应用案例
- 7.7 华夫饼图
  - 7.7.1 华夫饼图的优点及适用场景
  - 7.7.2 华夫饼图的绘制方法
  - 7.7.3 商务应用案例
- 7.8 南丁格尔玫瑰图
  - 7.8.1 南丁格尔玫瑰图的优点及适用场景
  - 7.8.2 南丁格尔玫瑰图的绘制方法
  - 7.8.3 商务应用案例
- 7.9 仪表盘图
  - 7.9.1 仪表盘图的优点及适用场景
  - 7.9.2 仪表盘图的绘制方法
  - 7.9.3 商务应用案例
- 7.10 滑珠图
  - 7.10.1 滑珠图的优点及适用场景
  - 7.10.2 滑珠图的绘制方法
  - 7.10.3 商务应用案例

第7章 特殊图表

7.1 瀑 布 图

7.1.1 瀑布图的优点及适用场景

瀑布图（Waterfall Plot）是由麦肯锡顾问公司所独创的图表类型，因为形似瀑布流水而得名。此种图表采用绝对值与相对值结合的方式，适用于表达数个特定数值之间的数量变化关系。

瀑布图不仅展示了两个数据点之间的演变过程，还可以展示数据是如何累计的。其在企业经营分析、财务分析中使用较多，用以表示企业成本的构成、变化等情况。

瀑布图显示加上或减去中间值时的累计汇总，在理解一系列正值和负值对初始值的影响时，这种图表非常有用。瀑布图中列采用不同的颜色，可以快速将整数与负数区分开来，初始值和最终值列通常从水平轴开始，而中间值则为浮动列。

7.1.2 瀑布图的绘制方法

步骤 1 对 2021 年 3 月的"微信支出账单"进行数据整理，得到如图 7-1 所示的数据结果。

账单	金额（元）
教育培训	3126
数码电器	3098.71
充值缴费	1897.14
交通出行	1256.24
服饰装扮	1027.16
餐饮美食	144
美容美发	517.07
医疗健康	450.92
日用百货	358.22
总支出	11875.46

图 7-1 微信支出账单

步骤 2 选中数据区域，在菜单栏中单击"插入"，在工具栏中找到"瀑布图"，单击"确定"按钮，得到微信支付账单瀑布图，如图 7-2 所示。

商务数据可视化

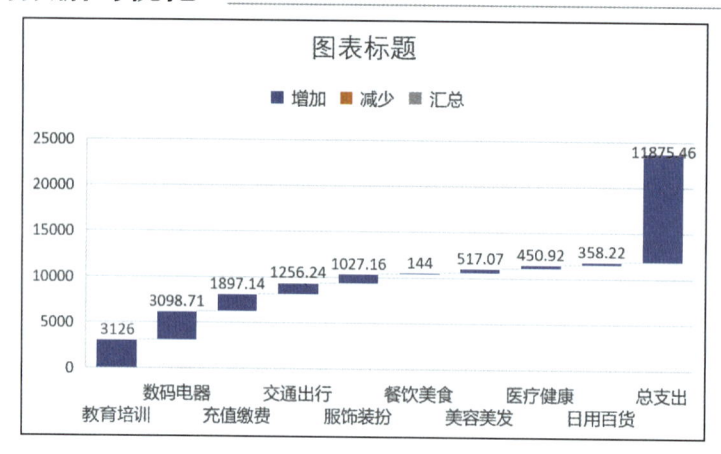

图 7-2　微信支付账单瀑布图

步骤 3　双击图表中"总支出"图形区域,在右侧的"设置数据点格式"对话框中勾选"设置为汇总",如图 7-3 所示。设置为汇总后的瀑布图如图 7-4 所示。

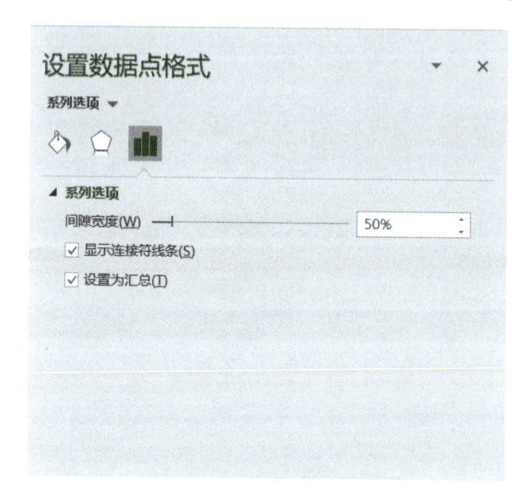

图 7-3　勾选"设置为汇总"

图 7-4　设置为汇总后的瀑布图

步骤 4 美化图表显示效果。分别双击"增加""减少""汇总"图例,在右侧"设置数据点格式"对话框中修改图例颜色;单击图表中任意空白处,修改图表背景颜色并调整图表大小,如图 7-5 所示。

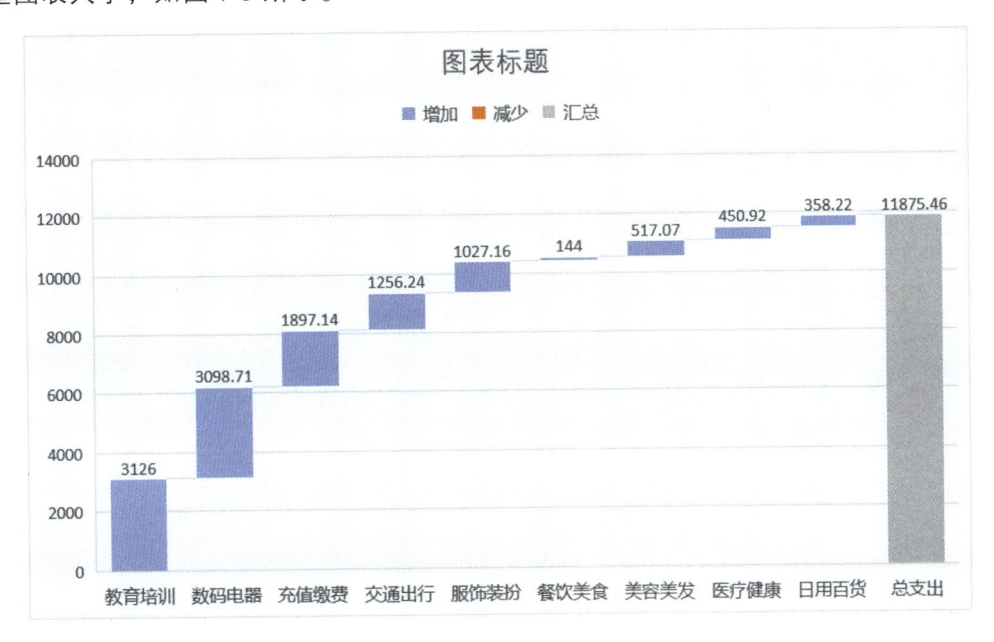

图 7-5　美化图表

步骤 5 继续修改图表。选中图表,单击图表右上角的加号,取消勾选"坐标轴标题"和"网格线",然后单击加号下面的毛笔图案,可以选择一些现成的图表样式,最后修改图表标题,如图 7-6 所示。

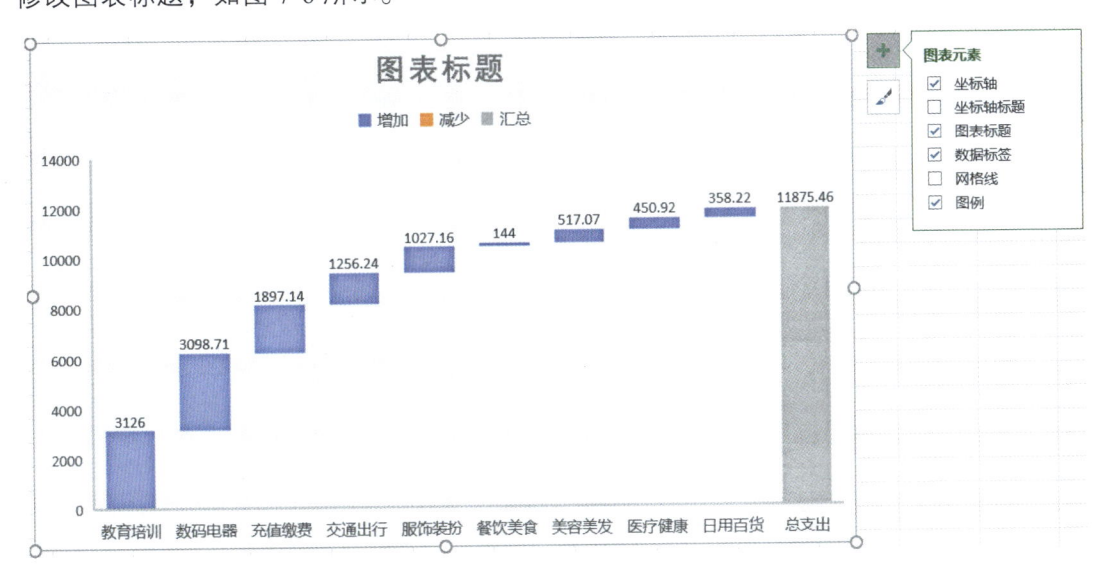

图 7-6　继续修改图表

最终效果图如图 7-7 所示。

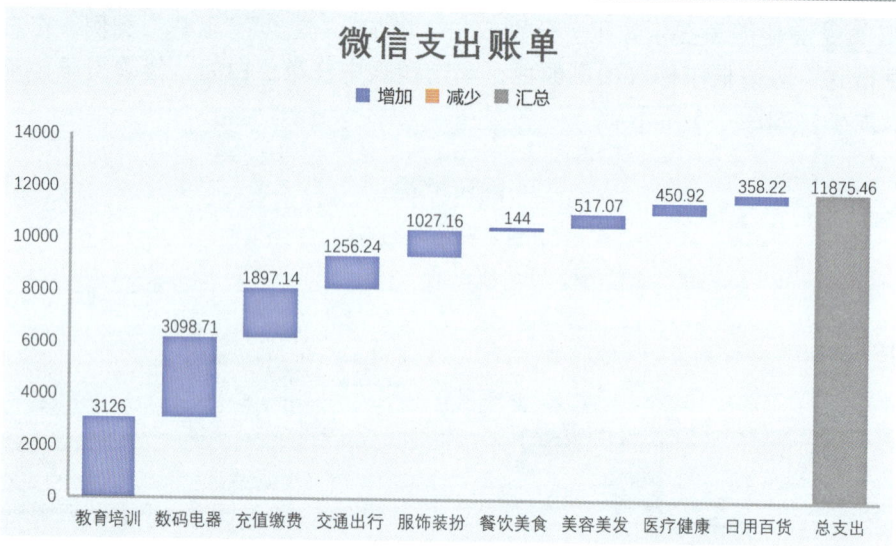

图 7-7 最终效果图

7.1.3 商务应用案例

【背景材料】如图 7-8 所示是甲股份有限公司 2007 年度的利润表原始数据。根据表中数据绘制瀑布图，分析甲股份有限公司的财务情况。

甲股份有限公司利润表	
营业收入	1300000
营业成本	-850000
营业税金及附加	-3000
销售费用	-30000
管理费用	-150000
财务费用	-40000
资产减值损失	-30000
投资收益	30000
营业利润	227000
营业外收入	50000
营业外支出	-10000
利润总额	267000
所得税费用	-100000
净利润	167000

图 7-8 利润表原始数据

【分析过程】根据表中数据得到甲股份有限公司利润表瀑布图，如图 7-9 所示。

从图中可以清晰地了解甲股份有限公司的成本构成和收入构成。甲股份有限公司的成本构成中，营业成本和管理费用占比最大，其次才是所得税费用。因此，可以对营业成本和管理费用进行调研分析，明确两者的产生过程，采取对应的措施降低费用，提高公司利润。甲股份有限公司的收入构成主要包含营业收入，另外还包含少量的投资收益和营业外收入。

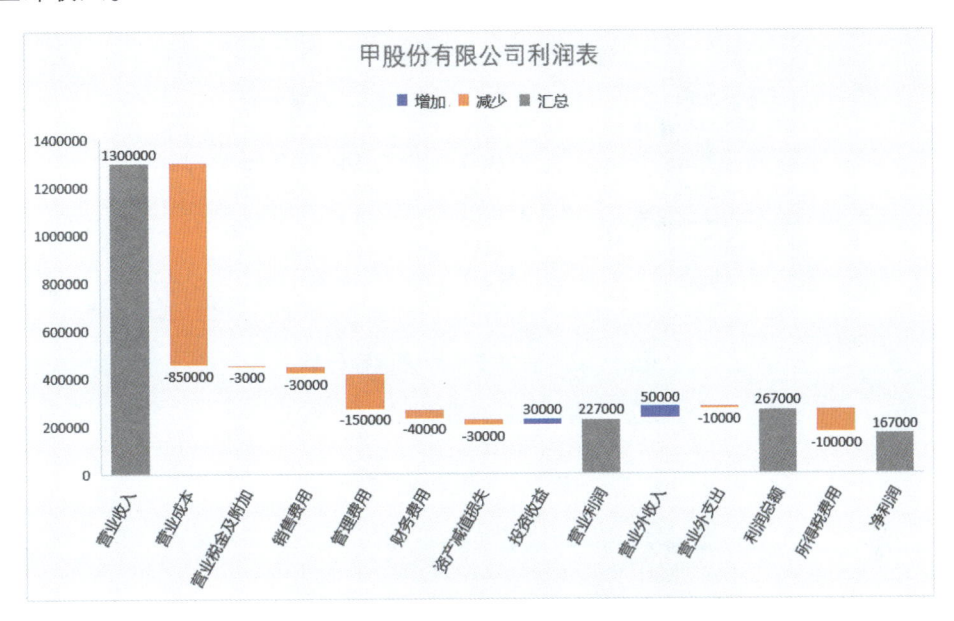

图 7-9　甲股份有限公司利润表瀑布图

7.2　甘　特　图

7.2.1　甘特图的优点及适用场景

甘特图通过活动列表和时间刻度表示出特定项目的顺序与持续时间。一条线条图，横轴表示时间，纵轴表示项目，线条表示期间计划和实际完成情况，直观表明计划何时进行，以及进展与要求的对比。在现代的项目管理中，甘特图被广泛地应用，便于管理者弄清项目的剩余任务，评估工作进度。

7.2.2　甘特图的绘制方法

步骤 1 将某学校 2021 年春季学期的"信息安全原理课程计划"表原始数据进行整理，得到如图 7-10 所示的数据结果。

步骤 2 选择整理后的数据，单击"插入"→"所有图表"→"堆积条形图"→"确定"按钮，产生堆积条形图，如图 7-11 和图 7-12 所示。

商务数据可视化

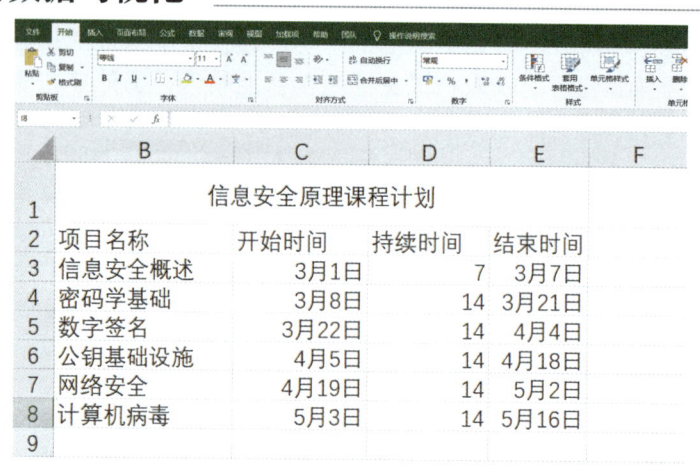

图 7-10 信息安全原理课程计划

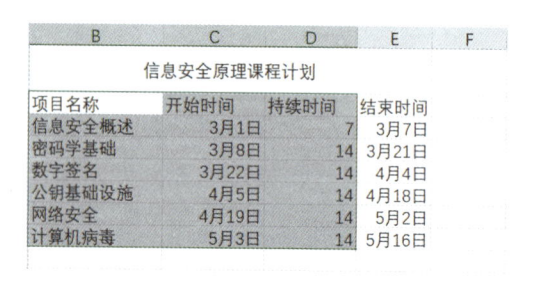

图 7-11 选择整理后的数据

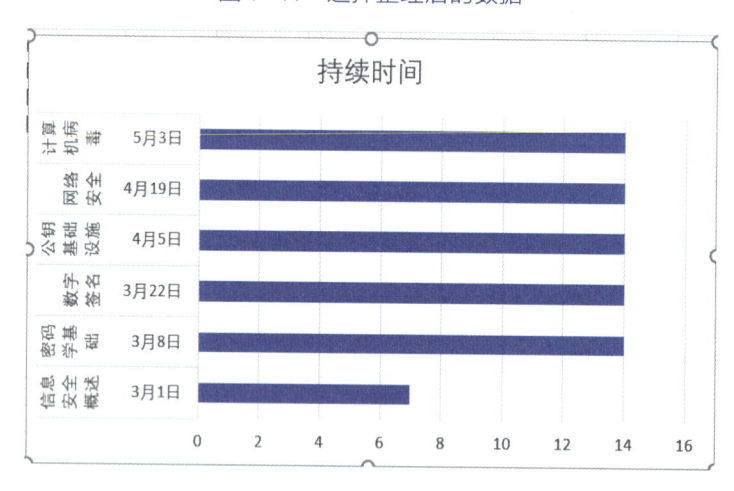

图 7-12 堆积条形图

步骤 3 选中图表并右击,在弹出的快捷菜单中选择"选择数据",打开"选择数据源"对话框,在"水平(分类)轴标签"中单击"编辑",打开"轴标签"对话框,在"轴标签区域"中选择"项目名称"数据域,如图 7-13 所示。在"图例项(系列)"中单击"添加",打开"编辑数据系列"对话框,"系列名称"选择"开始时间","系列值"选择对应的值,并单击三角形符号将开始时间上移,单击"确定"按钮,如图 7-14、图 7-15 所示,得到的堆积条形图如图 7-16 所示。

148

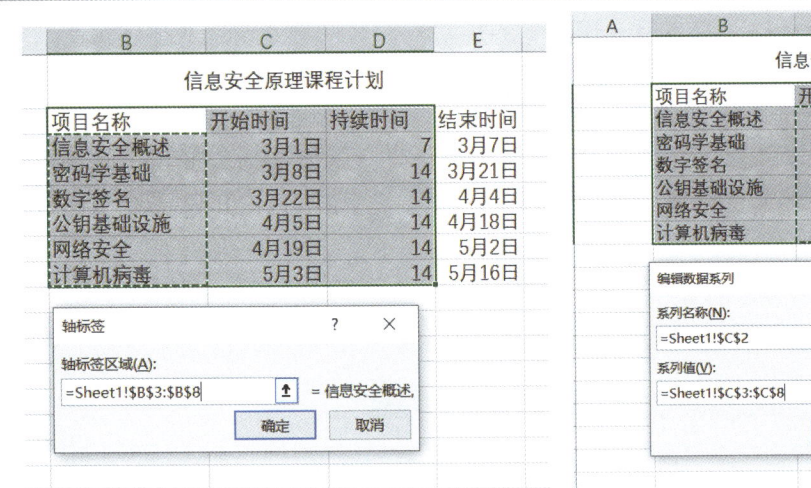

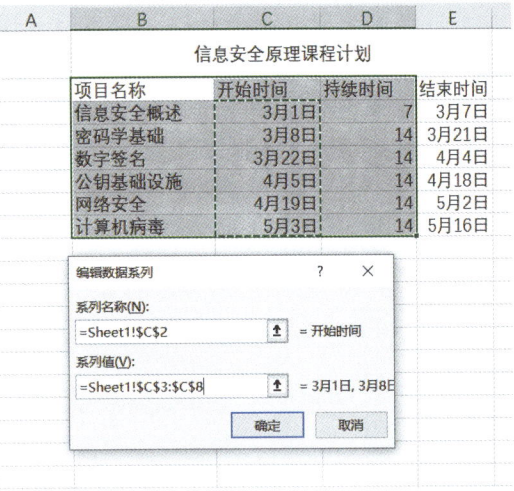

图 7-13　设置轴标签区域

图 7-14　添加开始时间数据系列

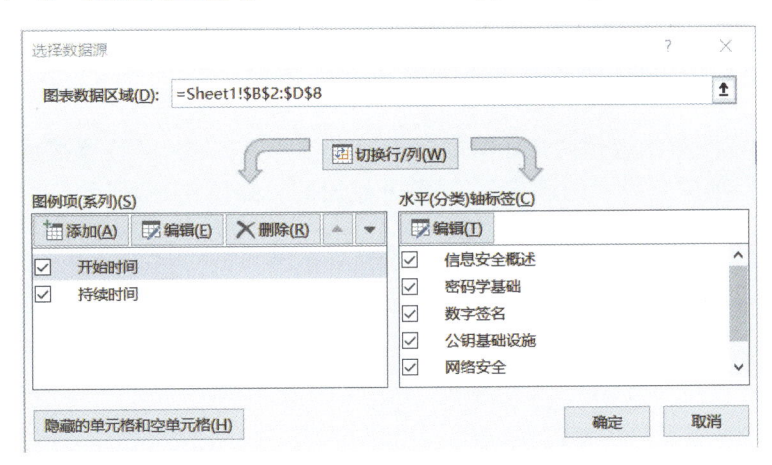

图 7-15　上移开始时间数据系列

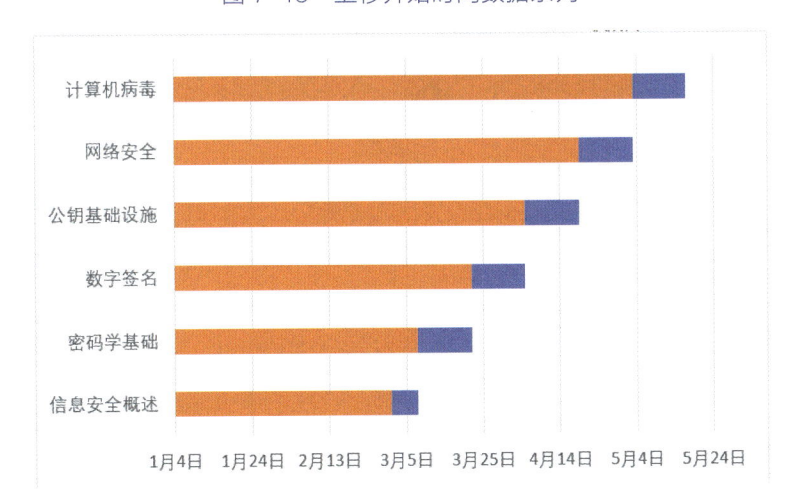

图 7-16　堆积条形图

商务数据可视化

步骤 4 双击纵坐标轴，在右侧"设置坐标轴格式"对话框中勾选"逆序类别"，将项目顺序颠倒，如图7-11所示。

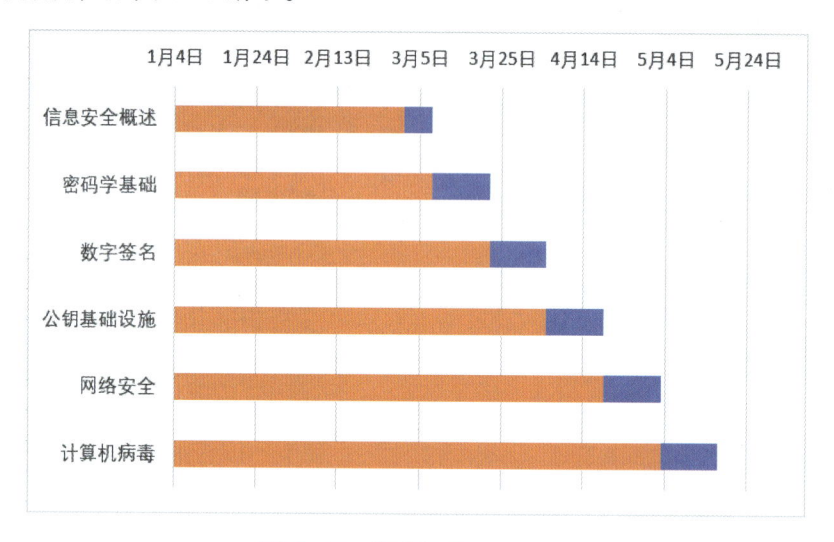

图7-17 逆序设置项目顺序

步骤 5 在图表中选择"开始时间"图形区域，在右侧的"设置数据系列格式"对话框的"填充"项中选择"无填充"，隐藏开始时间，如图7-18所示。

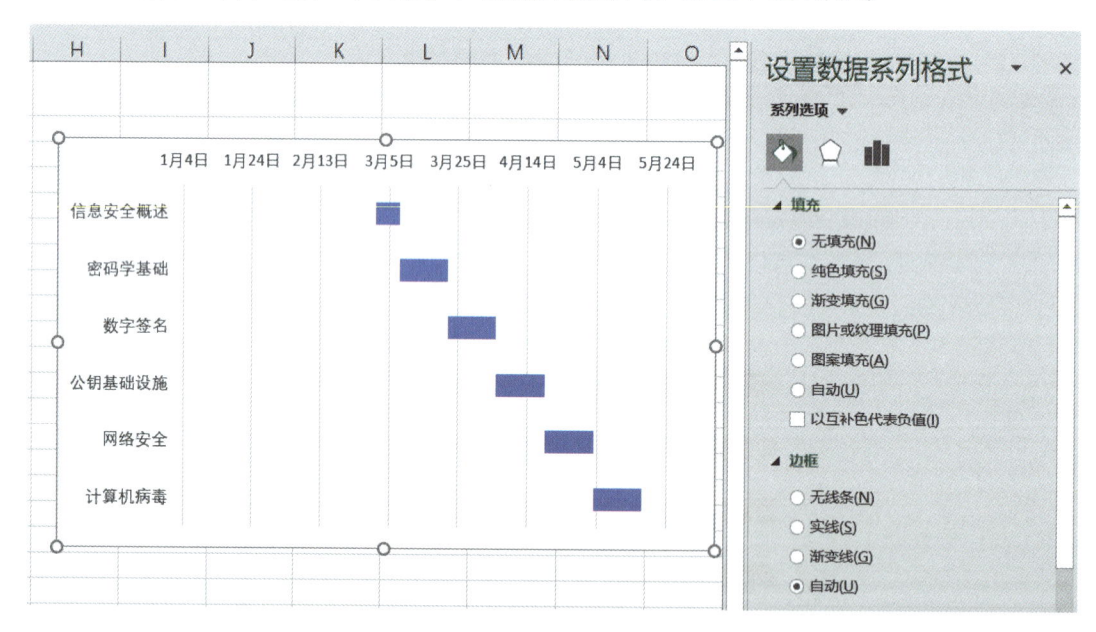

图7-18 隐藏开始时间

步骤 6 选择开始时间"3月1日"单元格，右击，在弹出的快捷菜单中选择"设置单元格格式"，弹出"设置单元格格式"对话框，在"分类"栏中选择"常规"，查看常规值，如图7-19所示。开始时间的常规值为44256，用同样的方法得到结束时间的常规值为44332。

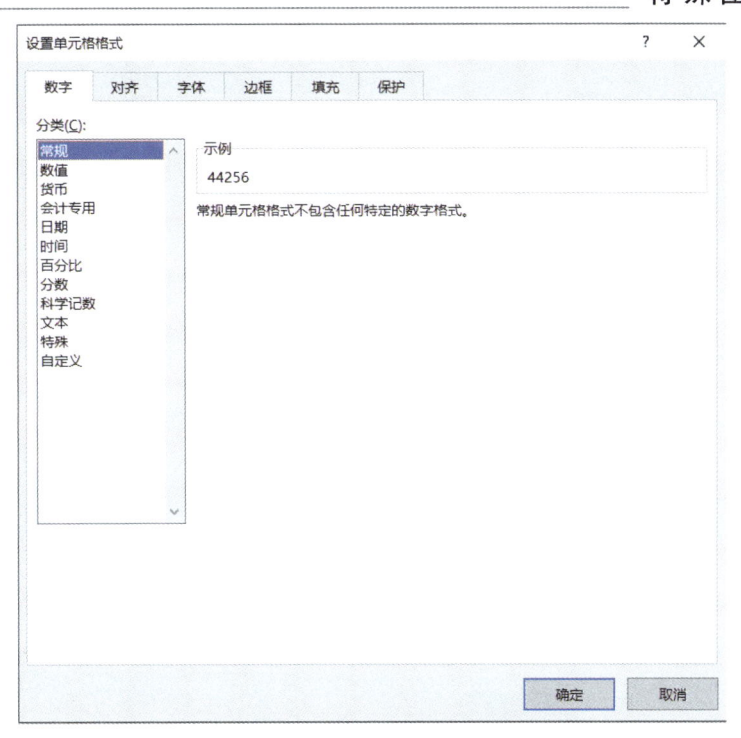

图 7-19　查看常规值

步骤 7　选择水平坐标轴，在右侧的"设置坐标轴格式"对话框中根据上一步得到的常规值分别设置"最小值""最大值""单位"，并根据结果进行调整，如图 7-20 和图 7-21 所示。

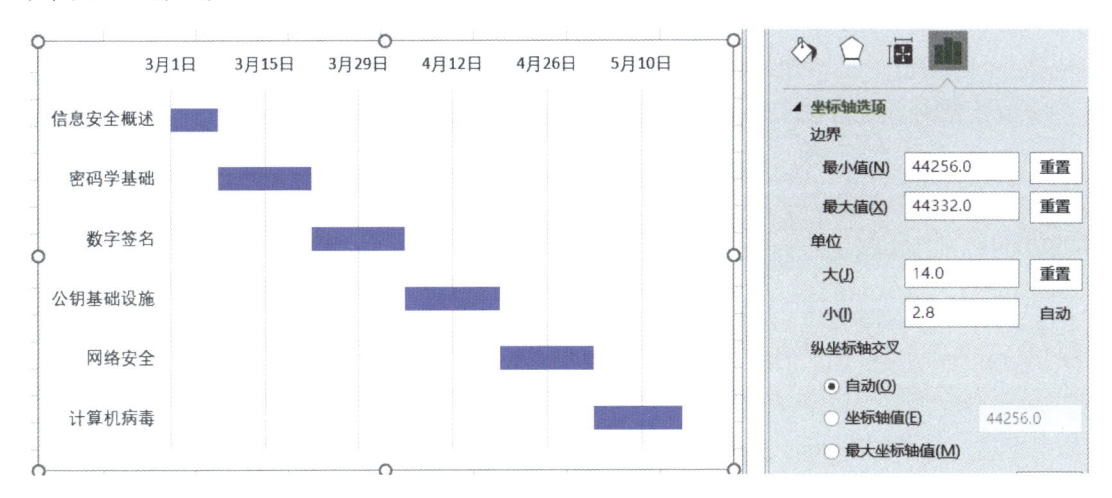

图 7-20　设置坐标轴格式

步骤 8　单击图表右上角的加号，添加水平网格线，如图 7-22 所示。
步骤 9　通过改变图例颜色、背景颜色等对图表进行美化，最终效果图如图 7-23 所示。

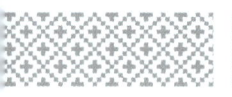

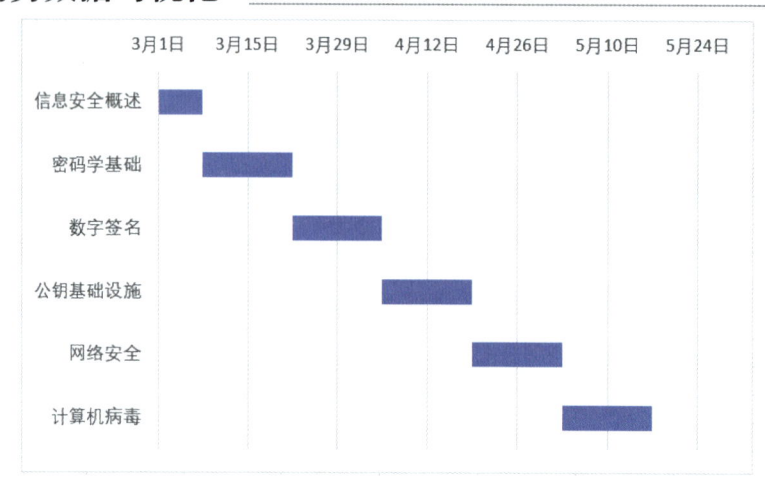

图 7-21　坐标轴格式设置完成

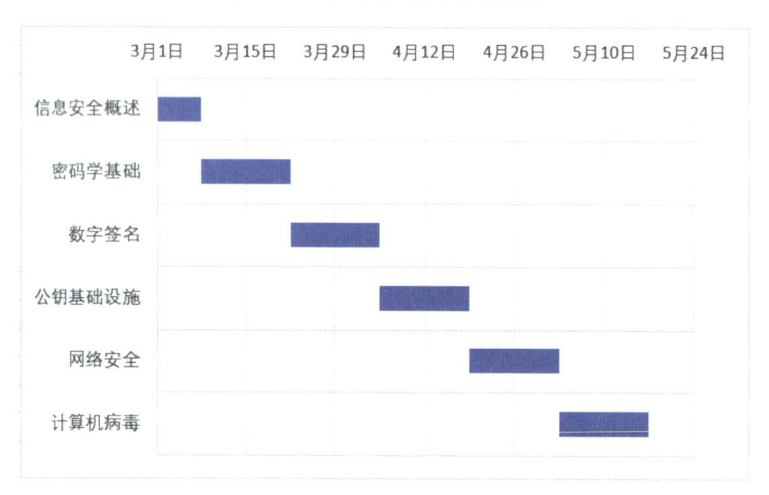

图 7-22　添加水平网格线

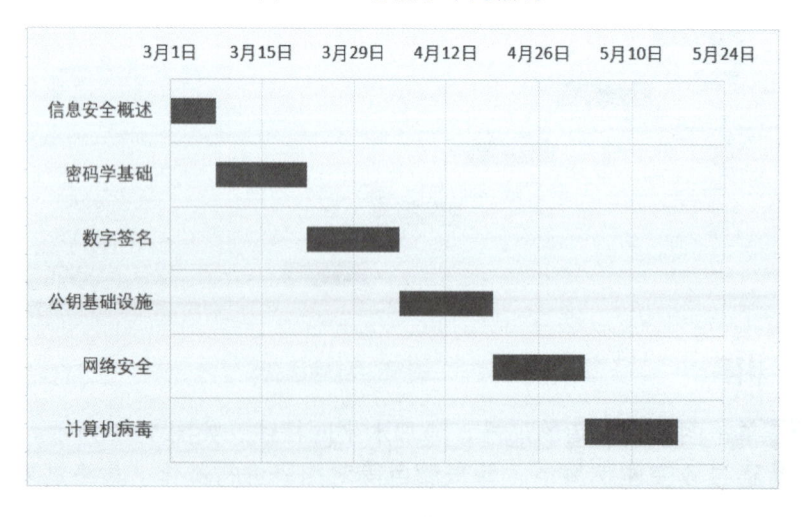

图 7-23　最终效果图

7.2.3 商务应用案例

【背景材料】某酒店筹建工作进度表如图 7-24 所示，筹建工作由多项任务组成，且相互之间时间有交叉。为了使工作任务的时间线更加一目了然，下面根据工作进度表数据绘制甘特图。

某酒店筹建工作进度表			
项目	开始时间	天数	完成时间
制作印章	10/8	6	10/13
提交财务规章制度	10/4	5	10/8
审批财务规章制度	10/11	3	10/13
编制财务预算方案	10/11	6	10/16
移交财务规章制度	10/18	1	10/18
联系酒店操作电脑软件	10/4	5	10/8
确定操作软件	10/9	2	10/11
软件安装及调试	12/6	6	12/11
申请发票	12/1	3	12/3
联系信用卡收费	12/1	3	12/3
联系零钱兑换	12/3	1	12/3
整理合同存档	12/10	2	12/11
整理酒店钥匙及备份存放	12/13	2	12/14
制定钥匙管理制度	11/8	2	11/10
确定仓库位置及布置	12/1	2	12/3

图 7-24 某酒店筹建工作进度表

【分析过程】根据表中数据制作得到酒店筹建工作进度表甘特图，如图 7-25 所示。

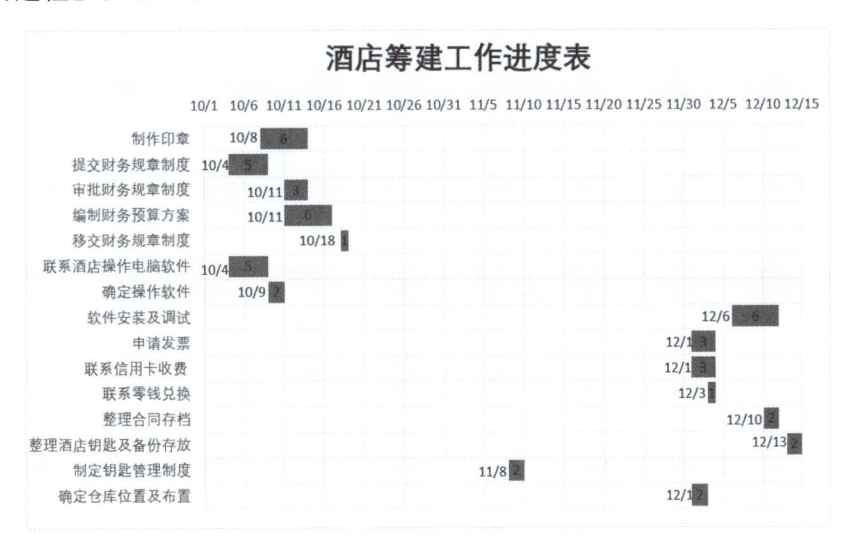

图 7-25 酒店筹建工作进度表甘特图

从图 7-25 中可以看到项目中每个任务的开始时间、结束时间及持续时间。根据甘特图横向对比，可以计划任务完成的先后顺序及了解每个任务的持续时间；纵向来看，可以知道在一个时间段内需要同时完成哪些任务。通过制作甘特图，使得每个任务的时间线更加清晰，可以帮助我们更好地做规划。

7.3 温度计图

7.3.1 温度计图的优点及适用场景

温度计图，顾名思义，是长得像温度计的图表，其数据展示是由"水银柱面"展现的，通过柱面的高低可以直观地看出某个元素的占比，因此温度计图适于展示百分比数据。相较于其他展示占比的图表，如饼图，温度计图最大的优点便是美观和独特，能给人眼前一亮的感觉，如图 7-26 所示。

图 7-26 温度计图

7.3.2 温度计图的绘制方法

本节将以图 7-26 为例，分步骤描述温度计图的绘制方法。

步骤 1 准备好原始数据，计算出百分比并添加辅助列（全部填充成 100%），如图 7-27 所示。

年份	完成率	辅助列	目标营收	实际营收
2016	86.3%	100%	80	69
2017	97.0%	100%	90	87.3
2018	91.2%	100%	100	91.2
2019	89.5%	100%	110	98.5
2020	90.4%	100%	130	117.5

图 7-27 原始数据

步骤 2 选中前三列并单击"插入"→"插入折线图或面积图"→"折线图",创建一个折线图,如图 7-28 所示。

图 7-28 创建折线图

步骤 3 双击辅助列的线段,找到屏幕左上方的"添加图表元素"→"线条"→"垂直线",添加垂直线,如图 7-29 所示。

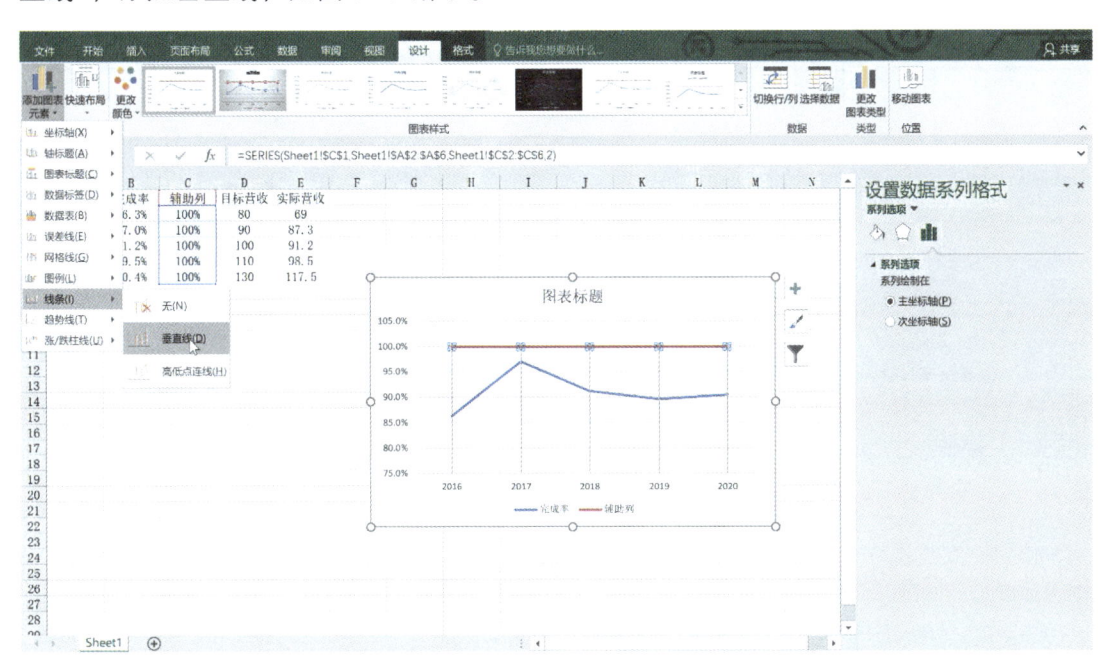

图 7-29 添加垂直线

步骤 4 双击垂直线,在"设置垂直线格式"对话框中选择想要设置的样式,这里取"宽度"为"8 磅","复合类型"选择"双线","端点类型"选择"圆形","箭头末端类型"选择最后一个,即带圆圈的,如图 7-30 所示。

商务数据可视化

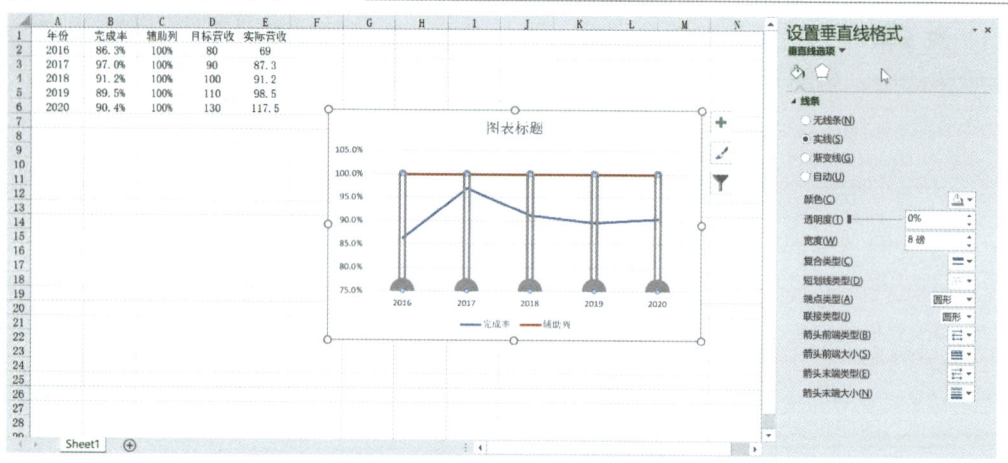

图 7-30 设置垂直线格式

步骤 5 制作"水银柱面"的效果。双击"完成率"一列的线条,找到"添加图表元素"一栏,选择"误差线"中的"其他误差线选项",如图 7-31 所示。打开"设置误差线格式"对话框,分别选择"负偏差""无线端",将"百分比"改为 100%。颜色填充中选择想要的颜色,"宽度"与之前保持一致,"端点类型"选择"圆形",如图 7-32 所示。最后也可以根据需要隐藏或保留线段。

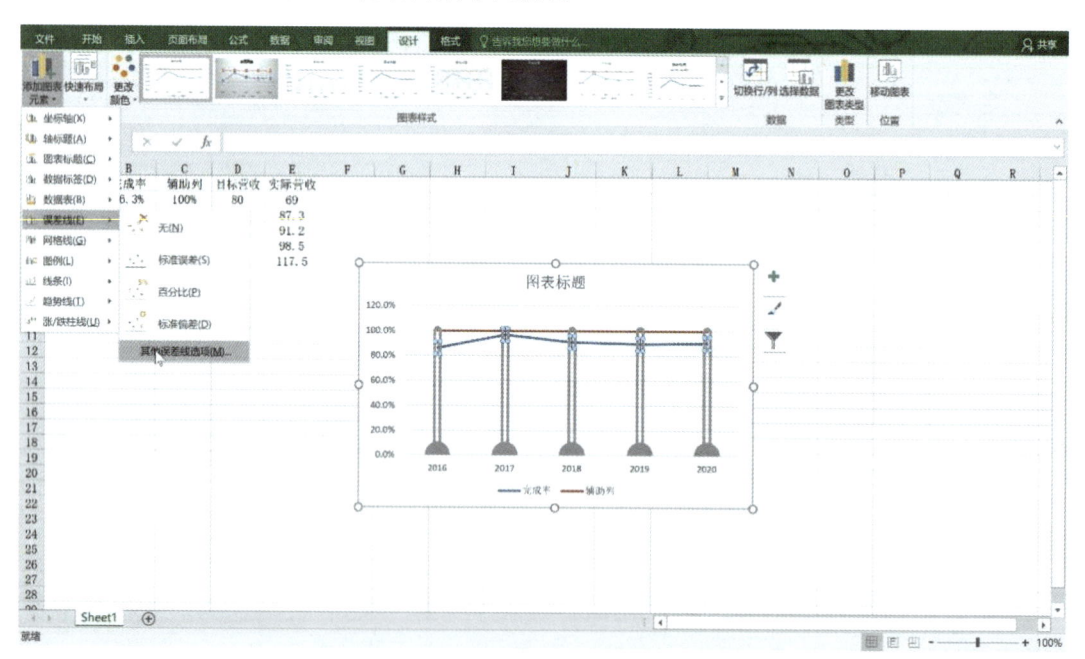

图 7-31 选择"其他误差线选项"

步骤 6 美化图表。温度计下端应该是圆形而不是半圆的,因此可以双击坐标轴,打开"设置坐标轴格式"对话框,将"最小值"设置为"-0.1";为了将年份显示得更为清晰,可以单击横坐标并调整其标签的位置,如图 7-33 所示。最后得到如图 7-26 所示结果。

156

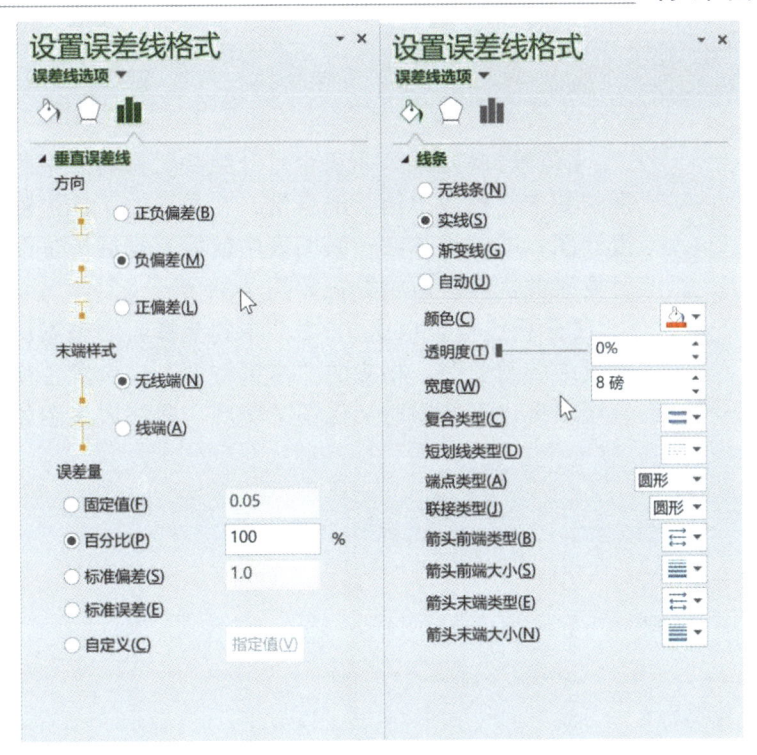

图 7-32　设置误差线格式

图 7-33　美化图表

7.3.3 商务应用案例

组员	进度	辅助列
A	52%	100%
B	47%	100%
C	65%	100%
D	49%	100%
E	51%	100%

图 7-34　原始数据

【背景材料】某公司每个月开组会时都有汇报各个小组工作进度的要求，请以小组长的身份，将员工的工作进度绘制成一个温度计图，并体现其在一张图表中就能直观展现进度占比及方便随时更改的优势。原始数据如图 7-34 所示。

【分析过程】根据 7.3.2 节中的步骤绘制出温度计图，当更改进度中的数值时，相应的"水银柱面"也会发生变化，就像温度计刻度的升降一样，在直观表现进度的同时又保证了美观。最终效果图如图 7-35 所示。

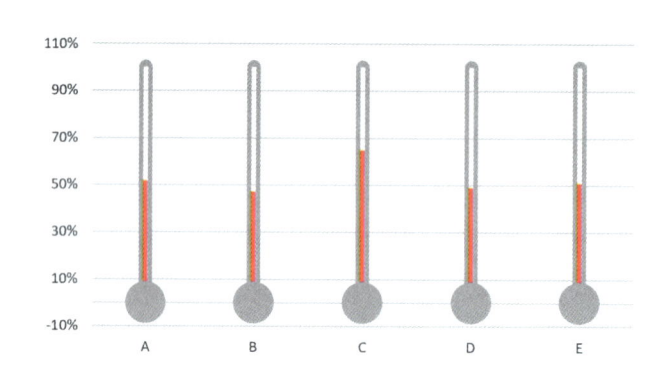

图 7-35　最终效果图

7.4　子　弹　图

7.4.1 子弹图的优点及适用场景

子弹图，顾名思义，就像是子弹射出以后的带轨道的图表，它有些类似柱形图的堆叠形式，但相对于普通的柱形图，它能在非常狭小的空间中表达丰富的数据信息与元素之间的对比。子弹图在项目管理中的应用广泛，涉及进度、指标、绩效等问题时经常会用到。

7.4.2 子弹图的绘制方法

步骤 1　准备原始数据，如图 7-36 所示，并创建辅助列设定相关标准（本节以员工业绩表为例，辅助列填写的就是业绩评级及相对应的评分）。

步骤 2　单击"插入"→"插入柱形图或条形图"→"簇状柱形图"，得到如图 7-37 所示的结果。

第7章
特殊图表

员工业绩表		辅助数据			
员工	业绩	最大值	优秀	良好	及格
a	77	100	90	70	60
b	82	100	90	70	60
c	69	100	90	70	60
d	86	100	90	70	60
e	90	100	90	70	60

图 7-36　原始数据

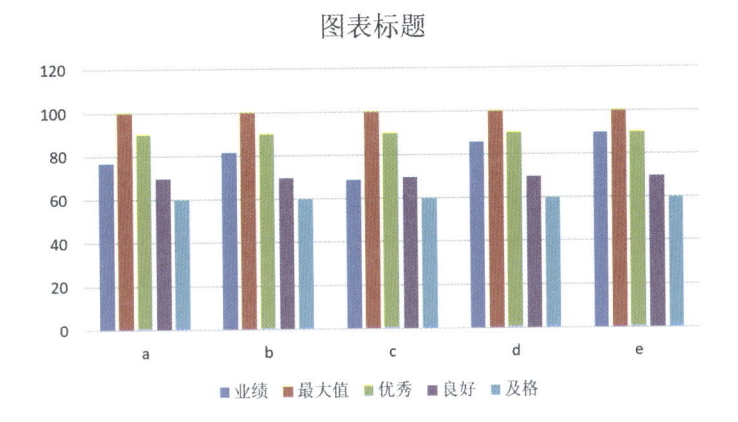

图 7-37　簇状柱形图

步骤 3 选择"更改系列图表类型",进行如图 7-38 所示的设置。

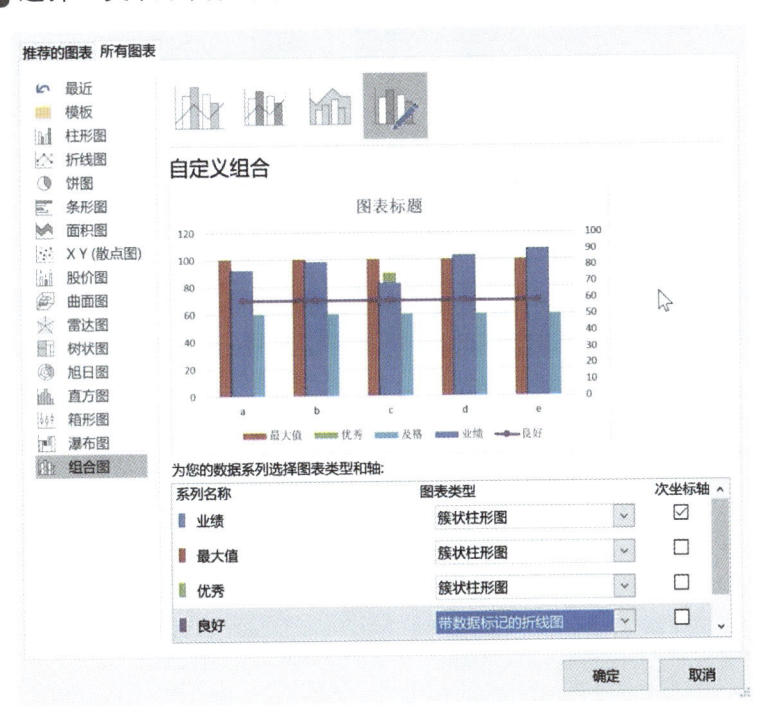

图 7-38　更改系列图表类型

商务数据可视化

步骤 4 双击业绩柱形图，将"分类间距"改为150%并勾选"次坐标轴"，将其余柱形图的"系列重叠"及"分类间距"改为100%，如图7-39所示。然后进行颜色的填充，完成后得到如图7-40所示结果。

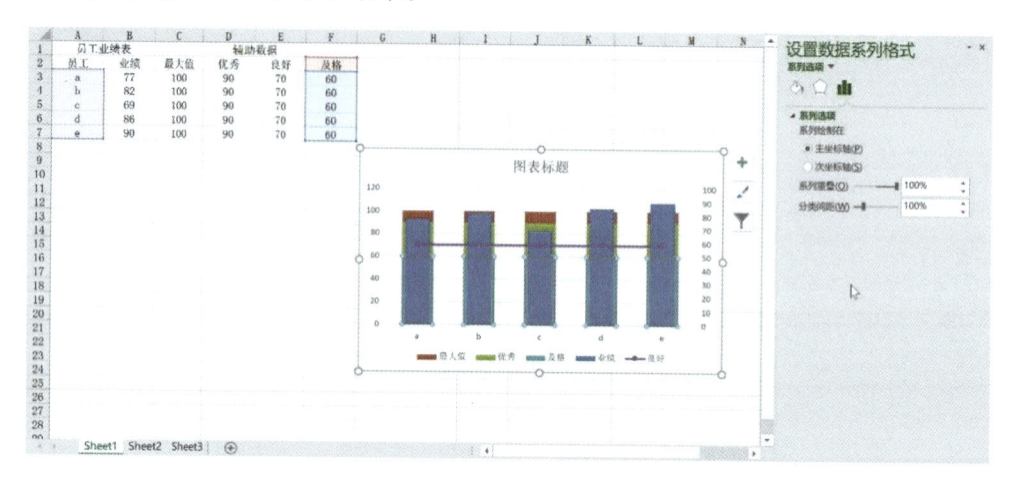

图 7-39 "系列重叠"及"分类间距"的更改

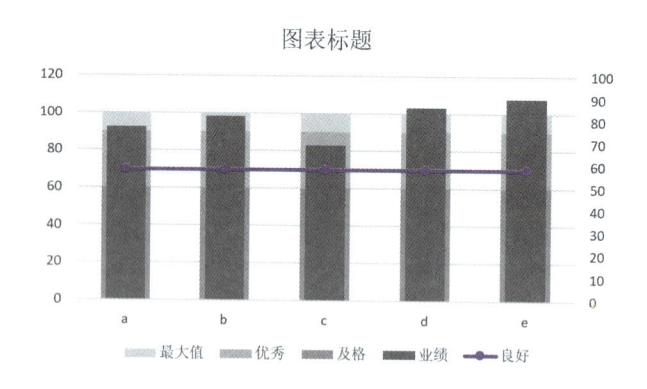

图 7-40 颜色的填充

步骤 5 将"良好"的折线设置为"无线条"，并将颜色填充为黑色以作为标记，最后删除右边的辅助坐标轴，就能得到相应的子弹图了，如图7-41所示。

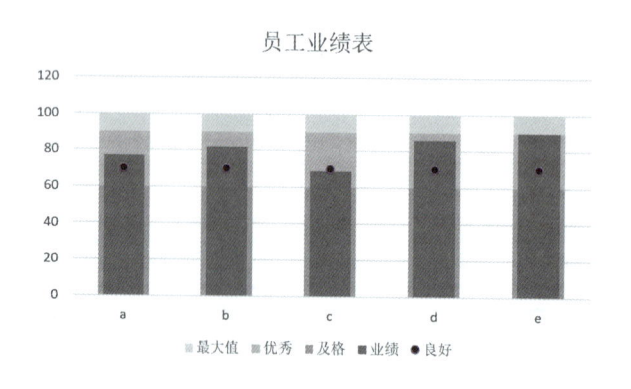

图 7-41 子弹图

160

本例中，我们将良好等级作为一个标记，这样可以较为清晰地通过点与最深色的面看出哪位员工没有达到标准。同时，通过堆叠柱形图的方式，能够更直观地展示每位员工的业绩情况及其所处的等级范围区间。

7.4.3 商务应用案例

【背景材料】KPI（关键绩效指标法）是用于衡量工作人员工作绩效表现的量化指标。图 7-42 所示为某个小组的员工 KPI 表格，请小组长据此绘制子弹图并体会其与普通柱形图的区别。

考核项目	考勤	态度	业绩
权重	10%	20%	70%
KPI 1	95	88	88
KPI 2	98	92	82
KPI 3	99	92	69
KPI 4	89	90	86

图 7-42 员工 KPI 表格

【分析过程】首先根据公式=B3*$B$2+C3*$C$2+D3*$D$2（$符号起绝对定位的作用）下拉计算出 KPI 总分，并绘制辅助列即等级，如图 7-43 所示。

考核项目	考勤	态度	业绩	KPI总分	优秀	良好	须努力
权重	10%	20%	70%				
KPI 1	95	88	88	88.7	90	70	60
KPI 2	98	92	82	85.6	90	70	60
KPI 3	99	92	69	76.6	90	70	60
KPI 4	89	90	86	87.1	90	70	60

图 7-43 计算出 KPI 总分并绘制辅助列

接着按照 7.4.2 节中的步骤，绘制相应的子弹图。通过对比不难看出，相较于简单的堆积柱形图，子弹图能够展示更多的信息，更直观地表现业绩的等级所处的位置；同时，通过标准线的设置，可以快速分析出达标员工的数量。这在堆积柱形图中都是难以直观反映的，子弹图与堆积柱形图的对比如图 7-44 所示。

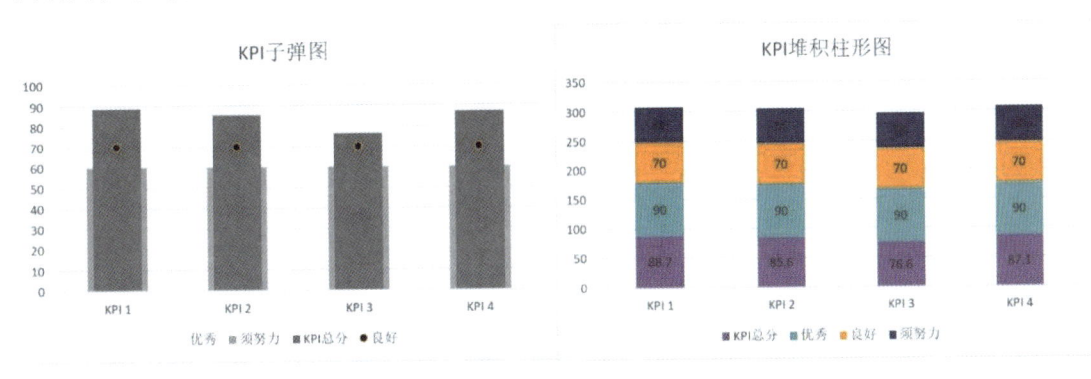

图 7-44 子弹图与堆积柱形图的对比

7.5 漏斗图

7.5.1 漏斗图的优点及适用场景

漏斗图在 Web Trends 中叫作"场景分析",在 Omniture 的 SiteCatalyst 中被称为"产品转换漏斗"。虽然漏斗图的称呼不一样,但它都是用来衡量网站中业务流程表现的,并适用于电商等各个行业。通过漏斗图可以非常直观地看出网站业务流程中的问题所在,从而加以完善。

漏斗图适用于业务流程比较规范、周期长、环节多的流程分析,通过各环节业务数据的比较,能够直观地发现和说明问题所在。最常见的分析场景如下。

(1)电商网站:通过转化率比较能充分展示用户从进入网站到实现购买的最终转化率。

(2)营销推广:反映搜索营销的各个环节的转化,以及从展现、点击、访问、咨询,直到生成订单过程中的客户数量及流失。

(3)CRM:客户销售漏斗图用来展示各阶段客户的转化。

7.5.2 漏斗图的绘制方法

步骤 1 以某个电商平台的数据为例,介绍简单漏斗图的绘制方法。图 7-45 所示是该电商平台商品每个环节参与人数及占位数据,其中占位数据的作用是使漏斗图中人数的数据居中,因此在该图中占位数据的公式为 =($B$2 – B2)/2。在 C2 处输入公式,并拖曳至 C6 即可得到占位数据。

	A	B	C	D
1	流程	人数	占位数据	
2	浏览商品	10000	0	
3	加入购物车	4000	3000	
4	生成订单	3000	3500	
5	支付订单	2000	4000	
6	完成订单	1700	4150	
7				

图 7-45 电商平台商品每个环节参与人数及占位数据

步骤 2 全选数据,在"插入"选项卡中选择"推荐的图表",在弹出的"插入图表"对话框中选择堆积柱形图,如图 7-46 所示。初步生成的图表如图 7-47 所示。

第7章
特殊图表

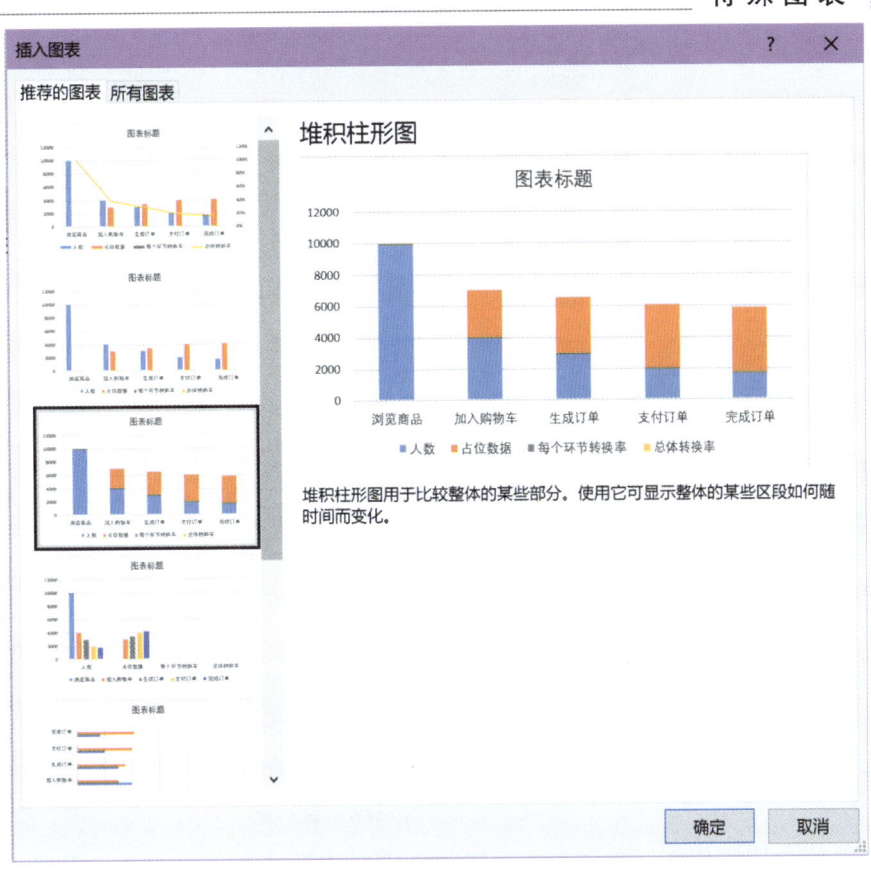

图 7-46　生成堆积柱形图

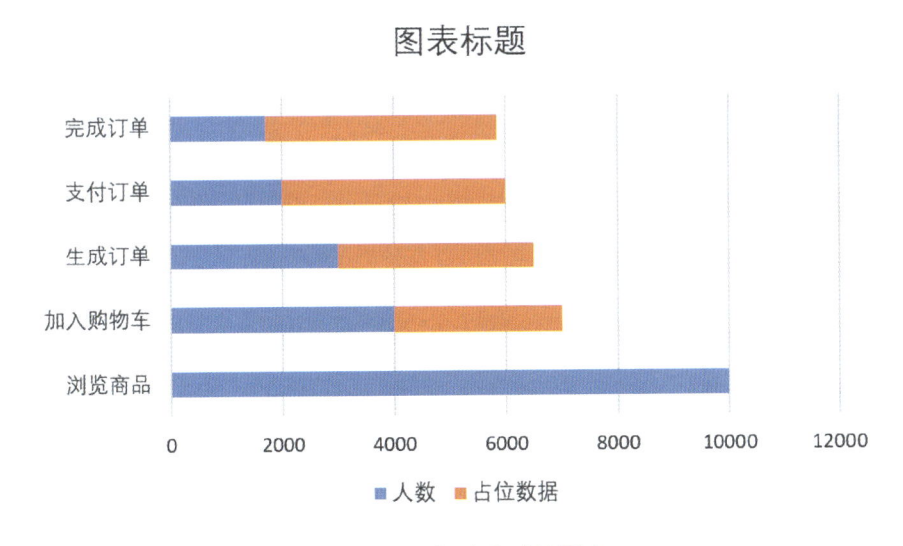

图 7-47　初步生成的图表

步骤 3 双击坐标轴，在右侧的"设置坐标轴格式"对话框中勾选"逆序类别"，使其与表格中的顺序一致，如图 7-48 所示。修改逆序类别后的图表如图 7-49 所示。

| 163

商务数据可视化

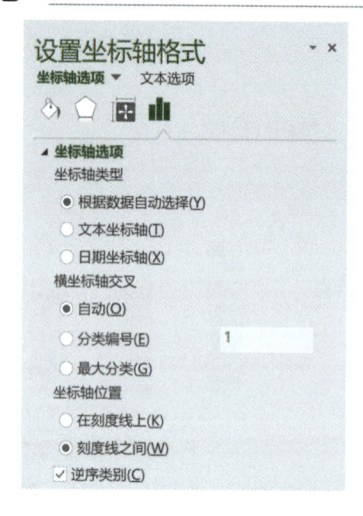

图 7-48 勾选"逆序类别"

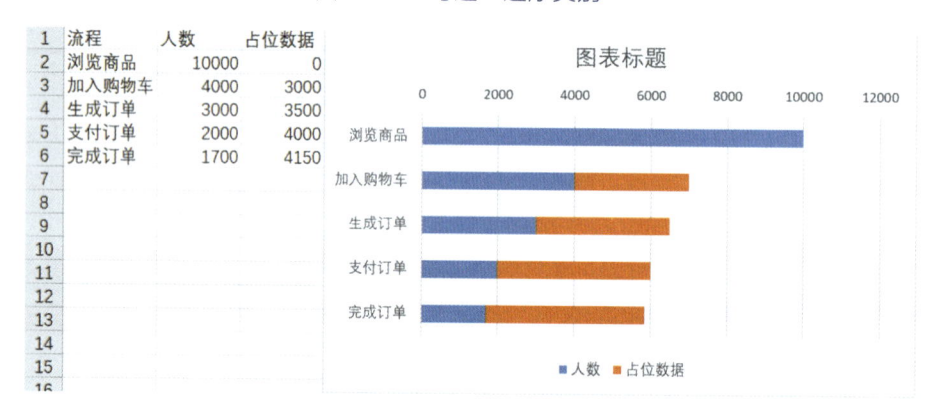

图 7-49 修改逆序类别后的图表

步骤 4 右击占位数据的条形图,在弹出的快捷菜单中选择"选择数据",打开"选择数据源"对话框,在"图例项(系列)"中将"占位数据"上移,放到上侧,如图 7-50 所示。

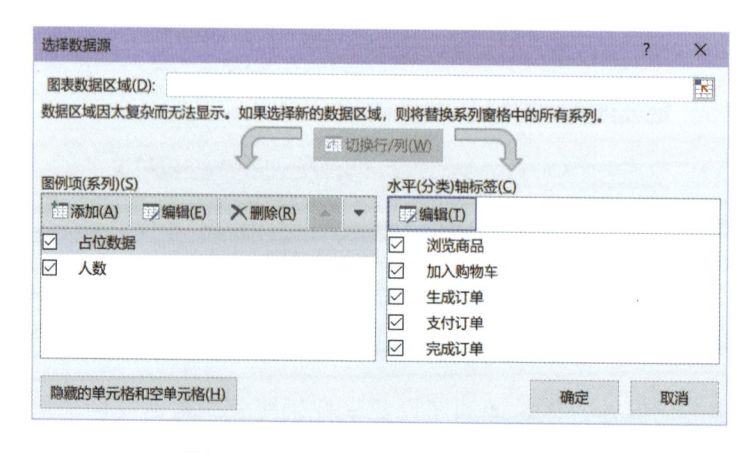

图 7-50 上移"占位数据"图例项

164

步骤 5 双击占位数据条形图，在"设置数据系列格式"对话框的"填充"项中选择"无填充"，如图 7-51 所示。

步骤 6 双击图表上方的坐标轴，在"设置坐标轴格式"对话框中将"最大值"改为"10000.0"，如图 7-52 所示。然后将"标签位置"改为"无"，并删除占位数据的图例和网格线。

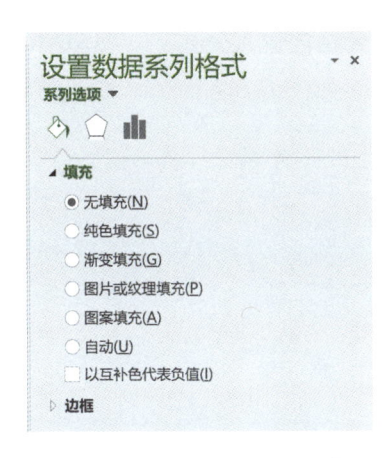

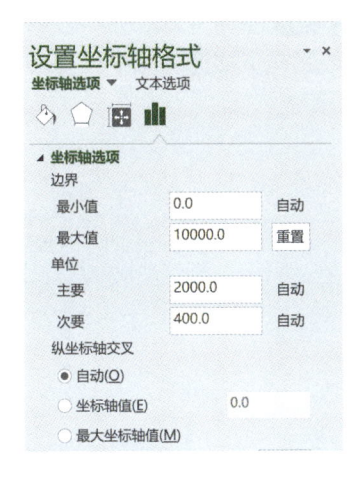

图 7-51　设置"无填充"　　　　　　　图 7-52　更改坐标轴最大值

步骤 7 为条形图添加数据标签，将字体设置为白色。然后单击人数条形图，在"设计"选项卡中选择"添加图表元素"中的系列线，如图 7-53 所示。漏斗图的最终效果如图 7-54 所示。

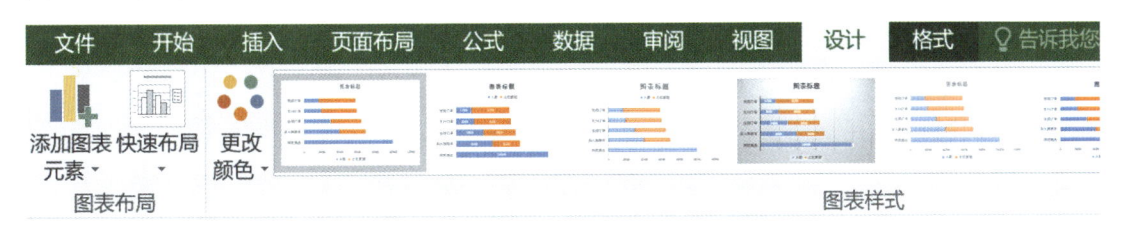

图 7-53　添加图表元素中的系列线

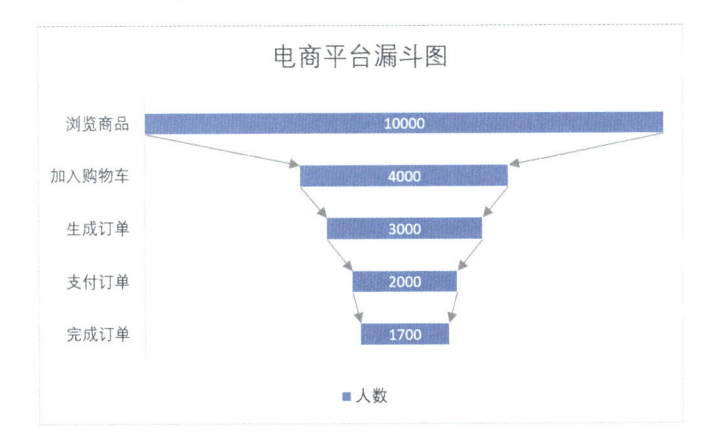

图 7-54　漏斗图的最终效果

7.5.3 商务应用案例

【背景材料】本例使用某公司 2018 年 3 季度招聘工作过程的数据。

【分析过程】

步骤 1 如图 7-55 所示，其中辅助列的制作是在 C2 单元格内输入公式 =($B$2 − B2)/2，然后向下填充。每个过程的转化率是在 D3 单元格内输入公式 = ROUND(B3/B2,4)，然后向下填充。

	A	B	C	D
1	流程	数量	辅助列	转化率
2	简历数量	609	0	
3	简历筛选	253	178	41.54%
4	初试人数	189	210	74.70%
5	复试人数	113	248	59.79%
6	录用人数	59	275	52.21%
7	入职人数	48	280.5	81.36%

图 7-55 为数量添加辅助列和转化率

步骤 2 全选数据生成漏斗图，将上方坐标轴最大值改为 609，更改转化率的图表类型为散点图，如图 7-56 所示。

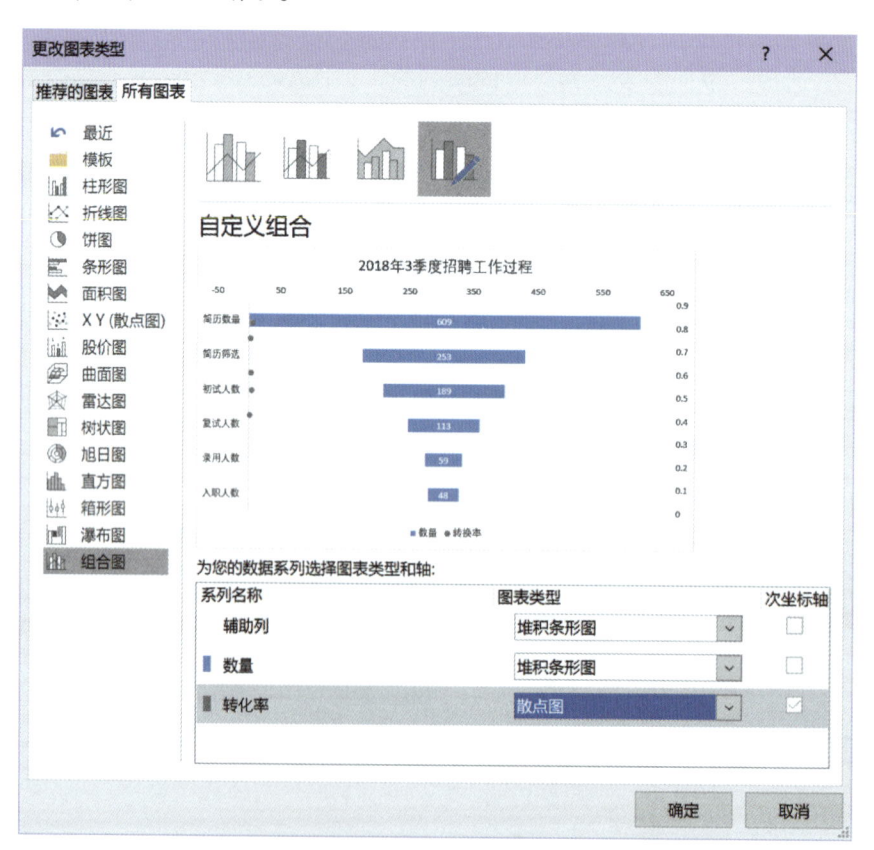

图 7-56 更改转化率的图表类型为散点图

步骤 3 将散点图的数据标签移到数量条形图之间，在"插入"选项卡中选择"形状"中的箭头。将散点图的引导线格式设为无线条，最后删除散点图的圆圈，最终结果如图 7-57 所示。

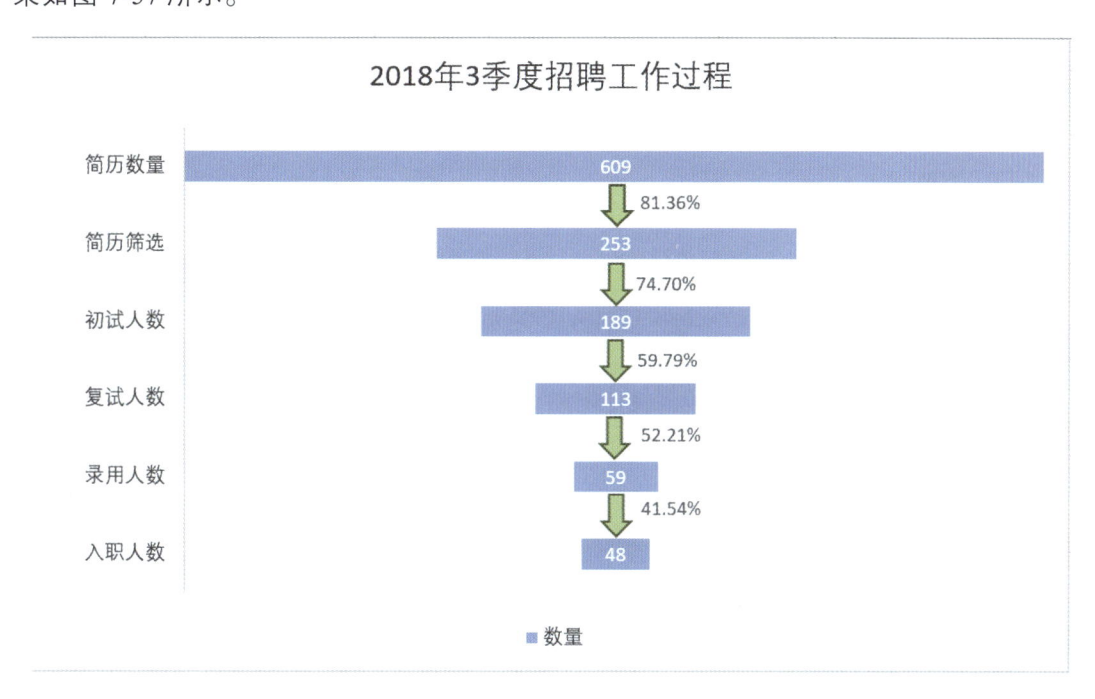

图 7-57　最终结果

7.6　旋　风　图

7.6.1　旋风图的优点及适用场景

在分析公司人员分布、产品优劣等情况下，旋风图是最常用的一种图表，可以让阅读者一目了然地了解公司人员的状况及产品的差异，也可以分析不同群体对某种产品的选择意愿。

旋风图多用于两组数据之间的多维数据指标对比，可以用来表示多个阶段的商品留存数、某种商品在定长时间的两种销路的销量对比，以及两个平台用户年龄分布差异对比等情况。

7.6.2　旋风图的绘制方法

步骤 1 某公司近五年进出口的销售占比如图 7-58 所示，本节将采用旋风图将图表中各年份的出口、内销占比做一个清晰的展示。

商务数据可视化

	A	B	C	D
1	年份	出口	内销	
2	2016年	65%	35%	
3	2017年	55%	45%	
4	2018年	75%	25%	
5	2019年	82%	18%	
6	2020年	73%	27%	
7				

图 7-58　某公司近五年进出口的销售占比

步骤 2 全选数据，在"插入"菜单中选择"二维条形图"，旋风图的初始效果如图 7-59 所示。

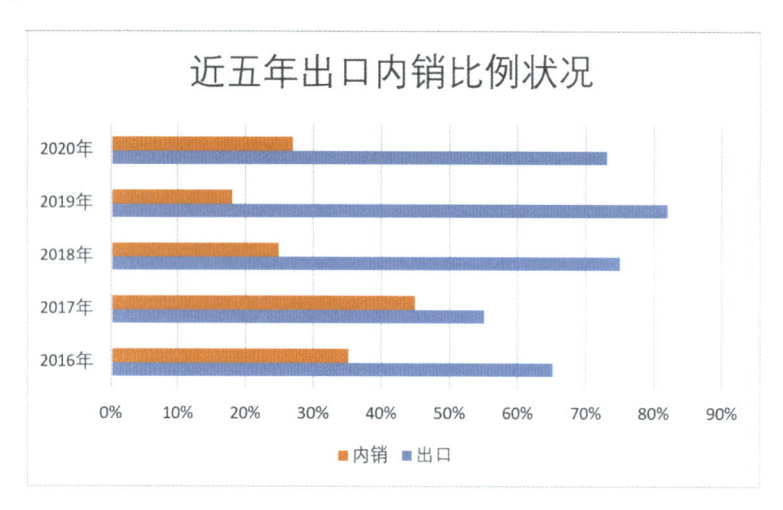

图 7-59　旋风图的初始效果

步骤 3 双击条形图下方的百分比坐标轴，在"设置坐标轴格式"对话框中将"坐标轴选项"中的"最小值"改为"-1.0"，"最大值"改为"1.0"；双击内销条形图，在"设置数据系列格式"对话框"系列绘制在"项中勾选"次坐标轴"，如图 7-60 所示。

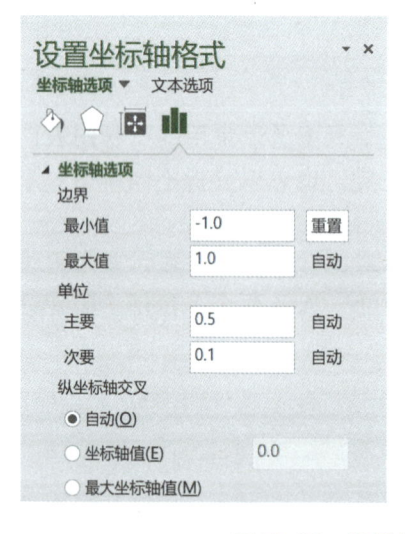

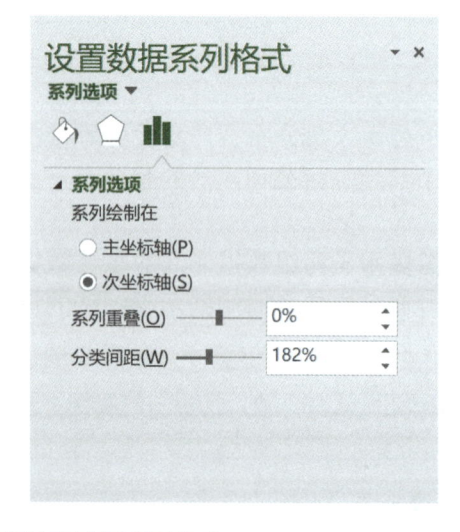

图 7-60　设置坐标轴和数据系列格式

步骤 4 选中次坐标轴，设置次坐标轴"最小值"为"-1.0"，"最大值"为"1.0"，勾选"逆序刻度值"；选中分类轴（年份），设置"标签位置"为"高"，如图 7-61 所示。

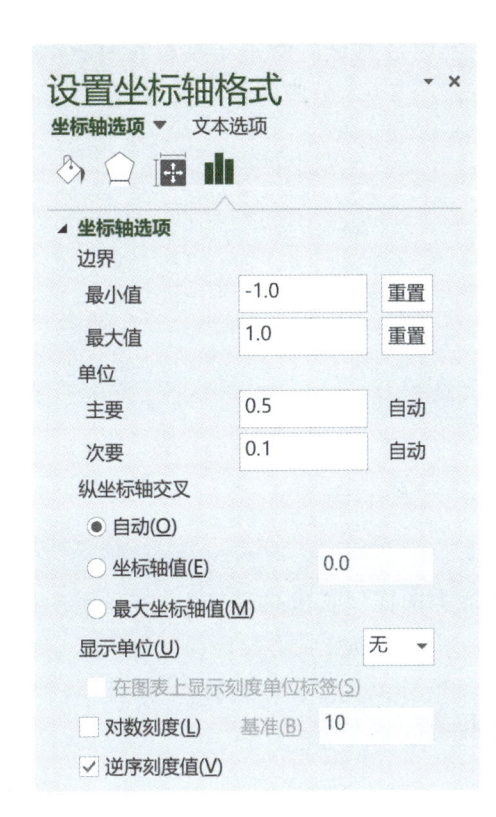

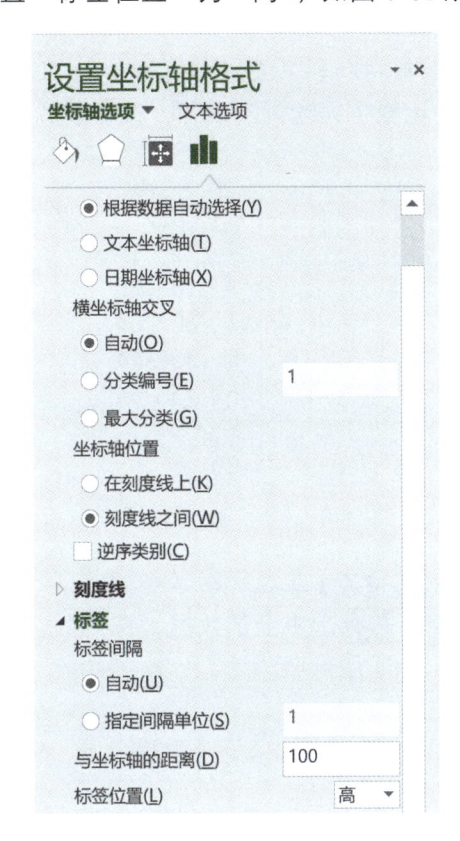

图 7-61 设置坐标轴格式

步骤 5 隐藏坐标轴，删除网格线，完成图表的制作。旋风图的最终效果如图 7-62 所示。

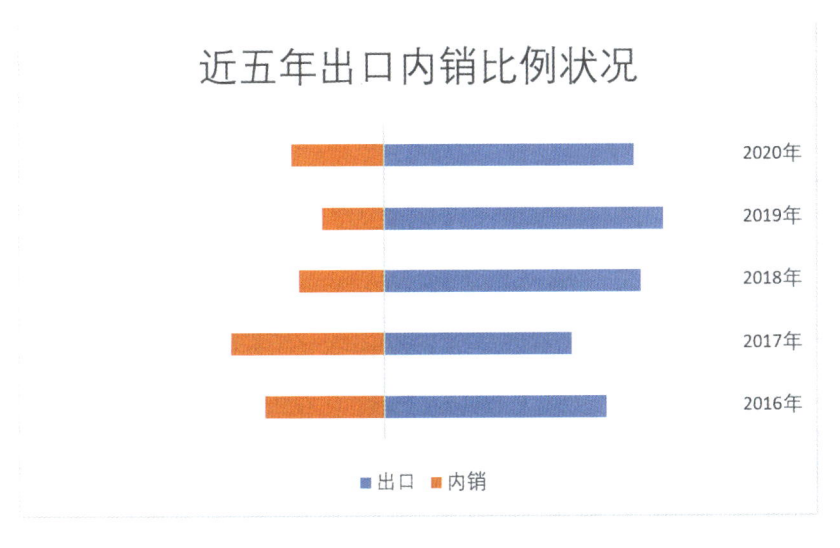

图 7-62 旋风图的最终效果

商务数据可视化

7.6.3 商务应用案例

【背景材料】下面使用如图 7-63 所示的网易财经整理的脸书与推特的用户年龄分布差异对比数据，绘制旋风图，该图表的绘制方法与 7.6.2 节中的基本相同。

	A	B	C	D
1	年龄	脸书	推特	
2	13～17	7%	4%	
3	18～25	12%	13%	
4	26～34	18%	30%	
5	35～44	23%	27%	
6	45～54	29%	17%	
7	55+	11%	9%	
8				

图 7-63　脸书与推特的用户年龄分布差异对比

【分析过程】

步骤 1 选中全部数据，在"插入"菜单中选择"二维条形图"，旋风图的初始效果如图 7-64 所示。

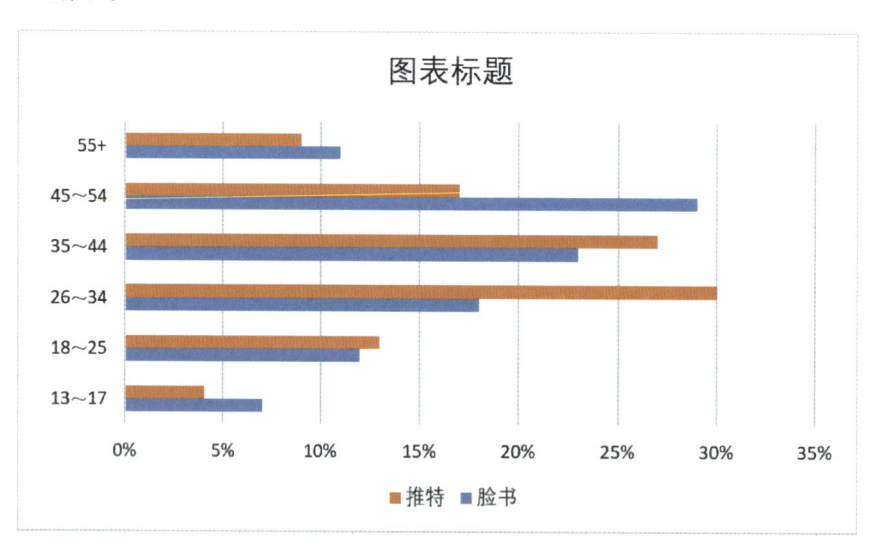

图 7-64　旋风图的初始效果

步骤 2 双击条形图下方的百分比坐标轴，在"设置坐标轴格式"对话框中将"坐标轴选项"中的"最小值"改为"-0.4"，"最大值"改为"0.4"；双击推特条形图，在"设置数据系列格式"对话框"系列绘制在"项中勾选"次坐标轴"，如图 7-65 所示。

步骤 3 选中次坐标轴，设置次坐标轴"最小值"为"-0.4"，"最大值"为"0.4"，勾选"逆序刻度值"；选中分类轴（年龄），设置"标签位置"为"低"，如图 7-66 所示。

步骤 4 隐藏坐标轴，删除网格线，对图表进行美化，最终效果如图 7-67 所示。

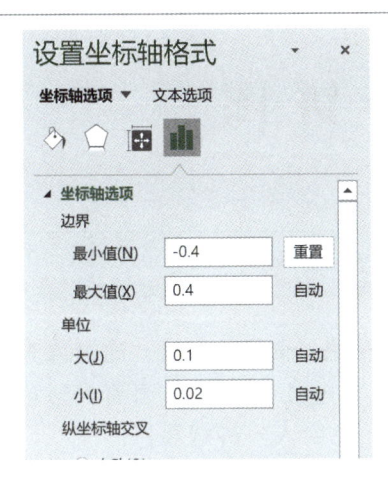

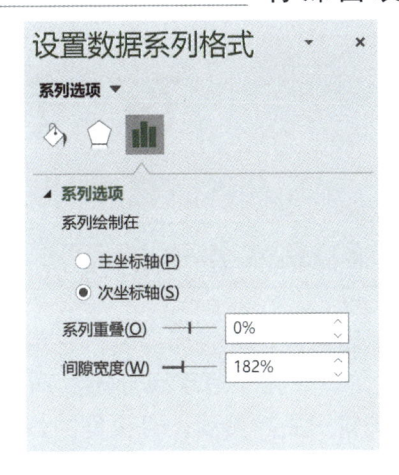

图 7-65　设置坐标轴和数据系列格式

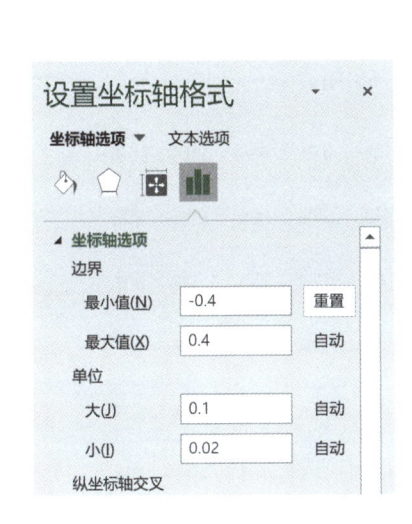

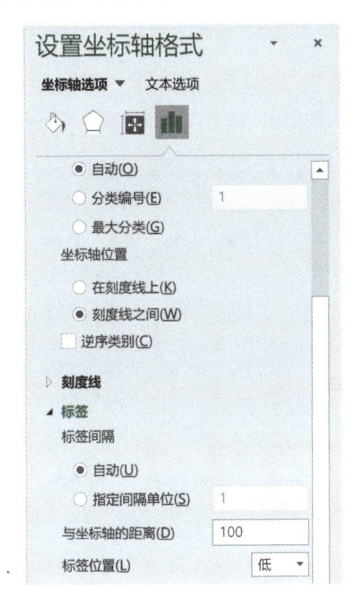

图 7-66　设置坐标轴格式

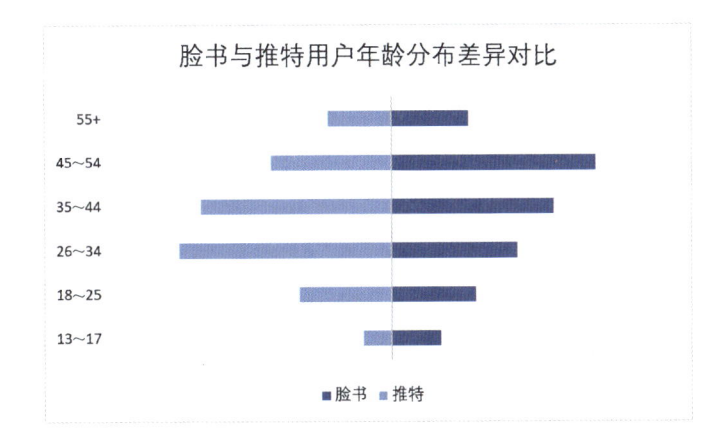

图 7-67　最终效果

7.7 华夫饼图

7.7.1 华夫饼图的优点及适用场景

华夫饼图因为像华夫饼而得名，它用 100 个格子表示 100%，通过填充颜色来展示百分比。因此，其适用于呈现百分比数据（如工作进度），相较于有着类似功能的饼图和圆环图，华夫饼图更加美观，且良好的颜色搭配能给人一种舒适感。

7.7.2 华夫饼图的绘制方法

步骤 1 由于华夫饼图要用到 100 个格子，因此我们先在 Excel 中选取一个 10×10 的单元格区域（事先将单元格调成正方形，本节中宽度和高度都选择 80 像素），并从下而上、从左而右依次填入 1%～100%，如图 7-68 所示。

91%	92%	93%	94%	95%	96%	97%	98%	99%	100%
81%	82%	83%	84%	85%	86%	87%	88%	89%	90%
71%	72%	73%	74%	75%	76%	77%	78%	79%	80%
61%	62%	63%	64%	65%	66%	67%	68%	69%	70%
51%	52%	53%	54%	55%	56%	57%	58%	59%	60%
41%	42%	43%	44%	45%	46%	47%	48%	49%	50%
31%	32%	33%	34%	35%	36%	37%	38%	39%	40%
21%	22%	23%	24%	25%	26%	27%	28%	29%	30%
11%	12%	13%	14%	15%	16%	17%	18%	19%	20%
1%	2%	3%	4%	5%	6%	7%	8%	9%	10%

图 7-68 填入数据

步骤 2 选中这 100 个单元格，单击"开始"→"条件格式"→"新建规则"，打开"新建格式规则"对话框，选择"只为包含以下内容的单元格设置格式"，并且根据需要制定想要的规则（本节以 35%为例）。颜色填充时可以将字体颜色和背景填充颜色设置为同一个，以遮掉数字的显示，如图 7-69 所示。

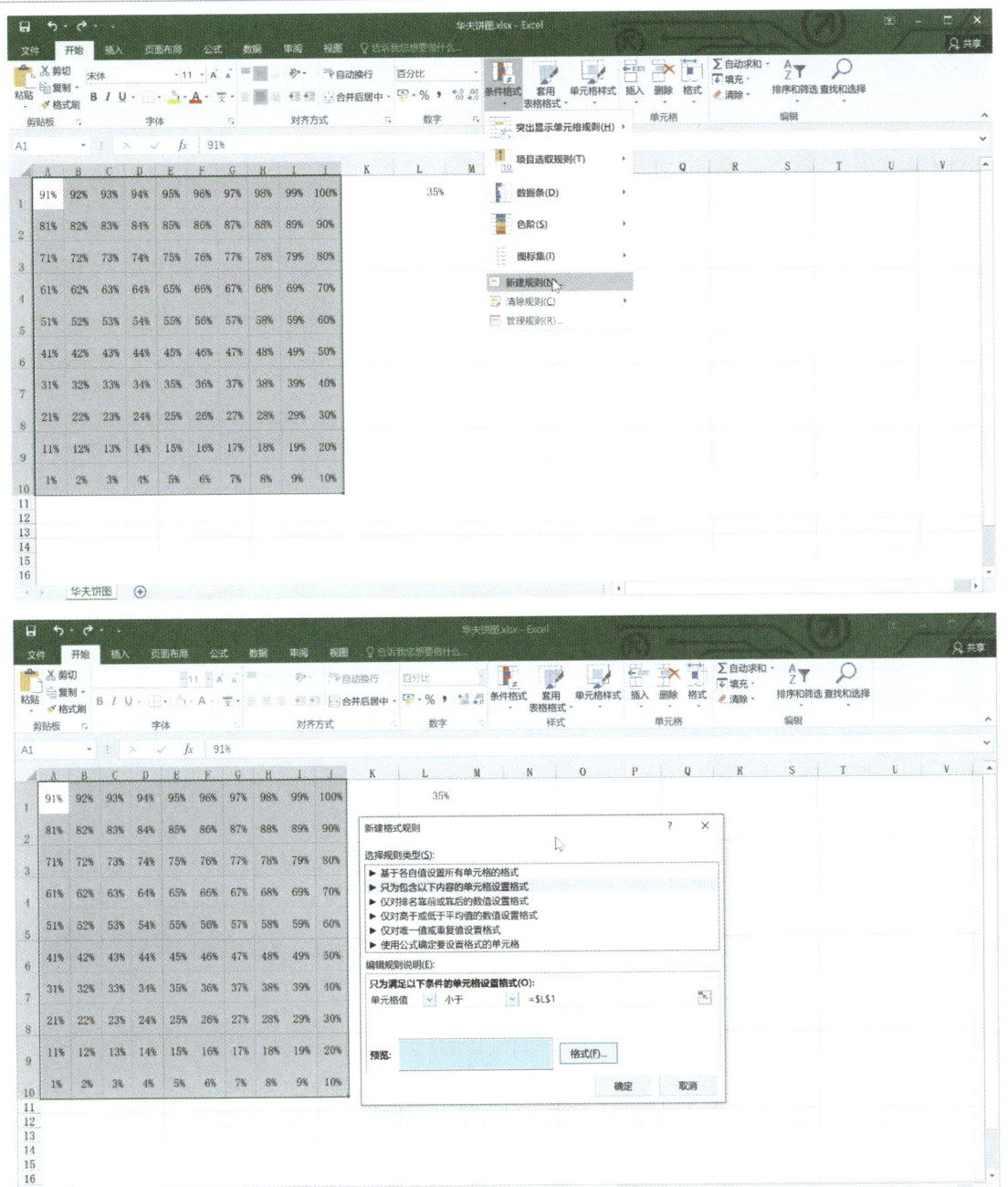

图 7-69 新建规则

步骤 3 重复步骤 2 的操作直到"小于""大于""等于"三个规则都新建完成。最后改变边框的样式，就能得到"华夫饼"的效果了，而且根据选取单元格数字的改变，"华夫饼"也会有相应的改变，华夫饼图的成型结果如图 7-70 所示。

商务数据可视化

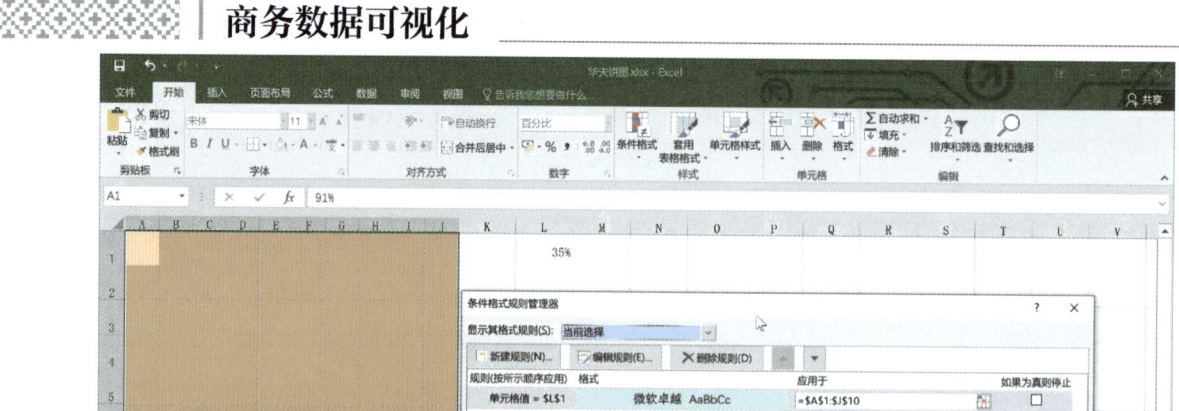

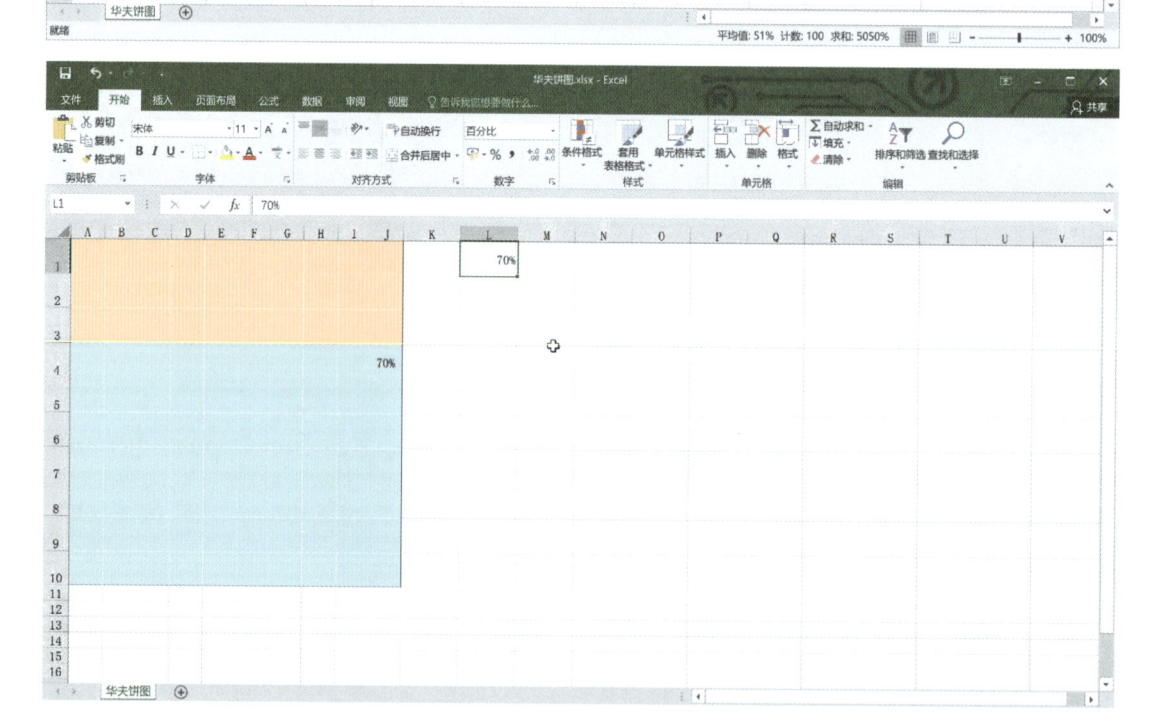

图 7-70　华夫饼图的成型结果

7.7.3　商务应用案例

【背景材料】 某主机游戏店铺经过一段时间的发展，想要扩展其主营业务，在这之前想要对目前的销售占比做可视化分析，加大主要营收的出货量，并对薄弱的部分加以管理。经过数据统计，该店铺销售占比分别为实体卡带 51%，游戏周边 22%，点卡点券类

20%，数字兑换码 7%。

试着画出相应的华夫饼图及传统饼图，体会两种呈现方式的区别，并分析其业务构成需要改进的地方。

【分析过程】 根据 7.7.2 节中的步骤绘制出四个华夫饼图（可以先绘制一个再对其进行规则的修改得到另外三个），销售占比的两种呈现如图 7-71 所示。

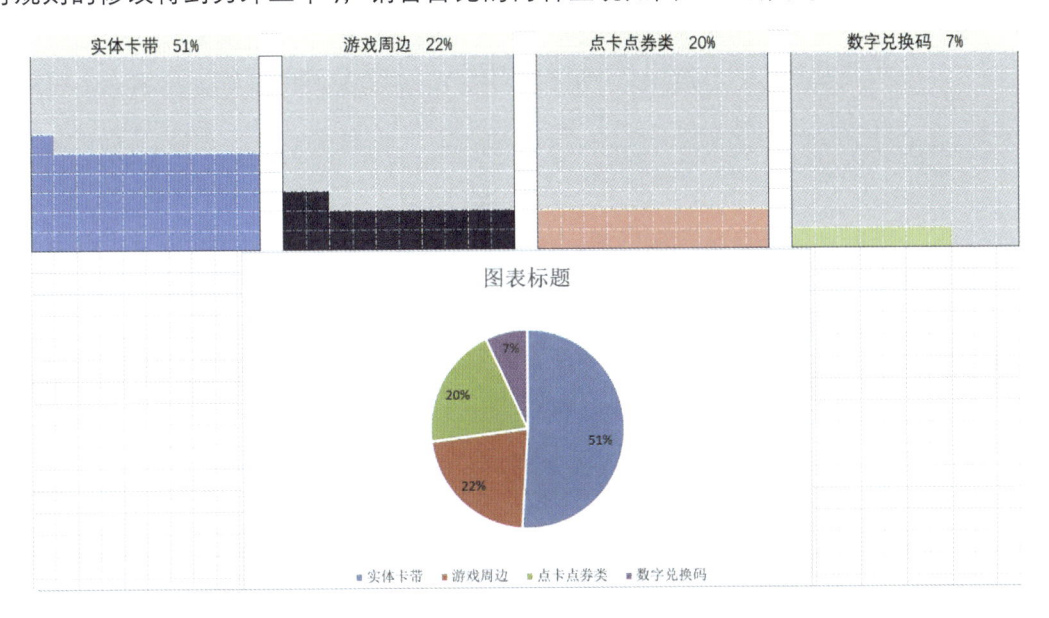

图 7-71 销售占比的两种呈现

可以看出，相较于传统饼图，华夫饼图在单个业务构成的占比上更为清晰，且这种类似"进度条"的方式显得较为创新，给人眼前一亮的感觉。但是当业务构成大于四个时，再用华夫饼图就反而会显得比较烦琐且多余，此时不如画在一张饼图上来得直观。

另外，可以看到现在主机游戏行业的商业现状。出于收藏等原因，实体物品如实体卡带加上游戏周边的占比高达 73%，是该店铺的收入大头，而电子兑换卡由于消费者担心"黑卡"问题，或由于汇率兑换等多种原因，相较其他同行店铺无法做到差异化优势，在实际营收中虽然比购买实体物品更为方便但并不主要。因此，想要发展主机游戏店铺，可以适当减少数字类兑换业务，或在这方面具有一定的优势，如信用度、价格优势等，而对实体类业务可以做相应的扩展，不再局限于卡带及周边的营收。

7.8 南丁格尔玫瑰图

7.8.1 南丁格尔玫瑰图的优点及适用场景

南丁格尔玫瑰图（Nightingale Rose Chart）又名鸡冠花图（Coxcomb Chart）、极坐标

区域图（Polar Area Diagram），是南丁格尔在克里米亚战争期间提交一份关于士兵死伤的报告时发明的一种图表。它是在极坐标下绘制的柱形图，使用圆弧的半径长短表示数据的大小。

尽管外形很像饼图，但本质上来说，南丁格尔玫瑰图更像在极坐标下绘制的柱形图或堆积柱形图。只不过，它用半径来反映数值（而饼图是以扇形的弧度来表示数据的）。但是，由于半径和面积之间是平方的关系，视觉上，南丁格尔玫瑰图会将数据的比例夸大。因此，当我们追求数据的准确性时，玫瑰图不一定是个好的选择。但反过来说，当我们需要对比非常相近的数值时，适当的夸大会有助于分辨。

1. 优势

（1）南丁格尔玫瑰图非常美丽优雅，可在一个图表中反映多个维度百分比数据，幅面小，信息量大，形式新颖，夺人眼球。

（2）适合商业杂志、财经报刊等媒体用于信息图表。

2. 劣势

（1）不够大气，只适合书面研读，不适合做成PPT进行成果展示。

（2）传统工作场合需慎用，会给人一种不商务、炫技、夸大事实而浮于视觉表面的错觉。因此，在反馈相关信息的图中展示较好，在商务工作中要慎用。

（3）南丁格尔玫瑰图的图形存在视觉误差，不易看懂获取信息，同样的半径上面长度越朝外，扇形的面积扩散越大，但实际玫瑰图以长度代表数值，并不用扇面的面积来代表数值。

3. 适用场景

对比不同分类的大小，且各分类值差异不是太大。

4. 不适用场景

（1）分类过少的场景。例如，当只有两类时，应该直接用饼图或圆环图表示。

（2）南丁格尔玫瑰图将数值映射到半径上，从视觉上看，数值的差异会被扩大。因此，当数值差异较大，或希望精确比较数值的大小时，推荐使用柱形图。

（3）部分分类数值过小的场景，在这种场景下使用南丁格尔玫瑰图不合适，原因是在南丁格尔玫瑰图中数值过小的分类会非常难以观察。推荐使用条形图。

7.8.2 南丁格尔玫瑰图的绘制方法

南丁格尔玫瑰图用扇形的半径表示数据的大小，各扇形的角度应保持一致。可以说南丁格尔玫瑰图实际上是一种极坐标化的圆形直方图。Excel 图表中本身没有南丁格尔玫瑰图的模板，但是我们可以用填充雷达图来制作。本例将以某店铺第一季度各个品牌的销售指数为例，来绘制相应的南丁格尔玫瑰图。

步骤 1 准备原始数据，如图 7-72 所示，在 Excel 2016 中绘制原始数据表格。

步骤 2 准备辅助数据。

辅助列 1：在 Excel 2016 中做出一个 1~360 的数字排列的辅助列，选中某一单元格填入"1"，单击"开始"→"编辑"→"填充"，在其下拉框中单击"序列"，弹出"序列"对话框，然后设置序列产生在"列"，类型为"等差序列"，并将终止值设为"360"，由此可得出连续的 1~360 的辅助列 1。

辅助列 2：在上述原始数据中不难得出，品牌数量共为 16 个，将其显示在周角 360°的南丁格尔玫瑰图中，平分切割后每份 22.5°，因此在辅助列 1 右侧添加辅助列 2，一共设置 16 个循环周期，每个循环占 22 个单元格，并填充数字 1~22。

辅助列 3：在辅助列 2 的右侧添加辅助列 3，根据每 1~22 的循环周期平铺填充 16 个品牌的销售指数数值。若想在最终效果图中达到每个品牌区域之间有一部分的间隔，则需要将辅助列 3 中每个周期的第一个数值修改为 0，即每个品牌区域之间会有一个约 1°的间隔，使之更加直观。

如图 7-73 所示，由以上三个辅助列才能达到我们用雷达图所呈现的效果，即 360°中每 22°会放置一个品牌的销售指数。

图 7-72 在 Excel 2016 中绘制原始数据表格

图 7-73 辅助列数据的设置与填充

步骤 3 由辅助列创建"填充雷达图"，即利用快捷键"Ctrl+Shift+↓"选中辅助列 3 中的所有数据后，在"插入"选项的"图表"中单击"推荐的图表"，在打开的"插入

商务数据可视化

图表"对话框中选择"所有图表",再单击"雷达图"选择第三个"填充雷达图"后单击"确定"按钮,获得一张原始图表,如图 7.74 所示。选中图表区,在此基础上将不需要的图表元素,包括标题、坐标轴、分类标签等选中并删除。选中"绘图区"并右击,在弹出的快捷菜单中选择"设置绘图区格式",在打开的"设置绘图区格式"对话框"绘图区选项"中,选择设置"雷达轴(值)轴主要网格线",如图 7-75 所示,打开"设置主要网格线格式"对话框,将"线条"设置为"无线条",如图 7-76 所示。

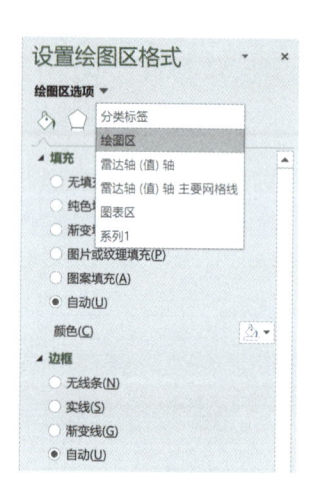

图 7-74 利用辅助列 3 创建"填充雷达图"　　图 7-75 "设置绘图区格式"对话框

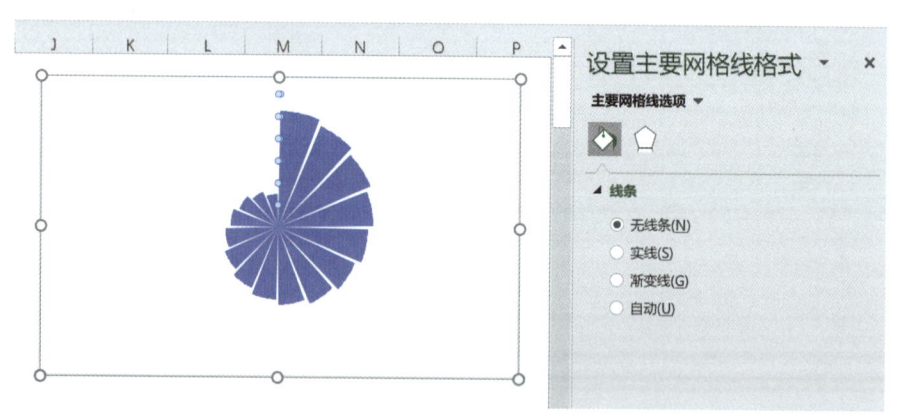

图 7-76 "设置主要网格线格式"对话框

步骤 4 为雷达图进行格式设置,首先是自定义颜色设计,如图 7-77 所示,选中图表的"系列 1"区域,右击,在弹出的快捷菜单中选择"设置数据系列格式",打开"设置数据系列格式"对话框,选择最左侧的"填充与线条"并选择"标记",打开"填充"

第7章 特 殊 图 表

的下拉菜单，可以用"渐变填充"为雷达图改变颜色。其次是为雷达图添加边框，如图 7-78 所示，同前面操作，选择最左侧的"填充与线条"并选择"线条"，然后按自己的需要进行选择，此处选择"实线"。

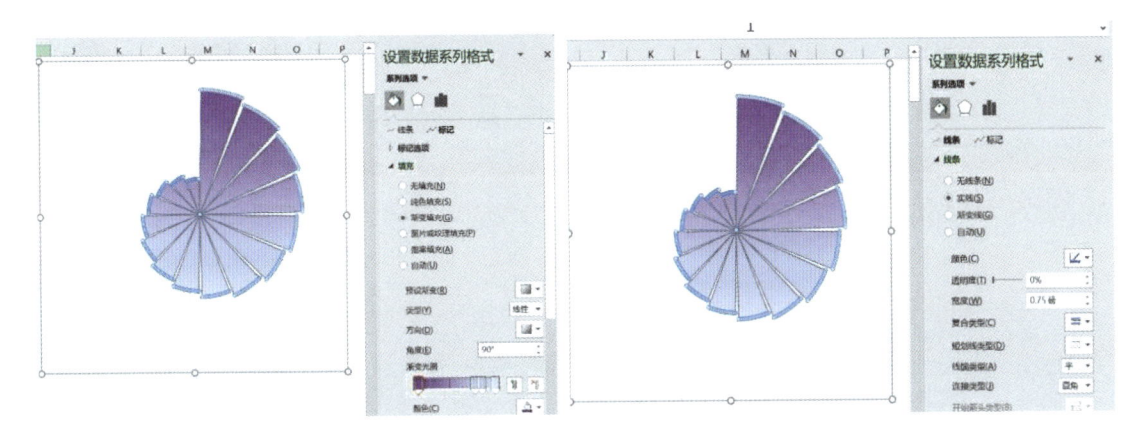

图 7-77　雷达图颜色设计

图 7-78　为雷达图添加边框

步骤 5　为每个扇形区域添加对应的数据标签"品牌"与"销售指数"，若要让数据标签正好处于每个扇形的中心轴上，且在扇形的外围，则需要添加辅助列"标签"。

标签列 1：因为每 22 列为一个周期，22/2=11，这个位置正好处于每个扇形的中心轴上，即将每个周期的第 11 个数据对应的标签列的数据设置为"销售指数"的值，其余则显示为空。基于此，可利用 IF 函数填充"标签列 1"数据，如图 7-79 所示。

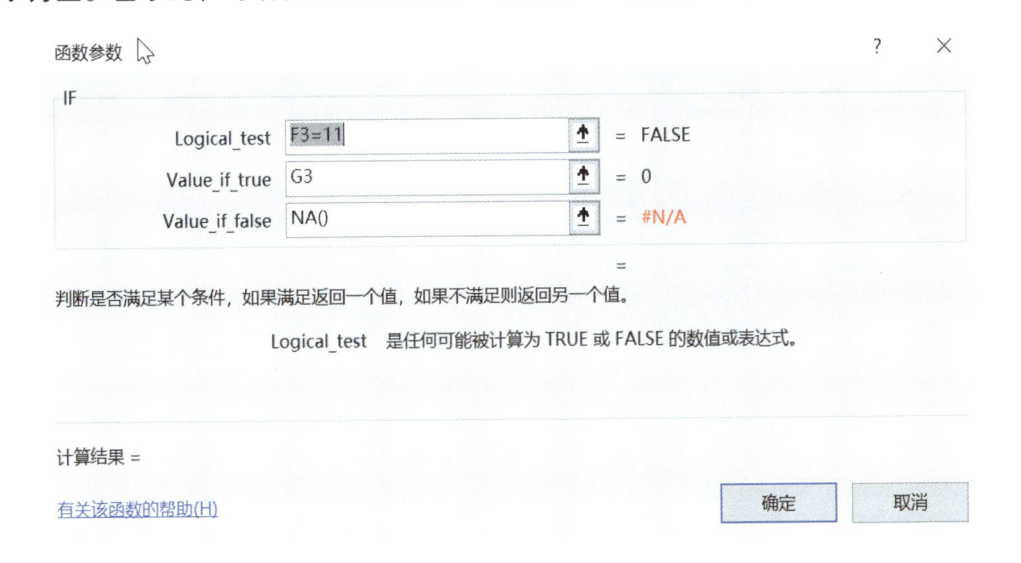

图 7-79　利用 IF 函数填充"标签列 1"数据

标签列 2：若需要在标签上增加"品牌"名称，同理，在"标签列 1"的右侧添加"标签列 2"，利用 VLOOKUP 函数进行填充，即将每个周期的第 11 个数据对应的标签列的数据设置为"品牌"的值，其余则显示为空，如图 7-80 所示。

填充完成后的标签辅助列部分数据如图 7-81 所示。

| 179

商务数据可视化

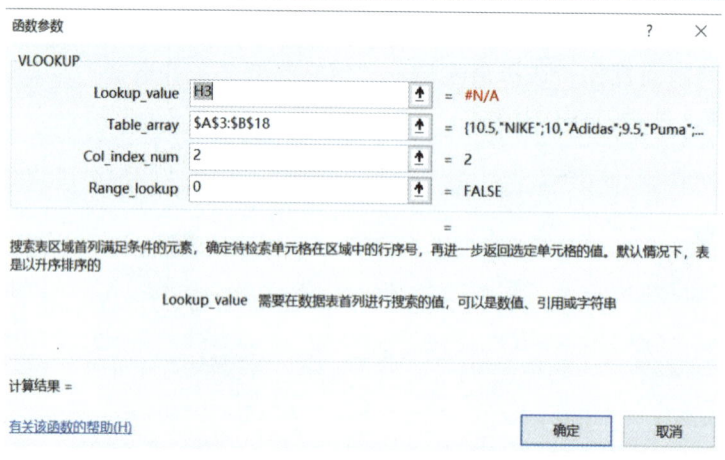

图 7-80　利用 VLOOKUP 函数填充"标签列 2"数据

填充完成后选中图表，右击，在弹出的快捷菜单中选择"选择数据"，打开"选择数据源"对话框，在"图例项（系列）"下单击"添加"，在弹出的对话框中将"系列名称"设为"标签列 1"，"系列值"则选中"标签列 1"的所有数据区域，如图 7-82 所示。

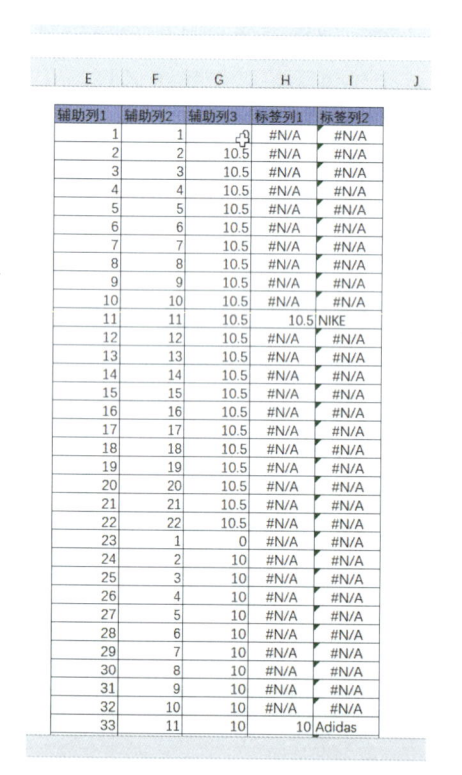

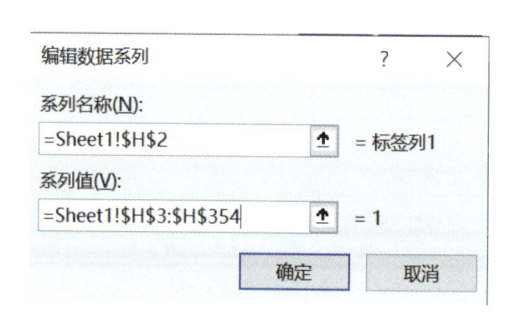

图 7-81　填充完成后的标签辅助列部分数据

图 7-82　添加数据

选中图表并右击，在弹出的快捷菜单中选择"添加数据标签"，选中标签，右击，在弹出的快捷菜单中选择"设置数据标签格式"，打开"设置数据标签格式"对话框，在"标签选项"中勾选"类别名称"，取消勾选"值"，如图 7-83 所示。

在"标签选项"中勾选"单元格中的值",选择范围为"标签列2"的所有数据区域,如图7-84所示。

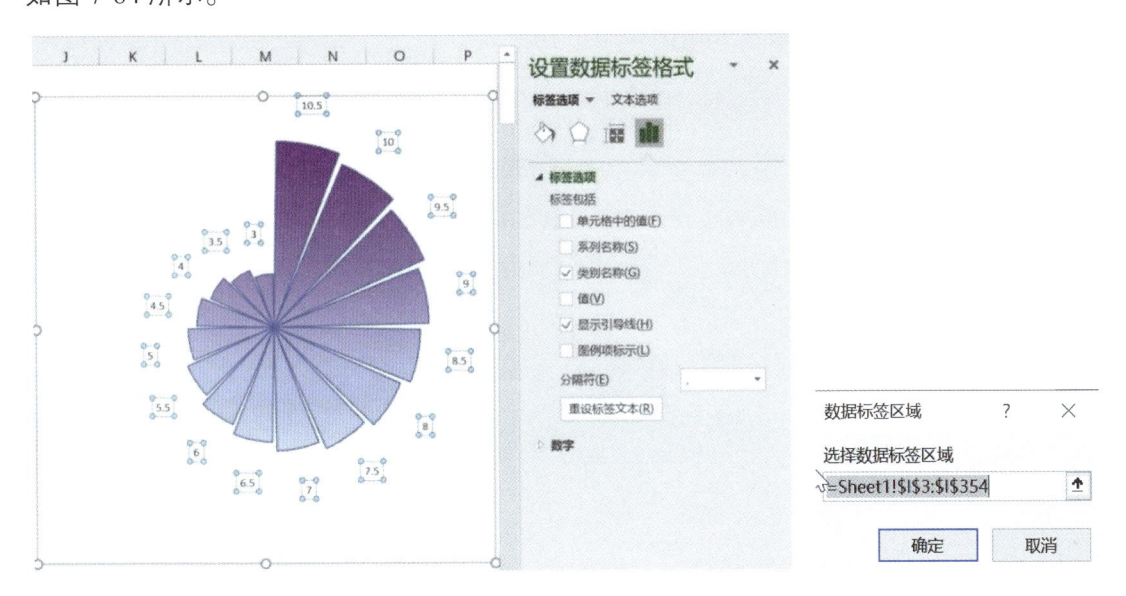

图 7-83　添加数据标签

图 7-84　选择数据区域

最后,在"设置数据标签格式"对话框中的"分隔符"下拉框中选择"(新文本行)",即可呈现如下效果,如图7-85所示。

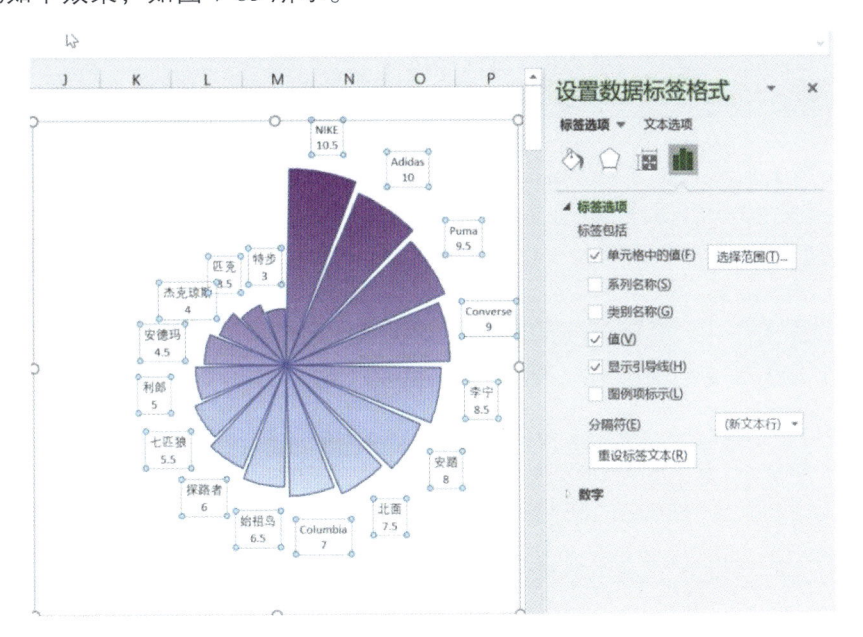

图 7-85　设置数据标签格式

步骤 6 自定义设置图中相关文字的字体与字号。若要在该南丁格尔玫瑰图的中心进行文字标识,可选择"插入"→"椭圆",将其置于图形中心位置,并更改为合适美观的形状样式。选中椭圆并右击,在弹出的快捷菜单中选择"编辑文字",写入"本店品牌销售情况",再次编辑文本的字体与字号。选中椭圆并右击,在弹出的快捷菜单中选择"组合",这样椭圆与南丁格尔玫瑰图便形成一个整体,可以整体变动。至此,一个完整的南丁格尔玫瑰图便完成了,最终效果图如图 7-86 所示。

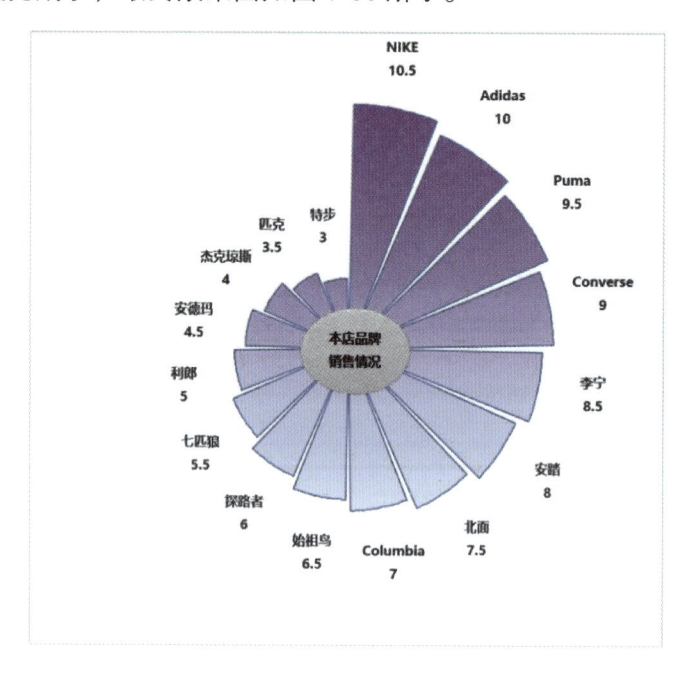

图 7-86　最终效果图

7.8.3　商务应用案例

【背景材料】现有产品 1 和产品 2 两种产品,已知两种产品一年中 12 个月的价格数据(假设每月按 30 天计算),如图 7-87 所示。需要对两种产品的价格进行对比,请绘制南丁格尔玫瑰图并进行分析。

月份	产品1	产品2	统计周期(天)
一月	37.00	20.00	30
二月	38.00	22.00	30
三月	35.00	29.00	30
四月	40.00	69.00	30
五月	30.00	99.00	30
六月	35.00	39.00	30
七月	36.00	50.00	30
八月	36.00	67.00	30
九月	32.00	40.00	30
十月	37.00	31.00	30
十一月	31.00	23.00	30
十二月	32.00	30.00	30

图 7-87　两种产品一年中 12 个月的价格数据

【分析过程】

步骤 1 在 Excel 2016 中绘制原始数据表格并添加辅助列，如图 7-88 所示。由于圆是 360°，共 12 个月，360/12=30，即需要把每个月的产品 1 和产品 2 的数据复制 30 次，在每个月份相交的地方可以插入一行数据"00"，这样设置的目的是在最终成果图中每一块数据区域之间有一定的间隔，使之更加美观。

图 7-88　在 Excel 2016 中绘制原始数据表格并添加辅助列

步骤 2 选中编辑好的两个辅助列，制作对应的填充雷达图，删除不必要的图表元素，如坐标轴、分类标签、线条等，修改标题为"产品价格对比分析"，自定义设置图表中文字的字体与字号。由辅助列绘制的填充雷达图如图 7-89 所示。

图 7-89　由辅助列绘制的填充雷达图

商务数据可视化

步骤 3 添加数据标签,选中图表并右击,在弹出的快捷菜单中选择"选择数据",打开"选择数据源"对话框,在"图例项(系列)"下单击"添加",在打开的"编辑数据系列"对话框中,选中"系列名称"为"统计周期"所在的单元格和"系列值"的对应数据区域,单击"确定"按钮,如图 7-90 所示。

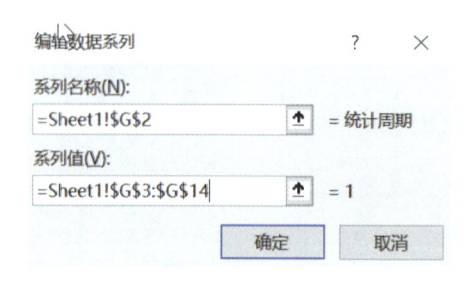

图 7-90 选择数据

再次选择图表,右击,在弹出的快捷菜单中选择"更改图表类型",打开"更改图表类型"对话框,在"所有图表"选项卡中选择"组合图",设置产品 1 和产品 2 的图表类型为"填充雷达图","统计周期"系列的图表类型为"圆环图",单击"确定"按钮,如图 7-91 所示。

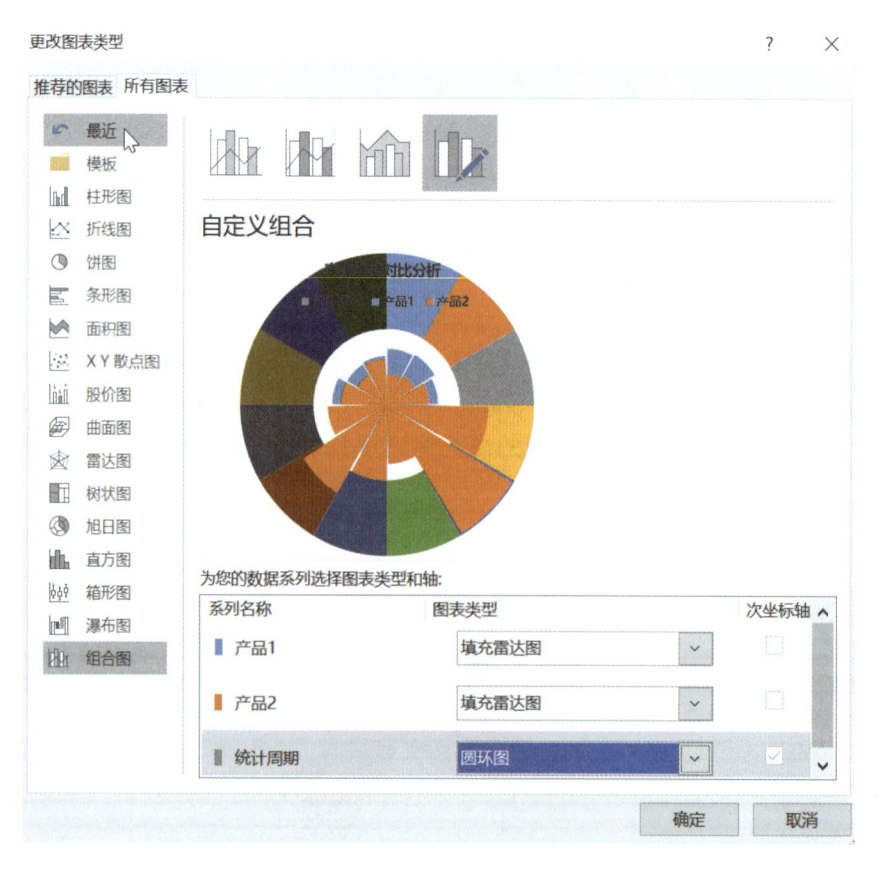

图 7-91 更改图表类型

删除组合图表中不需要的元素，选中图表，右击，在弹出的快捷菜单中选择"添加数据标签"，选中标签，右击，在弹出的快捷菜单中选择"设置数据标签格式"，打开"设置数据标签格式"对话框，在"标签选项"中勾选"单元格中的值"，选择"月份"列的数据区域一月到十二月，并取消勾选"标签选项"中的"值"，单击"确定"按钮，如图7-92所示。

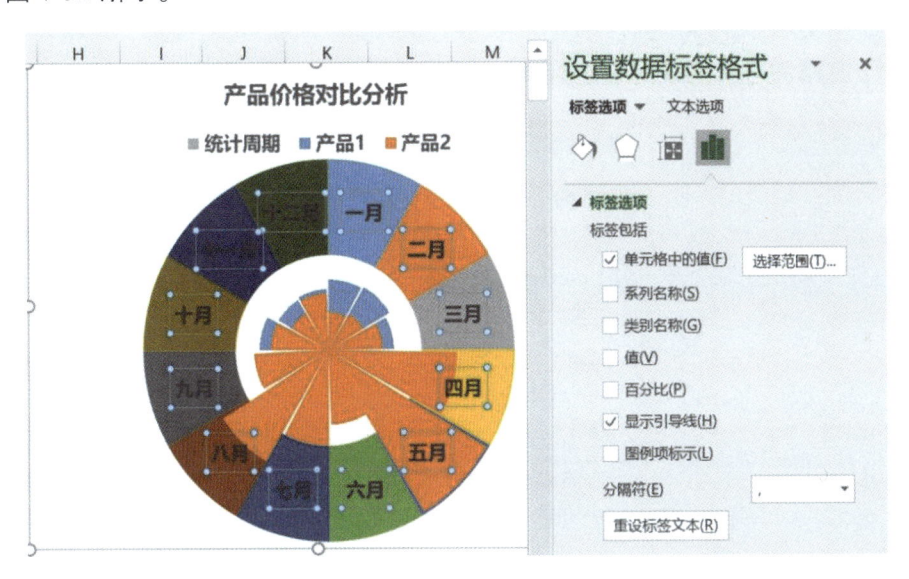

图7-92 设置数据标签格式

选中环形，右击，在弹出的快捷菜单中选择"设置数据系列格式"，打开"设置数据系列格式"对话框，在"系列选项"中调节圆环图圆环的大小，设置为最小值0%；选择整个环形，选择最左侧的"填充与线条"，在"填充"中选择"无填充"。设置数据系列格式后的图表如图7-93所示。

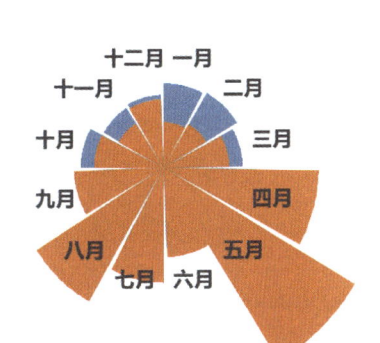

图7-93 设置数据系列格式后的图表

商务数据可视化

步骤 4 观察图 7-93 可以看出，每一块小扇形区域都有"产品 1"的蓝色和"产品 2"的橙色重叠，下方的蓝色区域被部分覆盖甚至全部覆盖，无法观察产品 1 的情况，因此需要进行颜色的规划。

首先选中图中蓝色的部分并右击，在弹出的快捷菜单中选择"设置数据系列格式"，打开"设置数据系列格式"对话框，再选择"填充与线条"和"标记"，单击"填充"，可以在其下拉菜单中选择"纯色填充"并可设置调高"透明度"；同理，对橙色部分进行相同的操作。颜色与透明度的设置如图 7-94 所示。

产品价格对比分析

统计周期　产品1　产品2

图 7-94　颜色与透明度的设置

步骤 5 为便于比较，建议最好进行色系的区分。步骤 4 中的颜色属于同色系，对比的直观性相对较弱，因此可以修改产品 1 和产品 2 的填充颜色，使之呈现出不同的色系，更便于对比观察，最终效果图如图 7-95 所示。

产品价格对比分析

统计周期　■产品1　■产品2

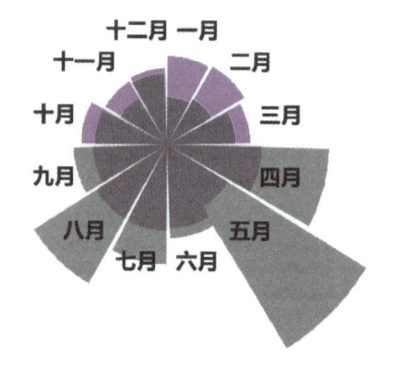

图 7-95　最终效果图

由最后的效果图可以直观地看出,紫色部分代表产品 1 每个月的数值,灰色部分代表产品 2 每个月的数值,据此既可以对每个月的产品价格进行分析,又可以对比分析不同产品之间的差异。这种图表形式新颖,夺人眼球,可放大不同数据之间的差异,但同时会导致视觉误差,存在误导因素,因此在决策时需要谨慎。

7.9 仪表盘图

7.9.1 仪表盘图的优点及适用场景

仪表盘图是一种拟物化的图表,刻度表示度量,指针表示维度,指针角度表示数值。它是模仿汽车速度表的一种图表,有一个圆形的表盘及相应的刻度,有一个指针指向当前数值。目前很多的管理报表或报告上都采用这种图表,以直观地表现某个指标的进度或实际情况。它常用来反映预算完成率、收入增长率等比率性指标,尤其在反映目标完成率、绩效等方面应用非常广泛。仪表盘图简单、直观,是商业面板中最主要的图表类型。实际工作中仪表盘图一般是需要借助专业的 BI 分析工具来完成的,如 E-chart、Power-Bi 等。但在不借助外部工具的情况下,也可以利用 Excel 完成一个仪表盘图的制作。

仪表盘图的特点如表 7-1 所示。

表 7-1 仪表盘图的特点

图 表 类 型	仪表盘图
适合的数据	一个分类字段,一个连续字段
功　　能	对比分类字段对应的数值大小
数据与图形的映射	指针映射到分类字段,指针的角度映射到连续字段
适合的数据字条	小于等于 3

仪表盘图的优点如下。

(1)仪表盘图的好处在于它能跟人们的常识结合,使大家马上能理解看什么、怎么看。拟物化的方式使图表变得更加友好,更具人性化,正确使用可以提升用户体验。

(2)在工作汇报或商业分析中,仪表盘图能够快速传达有效信息,给读者直观的视觉冲击。

(3)仪表盘图的圆形结构可以更有效地利用空间。

提示:为了视觉上不感到拥挤且符合常识,建议指针的数量不超过三根。

商务数据可视化

7.9.2 仪表盘图的绘制方法

仪表盘图为圆环图和饼图的组合图表，其中圆环图用于制作表盘，饼图用于制作表针。仪表盘图制作起来并不复杂，只要掌握饼图和圆环图的制作方法即可。其绘制可分为三大步：制作表盘，制作表针，利用数据公式让表针显示在正确的刻度上。具体操作步骤如下。

图 7-96 仪表盘图的表盘数据

步骤 1 准备制作表盘的数据，表盘可以理解成一个圆环，一个圆 360°，把圆环分割成许多份即可呈现出表盘刻度效果。仪表盘图上需要显示的数据刻度需要根据实际情况进行准备。下面将以半圆为例，间隔数据 20%，由此可设置 6 组数据，其中 5 组是 36°，一组是 180°，可以显示 0%～100%共 6 个数据标签，如图 7-96 所示。

步骤 2 利用"刻度"列数据生成圆环图，具体做法为选中"刻度"列数据区域，选择菜单"插入"→"图表"，打开"插入图表"对话框，在"所有图表"选项卡中选择"饼图"→"圆环图"，就会生成一个简单的圆环图，如图 7-97 所示。

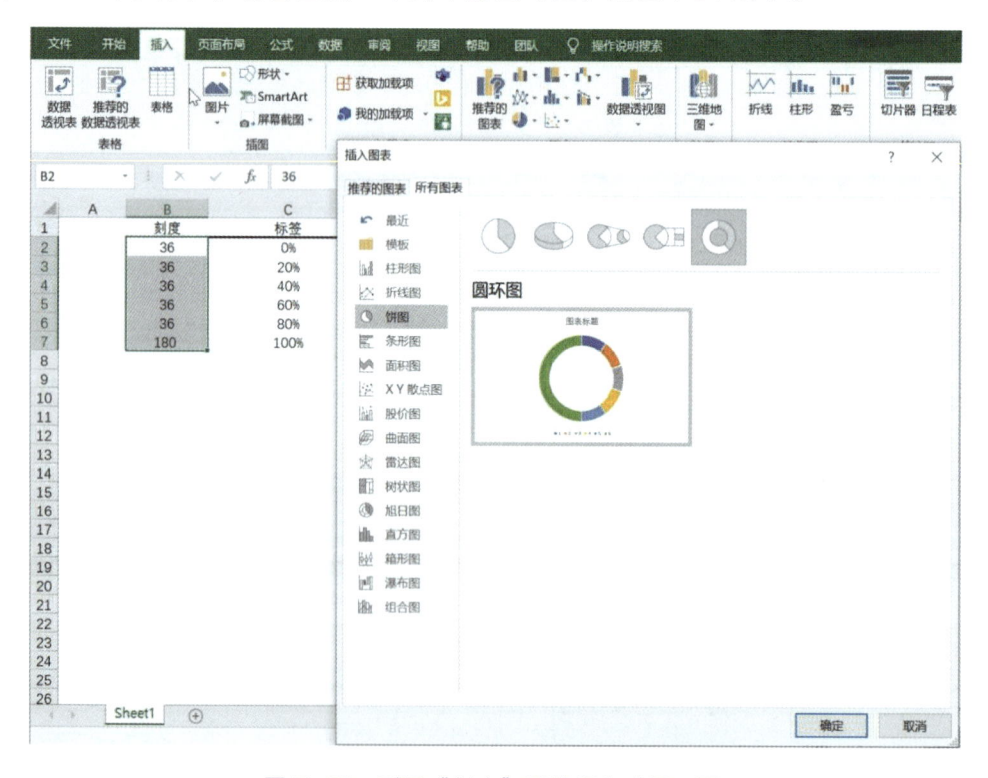

图 7-97 利用"刻度"列数据生成圆环图

第7章 特殊图表

步骤 3 在"图表元素"中取消勾选"图表标题"和"图例",选中圆环系列,右击,设置数据系列格式,将"第一扇区起始角度"设为"270°",如图 7-98 所示。

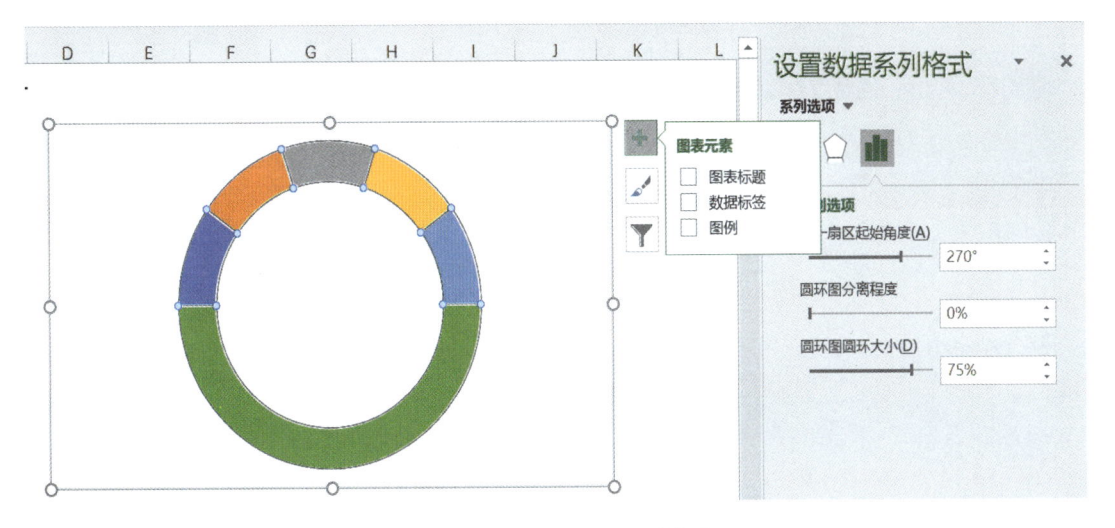

图 7-98 设置数据系列格式

步骤 4 选中圆环下半截的系列点,在"图表工具"的"格式"选项卡下,设置"形状填充"的填充色为"无填充",效果如图 7-99 所示。

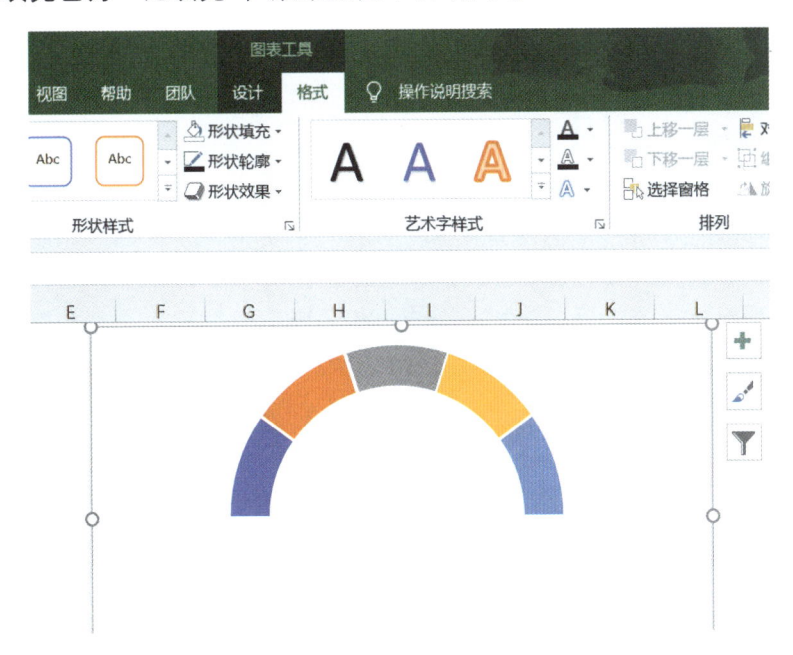

图 7-99 设置圆环下半截无色填充

步骤 5 选择圆环图系列,右击,设置数据标签格式,在"标签选项"中勾选"单元格中的值",弹出"数据标签区域"对话框,选中"标签"列的数据区域,单击"确定"按钮;取消勾选"标签选项"中的"值"和"显示引导线",并手动调整数据标签到合适位置,如图 7-100 所示。

商务数据可视化

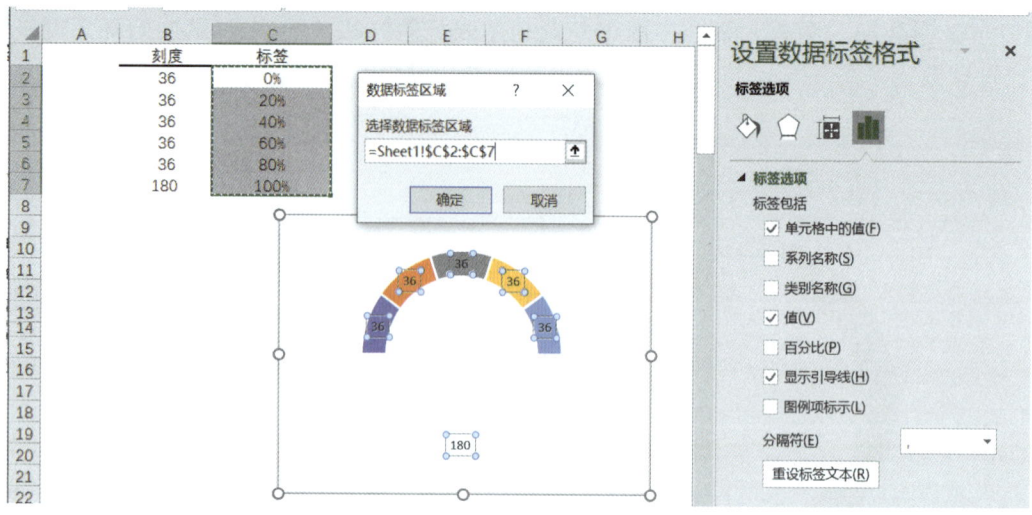

图 7-100　设置数据标签格式

如果以上步骤顺利完成，即仪表盘图的表盘部分制作完成，效果图如图 7-101 所示。

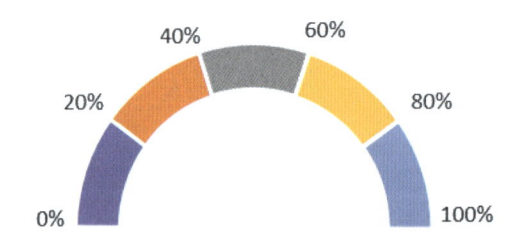

图 7-101　表盘部分制作完成效果图

步骤 6 如图 7-102 所示为准备用来生成指针的数据，区域一、区域二和指针区域形成一个饼图，将区域一和区域二进行无色填充，指针区域数值较小，按照饼图中的份额比例便可呈现出指针的效果。注意：区域一和区域二加起来为 360，区域一和区域二的大小会影响指针的摆放位置。

指针区域	大小
区域一	90
指针区域	2
区域二	270

图 7-102　用来生成指针的数据

步骤 7 将指针数据添加到已完成的表盘中，对饼图和圆环图进行组合。选中图表并右击，在弹出的快捷菜单中选择"选择数据"，弹出"选择数据源"对话框，单击"添加"按钮，弹出"编辑数据系列"对话框，设置"系列名称"，本例设为"指针"，"系列值"则用鼠标选中"大小"列的数据区域，单击"确定"按钮，组合饼图和圆环图，如图 7-103 所示。

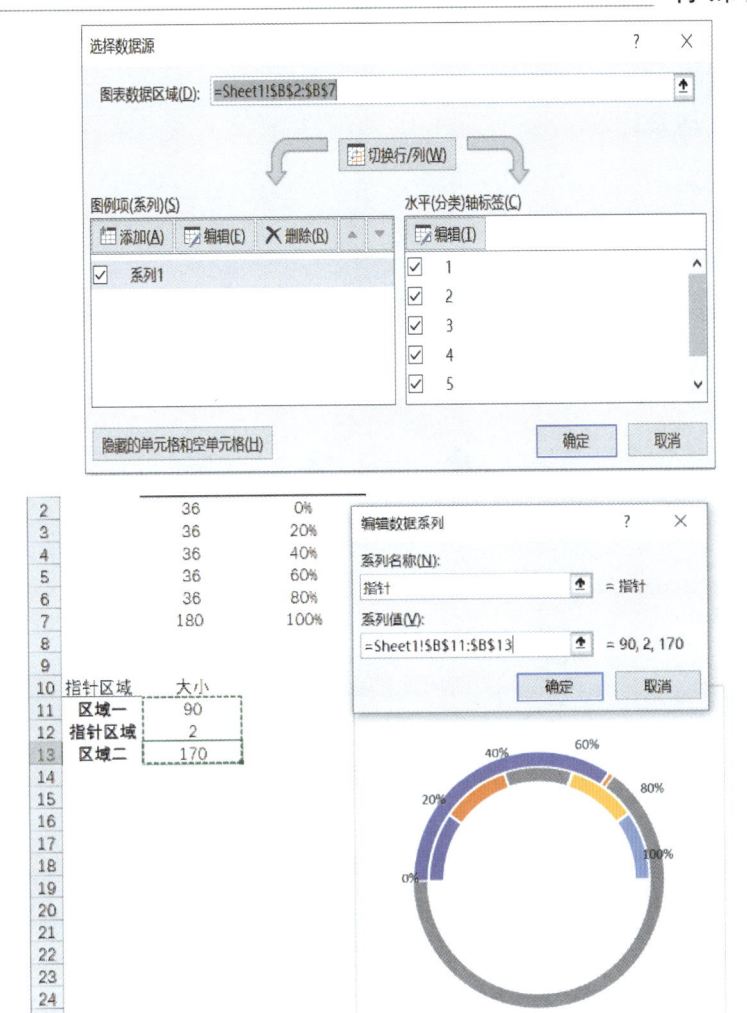

图 7-103 组合饼图和圆环图

步骤 8 将"指针"系列对应的水平（分类）轴标签 1 和 3 的填充与轮廓颜色都设置为"无填充"，水平（分类）轴标签 2 保持原有的颜色，设置水平（分类）轴标签 2 的轮廓颜色与其填充颜色相同，从而显示出指针的形状，如图 7-104 所示。

图 7-104 设置指针填充与轮廓颜色

商务数据可视化

步骤 9 选择图表中任意一个系列，右击，在弹出的快捷菜单中选择"更改图表类型"，打开"更改图表类型"对话框，将指针的"图表类型"改为"饼图"，勾选"次坐标轴"，如图 7-105 所示。

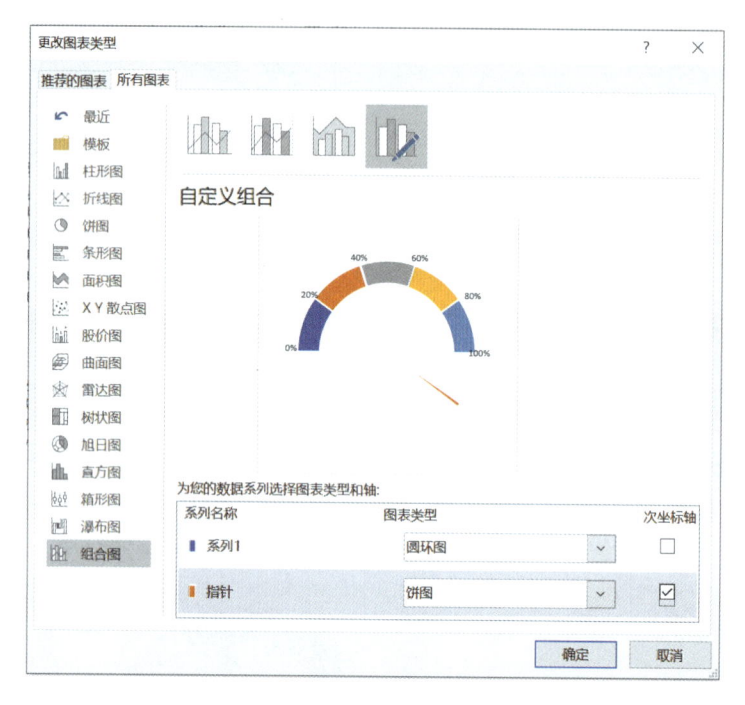

图 7-105　更改图表类型

步骤 10 选中"指针"饼图，右击，在弹出的快捷菜单中选择"设置数据系列格式"，打开"设置数据系列格式"对话框，设置"第一扇区起始角度"为"270°"，如图 7-106 所示。

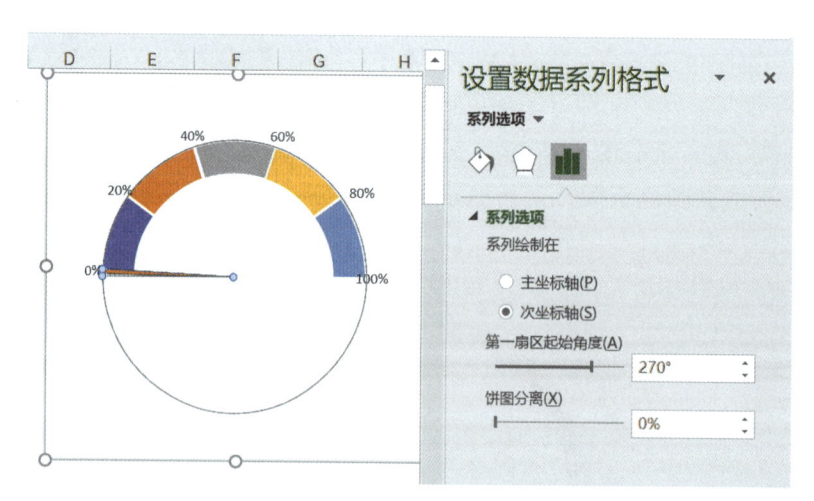

图 7-106　设置"第一扇区起始角度"

如果以上步骤顺利完成，则指针制作完成的效果图如图 7-107 所示。

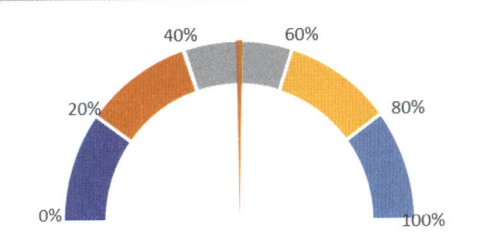

图 7-107　指针制作完成的效果图

步骤 11 利用数据公式使得指针数据根据实际情况进行动态变化。假设有如图 7-108 所示数据，我们需要通过仪表盘来显示其完成情况，即指针需要根据完成度显示到对应的位置。因为指针是由上面制作的饼图生成的，所以改变指针的位置需要调整饼图中区域一和区域二的大小。选中"百分比"对应的单元格数据并右击，在弹出的快捷菜单中选择"复制"，再右击选择"选择型粘贴"，在"其他粘贴选项"中选择"链接的图片"，即完成复制，并将其移到仪表盘的合适位置。动态指针制作如图 7-109 所示。

目前情况	1000
目标	2000
百分比	50%

图 7-108　目前情况/目标列表

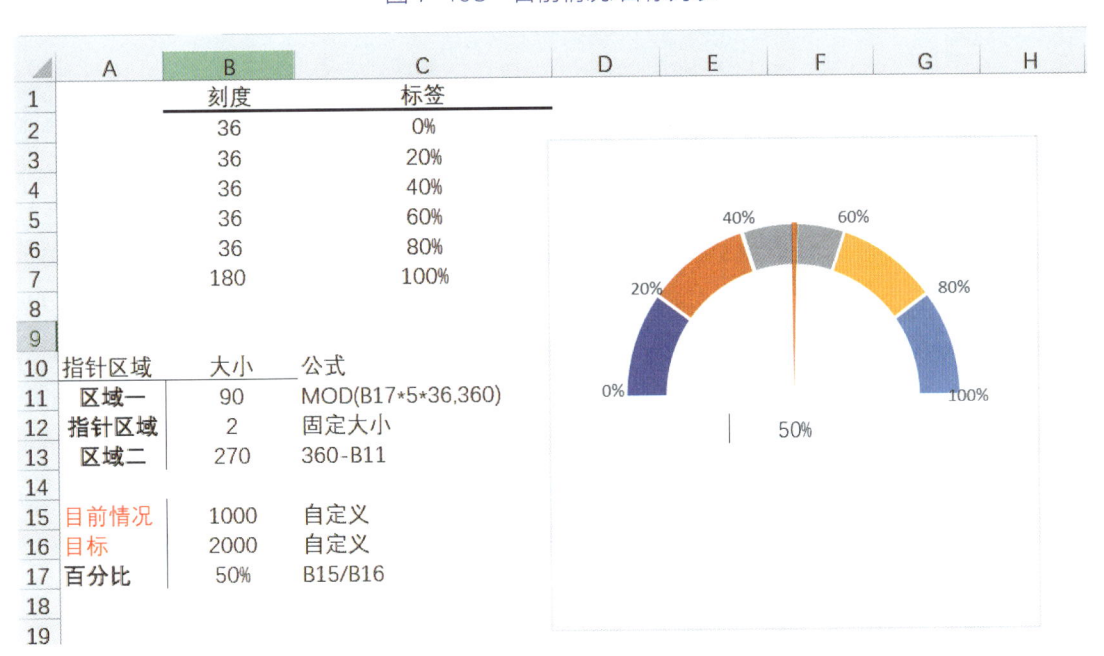

图 7-109　动态指针制作

制作好的成品图表模板可以直接修改数据套用，修改红色标注对应的数值即可，一个为目标，一个为目前达到的数值，指针会随着实际情况动态变化。

7.9.3 商务应用案例

【背景材料】假如有如表 7-2 所示实际生产数据，需要通过仪表盘图来显示某公司 2020 年收入预算完成情况，即指针需要根据完成度显示到对应的位置。

表 7-2 某公司 2020 年收入预算完成情况

某公司 2020 年收入预算完成情况	
预算值	500
完成值	130
完成度	26%

【分析过程】

步骤 1 制作表盘。

首先准备制作表盘的数据，仪表盘图上需要显示的数据刻度需要根据实际情况进行准备，如共有 12 组数据，其中 10 组是 25，可以显示 0%～100% 共 11 个数据标签。其次用内、外环数据生成圆环图，在"设置数据标签格式"对话框"标签选项"中勾选 "类别名称"，给内环添加百分比刻度，设置内环标签的显示比例并将其填充成无色，设置外环的颜色并调整图像大小。

如果以上步骤顺利完成，即可呈现如图 7-110 所示表盘。

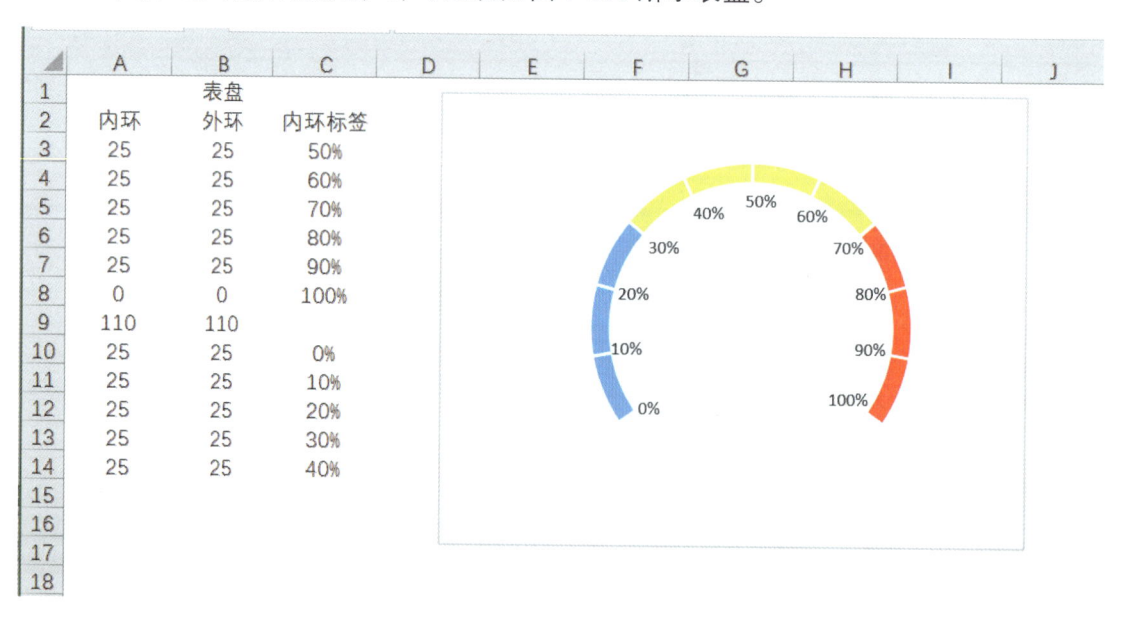

图 7-110 制作表盘

步骤 2 制作表针。

准备用来生成指针的数据，如图 7-111 中所示，并将指针数据添加到已完成的表盘中去，让饼图和圆环图组合起来，对饼图做颜色填充处理，保留指针颜色。

如果以上步骤顺利完成，即可呈现如图 7-111 所示表针。

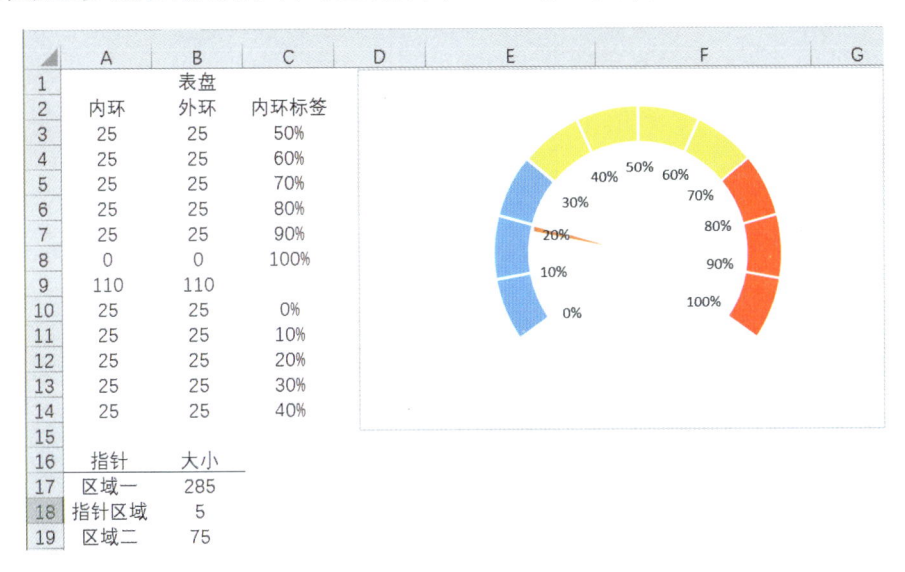

图 7-111　制作表针

步骤 3 让表针能根据实际数据变动动态显示。

改变指针的位置，即调整饼图中区域一和区域二的大小。因此，需要设置如下单元格对应数值公式：

完成度=完成值/预算值

饼图区域一的大小：=MOD(235+F4*10*25,360)

饼图区域二的大小：=360-区域一

如果以上步骤顺利完成，便可以呈现如图 7-112 所示预期效果，完成动态指针制作。

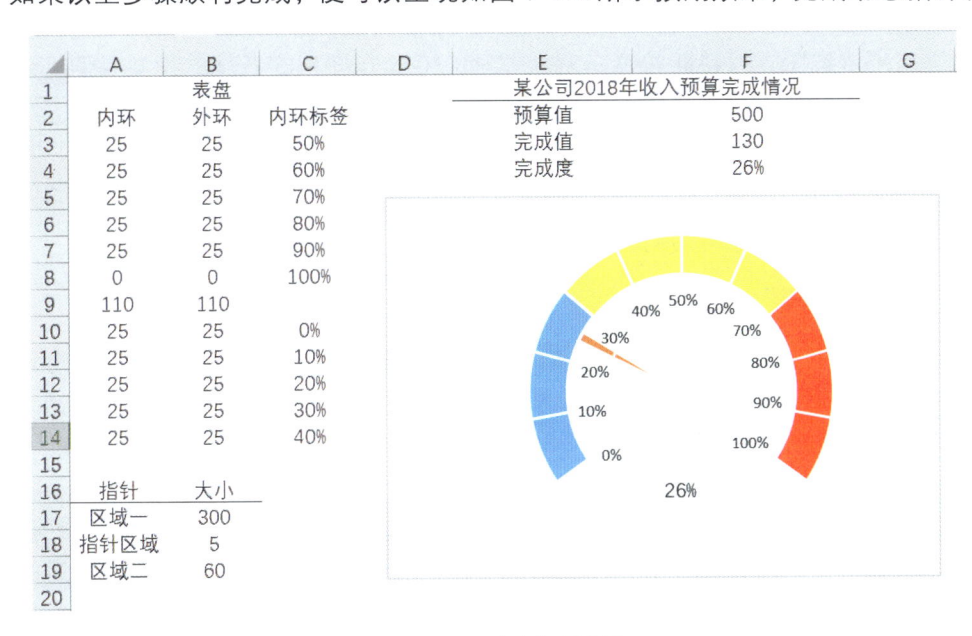

图 7-112　动态指针制作

商务数据可视化

综上所述，用于显示某公司 2020 年收入预算完成情况的仪表盘图制作完成，可以自定义修改"预算值"和"完成值"所对应单元格的数值，仪表盘图中的指针会随之动态变化，能够快速传达有效信息，给读者直观的视觉冲击。

7.10 滑珠图

7.10.1 滑珠图的优点及适用场景

滑珠图的优点主要在于能很好地进行多类型对比，因为在商务场景中，很少出现只有一种产品和一类数据的情况，这时滑珠图就能很好地解决这个问题，通过一个水平杆上的两个"珠子"对同一类型的数据进行对比分析，与其他数据类型互不干扰，集解释性和美观性于一体，能很好地满足各大企业对于数据分析的需求。

滑珠图的适用场景很多，比如，对一个产品两年甚至几年在各地的销量数据进行比较，或者对几样产品在两年间的销量进行比较。滑珠图不仅在商务上能大派用场，还可以通过它比较两人在民众间的受欢迎程度。

7.10.2 滑珠图的绘制方法

对于大部分的简单数据分析，通过前几章的学习已经能够很好地解决，但是当碰到多维数据时，还是会觉得束手无策。比如，当出现多个对象、多段时间、多个数据量时，又该如何解决呢？

这里采用滑珠图，以特斯拉汽车 2017 年和 2018 年在中国各地的销量为例，展现特斯拉汽车在中国的哪些地区更受欢迎和两年销量在各地的对比。

绘制滑珠图的具体步骤如下。

	A	B	C	D
1		特斯拉2017—2018年各地销量对比		
2	地区	2017年销量（辆）	2018年销量（辆）	辅助列
3	上海	4471	2459	4600
4	广东	3919	2926	4600
5	北京	3827	2108	4600
6	浙江	1881	1858	4600
7	四川	927	841	4600
8	陕西	548	617	4600
9	天津	498	394	4600
10	江苏	266	349	4600
11	山东	257	371	4600
12	湖北	231	444	4600

图 7-113 特斯拉汽车销售原始数据与辅助列

步骤 1 制作特斯拉汽车两年间在中国各地的销量数据表，并添加辅助列，辅助列由数据中的最大值决定，取合适的数值，如图 7-113 所示。

步骤 2 将光标停留在报表内，单击"插入"菜单，选择插入二维柱形图或二维条形图，此处选择插入簇状条形图，如图 7-114 所示。

步骤 3 选中图表，右击，更改图表类型，选择"组合图"，将两列销量的数据改为"散点图"，辅助列改为"簇状条形图"，如图 7-115 所示。

第7章
特殊图表

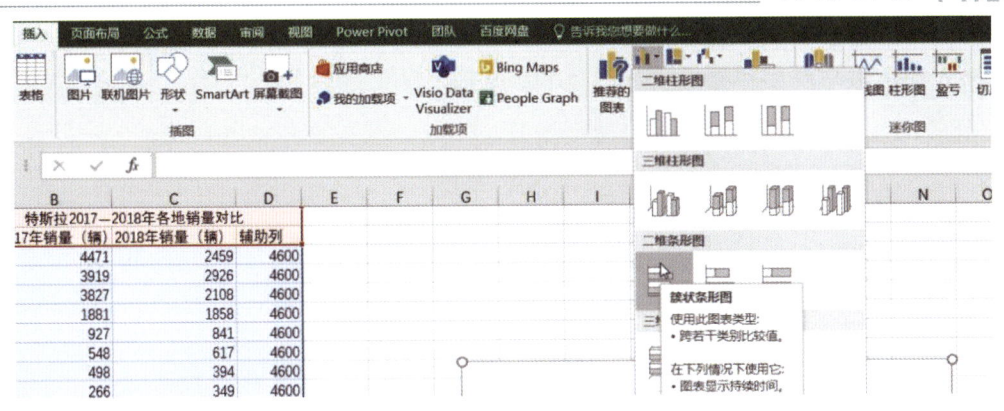

图 7-114　插入簇状条形图

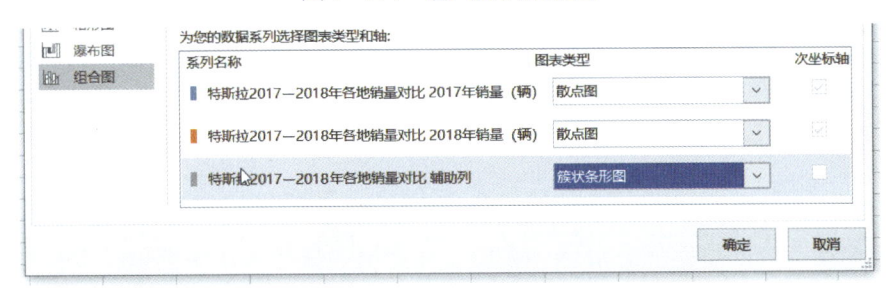

图 7-115　更改图表类型

步骤 4 生成图表后，第一排的地区会排在最后一行，因此要设置坐标轴格式，将左边的坐标轴改为"逆序类别"，如图 7-116 所示。

图 7-116　设置坐标轴格式

步骤 5 生成组合图以后会发现，散点没有落在条形图上，因此需要再加上一个辅

| 197

商务数据可视化

助列，用来调整散点的位置。生成图表后可能需要根据具体情况修改辅助列的数据，可以参考右侧的纵坐标进行修改，如图 7-117 所示。

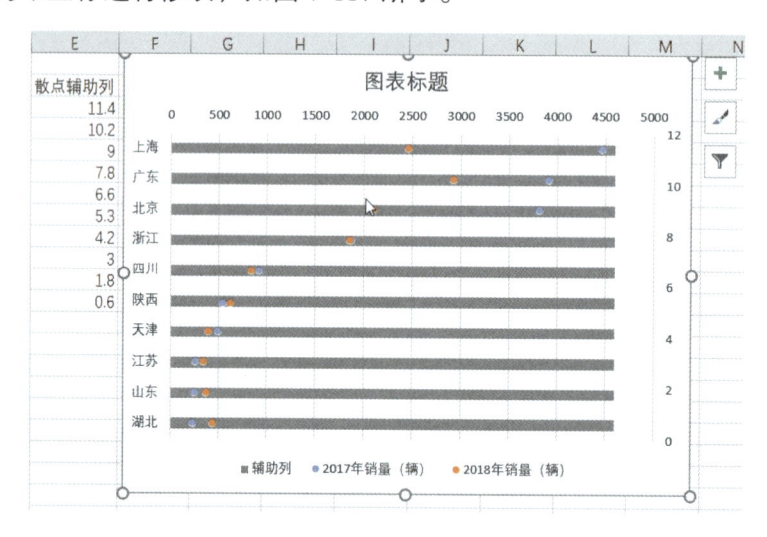

图 7-117　修改辅助列的数据

步骤 6　选中图中的任意滑珠，右击，在弹出的快捷菜单中选择"选择数据"，如图 7-118 所示。打开"选择数据源"对话框，选中"图例项（系列）"中的第一行，即"2017年销量"一列，如图 7-119 所示。单击"编辑"按钮，打开"编辑数据系列"对话框，随后单击"系列名称"右侧的图标，选择值为"2017 年销量（辆）"的单元格，如图 7-120 所示；然后单击"X 轴系列值"右侧的图标，选择"2017 年销量（辆）"一列，如图 7-121 所示；接着单击"Y 轴系列值"右侧的图标，选择"散点辅助列"一列，如图 7-122 所示。同理，选择"图例项（系列）"中的第二行，重复上述步骤，对 2018 年销量图例进行修改，修改的数值如图 7-123 所示。

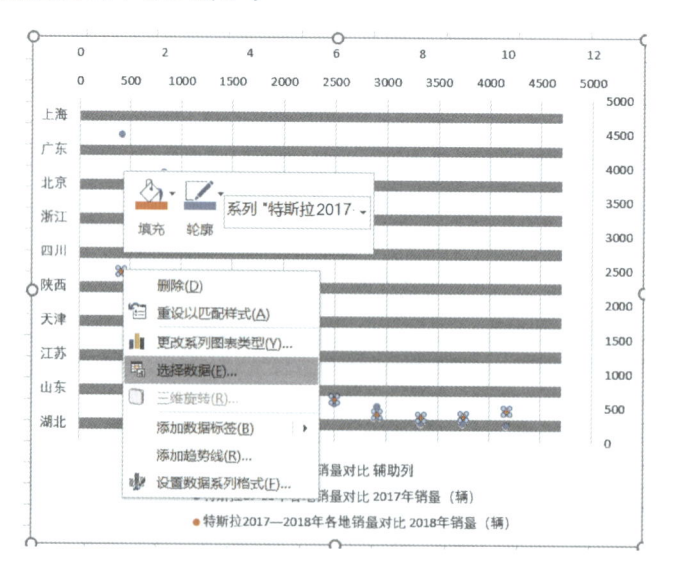

图 7-118　选择"选择数据"

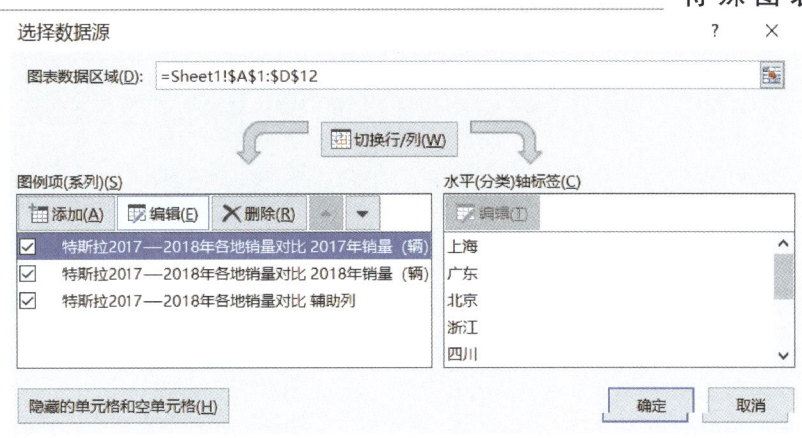

图 7-119 选择"图例项(系列)"中的第一行进行编辑

图 7-120 选择"2017年销量(辆)"单元格

图 7-121 选择虚线框中的值

商务数据可视化

	A	B	C	D	E
1		特斯拉2017—2018年各地销量对比			
2	地区	2017年销量（辆）	2018年销量（辆）	辅助列	散点辅助列
3	上海	4471	2459	4700	11.4
4	广东	3919	2926	4700	10.2
5	北京	3827	2108	4700	9
6	浙江	1881	1858	4700	7.8
7	四川	927	841	4700	6.6
8	陕西	548	617	4700	5.3
9	天津	498	394	4700	4.2
10	江苏	266	349	4700	3
11	山东	257	371	4700	1.8
12	湖北	231	444	4700	0.6

编辑数据系列

=Sheet1!$E$3:$E$12

图 7-122　选择虚线框中的值

	A	B	C	D	E
1		特斯拉2017—2018年各地销量对比			
2	地区	2017年销量（辆）	2018年销量（辆）	辅助列	散点辅助列
3	上海	4471	2459	4700	11.4
4	广东	3919	2926	4700	10.2
5	北京	3827	2108	4700	9
6	浙江	1881	1858	4700	7.8
7	四川	927	841	4700	6.6
8	陕西	548	617	4700	5.3
9	天津	498	394	4700	4.2
10	江苏	266	349	4700	3
11	山东	257	371	4700	1.8
12	湖北	231	444	4700	0.6

编辑数据系列

系列名称(N):
=Sheet1!$C$2　＝ 2018年销量（辆）

X 轴系列值(X):
=Sheet1!$C$3:$C$12　＝ 2459, 2926, 21…

Y 轴系列值(Y):
=Sheet1!$E$3:$E$12　＝ 11.4, 10.2, 9,…

确定　　取消

图 7-123　2018 年销量"编辑数据系列"结果

步骤 7 滑珠图的雏形已经出现，现在要做的就是美化图表，删除多余的网格线和纵坐标，如图 7-124 所示。

第7章 特殊图表

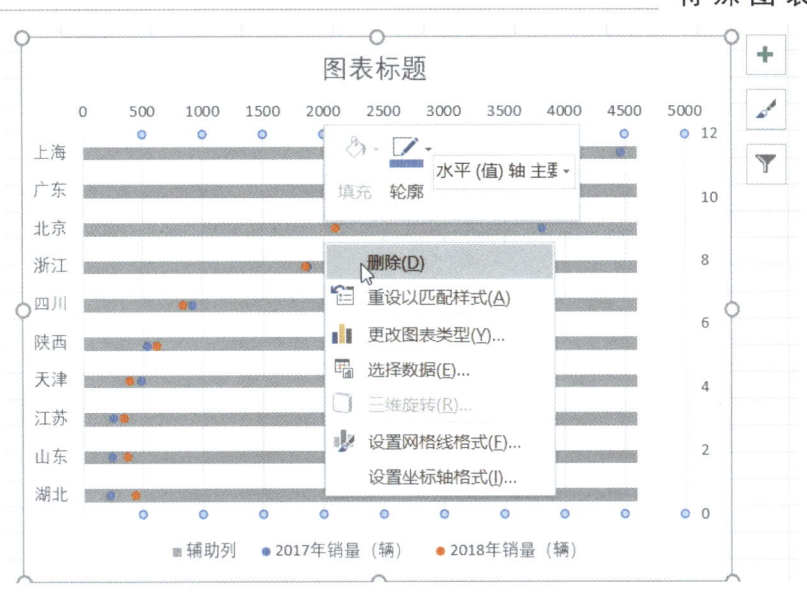

图 7-124 删除多余的网格线和纵坐标

步骤 8 可以看出图表的滑珠很小，不能覆盖条形图，无法生动地表现出"滑珠"的形象。因此，需要修改标记的宽度，调整到合适的大小，如图 7-125 所示，并修改滑珠和条形图的格式。

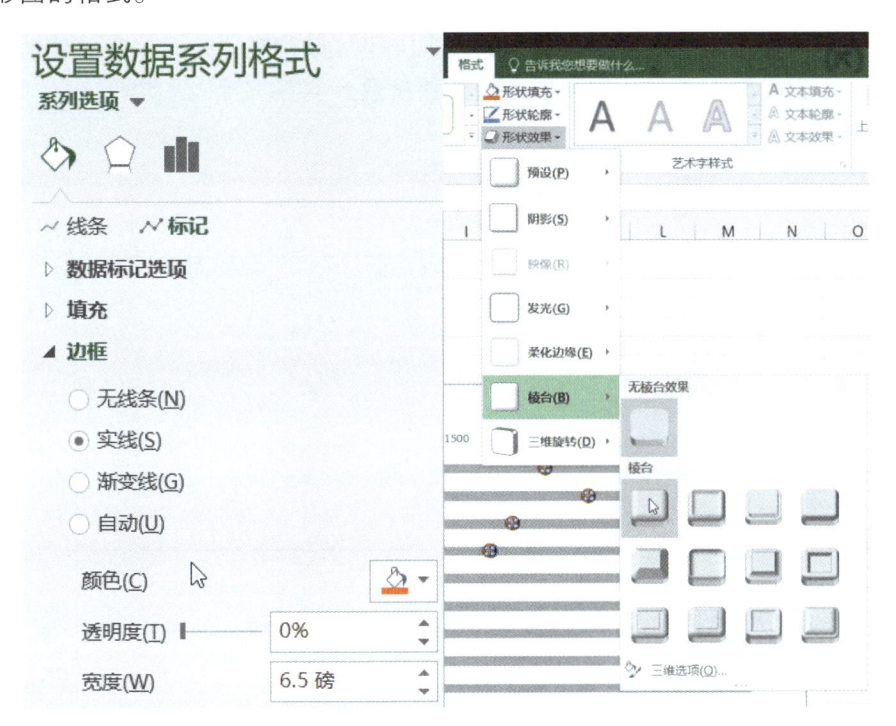

图 7-125 修改标记的宽度

滑珠图最终效果如图 7-126 所示。

| 201

商务数据可视化

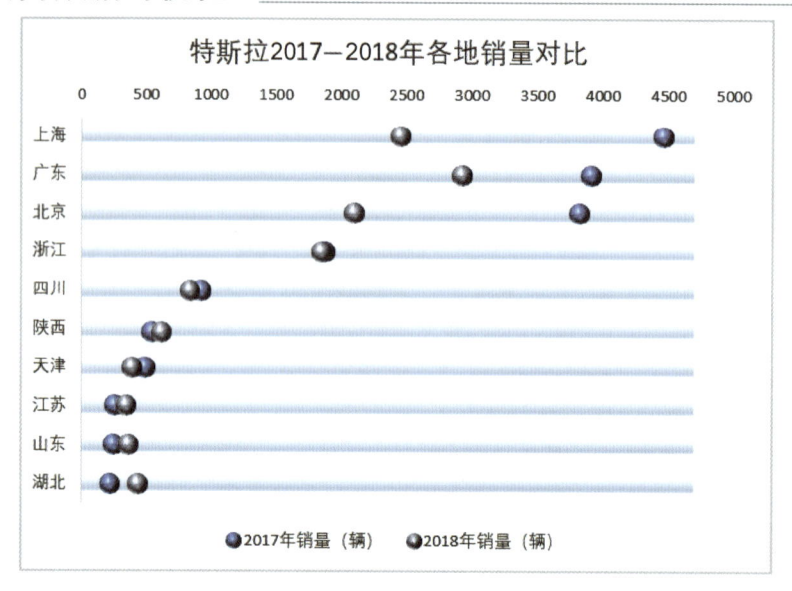

图 7-126　滑珠图最终效果

7.10.3　商务应用案例

【背景材料】 滑珠图能很好地将多维度的数据进行分析比较，因此在商务场景中应用广泛，可以用来比较多种产品多年的销售情况，也可以用来比较同一产品各地区多年的销售情况，不仅如此，还可以用来显示民众的投票分类等。

【分析过程】

举例来说，如图 7-127 所示，可以用滑珠图来展现一个服装厂商多样产品的近两年销量。

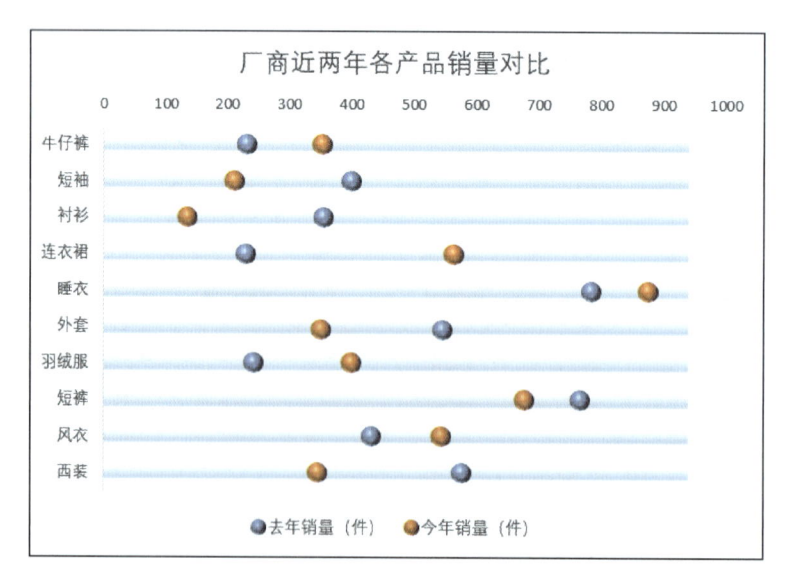

图 7-127　一个服装厂商多样产品的近两年销量

滑珠图不仅可以用来展现一个或多个产品的销量情况,而且可以用来描述选票情况。这里以特朗普和希拉里的印第安纳州 2016 年 4 月份的民调结果为例,滑珠图如图 7-128 所示。

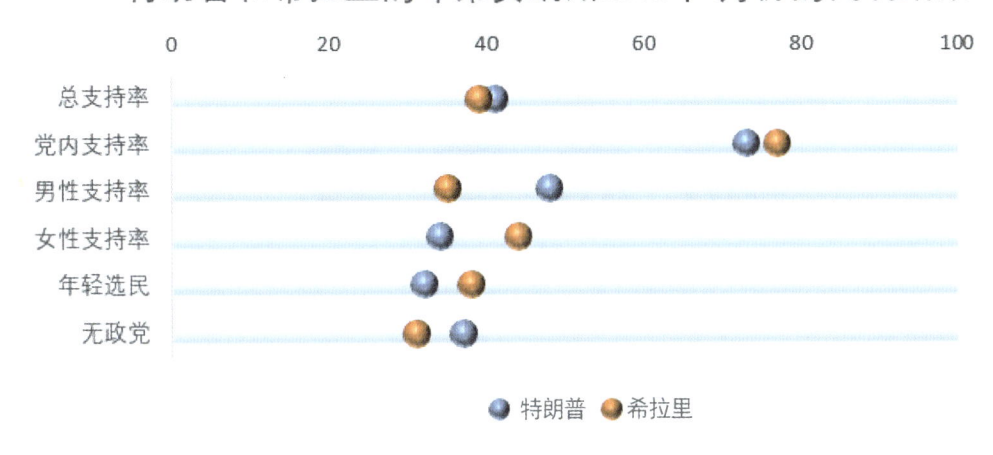

图 7-128　特朗普和希拉里的印第安纳州 2016 年 4 月份的民调结果滑珠图

第 8 章
动 态 图 表

【章节目标】
1. 了解动态图表的构成,包括数据透视图、动态图表函数和动态图表控件。
2. 掌握数据透视图的绘制方法和一些常用的函数应用,熟悉控件的使用方法和步骤。
3. 了解有关动态图表的商务应用案例。

【学习重点、难点】
重点:使用函数并利用控件制作动态图表,掌握其绘制方法。
难点:理解动态图表各部分的功能和商务应用适用场景。

【思维导图】

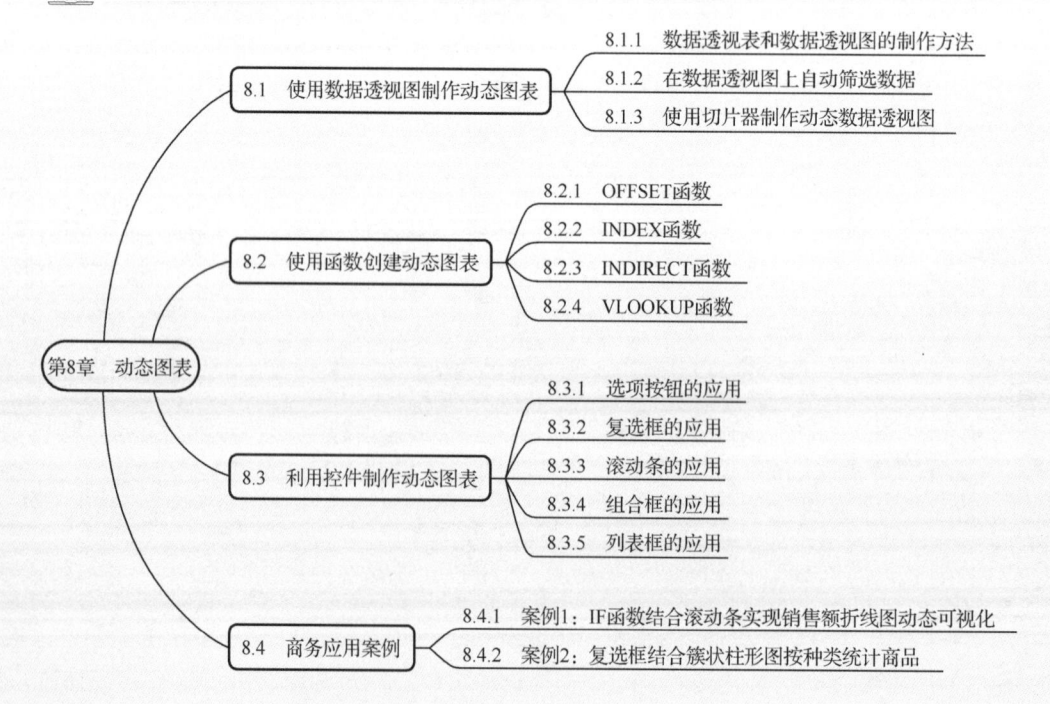

第8章 动态图表
- 8.1 使用数据透视图制作动态图表
  - 8.1.1 数据透视表和数据透视图的制作方法
  - 8.1.2 在数据透视图上自动筛选数据
  - 8.1.3 使用切片器制作动态数据透视图
- 8.2 使用函数创建动态图表
  - 8.2.1 OFFSET函数
  - 8.2.2 INDEX函数
  - 8.2.3 INDIRECT函数
  - 8.2.4 VLOOKUP函数
- 8.3 利用控件制作动态图表
  - 8.3.1 选项按钮的应用
  - 8.3.2 复选框的应用
  - 8.3.3 滚动条的应用
  - 8.3.4 组合框的应用
  - 8.3.5 列表框的应用
- 8.4 商务应用案例
  - 8.4.1 案例1:IF函数结合滚动条实现销售额折线图动态可视化
  - 8.4.2 案例2:复选框结合簇状柱形图按种类统计商品

8.1 使用数据透视图制作动态图表

使用数据透视图制作动态图表，首先需要了解制作数据透视图的数据源，即了解数据透视表的相关概念和制作方法。

数据透视表是一种交互式的表，可以动态地改变数据的版面布置，以便按照不同方式分析数据，也可以重新安排行号、列标和页字段。如果原始数据或版面布置发生改变，数据透视表会按照新的数据和新的布置重新计算数据。数据透视图通过对数据透视表中的汇总数据添加可视化效果来对其进行补充，以便用户轻松查看比较、模式和趋势。

8.1.1 数据透视表和数据透视图的制作方法

数据透视图的制作可以有两种方式：一种是先根据原始数据制作数据透视表，筛选需要分析的数据后再选择图表，从而生成数据透视图；另一种是直接选择"数据透视图"，同时生成数据透视表和数据透视图。第二种制图方法更快速，但第一种方式会使得数据透视的过程更直观易懂。因此，本节将先制作数据透视表，再绘制数据透视图。

下面选取某零售公司 2020 年 1~12 月售卖饮料销售额的统计表，来展示不同分部每月销售额的对比情况。

步骤 1 将收集到的原始数据进行预处理操作，将每月的数据整合统计，得到如图 8-1 所示的某公司饮料的原始销售数据。

图 8-1 某公司饮料的原始销售数据

商务数据可视化

步骤 2 在"插入"菜单的"表格"栏中,选择"数据透视表",如图 8-2 所示。

图 8-2 选择"数据透视表"

步骤 3 打开"创建数据透视表"对话框,在"请选择要分析的数据"栏中选择刚导入的表的全部范围,并将数据透视表放在"现有工作表"的空白区域,如图 8-3 所示。创建成功后如图 8-4 所示。

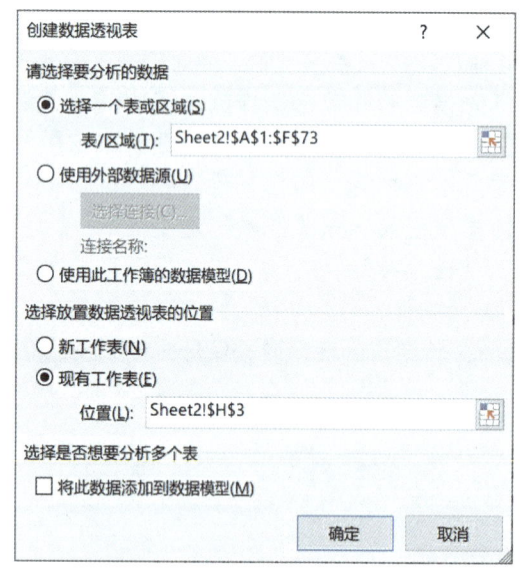

图 8-3 "创建数据透视表"对话框　　　　图 8-4 数据透视表创建成功

步骤 4 添加字段。在右侧"数据透视表字段"对话框中,勾选并拖动相应字段。例如,需要展示不同分部每月销售额的对比情况,就将"日期"和"月"勾选进"行",将"销售部门"勾选进"列","求和项"选为"销售数量",即可看到数据透视表的效果,如图 8-5 所示。

步骤 5 更改求和项。由于要求分析展示的是销售额的对比情况,但已知的原始数据中并未包含"销售额"这一数据,因此需要额外添加新的字段。在"分析"选项卡"计算"选项中,选择"字段、项目和集",再选择"计算字段",如图 8-6 所示。

步骤 6 在"插入计算字段"对话框中,将新字段命名为"销售额",销售额=销售数量×销售单价,在"公式"一栏中填入,如图 8-7 所示。

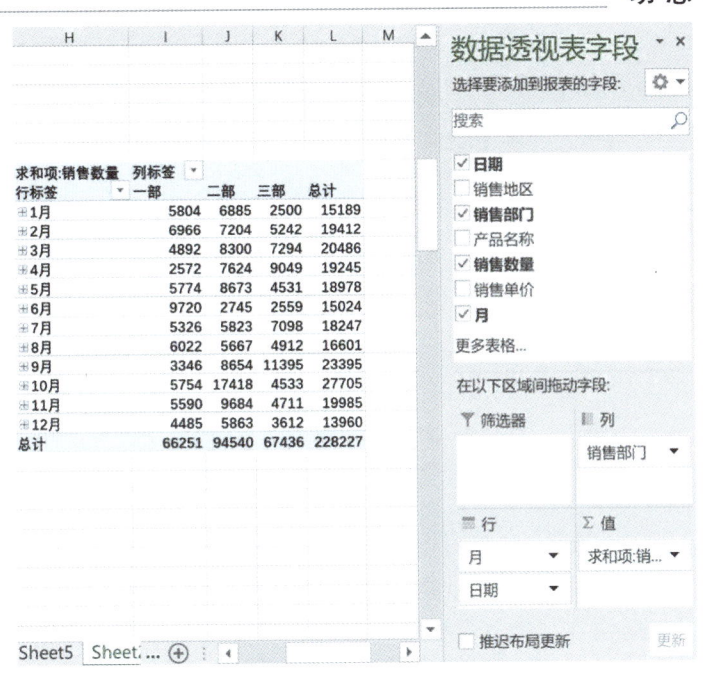

图 8-5　数据透视表的效果

图 8-6　更改求和项

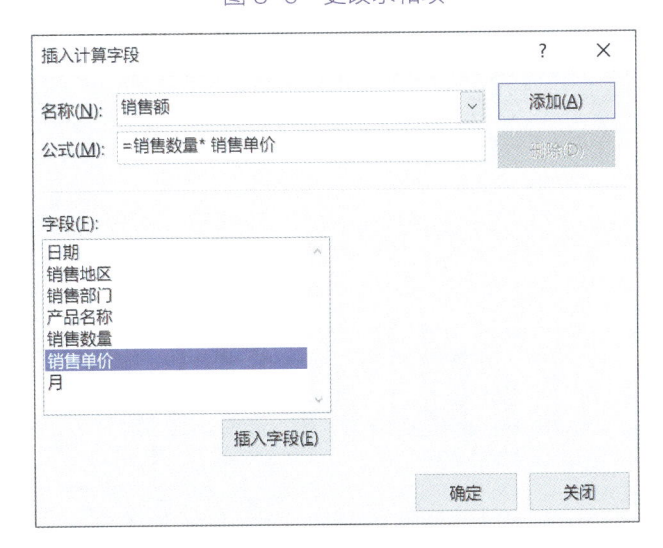

图 8-7　"插入计算字段"对话框

商务数据可视化

步骤 7 将"销售额"字段拖入"∑值"栏中，即可得到不同部门每月销售额的具体数值，如图 8-8 所示。

求和项:销售额 行标签	列标签 一部	二部	三部	总计
1月	63844	41310	25000	410103
2月	76626	57632	41936	524124
3月	53812	58100	65646	553122
4月	15432	91488	81441	519615
5月	46192	130095	18124	512406
6月	116640	10980	28149	405648
7月	58586	34938	70980	492669
8月	72264	28335	49120	448227
9月	16730	77886	148135	631665
10月	63294	226434	13599	748035
11月	44720	96840	42399	539595
12月	58305	35178	28896	376920
总计	7883869	9548540	7013344	73945548

图 8-8　不同部门每月销售额的具体数值

步骤 8 完成数据透视表后，就需要生成数据透视图将数据可视化。单击数据透视表中的任意地方，然后再在"插入"菜单中选择"数据透视图"，如图 8-9 所示，在弹出的"插入图表"窗口中，选择恰当的图表进行展示。

图 8-9　添加数据透视图

步骤 9 生成数据透视图后，对其进行适当的美化，形成最终效果图，如图 8-10 所示。

图 8-10　最终效果图

8.1.2 在数据透视图上自动筛选数据

在数据透视图上自动筛选数据,其实就是通过数据透视图上自带的字段按钮筛选图表数据,从而实现图表的动态化。这是一种十分方便、简易的方法,但也算得上是一种制作动态图表的好方法。

本节沿用上一节的某零售公司 2020 年 1~12 月售卖饮料销售额的统计表,来分析不同饮料类型的销售数量情况。

步骤 1 用上一节中的方法,生成不同饮料类型在不同月份的销售数量情况的数据透视表和数据透视图,如图 8-11 所示。

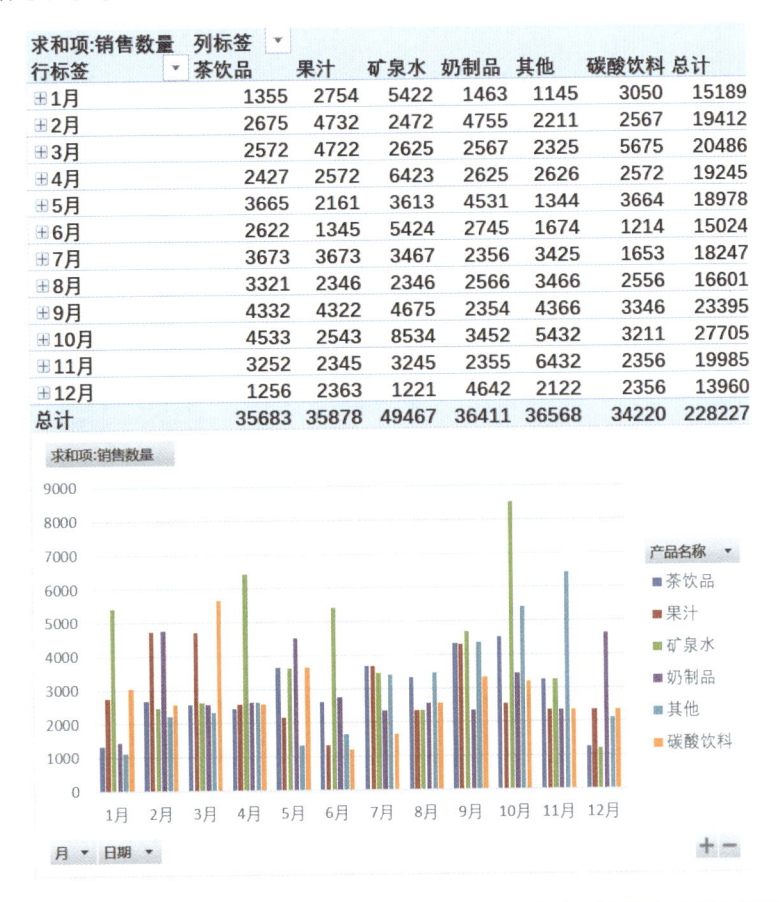

求和项:销售数量 行标签	茶饮品	果汁	矿泉水	奶制品	其他	碳酸饮料	总计
1月	1355	2754	5422	1463	1145	3050	15189
2月	2675	4732	2472	4755	2211	2567	19412
3月	2572	4722	2625	2567	2325	5675	20486
4月	2427	2572	6423	2625	2626	2572	19245
5月	3665	2161	3613	4531	1344	3664	18978
6月	2622	1345	5424	2745	1674	1214	15024
7月	3673	3673	3467	2356	3425	1653	18247
8月	3321	2346	2346	2566	3466	2556	16601
9月	4332	4322	4675	2354	4366	3346	23395
10月	4533	2543	8534	3452	5432	3211	27705
11月	3252	2345	3245	2355	6432	2356	19985
12月	1256	2363	1221	4642	2122	2356	13960
总计	35683	35878	49467	36411	36568	34220	228227

图 8-11 不同饮料类型在不同月份的销售数量情况的数据透视表和数据透视图

步骤 2 筛选字段。从图 8-11 所示的数据透视图中可以看出,如果将所有的数据都放在一张表中会显得十分拥挤,反而不够清晰、直观,因此可以减少一些数据字段,达到更好的效果。在数据透视图中单击"产品名称"字段按钮,在打开的列表中只勾选"碳酸饮料""矿泉水""果汁"字段,如图 8-12 所示。只对这三项的销售数量进行对比就会清晰很多,如图 8-13 所示。

商务数据可视化

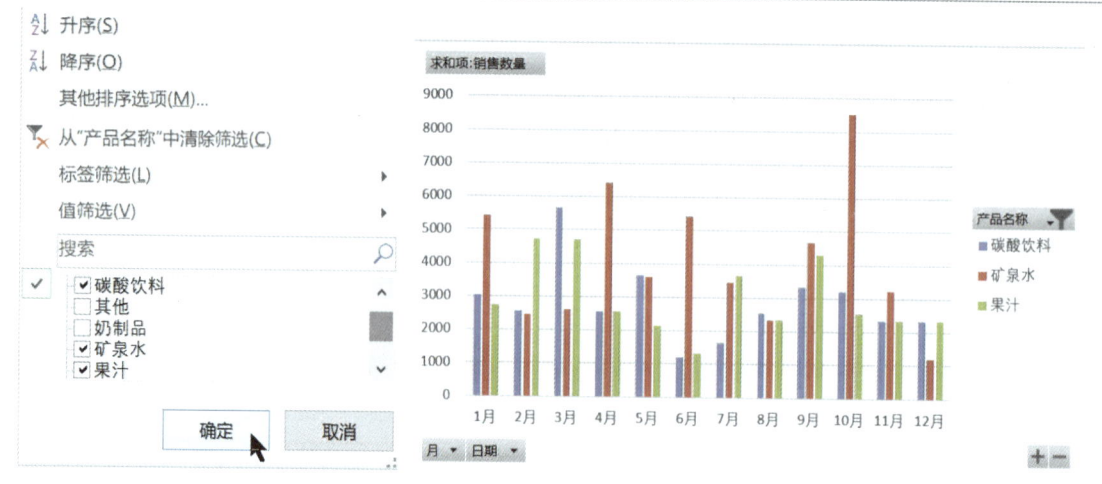

图 8-12　筛选字段

图 8-13　筛选字段后的数据透视图

步骤 3 也可以对月份字段继续进行筛选。单击"月"字段按钮，在打开的列表中可以勾选"日期筛选"，按照需要进行选择，这里选择的是第一季度这个区间内的数据，如图 8-14 所示。

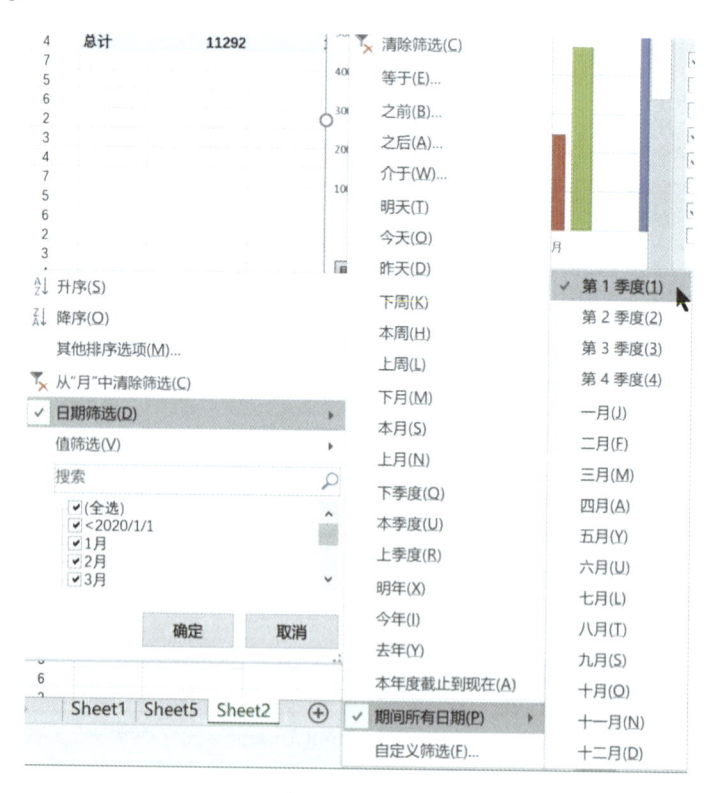

图 8-14　日期筛选

筛选完成后，第一季度不同饮料的销售数量对比图如图 8-15 所示。

第8章
动态图表

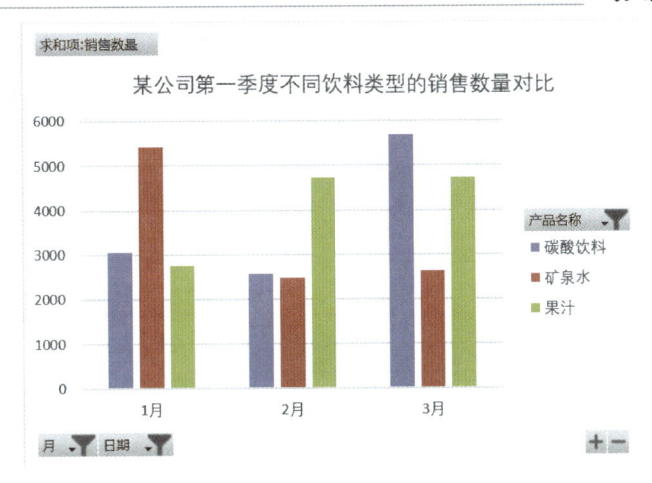

图 8-15　第一季度不同饮料的销售数量对比图

8.1.3　使用切片器制作动态数据透视图

在数据透视图中插入切片器，可以生成像按钮一样的数据筛选工具。当表格数据列过多时，使用筛选功能需要移动滚动条，找到后再筛选，十分麻烦还没有效率，而有了切片器后，可将切片器放在任何位置，十分清晰且便利。

本节使用图 8-10 所示的数据透视图，在此基础上运用切片器对其进行修改，形成动态数据透视图。

步骤 1　为了图表的美观，首先隐藏掉目前图表中的各个字段按钮。右击任意一个字段按钮，在弹出的快捷菜单中选择"隐藏图表上的所有字段按钮"，如图 8-16 所示。

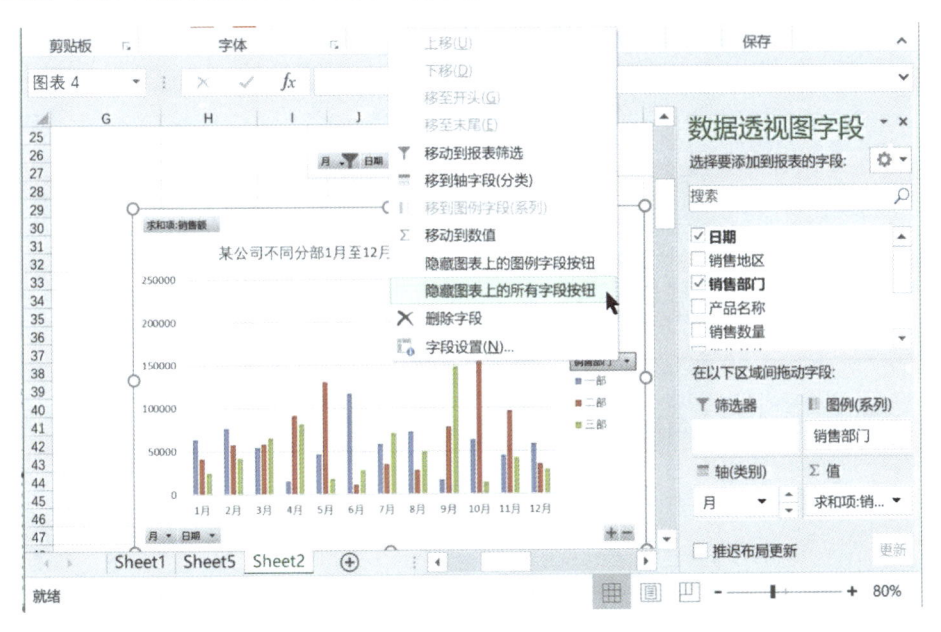

图 8-16　选择"隐藏图表上的所有字段按钮"

| 211

商务数据可视化

步骤 2 在"数据透视图工具"的"分析"选项卡"筛选"栏中,选择"插入切片器",可以插入多个切片器,如图 8-17 和图 8-18 所示。

图 8-17 选择"插入切片器"

图 8-18 插入切片器

步骤 3 插入切片器后,可以对切片器的样式、按钮排列、大小等进行修改,再单击月切片器中的"1月",就得到所有销售部门1月的销售额图表,如图 8-19 所示。

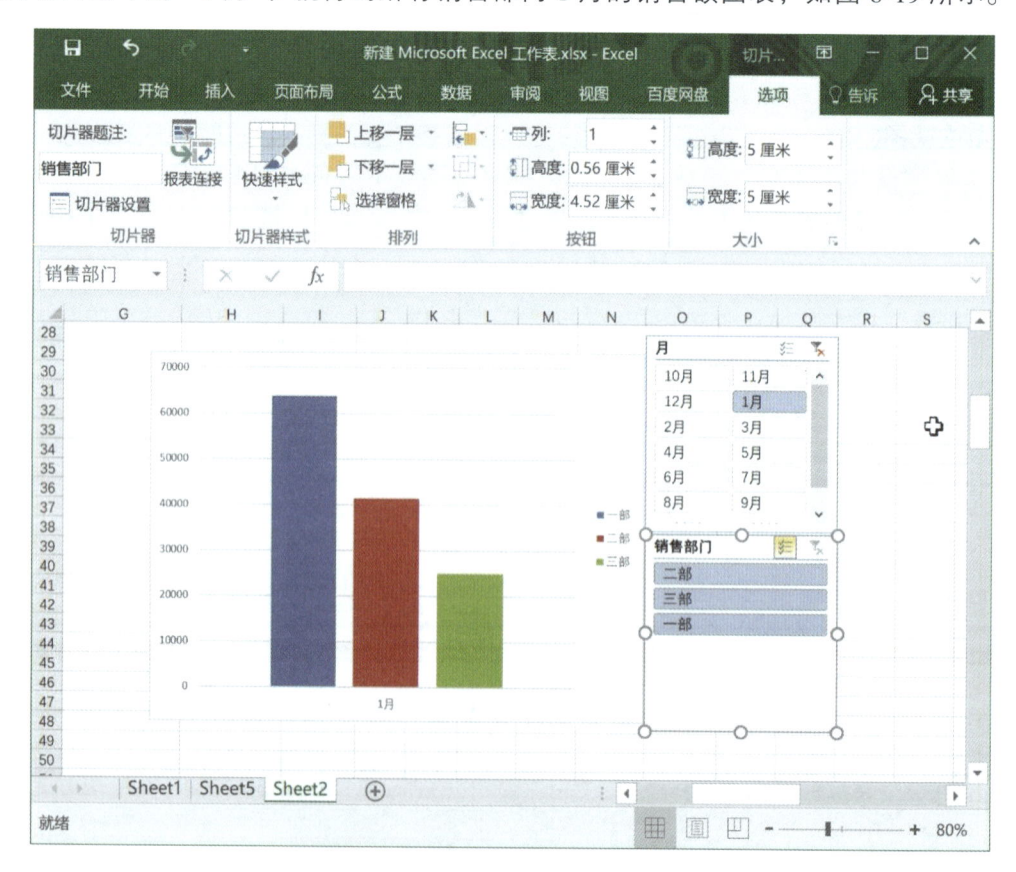

图 8-19 所有销售部门1月的销售额图表

步骤 4 单击切片器右上角的第一个按钮,即"多选"按钮,就可以同时单击多个按钮,展示多个字段之间的对比情况。如图 8-20 所示,选择了 1~6 月的按钮,以及一部和二部的按钮,即展示了一部和二部上半年的销售额的对比情况。

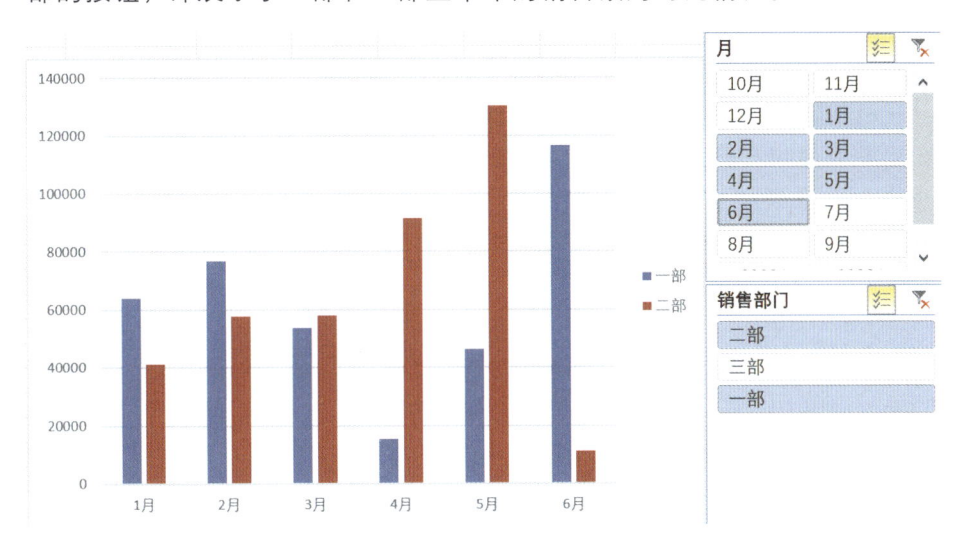

图 8-20　使用切片器对比多个字段的数据

8.2　使用函数创建动态图表

在 Excel 可视化的实际应用过程中,面对浩如烟海的商务数据,应如何从表格中获得所需要的信息呢?换句话说,我们希望 Excel 返回特定数据,并且是已经经过整理的数据。由此,动态图表将是我们所需要的,能够根据输入的信息自动更新的数据结构。

创建动态图表需要一些准备工作,举例来说,首先输入一系列数据,将数据区域选中并插入一张 Excel 表格中,创建初始的表格,如图 8-21 所示,方便数据的处理分析和汇总统计。

图 8-21　创建初始的表格

8.2.1　OFFSET 函数

OFFSET 函数是以指定的应用为参考系,通过上、下、左、右偏移得到新的区域的引用。返回的引用可以是一个单元格,也可以是一个区域,并且可以引用指定行、列数的区域。

1. OFFSET 函数的句法

调用格式:

=OFFSET(reference,rows,cols,[height],[width])

参数：

reference——必选。作为偏移量的基础引用，必须引用单元格或相邻单元格区域，否则报错。

rows——必选。指的是左上角单元格引用的向上或向下的行数。当 rows 为正数时，意味着在起始引用向下的行数；反之，则引用向上的行数。

cols——必选。指的是左上角单元格引用的向左或向右的行数。当 cols 为正数时，意味着在起始引用向右的行数；反之，则引用向左的行数。

[height]——可选。指需要返回的引用行高。该参数必须为正数。

[width]——可选。指需要返回的引用列宽。该参数必须为正数。

2. OFFSET 函数的应用

本例主要是关于某物料销售公司对于五种产品的单价和库存的统计，使用折线图进行数据的呈现，采用名称管理器的方式创建动态图表。

步骤 1 在 Excel 中插入表格，如图 8-22 所示。

图 8-22　在 Excel 中插入表格

步骤 2 选择数据范围，如图 8-23 所示。

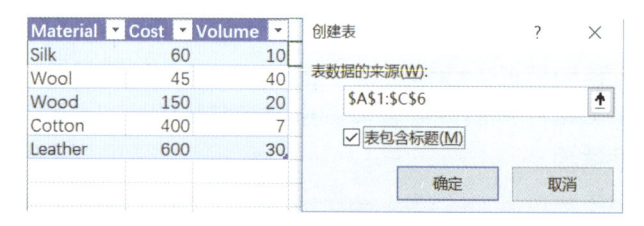

图 8-23　选择数据范围

步骤 3 在"公式"选项卡下选择"名称管理器"，如图 8-24 所示。

图 8-24　在"公式"选项卡下选择"名称管理器"

步骤 4 打开名称管理器，分别按照以下三个公式添加名称，如图 8-25 所示。

= "Volume = OFFSET($C$2, 0, 0, COUNTA($C$2 : $C$100), 1)"

= "Material = OFFSET($A$2, 0, 0, COUNTA($A$2 : $A$100), 1)"

= "Cost = OFFSET($B$2, 0, 0, COUNTA($B$2 : $B$100), 1)"

其中，COUNTA()函数满足了对于非空单元格的计数操作。

图 8-25　在名称管理器中新建三个新名称

步骤 5 创建一个空白的 2-D 带标记堆积折线图。

步骤 6 选中数据区域，完成动态图表的创建，如图 8-26 所示。

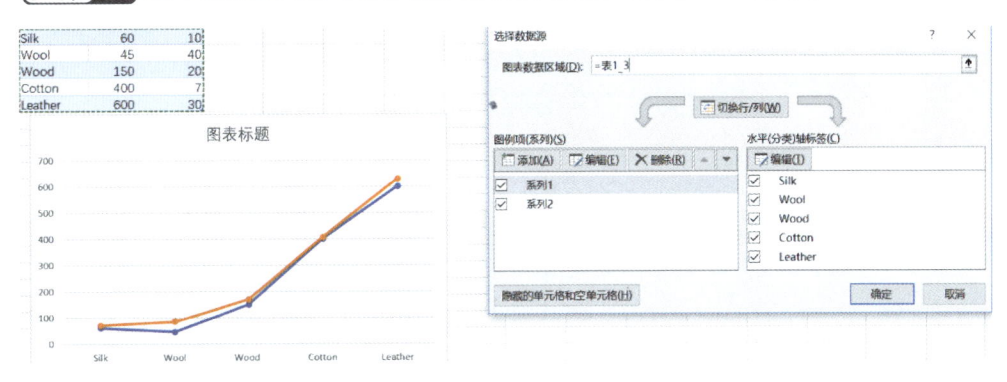

图 8-26　完成动态图表的创建

上面的例子是商品种类名称对于商品单价的堆积折线图统计，事实上也可以做商品库存的堆积折线图统计，原理和步骤是相似的。

8.2.2　INDEX 函数

Excel 中的 INDEX 函数非常灵活且功能强大。大多数情况下，INDEX 函数会出现在一些复杂的公式中。一般认为 INDEX 函数的基本功能是返回给定表格或范围内的一个具体位置中放置的值。

1．INDEX 函数的句法

调用格式：

=INDEX(array,row_num,[column_num])

参数：

array——必选。通常是一系列的单元格或固定序列。

row_num——必选。除非设定了 column_num 的值，否则需要设定 row_num 的值。

[column_num]——可选。如果此项省略，则需要设定 row_num 的值。

注意：如果只有一列或单行的数据，则可以省略 row_num 和[column_num]；如果是多行列的数据省略了 array 参数，则 INDEX 默认返回由行和列序号组成的序列。

2. INDEX 函数的应用

将 INDEX 和 MATCH 结合，可以实现多条件查找的复杂功能。其中 MATCH 的调用格式：

=MATCH(lookup_value,lookup_array,[match_type])

参数：

lookup_value——要在序列中查找的值。

lookup_array——查找范围所处的序列。

[match_type]——如精确查找则为 0，否则为 1。

如图 8-27 所示，要从某公司四名员工第一季度的销售情况中分别查找某名员工在某个月份的销售额数据，具体操作步骤如下。

步骤 1 插入一个表格。

姓名	一月销售额	二月销售额	三月销售额
Alpha	¥13,231.00	¥5,555.00	¥6,666.00
Beta	¥21,323.00	¥23,423.00	¥12,222.00
Gamma	¥32,132.00	¥33,333.00	¥22,123.00
Delta	¥5,155.00	¥3,000.00	¥4,000.00

图 8-27　四名员工第一季度的销售情况

步骤 2 将下拉列表和 INDEX 函数结合，输入如下公式，以查找 Alpha 的二月销售额，如图 8-28 所示。

= INDEX(表4[[一月销售额]:[三月销售额]],MATCH(G1,表4[姓名],0),2)

图 8-28　将下拉列表和 INDEX 函数结合

步骤 3 为了实现真正的动态图表，将月份也作为函数查找条件中的一部分，实现表格中更多元素的动态选择，如图 8-29 所示。因此，可得到如下的双条件查找公式：

= INDEX(表4[一月]:[三月]],MATCH(G1,表4[姓名],0),MATCH(G2,表4[[#标题],[一月]:[三月]],0))

图 8-29　实现表格中更多元素的动态选择

第8章 动态图表

注意：这里由于创建了表格而不是直接选择多个单元格，因此公式中出现了中文，否则应该是绝对地址的引用。

当使用关键词进行查找时，最好细分每一逻辑阶段的任务，这样可以使各个属性数据起到最大的作用。

8.2.3 INDIRECT 函数

INDIRECT 函数立即对引用进行计算，并显示其内容。它有两种形式：直接指定单元格地址和隐式指定单元格地址。第一种是直接对指定的单元格的字符串进行值的提取；第二种则更为复杂，譬如在 A4 单元格中存储了"A3"字样，则=INDIRECT(A4)返回的是 A3 单元格中的内容，这是将 A4 单元格的字符串文本作为地址来看，则取地址操作后，拿到的是 A3 单元格的值。

1. INDIRECT 函数的句法

调用格式：
=INDIRECT(ref_text,[a1])
参数：
ref_text——以文本形式出现的参考依据。
[a1]——可选参数，指的是一个布尔值，表示选择 A1 风格的引用还是 R1C1 风格的引用，默认为 A1(true)。

2. INDIRECT 函数的应用

某电子市场中的某个摊位要统计第一季度三种电子产品的销量，借助柱形图来显示，同时希望有动态效果，能够直观地看到营销情况的优劣部分。

步骤 1 首先录入表格数据，初始化表格，如图 8-30 所示。
步骤 2 在空白区域创建一个下拉列表，采用数据验证的方法，选中 A1:D1 区域。
步骤 3 在名称管理器中定义名称"电子产品"，如图 8-31 所示。

图 8-30 初始化表格　　图 8-31 定义名称"电子产品"

步骤 4 根据所选内容创建名称（选中单元格区域 B2:D4），勾选"首行"。
步骤 5 选择单元格区域 A1:D4，创建新的二维簇状柱形图，如图 8-32 所示。

商务数据可视化

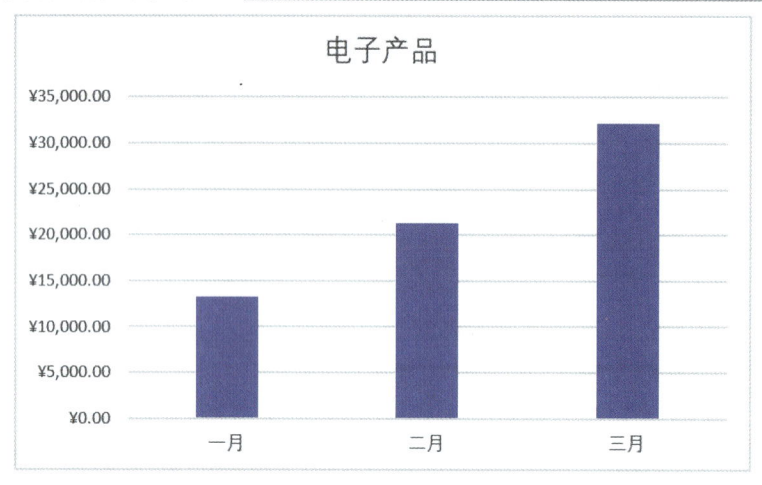

图 8-32 创建新的二维簇状柱形图

步骤 6 右击图表,在弹出的快捷菜单中选择"选择数据",打开"选择数据源"对话框,在"图例项(系列)"栏中单击"编辑"按钮,如图 8-33 所示。打开"编辑数据系数"对话框,将"系列值"更改为"=工作簿 1!电子产品",如图 8-34 所示。

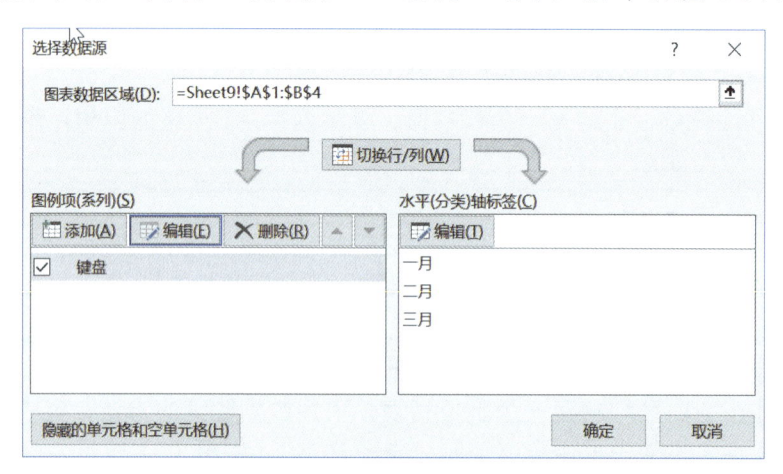

图 8-33 "选择数据源"对话框

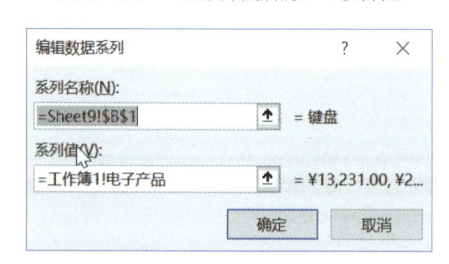

图 8-34 更改"系列值"

步骤 7 美化图表,观察动态效果,最终生成的动态图表如图 8-35 所示。

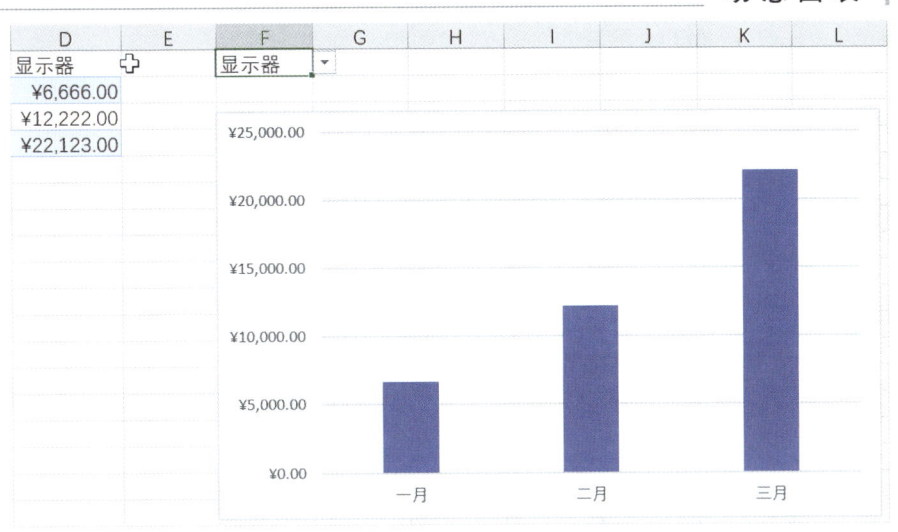

图 8-35　最终生成的动态图表

8.2.4　VLOOKUP 函数

使用 VLOOKUP 函数，可以满足用户在表格或某一范围按行寻找数据的需要。举例来说，当在员工信息表中查找 ID 号码，或在订单表中按照订单 ID 号来寻找订单时，都可以选用 VLOOKUP 函数进行查询。需要注意的是，所查询的值必须处在返回值的集合的左侧，即要与原表格或范围的相对位置相符合。

1. VLOOKUP 函数的句法

调用格式：

=VLOOKUP(lookup_value,table_array,col_index,[range_lookup])

参数：

lookup_value——用户需要在数据区域中查询的关键值，类型可以是数值、单元格引用（绝对、相对、混合）、字符串内容等。

table_array——用来查找值的列表范围，类型可以是对某一范围内的单元格的引用或是有命名的范围。

col_index——列的索引，简单来说就是告知要返回的值在第几列。

[range_lookup]——如果是默认值则为 true，也就意味着近似配对（approximate match）；如果设置为 false，则做精准配对（exact match）。

2. VLOOKUP 函数的应用

某零售业主要统计商品的详细信息，通过 VLOOKUP 函数进行数据的查询。

如图 8-36 所示，将商品原始数据录入表格中，分别输入七种商品的长度、宽度、高度信息，然后任选空白区域中的一个单元格输入上述 VLOOKUP 函数式，注意到这里 H5 单元格的作用是通过输入商品的名称，按回车键确认，下方的 H6 单元格中会有结果反馈；因为 col_index 选择的是第四列，则返回值是商品高度。

图 8-36 将商品原始数据录入表格中

另外，对于图 8-37 所示的初始的材料-价格-数量表格，还可以这样录入公式：= VLOOKUP($A$7,$A$2：$C$6,COLUMN(),0)，其中 COLUMN()函数返回的数值是对应单元格列序号。

图 8-37 初始的材料-价格-数量表格

带"$"号表明是采用绝对路径引用数据，此处 A2～C6 是选取的数据区域。当在 A8 单元格中输入某商品名称时，按下回车键，则在 B8 和 C8 单元格中即时会有数据显示。其中最后一行是查询的值和返回的值，即在最后一行第一列的单元格选取的是 Material 的种类（通过下拉列表来选取），它因公式决定了后两个单元格中 Cost 和 Volume 属性的值。

动态图表的关键是以图表形式呈现数据。这里选择插入一张二维柱形图来展现，通过输入不同值来实现图表的动态表现，如图 8-38 和图 8-39 所示。

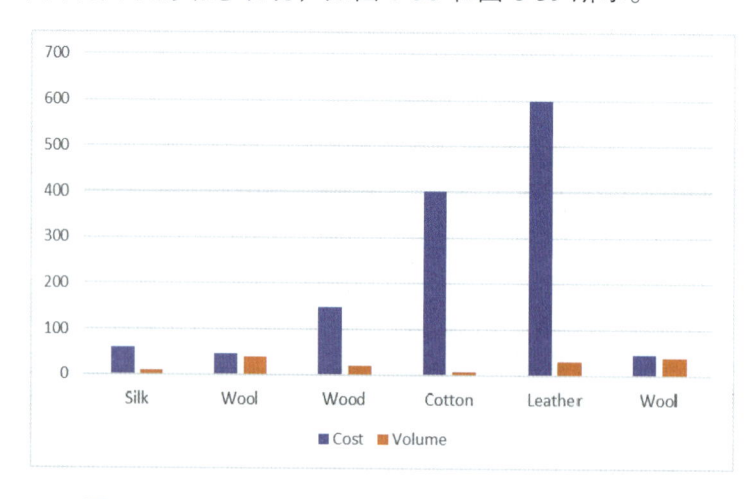

图 8-38 通过输入不同值来实现图表的动态表现（1）

当在 A8 单元格中输入不同的值时，返回的图表也是不同的，这样就实现了图表的动态呈现。因为选择二维柱形图来表示各样本总体的两个特征取值，所以更具表现力。

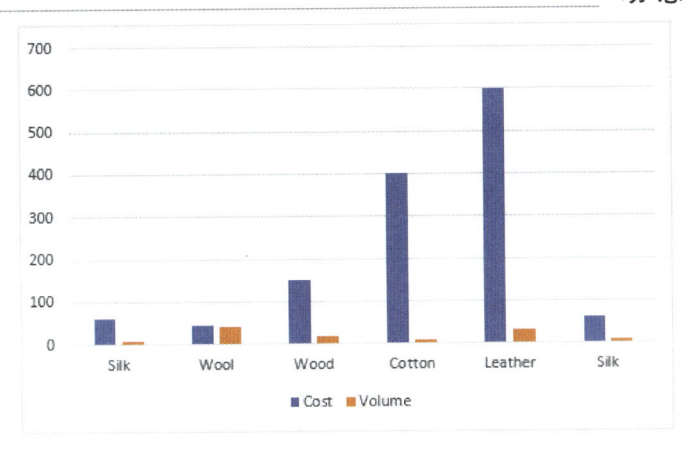

图 8-39 通过输入不同值来实现图表的动态表现（2）

8.3 利用控件制作动态图表

Excel 中可用于制作动态图表的控件主要有选项按钮、复选框、滚动条、组合框、列表框等。正常情况下看不到控件在哪里，这是因为 Excel 中的窗体控件工具没有被加载，需要手动添加。

步骤 1 在 Excel 中单击"文件"→"选项"，打开"Excel 选项"对话框，在"自定义功能区"中可以发现右侧的"开发工具"没有被勾选上，将其选上，如图 8-40 所示。

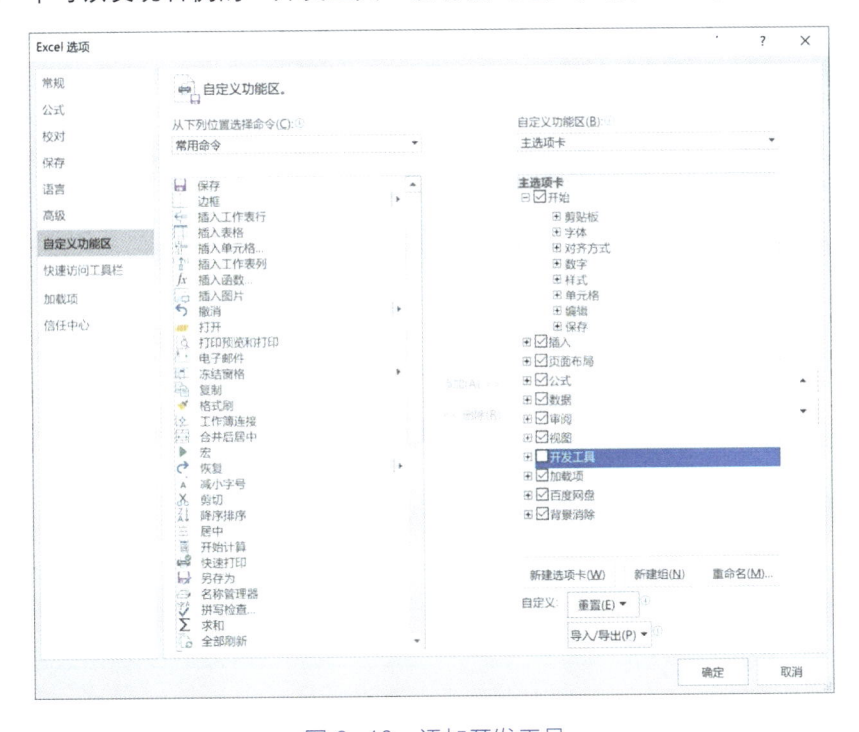

图 8-40 添加开发工具

步骤 2 完成添加后，单击"开发工具"，就可以看到下面有控件，单击"插入"，就可以插入不同的控件，如图 8-41 所示。

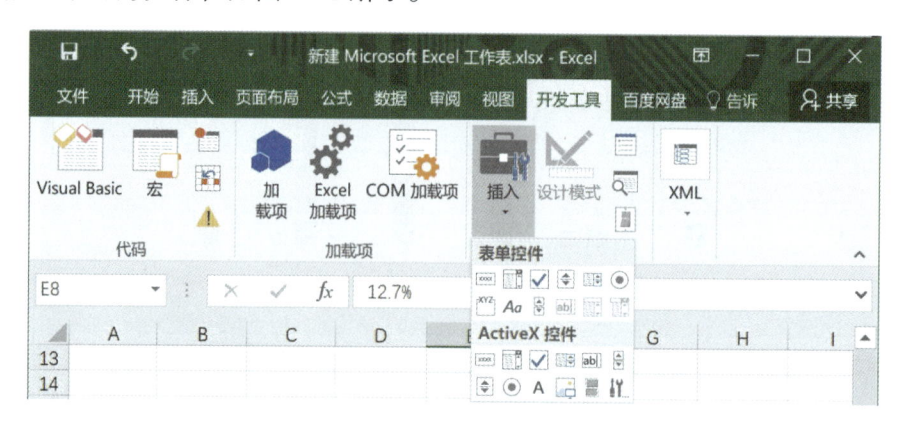

图 8-41　插入控件

8.3.1　选项按钮的应用

使用 Excel 创建图表时，经常会遇到图表中存在多个数据系列的情况，而有时我们只需查看其中一个数据系列，此时其他都是无用数据。为了使图表更灵活，可借助选项按钮实现动态图表。在使用选项按钮的同时也会用到 OFFSET 函数，将选项按钮与要变换数据的单元格进行链接以实现动态图表。

本节选取 2015—2020 年各大快递企业业务量的增速统计表，使用选项按钮展示每个快递企业及全行业的业务量增速情况。

步骤 1 收集并处理快递企业历年业务量增速的原始数据，如图 8-42 所示。

快递企业历年业务量的增速（%）							
年份	中通	韵达	圆通	百世	申通	顺丰	行业
2015	62.20%	35.90%	63.20%	90.60%	11.30%	22.30%	48.10%
2016	52.70%	50.80%	47.10%	54.40%	26.90%	31%	51.30%
2017	38%	46.90%	13.50%	74.10%	19.60%	18.30%	28.10%
2018	37%	48.10%	31.70%	45%	31.10%	26.80%	26.60%
2019	42.20%	43.59%	36.78%	25.80%	44.19%	25.84%	25.30%
2020	40.30%	41.10%	38.76%	12.70%	19.60%	68.47%	31.20%

图 8-42　快递企业历年业务量增速的原始数据

步骤 2 先将"年份"复制到空白的一列上，如第 I 列。在后一列上输入公式，如在 J2 中输入 =OFFSET(A2,0,$I$1)。再选中新生成的中通的数据，生成折线图，将图表名称改为"快递企业历年业务量的增速"，更改适当的图表样式，添加上数据标签，如图 8-43 所示。

第8章 动态图表

	A	B	C	D	E	F	G	H	I	J
1					快递企业历年业务量的增速					1
2		中通	韵达	圆通	百世	申通	顺丰	行业	年份	中通
3	2015	62.20%	35.90%	63.20%	90.60%	11.30%	22.30%	48.10%	2015	62.20%
4	2016	52.70%	50.80%	47.10%	54.40%	26.90%	31%	51.30%	2016	52.70%
5	2017	38%	46.90%	13.50%	74.10%	19.60%	18.30%	28.10%	2017	38.00%
6	2018	37%	48.10%	31.70%	45%	31.10%	26.80%	26.60%	2018	37.00%
7	2019	42.20%	43.59%	36.78%	25.80%	44.19%	25.84%	25.30%	2019	42.20%
8	2020	40.30%	41.10%	38.76%	12.70%	19.60%	68.47%	31.20%	2020	40.30%

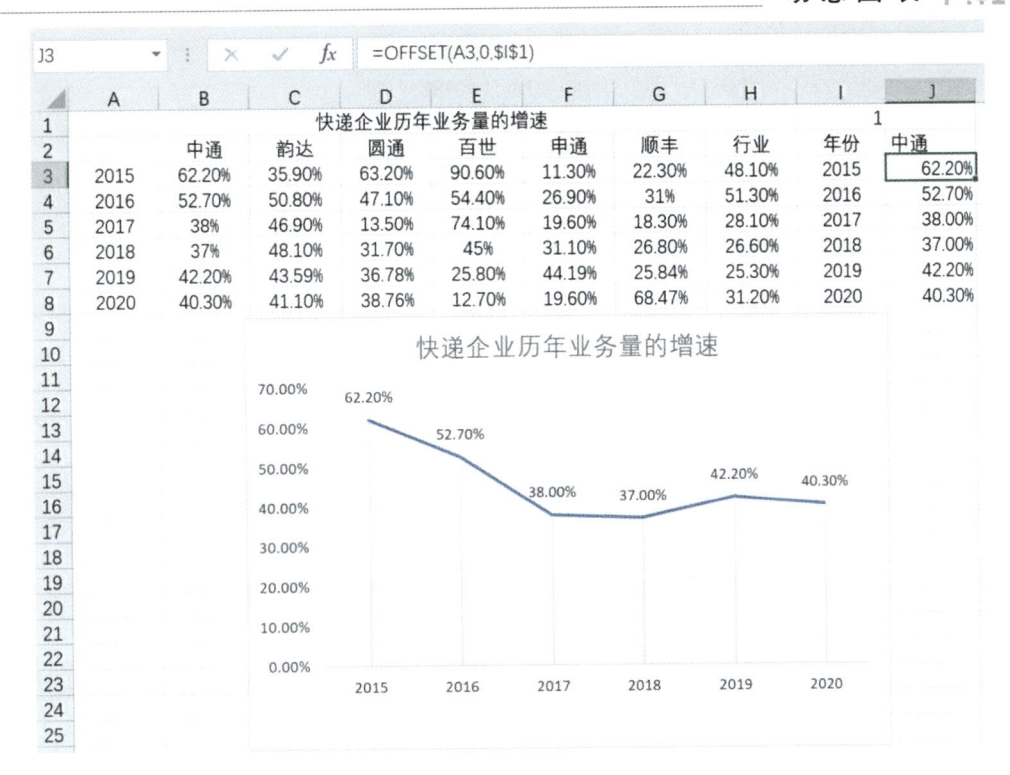

J3 单元格公式：=OFFSET(A3,0,$I$1)

图 8-43　快递企业历年业务量的增速折线图

步骤 3 如图 8-44 所示，在"开发工具"中选择第一行最后一个"选项按钮"控件，将它放在恰当的位置后，右击，在弹出的快捷菜单中选择"设置控件格式"，如图 8-45 所示。打开"设置控件格式"对话框，将"单元格链接"设置为"$I$1"，如图 8-46 所示。

图 8-44　选择"选项按钮"控件　　　图 8-45　选择"设置控件格式"

| 223

商务数据可视化

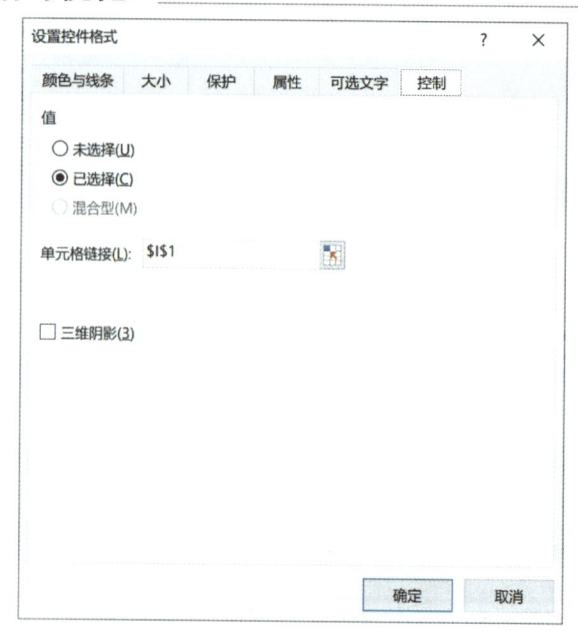

图 8-46 设置"单元格链接"

步骤 4 复制第一个按钮生成其他六个按钮,设置选项按钮的名字。按住 Ctrl 键选中所有按钮,再在"绘图工具"中选择一种对齐方式,使得按钮排列得更整齐美观,如图 8-47 所示。

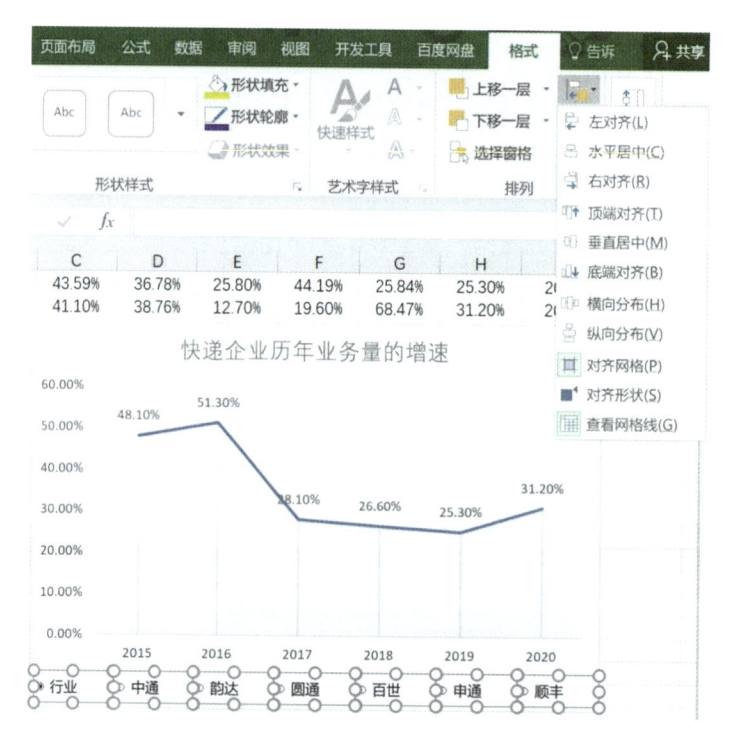

图 8-47 调整按钮格式

步骤 5 再按住 Ctrl 键选中所有按钮，右击，在弹出的快捷菜单中选择"组合"，将所有按钮组合在一起。这时，再单击其他选项按钮，就会发现图表会自动展示其他企业的业务量增速数据。至此，就完成了用选项按钮实现动态图表的操作，如图 8-48 所示。

图 8-48　利用选项按钮实现动态图表

8.3.2　复选框的应用

选项按钮只针对查看其中一个数据系列的情况，而采用复选框则能同时查看多个数据系列的数据。在使用复选框的同时，也会借助 IF 函数创建辅助序列，再分别设置多个复选框与辅助序列的链接，从而实现动态图表。

本节依旧采用 2015—2020 年各大快递企业业务量的增速数据，来展示多个数据系列。

步骤 1 先根据图表数据绘制所有快递企业的折线图，更改图表样式并添加图表标题，如图 8-49 所示。

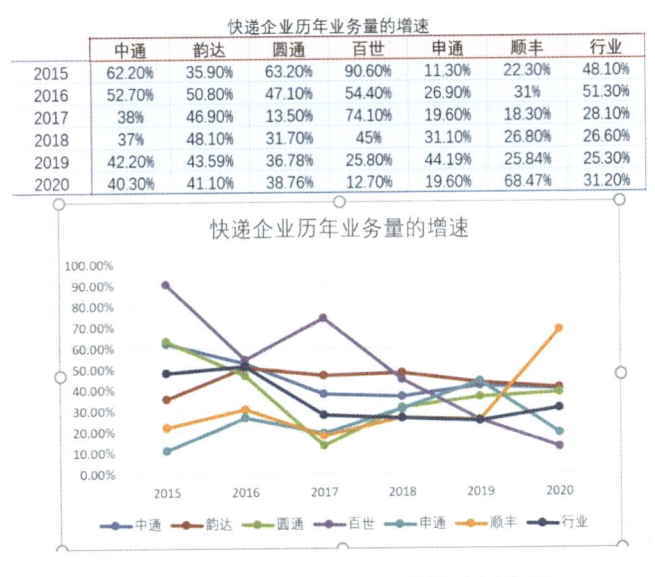

图 8-49　快递企业业务量的增速折线图

商务数据可视化

步骤 2 添加辅助序列。在空白的地方复制同样的表，其中的数据用公式代替，如第一个数据用公式 = IF(J$1 = TRUE,B3,"") 代替，再向下复制，使得所有数据都是由公式生成的，如图 8-50 所示。

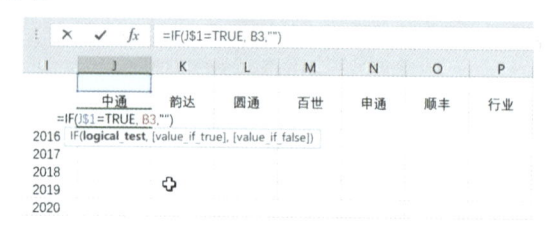

图 8-50　添加辅助序列

步骤 3 单击"开发工具"，插入"复选框"控件，如图 8-51 所示。右击复选框，在弹出的快捷菜单中选择"设置控件格式"，如图 8-52 所示。打开"设置对象格式"对话框，第一个"中通"选择"单元格链接"为"$J$1"，第二个"韵达"选择"单元格链接"为"$K$2"，以此类推，为所有复选框都设置链接，如图 8-53 所示。

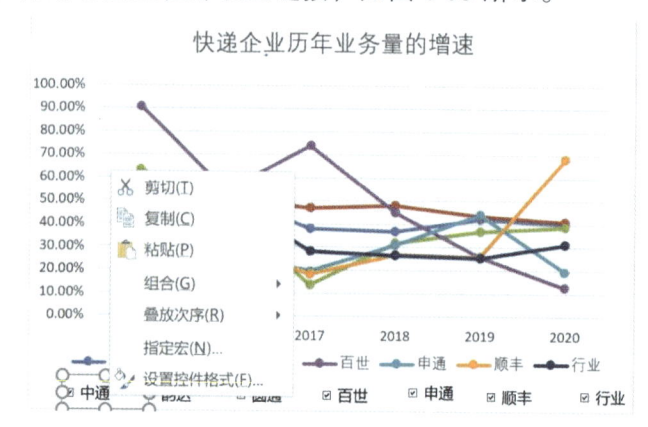

图 8-51　插入"复选框"控件　　　　图 8-52　选择"设置控件格式"

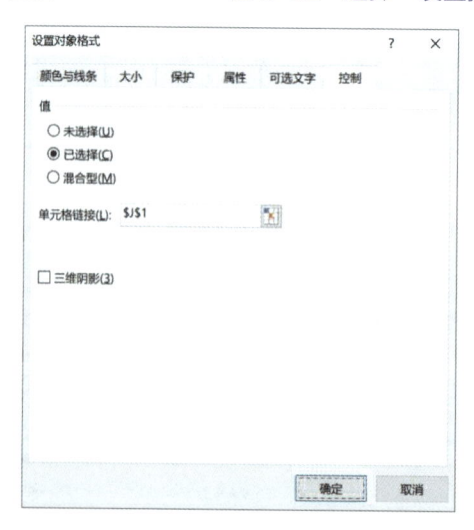

图 8-53　为所有复选框都设置链接

步骤 4 将所有的复选框组合成一个整体。在图表区右击,在弹出的快捷菜单中选择"选择数据",如图 8-54 所示。打开"选择数据源"对话框,将数据源改为用公式生成的那部分数据,如图 8-55 所示。

图 8-54 选择"选择数据"

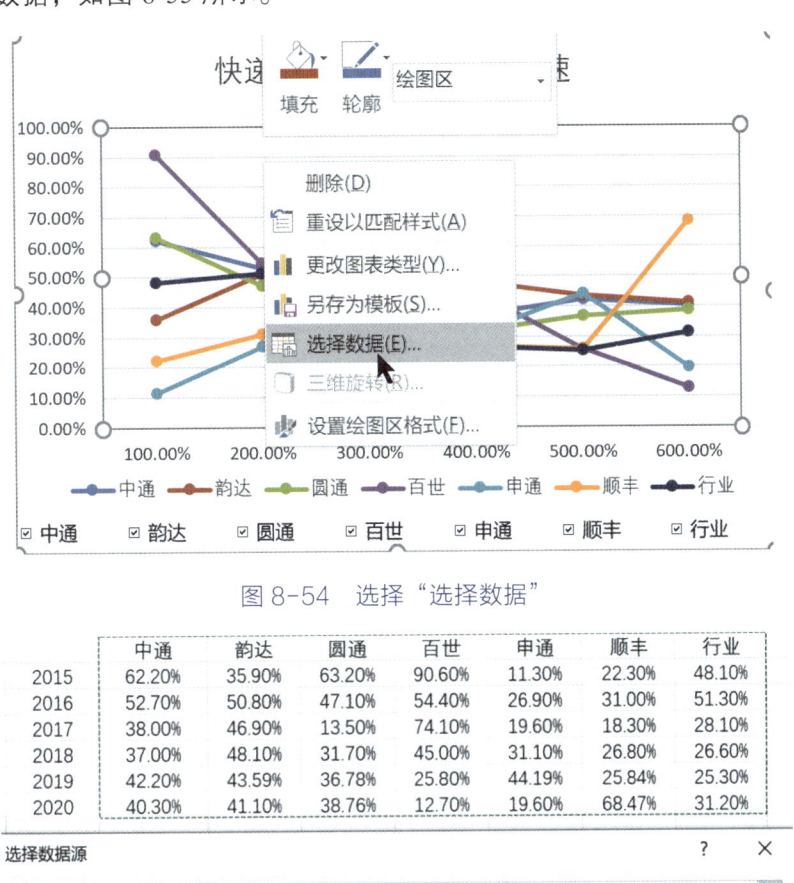

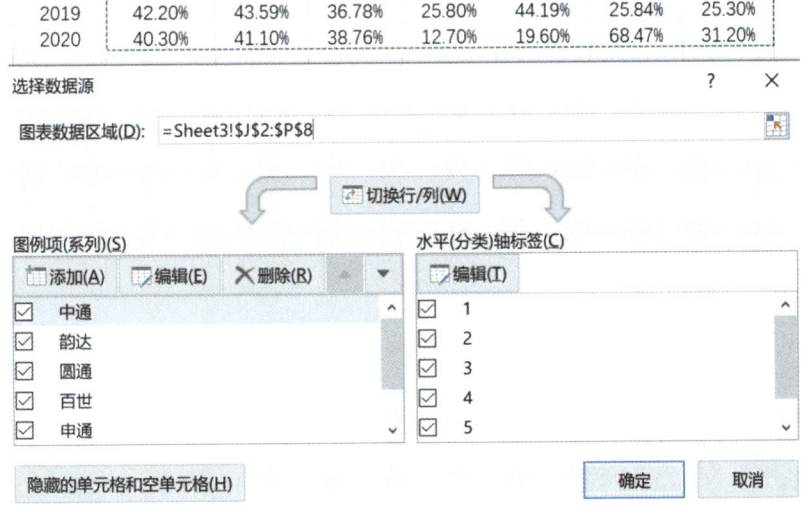

图 8-55 "选择数据源"对话框

步骤 5 勾选想要对比数据的复选框,就能看到多个行业数据的对比情况。至此,就完成了利用复选框实现动态图表的操作,如图 8-56 所示。

商务数据可视化

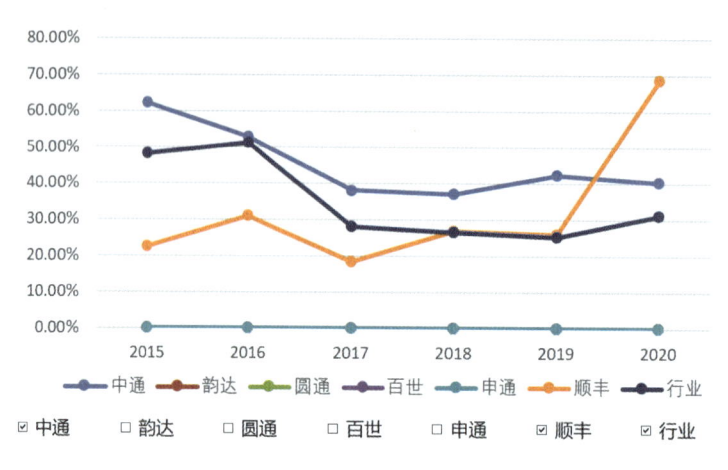

快递企业历年业务量的增速

图 8-56　利用复选框实现动态图表

8.3.3　滚动条的应用

滚动条一般应用于数据量十分庞大，如日期较多的情况下，仅显示一段时间范围内的数据图表，拖动滚动条就能看到所有数据的变化情况。将滚动条与函数相结合，图表中的数据区域发生变化，展示的图表也会发生变化，即能实现动态图表。

本节采用 2010—2020 年快递行业业务量与增速的数据，使用滚动条在图表中只展现 5 年的数据图表。

步骤 1　收集快递行业业务量与增速的原始数据，整理导入表格中，如图 8-57 所示。

年份	业务量	增速
2010	23	
2011	37	56.80%
2012	57	55.00%
2013	92	61.50%
2014	140	52.00%
2015	206.7	48.10%
2016	312.8	51.30%
2017	400.6	28.10%
2018	507	26.60%
2019	635.2	25.30%
2020	833.6	31.20%

快递企业历年业务量（亿件）与增速（%）

图 8-57　快递行业业务量与增速的原始数据

步骤 2　制定合适的图表。这里最合适的图表是折线图与柱形图的组合图，对其进行完善并美化，如图 8-58 所示。

第8章 动态图表

快递企业历年业务量（亿件）与增速（%）

图 8-58　折线图与柱形图的组合图

步骤 3　定义名称。单击"公式"中的"名称管理器"，如图 8-59 所示。打开名称管理器，新建名称"年份""业务量""增速"，如图 8-60 所示。其中，在"引用位置"中输入公式，如：

年份的引用位置为 = OFFSET(Sheet4!$A$2,Sheet4!$E$2,0,5,1)

业务量的引用位置为 = OFFSET(Sheet4!$A$2,Sheet4!$E$2,0,5,1)

增速的引用位置为 = OFFSET(Sheet4!$A$2,Sheet4!$E$2,0,5,1)

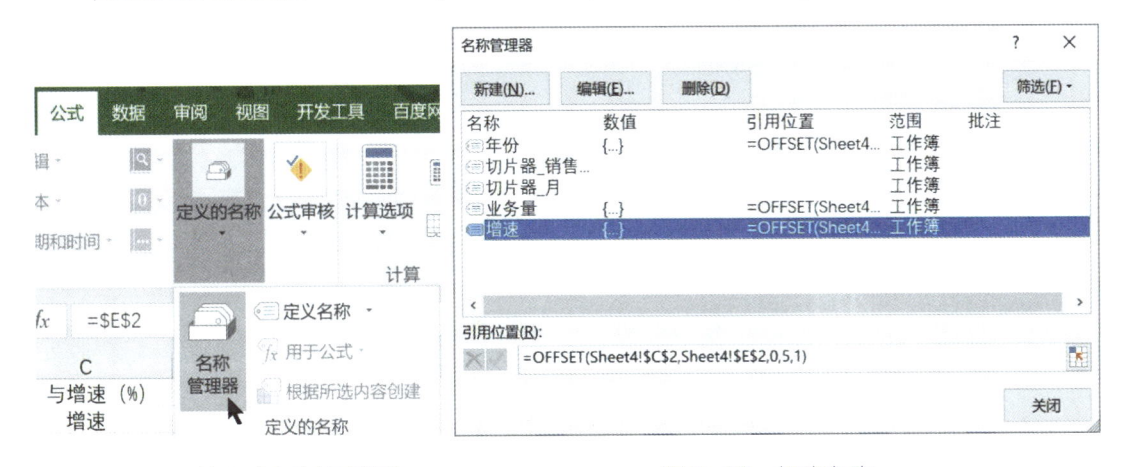

图 8-59　单击"名称管理器"　　　　图 8-60　新建名称

步骤 4　插入滚动条。单击"开发工具"，插入"滚动条"控件，如图 8-61 所示。将其放在合适的位置后，右击，在弹出的快捷菜单中选择"设置控件格式"，如图 8-62 所示。打开"设置控件格式"对话框，由于一共有 11 个数据，且只同时显示 5 个数据，因此将"最小值"设为"1"，"最大值"设为"7"，这样不会出现空白的图表，再将"单元格链接"设为"$E$2"，如图 8-63 所示。

| 229

商务数据可视化

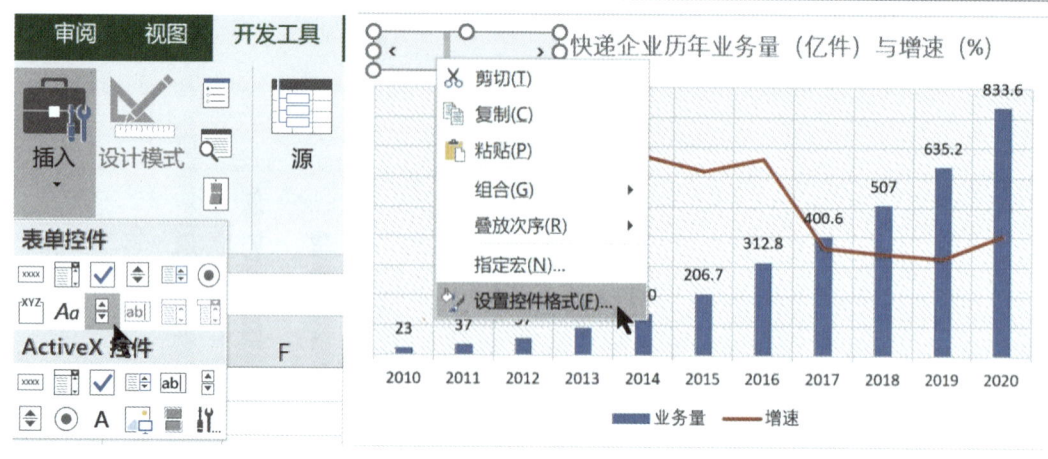

图 8-61 选择"滚动条"控件

图 8-62 选择"设置控件格式"

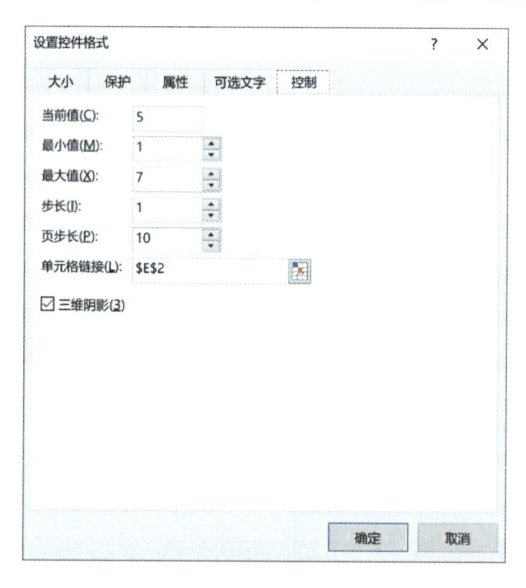

图 8-63 "设置控件格式"对话框

步骤 5 在图表中右击，在弹出的快捷菜单中选择"选择数据"，打开"选择数据源"对话框，如图 8-64 所示。

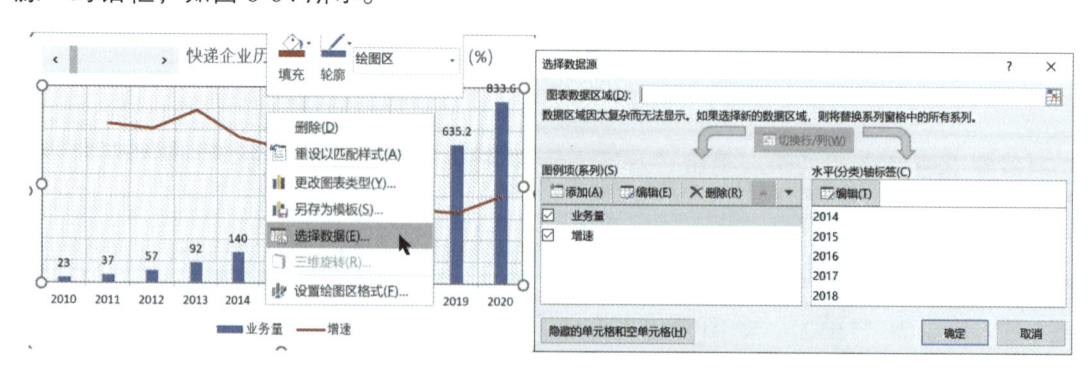

图 8-64 "选择数据源"对话框

步骤 6 选择"业务量"进行编辑，在打开的"编辑数据系列"对话框中将"系列值"改为"=Sheet4!业务量"；同样，选择"增速"，将"系列值"改为"=Sheet4!增速"；再选择"水平（分类）轴标签"进行编辑，在打开的"轴标签"对话框中将"轴标签区域"改为"=Sheet4!年份"，如图 8-65 所示。

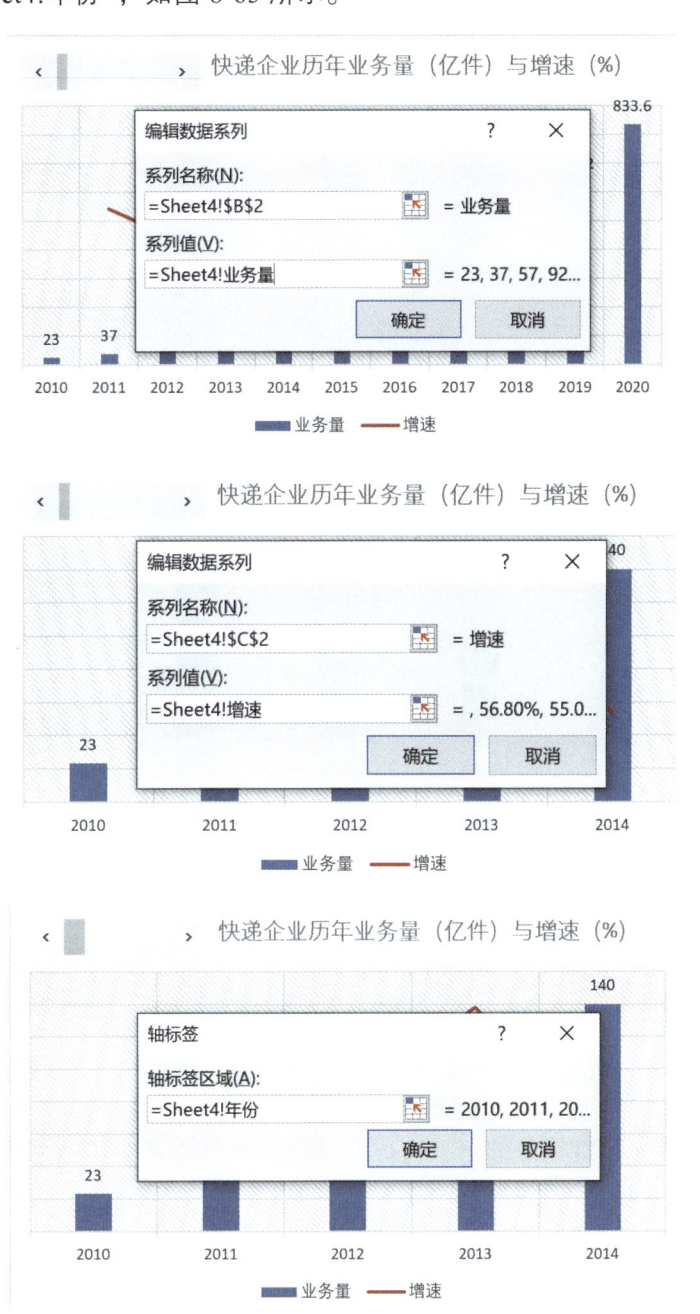

图 8-65　编辑数据系列和轴标签

步骤 7 拖动滚动条实现动态图表，最终效果如图 8-66 和图 8-67 所示。

商务数据可视化

图 8-66　拖动滚动条实现动态图表（1）

图 8-67　拖动滚动条实现动态图表（2）

8.3.4　组合框的应用

在 8.2.1 节中介绍过选项按钮控件，它是在图表中存在多个数据系列且只需查看其中一个数据系列的情况下使用的，但将所有选项按钮全都排列在图表上就会显得十分冗余。这时使用组合框会使得页面更简洁，可以在下拉菜单中的多个项目中选择需要展示的那一项。

在本节中，使用的商务数据为各大快递企业历年业务量，使用组合框选择不同的年份来展现数据图表。

步骤 1　整理数据，各大快递企业历年业务量如图 8-68 所示。

步骤 2　设置辅助列。在空白的地方，如在"B11"中插入公式 = INDEX(B3：B8,$A$11)，将第一个年份设置为 1，然后再向后复制公式得到全部六个企业的数值，就能得到如图 8-69 所示的辅助列。

第8章 动态图表

年份	中通	韵达	圆通	百世	申通	顺丰
2015	29.5	21.3	30.3	14	25.7	19.7
2016	45	32.1	44.6	21.7	32.6	25.8
2017	62.1	47.2	50.6	37.7	39	30.5
2018	85	69.9	67	55	51	39
2019	121.2	100.3	91.1	75.8	73.71	48.31
2020	170	141.82	126.48	85.4	88.18	81.37

快递企业历年业务量（亿件）

图 8-68　各大快递企业历年业务量

B11　fx　=INDEX(B3:B8,$A$11)

	A	B	C	D	E	F	G
1		快递企业历年业务量（亿件）					
2	年份	中通	韵达	圆通	百世	申通	顺丰
3	2015	29.5	21.3	30.3	14	25.7	19.7
4	2016	45	32.1	44.6	21.7	32.6	25.8
5	2017	62.1	47.2	50.6	37.7	39	30.5
6	2018	85	69.9	67	55	51	39
7	2019	121.2	100.3	91.1	75.8	73.71	48.31
8	2020	170	141.82	126.48	85.4	88.18	81.37
9							
10	年份	中通	韵达	圆通	百世	申通	顺丰
11	1	29.5	21.3	30.3	14	25.7	19.7

图 8-69　添加辅助列

步骤 3 创建合适的图表。这里由于是对比各个快递公司每年的业务量数据，因此选择条形图。添加数据标签，美化图表后，可得到如图 8-70 所示条形图。

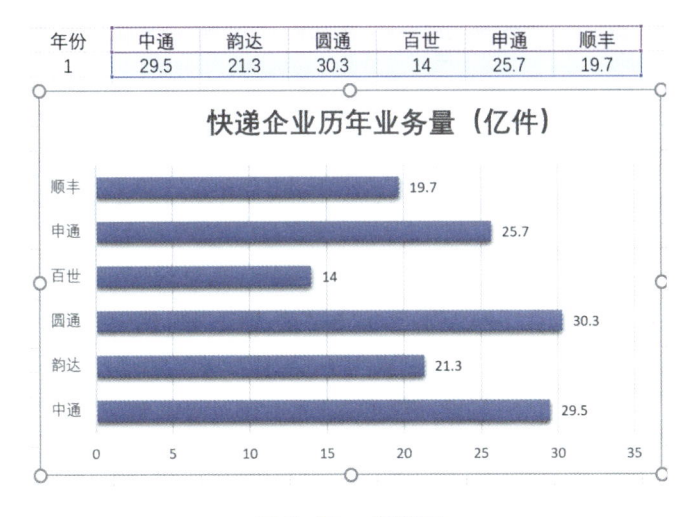

图 8-70　条形图

步骤 4 在"开发工具"中插入"组合框"控件，如图 8-71 所示。将其放置在合适的位置后，右击，在弹出的快捷菜单中选择"设置控件格式"，如图 8-72 所示。打开"设置对象格式"对话框，在"数据源区域"选择所有的年份数据，即"$A$3:$A$8"，"单元格链接"设为"$A$11"，"下拉显示项数"设为"6"，如图 8-73 所示。

| 233

商务数据可视化

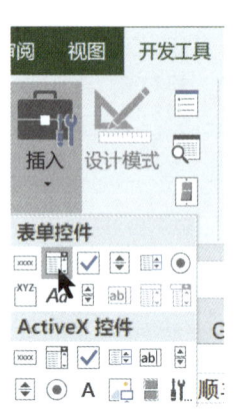

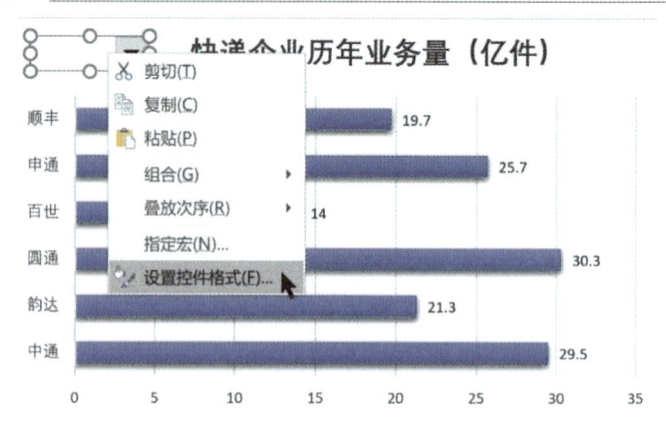

图 8-71 插入"组合框"控件

图 8-72 选择"设置控件格式"

图 8-73 "设置对象格式"对话框

步骤 5 单击组合框的下拉箭头，选择不同的年份实现动态图表，最终效果如图 8-74 和图 8-75 所示。

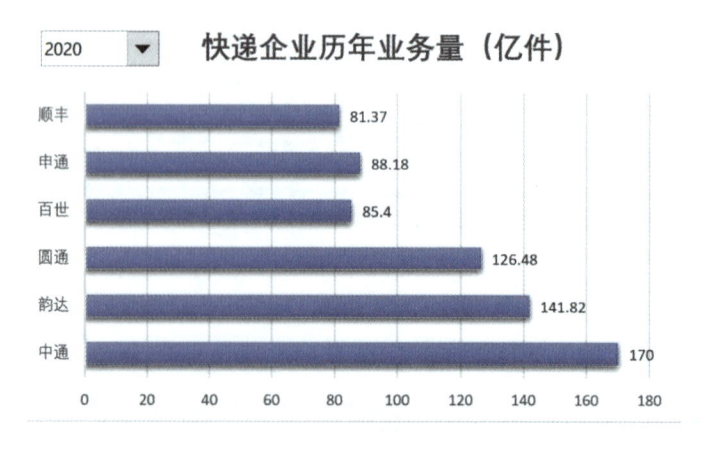

图 8-74 使用组合框实现动态图表（1）

快递企业历年业务量（亿件）

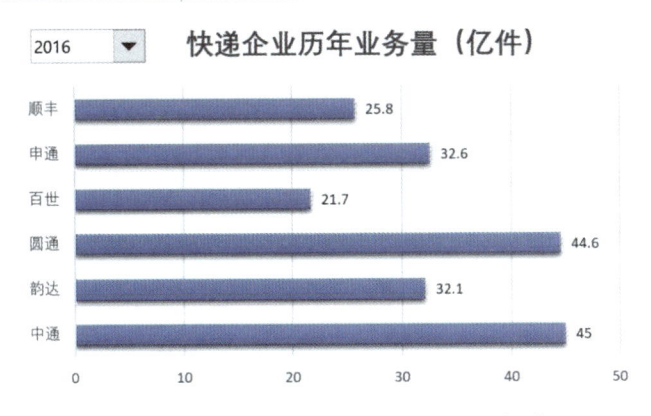

2016	

顺丰 25.8
申通 32.6
百世 21.7
圆通 44.6
韵达 32.1
中通 45

图 8-75　使用组合框实现动态图表（2）

8.3.5　列表框的应用

使用列表框实现动态图表的方式与使用组合框的方式有点类似，不同之处在于，组合框是通过下拉箭头展开来选择数据的，而列表框则将所有数据放在一个列表中，较组合框来说会更加直观，易于更换数据。列表框中的数据来源于工作表的其中一列，因此也需要添加辅助列实现动态图表。

本节采取的数据是 2015—2020 年快递企业历年业务量，来分析当年各个快递企业的业务量在行业中的占比。

步骤 1　收集数据，整理成表格，原始数据如图 8-76 所示。

快递企业历年业务量（亿件）

年份	中通	韵达	圆通	百世	申通	顺丰	其他	行业
2015	29.5	21.3	30.3	14	25.7	19.7	66.2	206.7
2016	45	32.1	44.6	21.7	32.6	25.8	111	312.8
2017	62.1	47.2	50.6	37.7	39	30.5	133.5	400.6
2018	85	69.9	67	55	51	39	140.1	507
2019	121.2	100.3	91.1	75.8	73.71	48.31	124.78	635.2
2020	170	141.82	126.48	85.4	88.18	81.37	140.35	833.6

图 8-76　原始数据

步骤 2　添加辅助列。在空白的地方，如在"A10"中输入 1，标志着第一个图表的序号，再在 A12 中插入公式 =OFFSET(A2,$A$10,0)，然后再向后复制公式，得到全部六个快递企业和其他快递企业的数值，也能得到如图 8-77 所示的辅助列。

A12　　fx　=OFFSET(A2,$A$10,0)

	A	B	C	D	E	F	G	H	I
1				快递企业历年业务量（亿件）					
2	年份	中通	韵达	圆通	百世	申通	顺丰	其他	行业
3	2015	29.5	21.3	30.3	14	25.7	19.7	66.2	206.7
4	2016	45	32.1	44.6	21.7	32.6	25.8	111	312.8
5	2017	62.1	47.2	50.6	37.7	39	30.5	133.5	400.6
6	2018	85	69.9	67	55	51	39	140.1	507
7	2019	121.2	100.3	91.1	75.8	73.71	48.31	124.78	635.2
8	2020	170	141.82	126.48	85.4	88.18	81.37	140.35	833.6
9									
10	1								
11	年份	中通	韵达	圆通	百世	申通	顺丰	其他	
12	2015	29.5	21.3	30.3	14	25.7	19.7	66.2	

图 8-77　添加辅助列

商务数据可视化

步骤 3 根据辅助列绘制 2015 年各个快递企业业务量占比情况的饼图,并美化图表。这里为了更美观选择绘制三维饼图,标上每个快递企业业务量的占比,再将饼图分离度调到 10%,使得数据更清晰、图表更美观,如图 8-78 所示。

年份	中通	韵达	圆通	百世	申通	顺丰	其他
2015	29.5	21.3	30.3	14	25.7	19.7	66.2

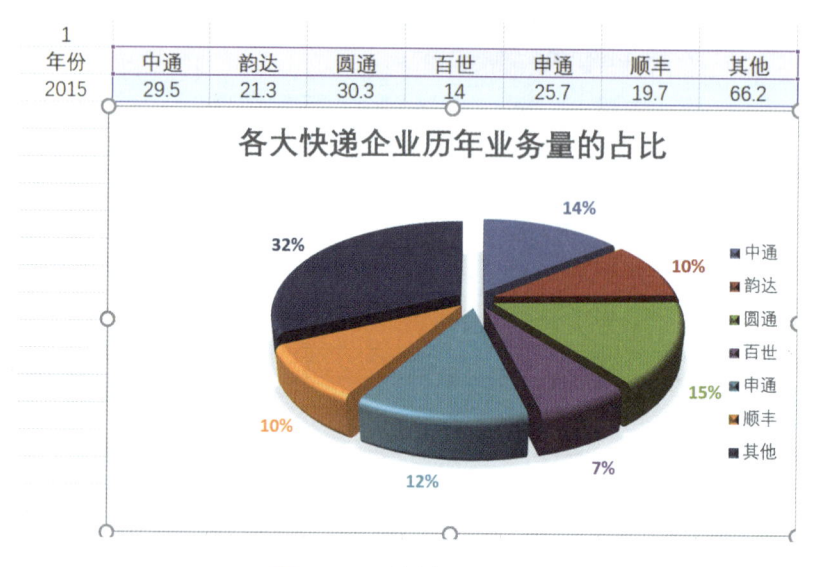

图 8-78　绘制三维饼图

步骤 4 在"开发工具"中插入"列表框"控件,如图 8-79 所示。将列表框放置在合适的地方后,右击,在弹出的快捷菜单中选择"设置控件格式",如图 8-80 所示。打开"设置对象格式"对话框,在"数据源区域"选中所有年份,即"$A$3:$A$8","单元格链接"选择刚标好序号的单元格"$A$10",在选定类型"栏中勾选"单选",如图 8-81 所示。

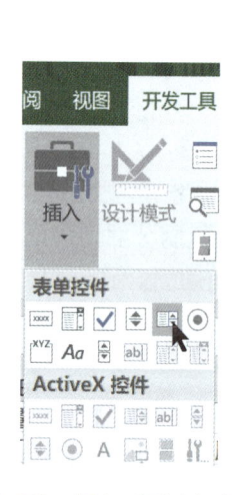

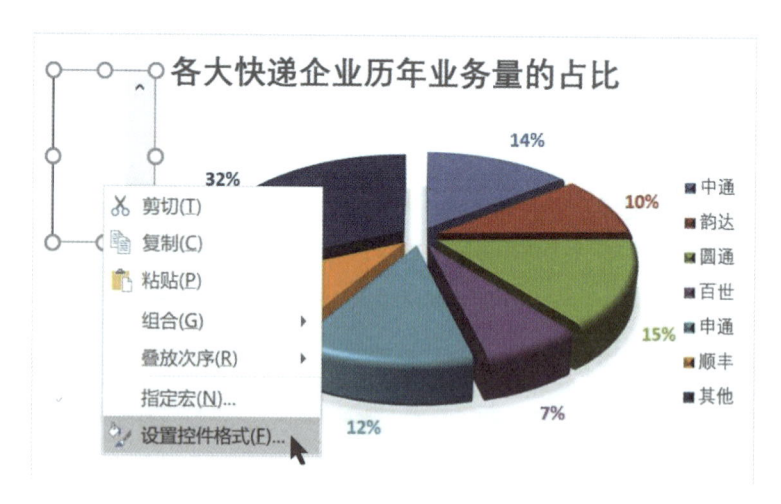

图 8-79　插入"列表框"控件　　　　图 8-80　选择"设置控件格式"

步骤 5 单击列表框,选择不同的年份实现动态图表,最终效果如图 8-82 和图 8-83 所示。

第8章 动态图表

	A	B	C	D	E	F	G	H	I
1	快递企业历年业务量（亿件）								
2	年份	中通	韵达	圆通	百世	申通	顺丰	其他	行业
3	2015	29.5	21.3	30.3	14	25.7	19.7	66.2	206.7
4	2016	45	32.1	44.6	21.7	32.6	25.8	111	312.8
5	2017	62.1	47.2	50.6	37.7	39	30.5	133.5	400.6
6	2018	85	69.9	67	55	51	39	140.1	507
7	2019	121.2	100.3	91.1	75.8	73.71	48.31	124.78	635.2
8	2020	170	141.82	126.48	85.4	88.18	81.37	140.35	833.6
10	1								
11	年份	中通	韵达	圆通	百世	申通	顺丰	其他	
12	2015	29.5	21.3	30.3	14	25.7	19.7	66.2	

设置对象格式

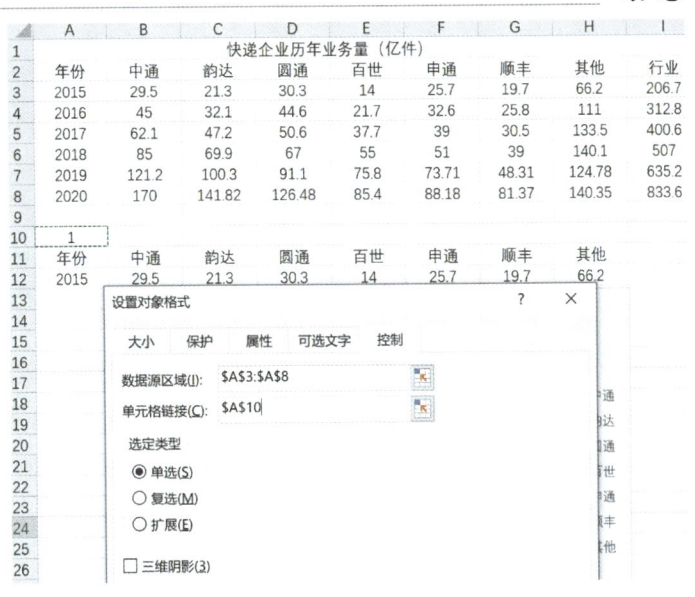

数据源区域(I)：$A$3:$A$8
单元格链接(C)：$A$10
选定类型：
⦿ 单选(S)
◯ 复选(M)
◯ 扩展(E)
☐ 三维阴影(3)

图 8-81 "设置对象格式"对话框

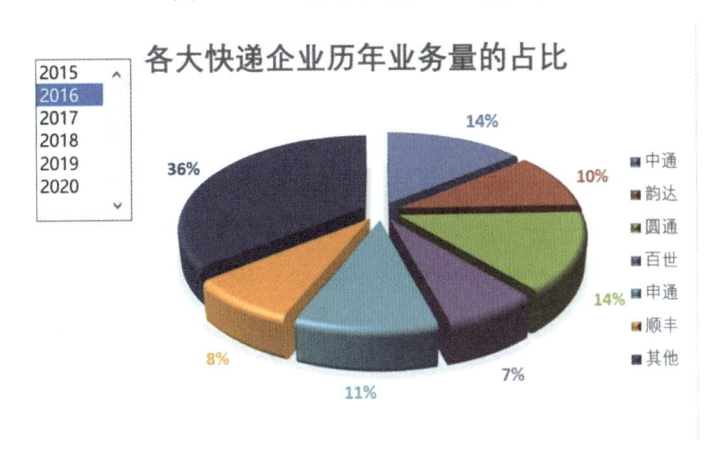

图 8-82 使用列表框实现动态图表（1）

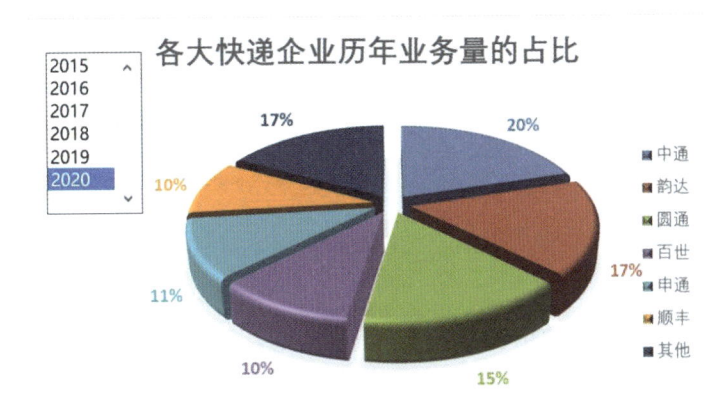

图 8-83 使用列表框实现动态图表（2）

8.4 商务应用案例

8.4.1 案例 1：IF 函数结合滚动条实现销售额折线图动态可视化

IF 函数的句法：

=IF (logical_test, [value_if_true], [value_if_false])

逻辑判断——逻辑表达式的取值范围是{true,false}。

值为 true——当逻辑判断为 true 时的返回值。

值为 false——当逻辑判断为 false 时的返回值。

【背景材料】某企业共有四名员工，需要根据他们每个月销售额的状况来分段评价其业务情况，通过动态图表切分时间区域，能够更精准地看到时间序列上的变化。

【分析过程】

我们需要 IF 函数和滚动条控件。在控件部分已经学习了滚动条的基本使用方法。同样，按照步骤逐步操作，读者可以观察到流程是如何进行的。

步骤 1 录入表格原始数据，创建初始表格，如图 8-84 所示。

步骤 2 将表格复制一份到下方空白处，如图 8-85 所示。

	A	B	C	D
1	NAME	JAN	FEB	MAR
2	JACK	13333	12222	11111
3	小王	12222	11111	10000
4	老王	9999	19999	15000
5	小张	15000	14000	13000
6	CATHERINE	12000	13000	14000

图 8-84　创建初始表格

	A	B	C	D
1	NAME	JAN	FEB	MAR
2	JACK	13333	12222	11111
3	小王	12222	11111	10000
4	老王	9999	19999	15000
5	小张	15000	14000	13000
6	CATHERINE	12000	13000	14000
7				
8				
9	NAME	JAN	FEB	MAR
10	JACK	13333	12222	11111
11	小王	12222	11111	10000
12	老王	9999	19999	15000
13	小张	15000	14000	13000
14	CATHERINE	12000	13000	14000

图 8-85　复制表格

步骤 3 一般默认情况下 Excel 开发工具栏目是不显示在选项卡中的；我们要使用滚动条，首先要将开发工具显示出来，如图 8-86 所示。

步骤 4 单击"开发工具"选项卡下的"插入"下拉框，选择"滚动条"控件，则可以通过拖曳创建一个大小自定义的横向或纵向的滚动条。

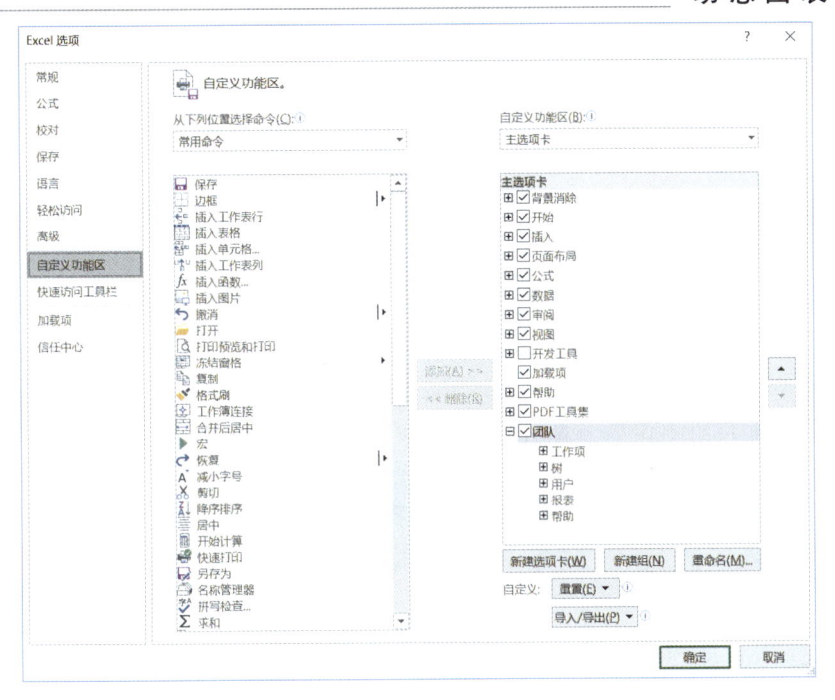

图 8-86　在 Excel 选项中把开发工具功能打开

步骤 5 在滚动条控件上右击，在弹出的快捷菜单中选择"设置控件格式"，打开"设置控件格式"对话框，设置滚动条的"最小值"为"1"，"最大值"为"3"，"步长"为"1"，"单元格链接"选择一个合适的 Excel 工作簿区域，如图 8-87 所示。拖动滚动条，单元格中的数字会自动刷新，即滚动条的状态实时反映在链接的单元格中显示的数字上，如图 8-88 所示。

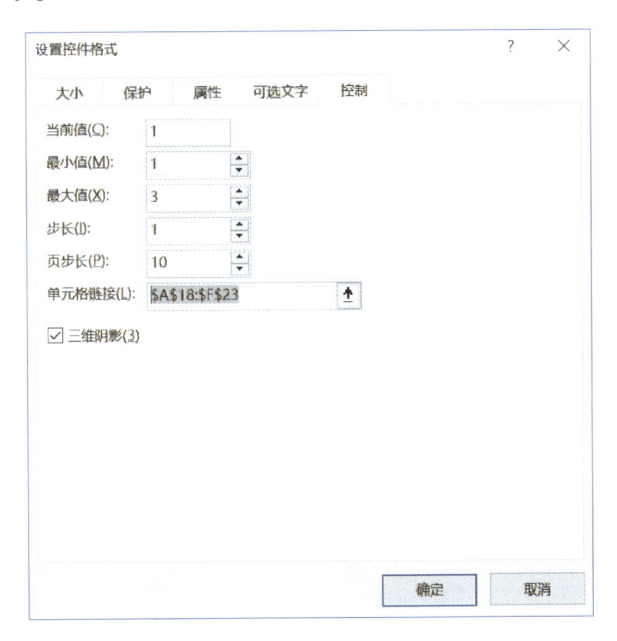

图 8-87　设置控件格式

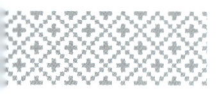

图 8-88　滚动条的状态实时反映在链接的单元格中显示的数字上

步骤 6（关键步骤）为每个单元格输入公式，虽然每个单元格对应公式各不相同，但规律已给出。

例如，对 B10 单元格输入 = IF(INDEX(B2 : D2, 0, A18) = B2, B2, NA())。

函数的作用是查找$B2:$G2 中的第$A$14 列，如果数据等于 B2，则显示该数值，反之显示 NA（这里如果不设置 NA()，则在后续作图步骤中会出现错误）。

步骤 7　拖动滚动条查看效果。

步骤 8　按住 Ctrl 键分别选择原始表格和副本表格的数据区域，插入一个带数据标记的折线图，如图 8-89 所示。注意，副本数据区域的标题要除去。

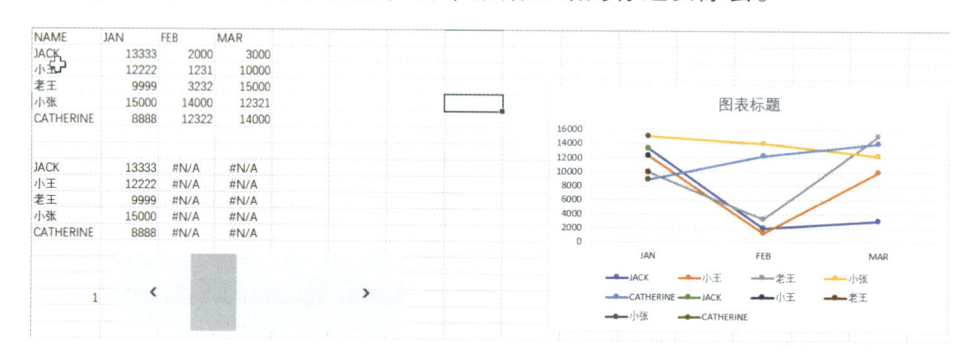

图 8-89　插入一个带数据标记的折线图

步骤 9

（1）更改图表类型为"折线图"。

（2）按列次序依次选中副本的数据点，在"设置数据系列格式"对话框中更改标记大小。

（3）添加数据标签并取消显示网格线和图例。

（4）拖动滚动条查看效果，字体重叠即为当前列数据，如图 8-90 所示。

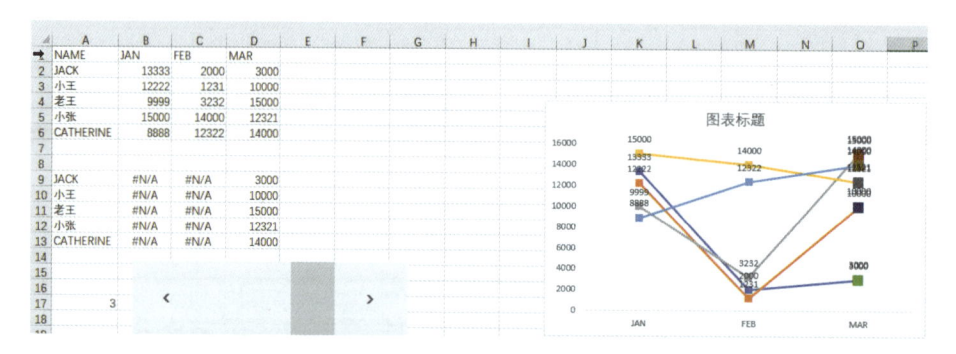

图 8-90　拖动滚动条查看效果

从整个过程来看，需要将原始表格和副本表格的数据区域同时选中，才能实现动态的效果。重点是数据标签的使用为数据的动态变化提供了量化依据。折线图各端点的大小要适度，要看端点的集中程度。

值得一提的是，在此基础上更好的效果是仅在屏幕上显示当前列的数据，并且不让数据重叠出现。这样在观感上会有所提升。

8.4.2 案例2：复选框结合簇状柱形图按种类统计商品

【背景材料】某商场统计计算机部件的销售情况在日期上的分布，将 IF 函数和复选框控件分别用于不同的功能，并且沿用了柱形图，用动态图表的形式使数据可视化。

【分析过程】

步骤 1　录入初始数据，如图 8-91 所示。

名称	9月1日	9月2日	9月3日	9月4日
主机	33	45	50	56
显示器	66	55	44	33
鼠标	70	80	85	98
键盘	65	60	70	95

图 8-91　录入初始数据

步骤 2　用数据创建一个二维簇状柱形图，如图 8-92 所示。

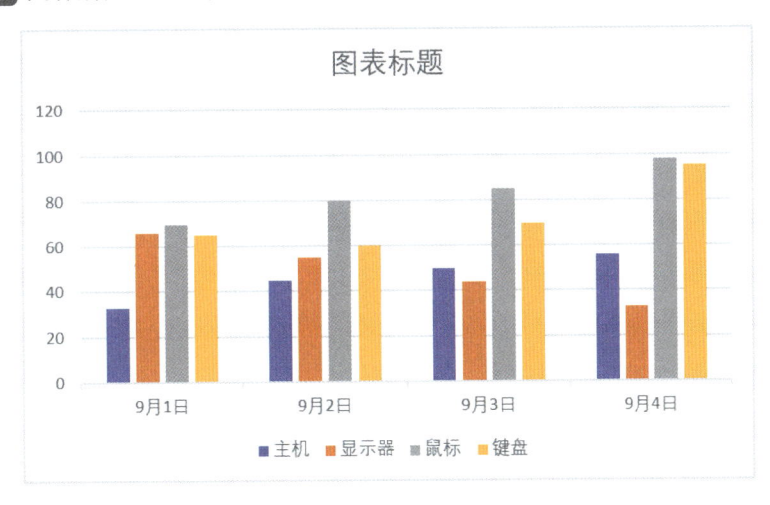

图 8-92　二维簇状柱形图

步骤 3　在"开发工具"选项卡下选择插入"复选框"控件，如图 8-93 所示。

步骤 4　插入单个复选框，如图 8-94 所示。

步骤 5　重复步骤 4 的内容，注意更改复选框文字以辨别对应关系，如图 8-95 所示。

步骤 6　以主机复选框为例，右击，在弹出的快捷菜单中选择"设置控件格式"，打开"设置控件格式"对话框，在"值"栏中勾选"已选择"，并单击"单元格链接"文

商务数据可视化

本框右侧的按钮,选择对应的"状态"单元格(初始为 FALSE 且不用读者自己设置,是根据勾选与否自动生成的布尔值),如图 8-96 和图 8-97 所示。

图 8-93　插入"复选框"控件

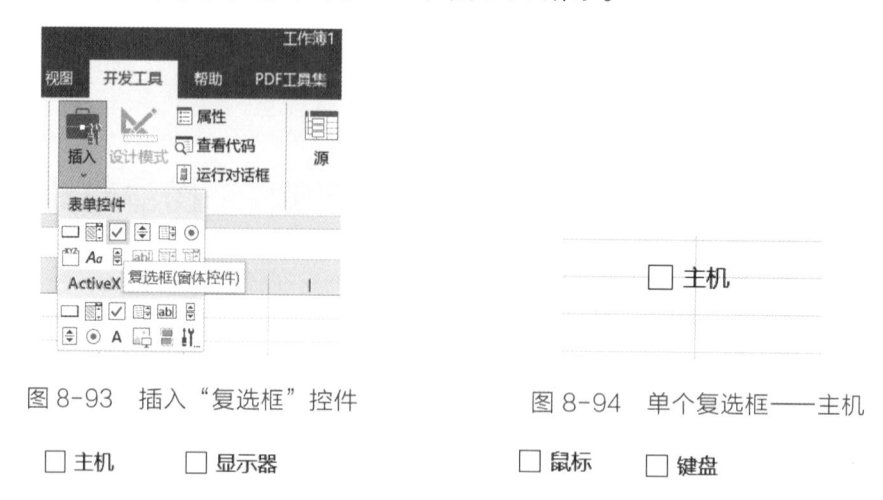

图 8-94　单个复选框——主机

图 8-95　复选框与商品类型——对应

图 8-96　"设置控件格式"对话框

状态
FALSE
FALSE
FALSE
FALSE

图 8-97　在数据部分右侧添加"状态"列

步骤 7 按住 Ctrl 键，依次选取所有复选框和图表，右击，在弹出的快捷菜单中选择"组合"→"组合"，如图 8-98 所示，即可得到如图 8-99 所示的组合复选框与柱形图的图表。

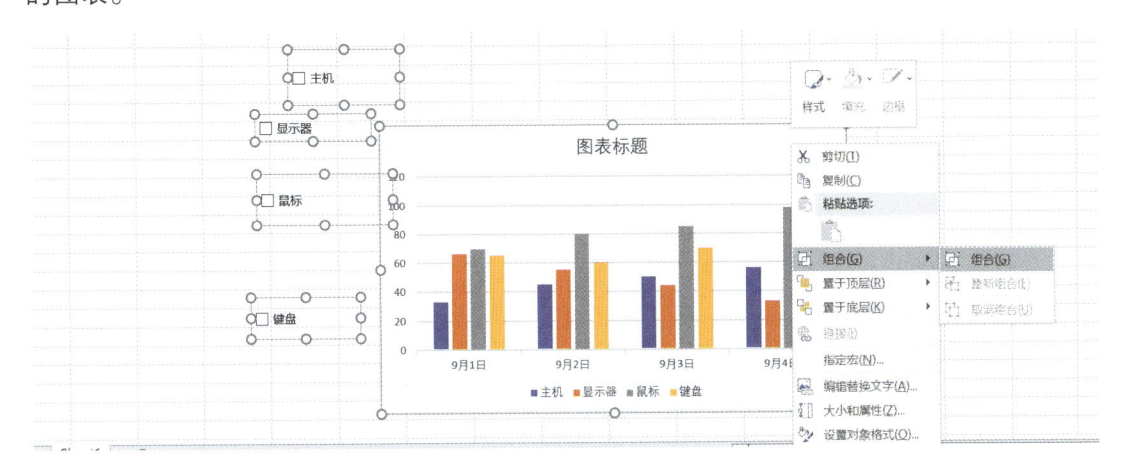

图 8-98　复选框和簇状柱形图的组合

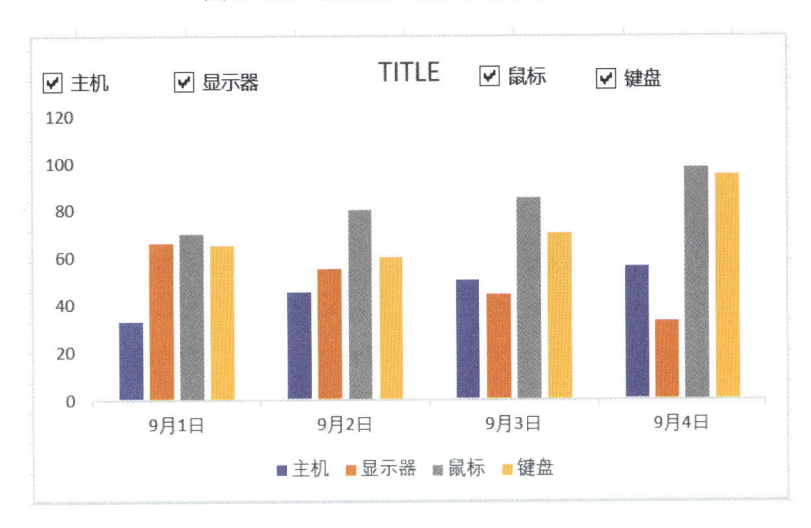

图 8-99　组合复选框与柱形图的图表

步骤 8（重要步骤）删除原始数据区域的数据内容，照原样复制一份到下方空白区域，然后在原始数据区域输入如图 8-100 所示格式的公式，与复制的单元格建立链接。作用是当复选框未选中时值为 FALSE，此时判断条件为假，则数据区域的数据不显示。所有复选框都选中则呈现完整的统计图样，如图 8-101 所示。

本例商业应用采用的是柱形图，事实上其他种类的图表也都能够适用。在该图表中针对的是是否选中某类商品作为显示数据柱形图的依据；其实，所谓货品的对应"状态"，也可以是一系列复杂的逻辑运算，比如，判断是否只有满足一些不等式条件或其他的抽象条件才能显示，笔者可以自己尝试一下。

商务数据可视化

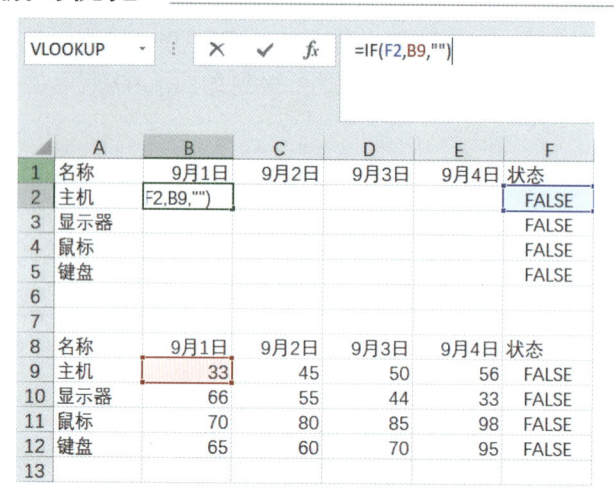

图 8-100 输入使用 IF 函数的公式

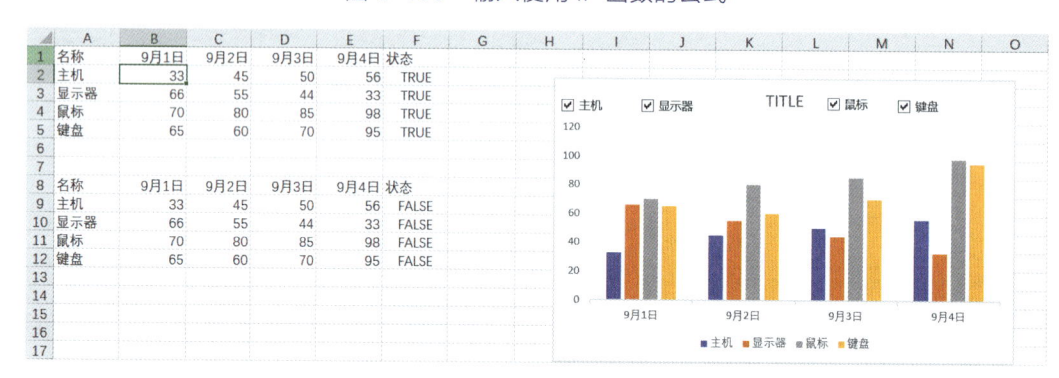

图 8-101 所有复选框都选中则呈现完整的统计图样

参 考 文 献

[1] 韩小良. 一图抵万言：从 Excel 数据到分析结果可视化[M]. 北京：水利水电出版社，2019.

[2] 李杰臣，牟恩静. 商业智能：从 Excel 到 Power BI 的数据可视化. 动态图表篇[M]. 北京：机械工业出版社，2019.

[3] 吕峻闽，张诗雨. 数据可视化分析：Excel 2016+Tableau[M]. 北京：电子工业出版社，2017.

[4] 国家统计局. 2020 年 1～8 月份全国规模以上工业企业利润下降 4.4%[EB/OL]. (2020-09-27)[2021-11-14]. http://www.stats.gov.cn/tjsj/zxfb/202009/t20200927_1791690.html.

[5] 国家统计局. 2021 年 1～2 月份社会消费品零售总额增长 33.8%比 2019 年 1～2 月份增长 6.4%[EB/OL].(2021-03-15)[2021-11-14]. http://www.stats.gov.cn/tjsj/zxfb/202103/t20210315_1814754.html.

[6] 百度文库. 商业杂志图表的经典用色[EB/OL]. (2020-03-28)[2021-11-14]. https://wenku.baidu.com/view/3a5a532a0066f5335a812182.html.

[7] 张杰. 图表的基本配色方法[EB/OL]. (2016-11-03)[2021-11-25]. https://zhuanlan.zhihu.com/p/23377067.

[8] 中华人民共和国商务部. 乌兹别克斯坦 2020 年对外贸易情况[EB/OL]. (2020-04-08)[2021-11-15]. http://www.mofcom.gov.cn/article/i/dxfw/ae/202104/20210403050678.shtml.

[9] CBO 中国票房网. 实时票房[EB/OL]. (2020-04-01)[2021-11-16]. http://m.endata.com.cn/Movie.

[10] 知乎. Excel 折线图和面积图完美结合教程[EB/OL]. (2020-06-29)[2021-11-29]. https://zhuanlan.zhihu.com/p/151661343.

[11] 百度财报. 2018Q1—2020Q1 百度净利润及增长率[J/OL]. (2020-07-15)[2021-11-01]. http://www.199it.com/archives/1086945.html.

[12] 博客园. 用旭日图展示数据的三种方法[EB/OL]. (2017-03-28)[2021-11-15]. https://www.cnblogs.com/zenmshuo/p/wijmo_sunburst.html.

[13] 搜狐网. 高端大气的滑珠图，原来这么简单[EB/OL]. (2017-11-28)[2021-11-28]. https://www.sohu.com/a/207040867_417040.

[14] 知乎. 让数据一目了然的树状图怎么画？[EB/OL]. (2018-10-16)[2021-11-12]. https://zhuanlan.zhihu.com/p/46898113.

[15] 中国房价行情官网. 全国房地产形势[EB/OL]. (2021-03-16)[2021-11-10]. https://www.creprice.cn.

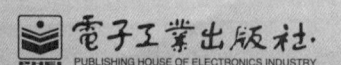